개정3판
Visual Studio 2019

누구나 쉽게 즐기는

C언어 콘서트

천인국 지음

생능출판

저자 소개

천인국

1983년 서울대학교 전자공학과 공학사
1985년 KAIST 전기및전자공학과 공학석사
1993년 KAIST 전기및전자공학과 공학박사
1985~1988년 삼성전자 종합연구소 주임 연구원
1993년~현재 순천향대학교 컴퓨터공학과 교수
2005년 캐나다 UBC 방문 교수
E-mail: chunik@sch.ac.kr

C언어 콘서트

초판발행 2010년 6월 15일
제3판3쇄 2023년 8월 18일

지은이 천인국
펴낸이 김승기, 김민수
펴낸곳 (주)생능출판사 / **주소** 경기도 파주시 광인사길 143
출판사 등록일 2005년 1월 21일 / **신고번호** 제406-2005-000002호
대표전화 (031)955-0761 / **팩스** (031)955-0768
홈페이지 www.booksr.co.kr

책임편집 신성민 / **편집** 이종무, 유제훈 / **디자인** 유준범
마케팅 최복락, 심수경, 차종필, 백수정, 송성환, 최태웅, 명하나, 김민정
인쇄 성광인쇄(주) / **제본** 일진제책사

ISBN 978-89-7050-493-3 93000
정가 27,000원

머리말

최근 화두가 되고 있는 자율주행자동차나 알파고와 같은 인공지능 컴퓨터를 보면 컴퓨터 분야에서 소프트웨어가 얼마나 중요한지를 새삼 깨닫게 된다. C언어는 컴퓨터 하드웨어가 어떻게 동작하는지를 실감할 수 있는 중요한 언어이다. 인공지능 시대에서도 빠른 속도를 자랑하고 효율적인 배열 구조를 제공하는 C언어는 여전히 상당한 가치를 제공하는 언어이다. 이 책을 저술하게 된 가장 큰 이유는, 프로그래밍을 배우고자 하는 입문자들이 이 책을 통하여, 더 재미있게 프로그래밍의 세계로 들어올 수 있도록 하자는 것이었다. 역점을 두었던 몇 가지는 다음과 같다.

- 적절한 그림을 가능한 많이 사용하여 더욱 친숙하고, 지루하지 않으며 이해하기 쉬운 교재를 만들려고 노력하였다. 입문자들은 그림을 통하여, 더 쉽게, 관련 개념들을 빠르게 이해할 수 있다.

- 각각의 주제에 대하여 개념과 원리를 자세하게 설명하였으며 설명은 문답식으로 친숙하게 만들려고 노력하였다.

- LAB 섹션을 두어서 교수님과 학생들이 다함께 풀어볼 수 있는 문제들을 제공하였다. 해답이 제공되지 않는 MINI PROJECT 섹션을 두어서 프로젝트 과제로 활용할 수 있도록 하였다.

- 다양하고 충분한 연습문제를 제공하려고 노력하였다. 프로그래밍 문제에는 난이도와 주제를 표시하여 교수자나 학습자가 참고할 수 있도록 하였다.

- 컬러를 사용하여 지루하지 않고 친숙한 교재가 되도록 노력하였다.

이 책이 만들어지기까지 많은 도움이 있었다. 항상 격려해주시고 오류를 지적하여 주신 강의 교수님들께 감사드린다. 또한 적극적으로 지원해주신 생능출판사 여러분께 깊은 감사를 표한다. 아무쪼록 이 책이 C언어를 공부하는 많은 이들에게 조금이라도 도움이 될 수 있다면 필자에게는 큰 보람이 될 것이다.

2021년 7월
천인국

강의 스케줄

본서를 강의 교재로 선택하는 경우에 1학기를 16주로 가정하여 다음과 같은 진행을 생각할 수 있다.

책의 특징

그림을 통한 개념 전달

중요한 프로그래밍 개념과 원리를 그림을 이용하여 한눈에 쉽게 이해하도록 친절하게 설명하였다.

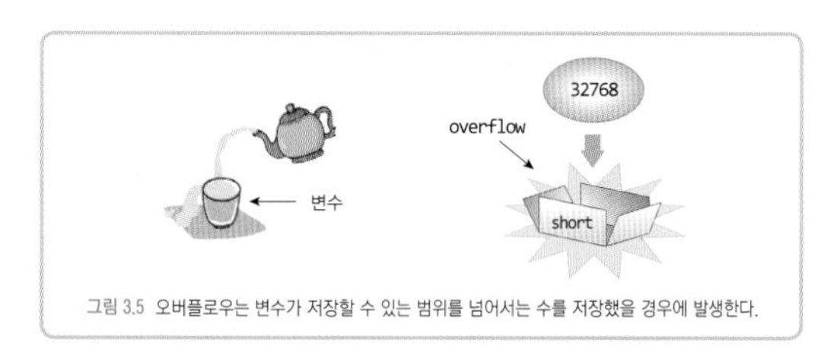

그림 3.5 오버플로우는 변수가 저장할 수 있는 범위를 넘어서는 수를 저장했을 경우에 발생한다.

다양한 학습 도구 사용

참고 사항이나 주의 사항, 참고하면 좋은 TIP 등을 적절하게 배치하여 흥미있는 학습이 될 수 있도록 자세하게 설명하였다.

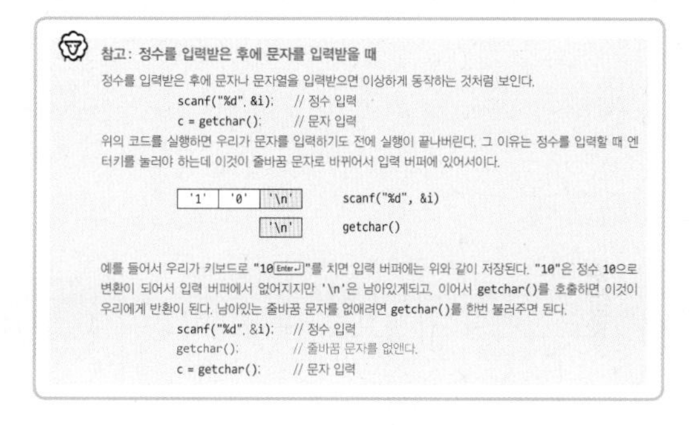

참고: 정수를 입력받은 후에 문자를 입력받을 때

정수를 입력받은 후에 문자나 문자열을 입력받으면 이상하게 동작하는 것처럼 보인다.

```
scanf("%d", &i);    // 정수 입력
c = getchar();      // 문자 입력
```

위의 코드를 실행하면 우리가 문자를 입력하기도 전에 실행이 끝나버린다. 그 이유는 정수를 입력할 때 엔터키를 눌러야 하는데 이것이 줄바꿈 문자로 바뀌어서 입력 버퍼에 있어서이다.

예를 들어서 우리가 키보드로 "10Enter"를 치면 입력 버퍼에는 위와 같이 저장된다. "10"은 정수 10으로 변환이 되어서 입력 버퍼에서 없어지지만 '\n'은 남아있게되고, 이어서 getchar()를 호출하면 이것이 우리에게 반환이 된다. 남아있는 줄바꿈 문자를 없애려면 getchar()를 한번 불러주면 된다.

```
scanf("%d", &i);    // 정수 입력
getchar();          // 줄바꿈 문자를 없앤다.
c = getchar();      // 문자 입력
```

중간점검

각 절에 등장하는 기본 개념과 용어에 대해 복습하기 위하여 단답형 문항으로 이루어진 퀴즈를 두었다.

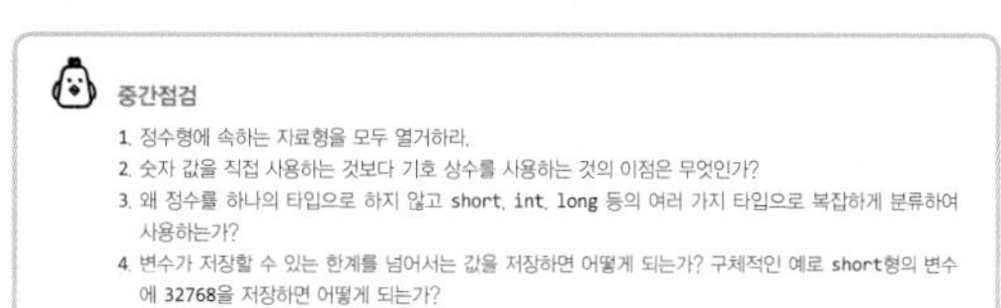

중간점검

1. 정수형에 속하는 자료형을 모두 열거하라.
2. 숫자 값을 직접 사용하는 것보다 기호 상수를 사용하는 것의 이점은 무엇인가?
3. 왜 정수를 하나의 타입으로 하지 않고 short, int, long 등의 여러 가지 타입으로 복잡하게 분류하여 사용하는가?
4. 변수가 저장할 수 있는 한계를 넘어서는 값을 저장하면 어떻게 되는가? 구체적인 예로 short형의 변수에 32768을 저장하면 어떻게 되는가?

LAB과 SOLUTION

앞서 학습한 내용을 바탕으로 Lab에서 실생활에 적용할 수 있는 프로그램을 작성해 보고 Solution에서 직접 자신의 답과 비교해볼 수 있도록 구성하였다.

Lab 화씨온도 변환하기

| 난이도 ★ 주제 부동소수점수 |

우리나라에서는 온도를 나타낼 때 섭씨온도를 사용하지만 미국에서는 화씨온도를 사용한다. 사용자로부터 화씨온도를 받아서 섭씨온도로 바꾸는 프로그램을 작성해보자.

$$C=(F-32)*\frac{5}{9}$$

MINI PROJECT

해답이 주어지지 않는 오픈 프로젝트 형식의 문제로서 수업 중에 과제나 프로젝트로 활용할 수 있다.

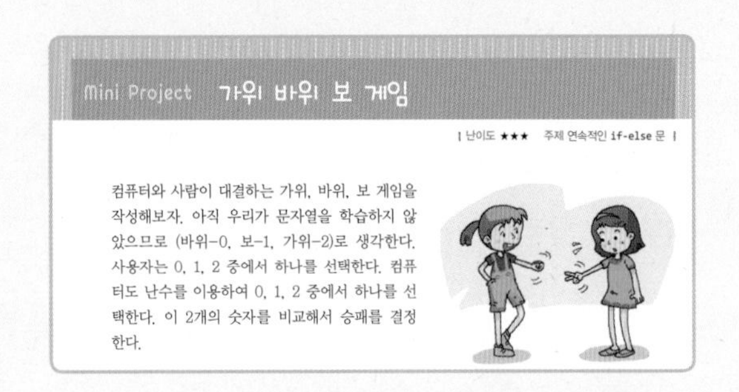

Mini Project 가위 바위 보 게임

| 난이도 ★★★ 주제 연속적인 if-else 문 |

컴퓨터와 사람이 대결하는 가위, 바위, 보 게임을 작성해보자. 아직 우리가 문자열을 학습하지 않았으므로 (바위-0, 보-1, 가위-2)로 생각한다. 사용자는 0, 1, 2 중에서 하나를 선택한다. 컴퓨터도 난수를 이용하여 0, 1, 2 중에서 하나를 선택한다. 이 2개의 숫자를 비교해서 승패를 결정한다.

연습문제

연습문제는 프로그램의 분석이나 부분 프로그램의 작성으로 구성되어 있다.

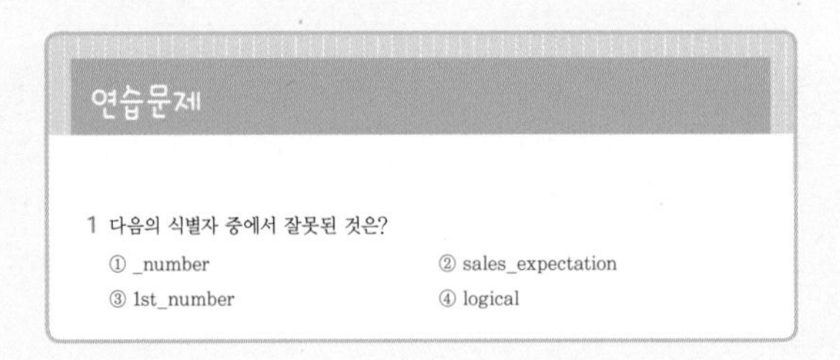

연습문제

1 다음의 식별자 중에서 잘못된 것은?

① _number ② sales_expectation
③ 1st_number ④ logical

프로그래밍 문제

학습자들이 프로그램의 설계와 구현을 연습할 수 있도록 다양한 프로그래밍 문제를 제공하였다.

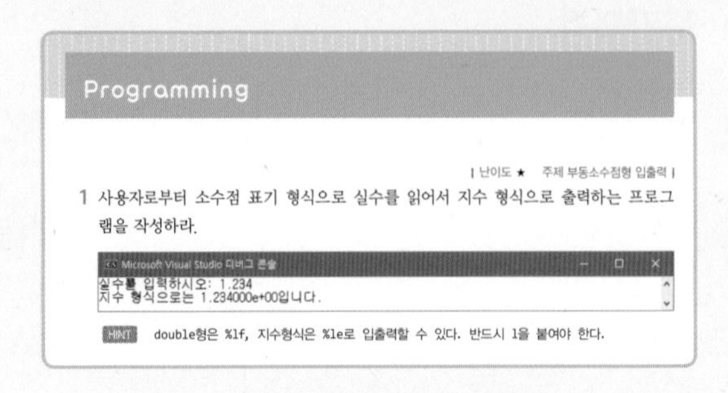

Programming

| 난이도 ★ 주제 부동소수점형 입출력 |

1 사용자로부터 소수점 표기 형식으로 실수를 읽어서 지수 형식으로 출력하는 프로그램을 작성하라.

```
실수를 입력하시오: 1.234
지수 형식으로는 1.234000e+00입니다.
```

HINT double형은 %lf, 지수형식은 %le로 입출력할 수 있다. 반드시 l을 붙여야 한다.

차례

CHAPTER 03 변수와 자료형

CHAPTER 04 수식과 연산자

CHAPTER 05 조건문

CHAPTER 06 반복문

프로그래밍 소개

아두이노를 비롯하여 많은 임베디드 장치들이 C언어를 사용하여 프로그래밍됩니다.
C언어는 중요한가요?

학습목표

- 프로그램이란 무엇인지 이해한다.
- 프로그래밍 언어가 왜 필요한지 이해한다.
- 알고리즘이 무엇인지 이해한다.
- 프로그램의 개발 과정을 이해한다.
- 비주얼 스튜디오를 성공적으로 설치한다.

1 프로그래밍 소개

1. 이번 장에서 만들 프로그램

우리는 이번 장에서 C 프로그램 개발 환경을 설정하고 "Hello World!"를 출력하는 프로그램을 작성해볼 것이다.

HELLOWORLD!

위의 그림과 같이 그래픽을 사용하는 것이 아니고 명령어 프롬프트 창에 다음과 같이 "Hello World!"를 출력하여 볼 것이다. 우리말로 번역하면 "세계야 안녕!"이라고 할 수 있다.

Microsoft Visual Studio 디버그 콘솔
Hello World!

"Hello World!"는 많은 사람들이 프로그래밍을 학습할 때, 가장 먼저 작성하는 프로그램이다. 프로그램을 작성하기 위한 환경이 올바르게 설치되었는지를 체크하는 용도로도 사용된다. 화성에 도착한 탐사선도 착륙에 성공한 후, 맨 먼저 "Hello World!" 메시지를 지구에 송신하였다고 한다.

2. 프로그램이란?

우리는 매일같이 컴퓨터에서 프로그램(program)을 사용한다. 아침에 일어나면 웹 브라우저를 실행하여 뉴스를 보고 미디어 플레이어를 실행하여 음악을 듣는다. 우리가 사용하고 있는 스마트폰의 앱도 프로그램의 일종이다. 우리가 화면에서 프로그램 아이콘을 찾아서 더블 클릭하면 프로그램이 실행된다. 프로그램 안에는 무엇이 들어 있을까?

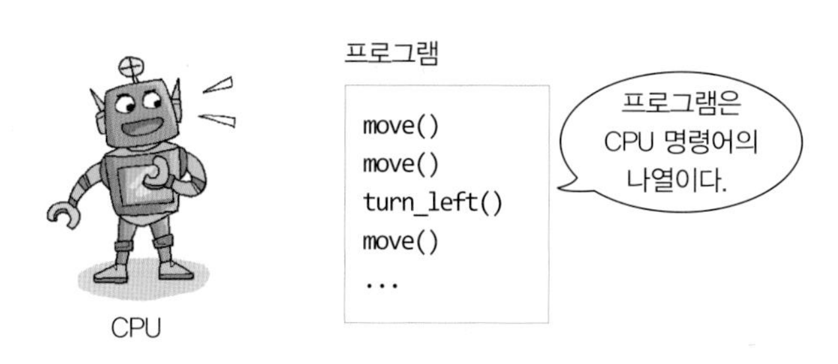

그림 1.1 프로그램은 작업 지시서와 같다.

프로그램 안에는 컴퓨터에게 작업을 지시하는 명령어(instruction)들이 들어 있다. 예를 들어, 로봇을 움직이는 프로그램이라면 로봇을 움직이기 위한 명령어들이 프로그램 안에 나열되어 있다. 구체적인 예로 move()는 로봇을 앞으로 한 칸 이동하는 명령어이다. turn_left()는 로봇을 왼쪽으로 90도 회전시키는 명령어이다. 이러한 명령어들이 모여서 프로그램이 되는 것이다.

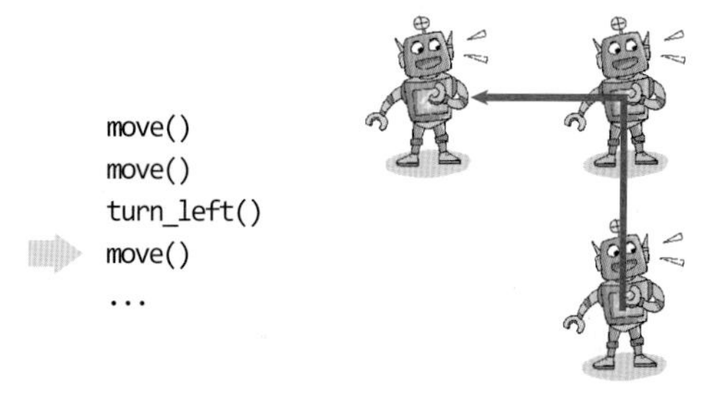

프로그램을 작성하는 사람을 프로그래머(programmer)라고 한다. 컴퓨터는 절대적으로 프로그래머가 지시한대로만 행동한다. 영화 터미네이터에서는 스카이넷과 같은 강인공지능(Strong AI)을 가진 컴퓨터가 등장해서 인간을 괴롭히지만, 인간에게 도움이 되는 컴퓨터는 인간의 지시에 절대적으로 복종하며 인간의 친구가 되는 컴퓨터이다. 알파고와 같은 인공지능도 결국은 프로그래머가 작성한 프로그램이다.

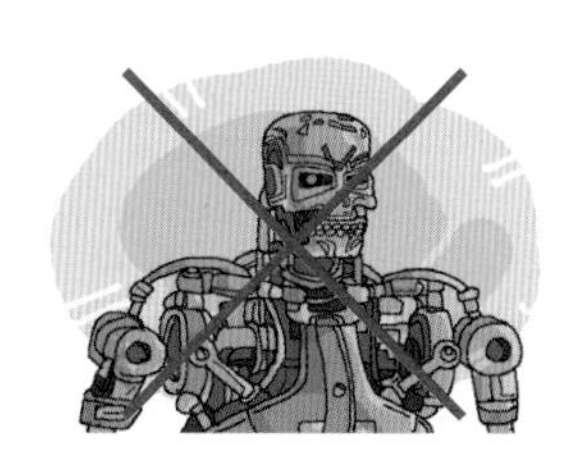

Lab 로봇 움직이기

| 난이도 ★ 주제 문장의 실행 순서 |

프로그램의 개념을 이해하기 위하여 다음과 같이 꽃을 찾아가는 로봇(bee-bot이라고 한다)이 있다고 하자. 로봇은 다음과 같은 명령어만을 실행할 수 있다.

- 한 칸 전진
- 한 칸 후진
- 오른쪽으로 90도 회전
- 왼쪽으로 90도 회전

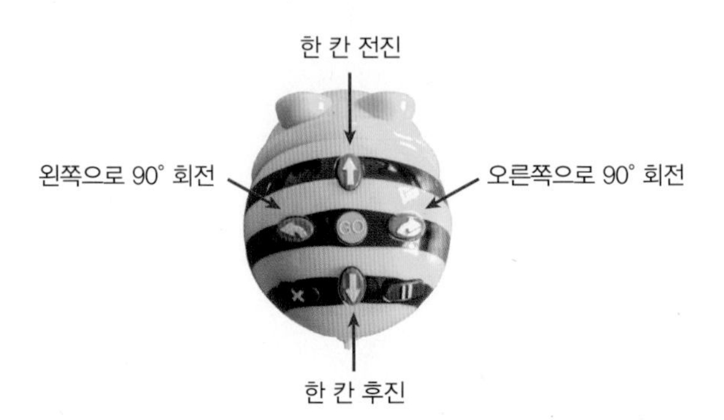

로봇을 A 지점에서 B 지점으로 이동하게 하려면 어떤 명령어들을 어떤 순서로 입력해야 할까?

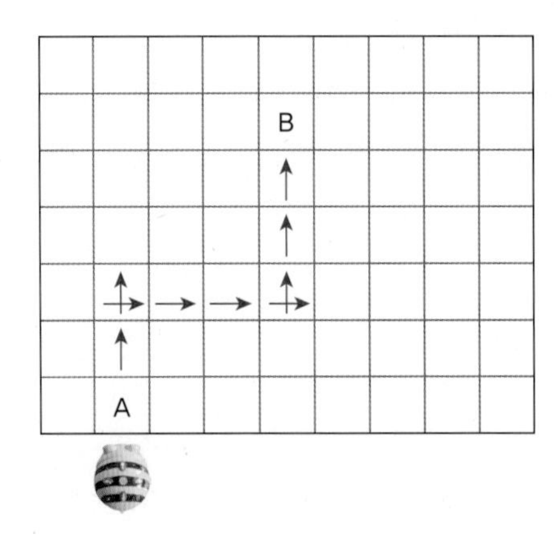

참고: 실제 컴퓨터의 명령어

우리가 사용하는 컴퓨터의 명령어에는 어떤 것들이 있을까? 인텔의 x86 CPU가 제공하는 명령어에는 ADD, SUB, MOV, IMUL 등이 있다(아주 많음). ADD는 덧셈 연산이고 SUB는 뺄셈 연산, MOV는 데이터 이동 연산, IMUL은 곱셈 연산이다. CPU의 주된 동작은 계산과 데이터 이동이다.

다음과 같은 순서대로 명령어들을 입력하여 실행하면 된다. 명령어들이 모인 것이 프로그램이다.

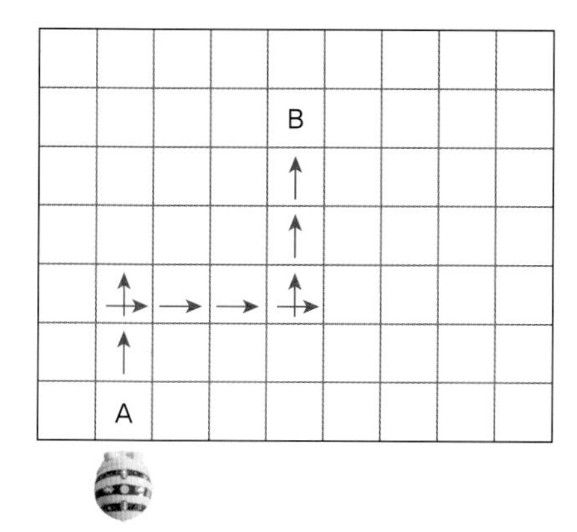

한 칸 전진
한 칸 전진
오른쪽으로 90도 회전
한 칸 전진
한 칸 전진
한 칸 전진
왼쪽으로 90도 회전
한 칸 전진
한 칸 전진

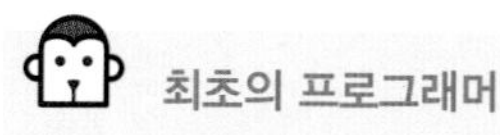

최초의 프로그래머

역사상 최초의 프로그래머는 누구였을까? 프로그램을 최초로 만든 사람은 여자로 그 이름은 에이다 러브레이스(Ada Lovelace)다. 에이다는 대문호 바이런(George Gordon Byron)의 친딸로서 배비지의 해석 기관에 매료되어 해석 기관을 위한 프로그램을 개발하였다.

에이다는 현대적인 컴퓨터가 나오기 100여 년 전에 이미 서브루틴(subroutine), 루프(loop), 점프(jump) 등의 핵심적인 컴퓨터 프로그래밍 기본 원리를 고안하였다. 서브루틴은 같은 공식을 여러 번 사용하기 위해서 고안하였고 루프는 같은 계산을 반복하기 위하여, 또 중간의 필요 없는 과정을 뛰어넘기 위하여 점프를 고안하였다. 여기에 추가로 어떤 조건이 일치할 경우, 다음 공식으로 넘어가는 if 구문을 생각해 냈다. 이러한 것들은 배비지의 해석기관이 단순히 계산만 하는 기계가 아니라 주어진 조건에 따라 결정을 내리고 논리를 수행할 수 있다는 것을 의미하였다.

미국 국방성에서는 에이다 러브레이스를 기념하기 위하여 자신들의 언어를 에이다(ADA)라고 이름지었다. 세계 최초의 프로그래머는 여자였던 것이다.

3. 컴퓨터가 이해하는 언어

컴퓨터에게 작업을 지시하려면 어떤 언어를 사용해야 할까? 어떤 언어를 사용해야 컴퓨터가 작업 지시를 이해할 수 있을까? 최근 음성인식이 일부 사용되고 있지만, 아직도 컴퓨터가 사람의 언어를 완전히 이해할 것 같지는 않다. 즉 한국어나 영어 등으로 작업을 지시한다면 컴퓨터는 전혀 이해할 수 없을 것이다.

그림 1.2 컴퓨터는 한글로 된 작업 지시서는 이해하지 못하지만, 기계어로 된 작업 지시서는 이해할 수 있다.

컴퓨터가 알아듣는 언어는 한 가지이다. 즉 0과 1로 구성되어 있는 "001101110001010..."과 같은 이진수로 된 기계어(machine language)이다. 컴퓨터는 0과 1의 개념 위에 만들어진 기계이다. 컴퓨터는 모든 것을 0과 1로 표현하고 0과 1에 의하여 내부 스위치 회로들이 ON/OFF(커짐/꺼짐) 상태로 변경되면서 작업을 한다. 이러한 기계어는 컴퓨터가 가장 쉽게 이해할 수 있는 언어이다. 실제로 초기의 컴퓨터에서는 이러한 기계어를 사용하여, 프로그램했다.

그림 1.3 1940년대에는 프로그래밍 언어가 없었고 전선을 연결해서 프로그래밍하였다.

그러나 기계어는 인간한테는 상당히 불편한 언어이었기 때문에 좀 더 편리한 언어가 필요했고, 사람들은 점차적으로 인간의 언어에 근접한 프로그래밍 언어들을 만들었다. 이들 프로그래밍 언어들은 기계어와 인간이 사용하는 자연어 사이의 중간쯤에 위치한다. 인간이 프로그래밍 언어를 배워서 프로그램을 작성하면 컴파일러(compiler)라고 하는 소프트웨어가 프로그램을 기계어로 바꾸어준다. 이것은 영어를 말하는 사람과 한국어를 말하는 사람이 중간에 통역을 두고 이야기하는 것과 비슷하다. 인간이 기계어를 학습하기에는 너무 힘들고 컴퓨터가 인간의 언어를 이해한다는 것은 아주 먼 미래의 이야기이다. 따라서 중간에 통역의 역할을 하는 프로그래밍 언어를 두고 작업을 지시하는 것이다. C언어도 이러한 프로그래밍 언어의 일종이다.

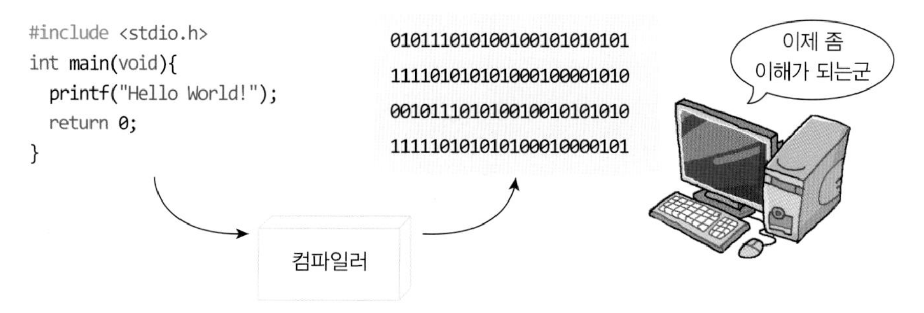

그림 1.4 컴파일러는 프로그램을 기계어로 변환한다.

컴퓨터는 왜 10진수가 아닌 2진수를 사용하는가?

2진수의 각 자리수는 0 아니면 1이다. 0은 스위치가 열린 상태(OFF)로 표현할 수 있고 1은 스위치가 닫힌 상태(ON)로 표현할 수 있다. 스위치를 이용하면 0과 1을 쉽게 나타낼 수 있다. 따라서 2진수는 하드웨어로 구현하기가 쉽다. 컴퓨터 내부에서는 모든 것을 2진수 형태로 표현하여 처리한다.

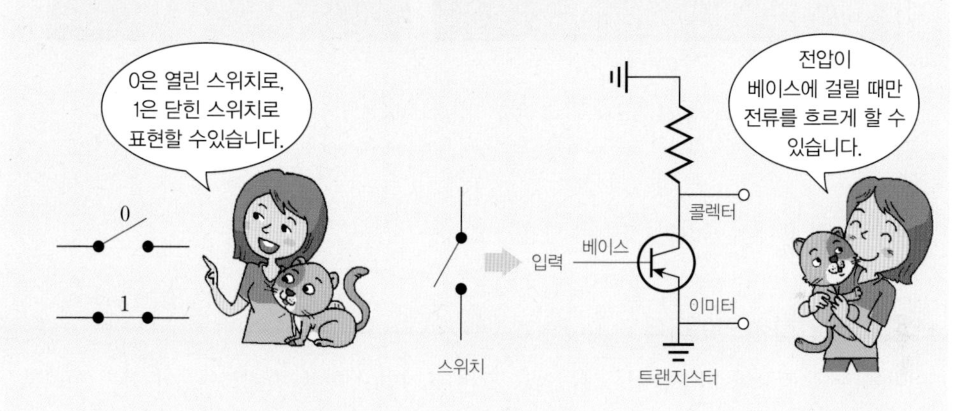

2진법은 숫자를 표현하는 데도 사용되지만, 컴퓨터 안에서 덧셈과 같은 연산을 수행하는 회로를 구현하는 데도 이용된다. 0과 1만을 이용하여 여러 가지 계산을 하는 수학의 분야를 부울 대수(bool algebra)라고 한다. 이 부울 대수를 이용하면 몇 개의 스위치를 모아서 논리 회로(logic circuit)를 만들어서 각종 연산을 하는 회로를 만들 수 있다.

중간점검

1. 컴퓨터가 바로 이해할 수 있는 언어는 ______________ 이다.
2. 컴파일러가 하는 일은 무엇인가?
3. 컴퓨터가 내부적으로 사용하는 진법은 _________진법이다.

4. C언어

C언어는 1970년대 초반, UNIX 운영체제를 위하여 AT&T의 벨 연구소에서 일하던 데니스 리치(Dennis Ritchie)에 의하여 만들어졌다. 처음 만들어진 후, 벨연구소 안에서만 사용되던 C언어는 차츰 외부에서도 인기를 얻기 시작하더니 현재는 가장 널리 사용되는 언어 중의 하나가 되었다. 데니스 리치는 이 공로로 1983년에 켄 톰슨(Ken Thompson)과 함께 컴퓨터 분야의 노벨상이라고 불리는 튜링상을 수상하였다.

(a) (b)

그림 1.5 (a) 켄 톰슨과 데니스 리치가 함께 UNIX 운영체제를 개발하던 모습
(b) 켄 톰슨과 데니스 리치가 클린턴 대통령으로부터 National Medal of Technology 상을 받는 장면

C언어의 특징 중에서 중요한 것들은 다음과 같다.

● C언어는 간결한 언어이다.

C언어에는 꼭 필요한 기능만이 들어 있고 모든 표기법이 아주 간결하다. 이 점은 여러분들이 학습을 진행하면 느낄 수 있을 것이다. 간결성은 C언어의 핵심적인 특징이다.

● C언어는 효율적인 언어이다.

C언어는 효율적인 언어이다. 효율적이라는 의미는 C로 작성된 프로그램이 다른 언어로 작성된 프로그램보다 크기가 작으며 실행 속도가 빠르고 메모리를 효과적으로 사용한다는 것을 의미한다. C언어는 거의 어셈블리 언어 수준의 효율성을 자랑한다. 프로그램 언어 중에서 C언어보다 빠른 언어는 없다. 이 점은 상업용 프로그램을 작성할 때 큰 장점이 된다.

그림 1.6 C언어의 특징

● C언어는 저수준의 프로그래밍과 고수준의 프로그래밍이 모두 가능하다.

C언어는 운영체제를 만들었던 언어인 만큼, 어셈블리 언어만큼의 구체적인 하드웨어 제어가 가능하다. 실제로 TV, 핸드폰, 세탁기 등의 여러 가지 전자 기기 안에 들어가는 임베디드(내장) 프로그램은 대부분 C언어로 개발된다. 예전에는 어셈블리 언어로 작업을 하였지만 어셈블리 언어는 사용하는 CPU에 따라서 프로그램을 변경시켜야 되는 치명적인 약점이 있다. C언어로 임베디드 프로그램을 작성하게 되면 유지 관리와 다른 기기로의 이식이 쉬워진다. C언어는 포인터와 비트 단위 연산으로 하드웨어 장비를 섬세하게 제어할 수 있다. C언어를 이해하면 컴퓨터가 내부적으로 어떻게 작업하는 지를 세밀하게 알 수 있다. 반면에 C언어는 모듈 단위의 프로그램 작성을 지원하고 분할 컴파일도 가능하기 때문에 고수준에서의 프로그램 작성도 가능한 언어이다. 하향식(top-down) 설계, 구조화 프로그래밍, 모듈화 설계 등 소프트웨어 공학의 다양한 기법들을 적용할 수 있다.

● C언어는 이식성이 뛰어나다.

이식성(portability)이란 한 번 작성된 프로그램을 다른 종류의 CPU로 만들어진 하드웨어로 쉽게 이식할 수 있다는 뜻이다. 많은 종류의 CPU에 대하여 C 컴파일러가 개발되어 있기 때문에 C 프로그램은 상대적으로 이식성이 좋다. 즉 PC에서 개발된 프로그램도 컴파일만 다시 하면 슈퍼컴퓨터에서 수행시킬 수 있다.

● C언어의 단점

반면 C언어에는 단점도 존재하는데 초보자가 배우기가 어렵다는 것이다. C언어는 교육을 위하여 일부러 쉽게 만들어 놓은 언어가 아니라 지금도 산업 현장에서 사용되는 언어이므로 당연하다 할 것이다. 또한, 항상 모든 자유에는 책임이 따르듯이 하드웨어를 제어하기 위하여 꼭 필요한 요소인 포인터 등을 잘못 사용하는 경우가 많다.

중간점검

1. 이번 절에서 새롭게 등장한 용어들의 의미를 인터넷을 이용하여서 찾아보자.

   "어셈블리 언어", "모듈", "임베디드 프로그램", "소프트웨어 공학"

5. 알고리즘

이제 우리는 프로그램이 컴퓨터 안에서 무슨 역할을 하는지도 알았고 프로그래밍 언어를 사용하면 더욱 쉽게 프로그램을 작성할 수 있다는 것도 알았다. 그러면 프로그래밍 언어의 규칙만 학습하면 프로그램을 작성할 수 있는 것일까? 즉 프로그래밍 언어를 어떻게 사용하는지만 배우면 프로그램을 작성할 수 있는 것일까?

요리의 예를 들어보자. 자 요리를 만들기 위해서 오븐을 준비하였다. 그리고 오븐을 어떻게 사용하는 지도 배웠다. 자 그러면 음식 재료만 있으면 누구나 요리를 할 수 있는 것일까?

그림 1.7 오븐(컴퓨터)이 준비되고 오븐을 작동하는 방법(프로그래밍 언어)을 안다고 하더라도 요리를 하는 절차(알고리즘)를 모르면 요리(프로그램)를 만들 수 없다.

한 가지 아주 중요한 것이 빠져있다. 재료가 있고 오븐의 사용법을 안다고 해서 누구나 요리를 만들 수 있는 것은 아니다. "어떻게 요리를 만들 것인가"가 빠져있다. 즉 요리를 만드는 절차가 빠져 있는 것이다. 컴퓨터도 마찬가지이다. 컴퓨터에 명령을 내리는 프로그래밍 언어만 안다고 해서 프로그램을 작성할 수 있는 것은 아니다. 주어진 문제를 해결하는 절차를 알지 못하면 프로그램을 작성할 수 없다. 문제를 해결하는 절차(또는 방법)가 알고리즘(algorithm)이다. 이 책에서는 물론 어려운 알고리즘은 등장하지 않는다. 하지만 아무리 간단한 프로그램이라도 어떤 절차에 따라서 주어진 문제를 해결할 것인지를 생각해보아야 한다.

알고리즘이란?

어떤 문제가 주어져 있고 이것을 컴퓨터로 해결하려고 한다고 가정하자. 제일 먼저 해야 할 일은 문제를 해결할 수 있는 절차를 고안하는 것이다. 예를 들면 전화번호부에서 친구인 "박철수"의 전화번호를 찾는 문제를 생각하여 보자. 한 가지 방법은 전화번호부의 첫 페이지부터 시작하여 한 장씩 넘기면서 박철수를 찾는 것이다. 이 방법은 엄청난 시간이 걸리는 방법이고 보통 이런 식으로 찾는 사람은 거의 없다. 또 하나의 방법은 전화번호부의 이름들이 정렬되어 있음을 이용하는 방법이다. 전화번호부의 중간 정도를 펼쳐서 거기에 있는 이름과 박철수를 비교하여 앞부분으로 가던지 뒷부분으로 간다. 다시 찾아야 할 범위의 중간 부분에 있는 이름과 박철수를 비교한다. 이러한 과정을 박철수란 이름을 찾을 때까지 되풀이한다. 이러한 방법은 프로그래밍 언어와는 무관하다.

이렇게 문제를 풀기 위하여 컴퓨터가 수행하여야 할 단계적인 절차를 알고리즘(algorithm)이라고 한다. 알고리즘을 프로그래밍 언어로 구현하면 프로그램이 된다. 알고리즘은 흔히 요리법(recipe)에 비유된다. 여러분은 요리법에 따라 요리를 만들어 본 적이 있을 것이다. 예를 들어 빵을 만드는 알고리즘은 다음과 같다.

빵을 만드는 알고리즘

① 빈 그릇을 준비한다.
② 이스트를 밀가루, 우유에 넣고 저어준다.
③ 버터, 설탕, 계란을 추가로 넣고 섞는다.
④ 따뜻한 곳에 놓아두어 발효시킨다
⑤ 170~180도의 오븐에서 굽는다

그림 1.8 알고리즘은 요리법과 같다.

빵을 만들 때도 순서가 잘못되면 빵이 만들어지지 않는다. 빵을 만드는 방법은 영어, 독일어, 프랑스어로도 정확하게 표현할 수 있듯이 알고리즘은 어떤 프로그래밍 언어로도 동일하게 표현할 수 있다. 같은 빵을 만드는 방법도 여러 가지가 존재할 수 있듯이 하나의 문제에 대한 알고리즘은 여러 개가 존재할 수 있다. 이 경우 프로그래머는 가장 효율적인 알고리즘을 선택하여 구현하여야 할 것이다.

순서도

그렇다면 알고리즘은 어떻게 기술하는 것이 좋을까? 물론 우리말로 기술할 수도 있고 아니면 영어로 할 수도 있다. 입문 단계에서 많이 사용되는 방법은 순서도를 사용하는 것이다. 순서도는 플로우 차트(flowchart) 또는 흐름도라고도 하는 것으로 프로그램에서의 논리 순서 또는 작업 순서를 그림으로 표현하는 방법이다. 프로그래머는 항상 순서도를 통해 자신의 논리를 가시화하는 것이 좋다. 보통의 순서도는 단순한 기하학적 기호를 사용한다. 즉 처리는 직사각형으로, 판단은 마름모꼴, 그리고 입출력 처리는 평행사변형 기호를 쓴다. 예를 들어서 회사로 출근하는 알고리즘은 다음과 같다.

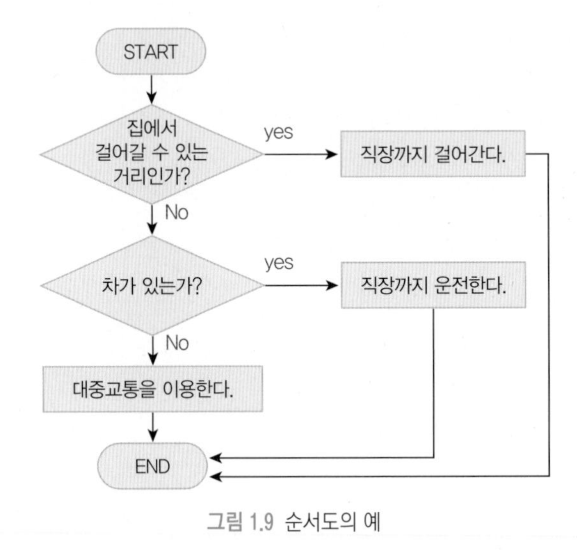

그림 1.9 순서도의 예

중간점검

1. 친구에게 전화를 거는 알고리즘을 순서도로 만들어보라.
2. 세탁기로 세탁하는 알고리즘을 순서도로 만들어보라.

6. 프로그램 개발 과정

프로그램의 개발 단계를 좀 더 자세하게 살펴보자. 당연하지만 컴퓨터가 있어야 하고 몇 가지의 소프트웨어가 설치되어야 한다.

- C언어 소스 파일을 작성할 수 있는 텍스트 에디터가 필요하다.
- 소스 파일을 컴퓨터가 이해할 수 있는 기계어로 변환하여 주는 컴파일러가 필요하다.

우리는 텍스트 에디터와 컴파일러가 통합되어 있는 비주얼 스튜디오를 사용할 예정이다. 전체적인 과정은 다음과 같다.

❶ 텍스트 에디터로 C언어 프로그램을 작성하여 파일로 저장한다.

텍스트 에디터로 작성된 프로그램을 소스 프로그램이라고 하고 이것을 확장자가 ".c"인 파일로 저장한 것을 소스 파일(source file)이라고 한다.

hello.c

❷ 소스 파일을 컴파일한다.

컴파일러(compiler)는 소스 파일을 분석하여 컴퓨터에서 실행이 가능하도록 기계어로 변환한다. 컴파일러는 소스 파일의 문장을 분석하여 문법에 맞도록 작성되었는지를 체크한다. 만약 오류가 발견되면 사용자에게 오류를 통보하고 프로그래머는 소스 작성 단계로 되돌아가서 소스 파일을 수정하여야 한다.

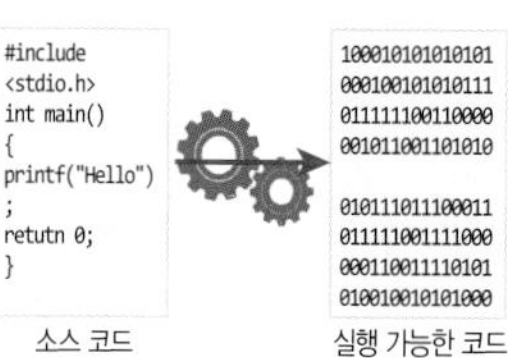

hello.exe

❸ 프로그램을 실행한다.

컴파일이 성공적으로 수행되면 실행 가능한 파일이 만들어진다. 예를 들어서 소스 파일이 hello.c였다면 hello.exe 파일이 생성된다. 이 실행 파일을 가리키는 아이콘을 더블클릭하거나 통합 개발 환경 안에서 실행 메뉴를 선택하면 프로그램이 실행된다.

7. 비주얼 스튜디오 설치

프로그램을 제작하려면 어떠한 도구가 필요할까? 먼저 소스 파일을 만드는 데는 텍스트 에디터가 필요하다. 메모장과 같은 에디터도 사용할 수 있다. 소스 파일을 컴파일하여서 실행 파일로 만들려면 컴파일러가 필요하다. 컴파일러는 비용을 지불하고 구입하여야 하지만, 입문자들을 위한 컴파일러는 무료로 제공된다. 대표적인 컴파일러가 바로 우리가 사용하려고 하는 비주얼 스튜디오이다. 또 오류를 찾아내는데 필요한 디버거가 있다.

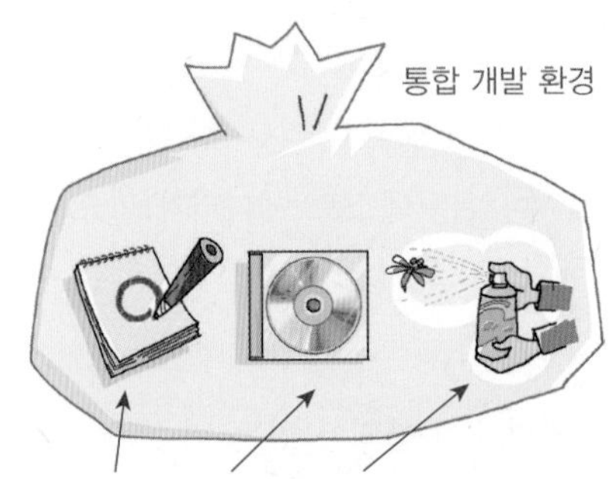

통합 개발 환경은 에디터, 컴파일러, 디버거를 하나로 합친 프로그램이다.

예전에는 에디터, 컴파일러, 디버거 등이 별도의 분리된 프로그램이었다. 따라서 프로그래머들은 매번 여러 개의 프로그램을 수행시켜야 했다. 개발자들은 통합 개발 환경(IDE: integrated development environment)과 같은 소프트웨어 도구들이 등장하면서 더욱 간편하고 효율적으로 프로그램을 작성할 수 있게 되었다. 통합 개발 환경은 프로그램 개발에 필요한 기능인 에디팅, 컴파일, 실행, 디버깅 기능을 하나의 프로그램 안에 모두 넣어서 프로그램 개발을 쉽게 해주는 도구를 의미한다.

비주얼 스튜디오

윈도우즈에서의 대표적인 통합 개발 도구는 마이크로소프트의 비주얼 스튜디오(Visual Studio)이다. 비주얼 스튜디오는 마이크로소프트가 윈도우즈 운영체제에서 응용 프로그램 제작을 위하여 제공하는 통합 개발 환경이다. 비주얼 스튜디오는 윈도우 상에서 동작하는 거의 모든 형태의 프로그램을 제작할 수 있는 강력한 도구이며 윈도우에서 실행되는 많은 프로그램들이 비주얼 스튜디오로 작성되고 있다. 최근의 비주얼 스튜디오는 하나의 틀 안에서 C, C++, C#, 자바스크립트, 파이썬, 비주얼 베이직, HTML&CSS 등의 여러 프로그래밍 언어로 프로그램을 개발할 수 있도록 짜여 있다. 따라서 사용법을 한 번만 학습해두면 두고두고(거의 평생) 사용할 수 있다. 이미 20년 넘게 사용되어온 도구이고 절대 없어지지 않을 것 같으니 안심하고 사용해도 된다.

우리가 주로 작성할 프로그램은 콘솔(console) 형태의 간단한 프로그램이다. 콘솔 프로그램은 콘솔 창을 이용하여 텍스트 형태로 입력과 출력을 하는 아주 간단한 프로그램을 의미한다. 주로 문자 입출력만이 가능하며 윈도우나 그래픽은 불가능하다. 하지만 너무 실망할 필요는 없다. C언어만 잘 학습하면 차후에 얼마든지 화려한 프로그램을 작성할 수 있다. 그리고 항상 중요한 것은 화려한 외양보다 내용이다.

비주얼 스튜디오 버전

마이크로소프트에서는 사용자의 용도에 맞추어서 몇 가지의 비주얼 스튜디오 버전을 제공하고 있다.

- 커뮤니티(Visual Studio Community) 버전은 "기업 외 응용 프로그램 빌드 개발자를 위한 완벽한 기능의 확장 가능한 무료 도구"라고 홈페이지에 설명되어 있다.
- 프로페셔널 버전(Visual Studio Professional)은 "개별 개발자 또는 소규모 팀을 위한 전문적인 개발자 도구 및 서비스"라고 설명되어 있다.
- 엔터프라이즈 버전(Visual Studio Enterprise)은 "고급 테스트 및 DevOps를 포함해서 어떠한 크기나 복잡한 프로젝트까지 개발, 팀을 위한 고급 기능이 포함된 엔터프라이즈급 솔루션"라고 설명되어 있다.

누구나 엔터프라이즈 버전을 사용하고 싶겠지만 가격도 만만치 않고 설치에도 많은 시간이 걸린다. 학생이나 입문자는 커뮤니티 버전으로 충분하다.

참고: C 통합 개발 도구

C 프로그램을 개발하는 개발 도구에는 비주얼 스튜디오만 있는 것은 아니다. 전 세계적으로 많이 사용되는 C IDE들은 다음과 같다.

- **Eclipse**: **Eclipse**는 **Java IDE**로 유명하지만 **C/C ++ IDE** 및 **PHP IDE**도 지원한다. 언어 지원 및 기타 기능을 기본 패키지에 쉽게 결합할 수 있다.
- **Xcode**: 애플 컴퓨터가 지원하는 개발 도구이다.
- **CLion**: **CLion**은 윈도우, 리눅스에서 **C/C++**로 개발하기 위한 **IDE**이다.
- **Code::Blocks**: **GCC** 컴파일러(무척 유명하다)를 사용하는 무료 **C**, **C++**, **Fortran IDE**이다.

비주얼 스튜디오 설치

(1) 웹 사이트 https://www.visualstudio.com/ko에 접속하면 다음과 같은 화면이 나타난다.

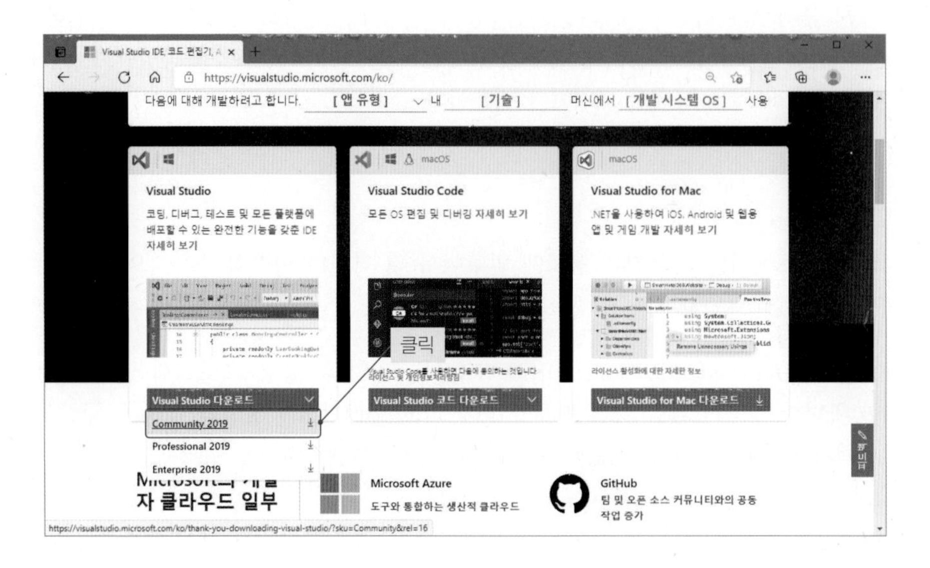

(2) 위의 화면에서 [Community 2019]를 선택하면 아래와 같이 다운로드 화면이 등장한다. 다운로드받은 파일을 클릭하여서 파일을 연다(또는 실행한다).

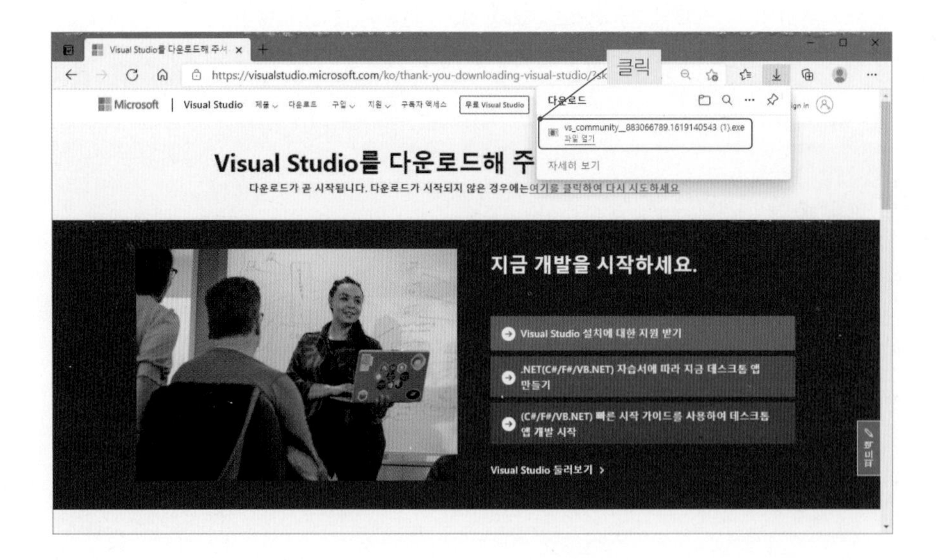

(3) 다음과 같은 화면에 나오면 [계속]을 누른다.

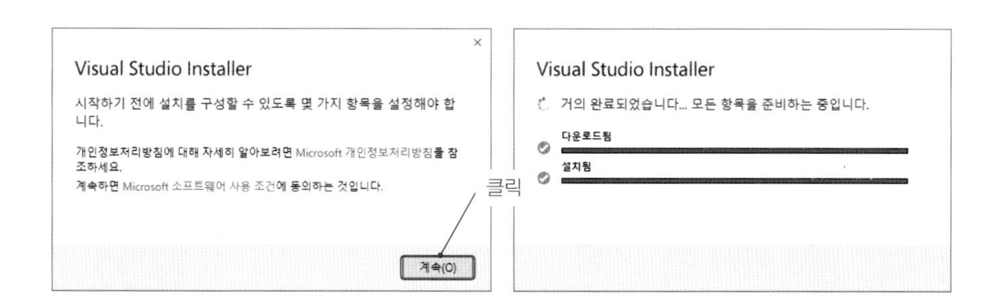

(4) 다음 화면에서는 자신이 사용할 프로그래밍 언어와 개발 환경을 선택할 수 있다. 우리는 [C++를 사용한 데스크톱 개발]을 선택한다. 나중에 필요하면 다른 프로그래밍 언어는 추가 설치가 가능하다.

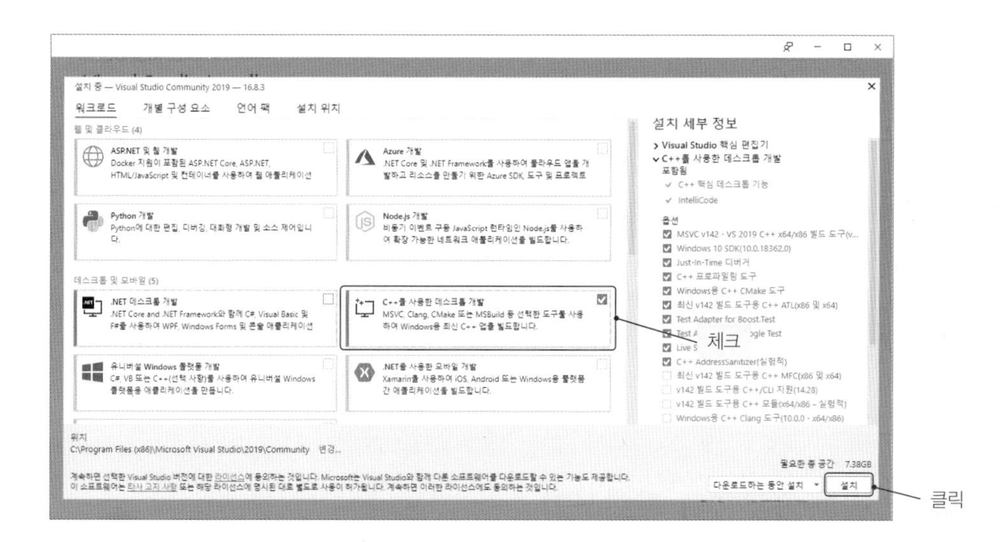

(5) 설치에 상당한 시간이 걸린다. 설치가 완료되면 다음과 같은 화면이 등장한다.

(6) 위의 프로그램을 종료한다.

참고: C가 아니고 C++ 개발 환경을 설치하는 이유

C++은 C언어를 완벽하게 포함하고 있다. C++언어는 C언어의 슈퍼셋(super set)이라고 불린다. 최근의 컴파일러는 모두 C언어와 C++언어를 동시에 지원한다. C++ 컴파일러도 C언어 프로그램을 개발하는데 전혀 문제가 없다. C++ 프로그램을 개발할 때도 비주얼 스튜디오로 할 수 있다.

8. 첫 번째 프로그램 작성하기

윈도우의 [시작] 버튼을 누르고 [Visual Studio 2019]를 찾아서 실행한다. 처음 시작할 때는 로그인 화면이 나타날 수 있다. 마이크로소프트 계정이 있다면 로그인하면 된다. 없다면 [나중에 로그인] 버튼을 누른다(한 달 안에 가입해야 한다). 이어서 [Visual Studio 시작] 버튼을 누르면 다음과 같은 화면이 등장한다. "코드를 사용하지 않고 계속(W)"를 클릭한다.

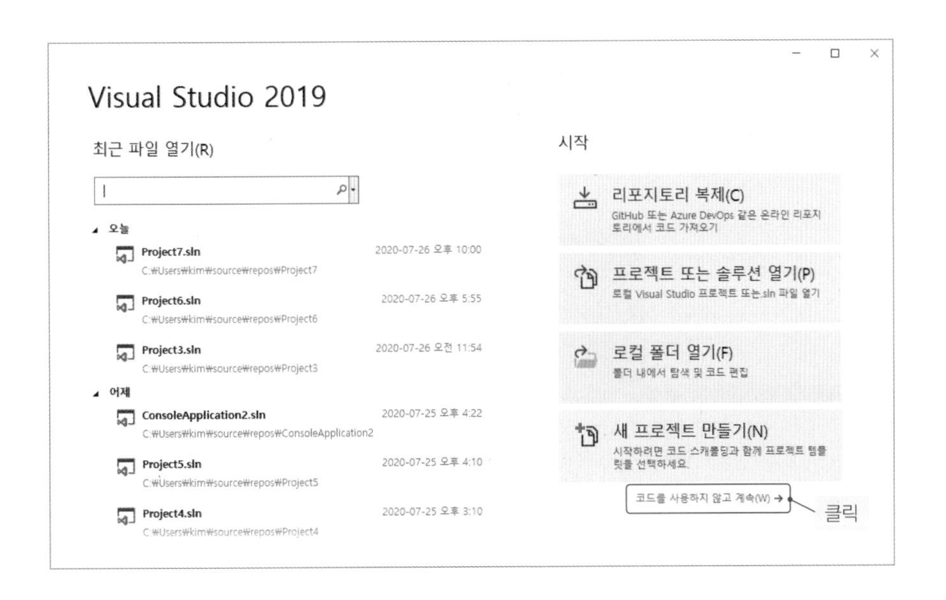

프로젝트 생성

본격적으로 프로그램을 작성하기 전에 먼저 솔루션과 프로젝트를 작성하여야 한다. 프로젝트(project)는 하나의 실행 파일을 만드는데 필요한 소스 코드, 아이콘, 이미지, 데이터들이 들어 있는 컨테이너이다. 솔루션(solution)은 여러 프로젝트들을 가지고 있는 컨테이너이다.

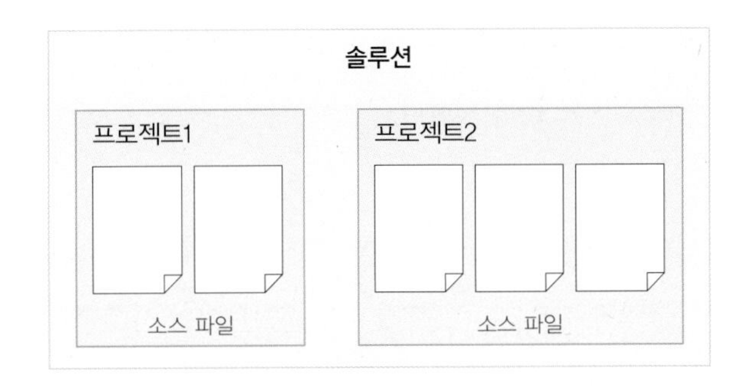

솔루션을 생성하고 프로젝트를 생성하는 것이 올바른 순서이지만 사용자가 새로운 프로젝트를 만들면 자동으로 솔루션이 생성된다. 따라서 솔루션을 먼저 생성할 필요는 없다.

(1) [파일]→[새로 만들기]→[프로젝트] 메뉴를 선택하여 새로운 프로젝트를 생성한다.

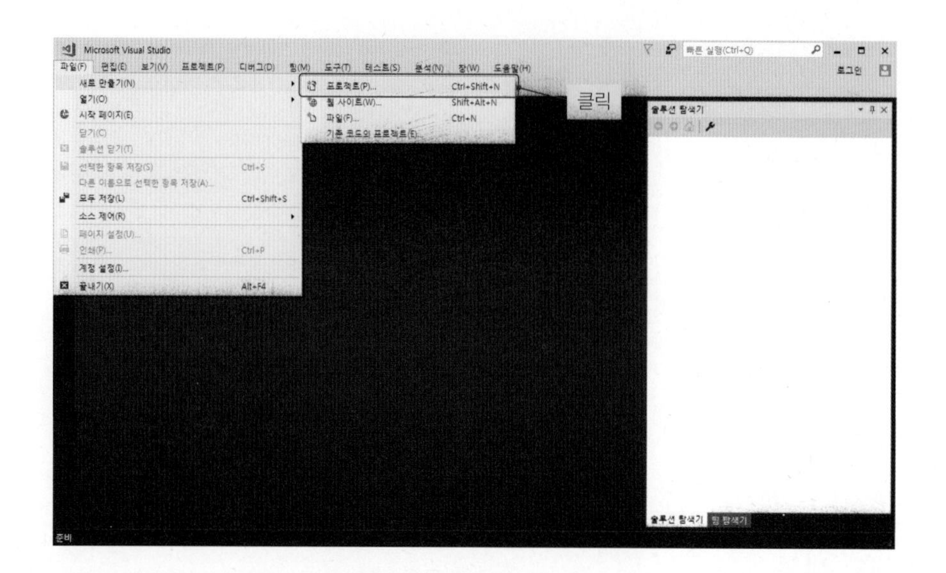

참고 사항

우리는 당분간 하나의 솔루션과 하나의 프로젝트만 있으면 된다.

(2) 대화 상자에서 "빈 프로젝트"를 선택한다.

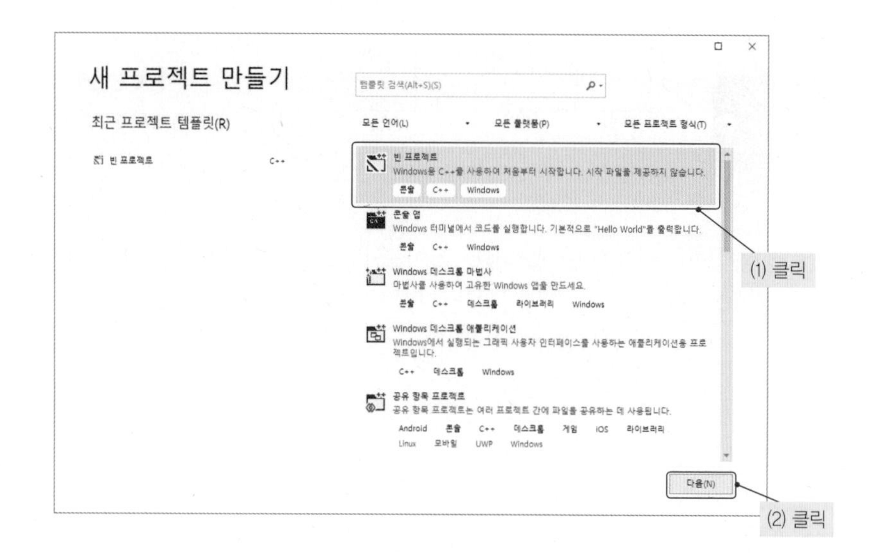

(3) 다음 대화 상자에서 프로젝트의 이름을 입력한다.

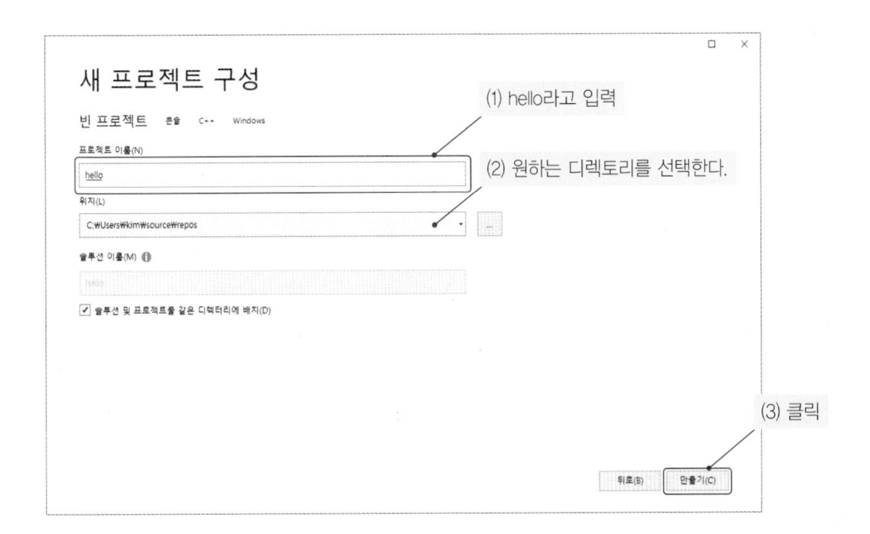

(4) 다음과 같은 화면이 등장한다.

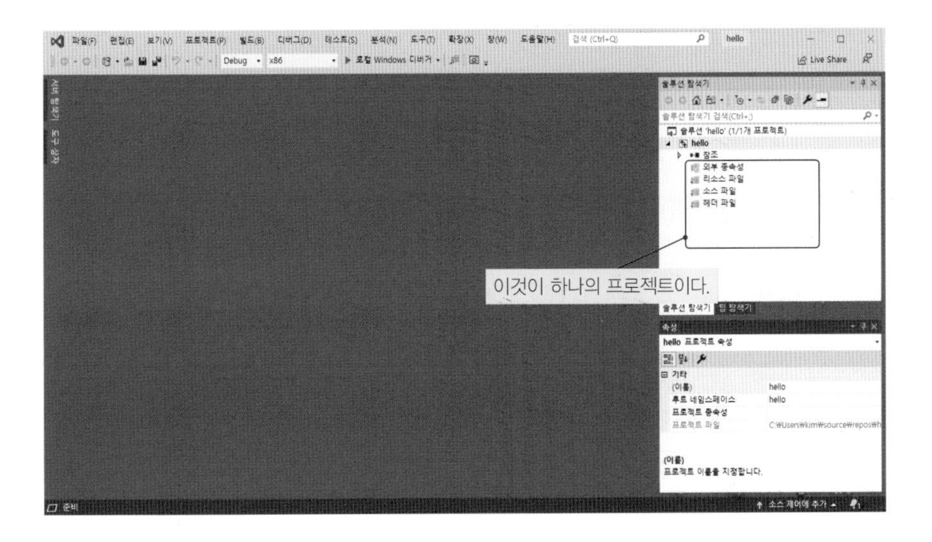

소스 파일 작성

앞에서 프로젝트를 생성하였다. 이제 프로젝트 안에 소스 파일을 추가해보자.

(1) 화면 오른쪽의 솔루션 탐색기의 [소스 파일] 폴더 위에서 마우스 오른쪽 버튼을 누르고 [추가]→[새 항목]을 선택한다.

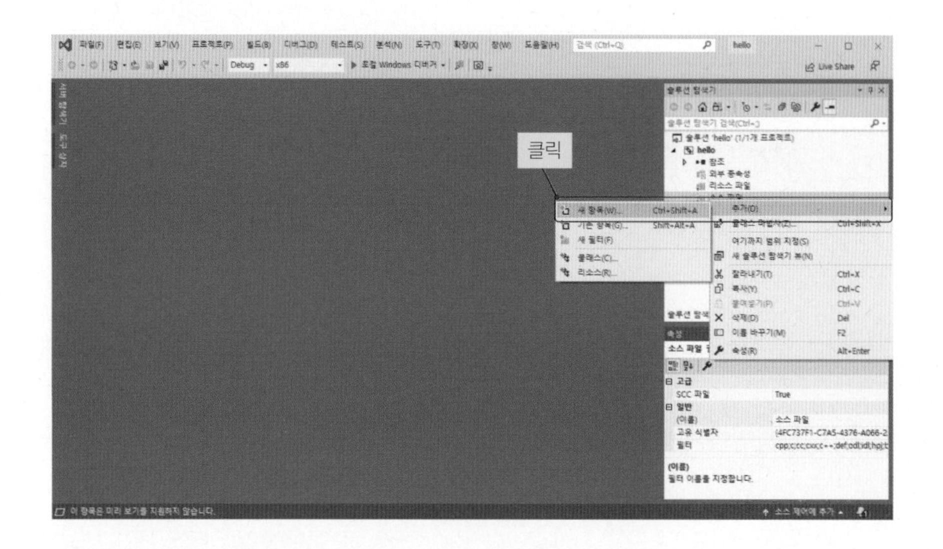

(2) 설치된 템플릿 중에서 [C++ 파일(.cpp)]를 선택하고 파일 이름 hello.c를 입력한다. 반드시 .c 확장자를 붙여야 한다. 확장자를 붙이지 않으면 hello.cpp로 된다.

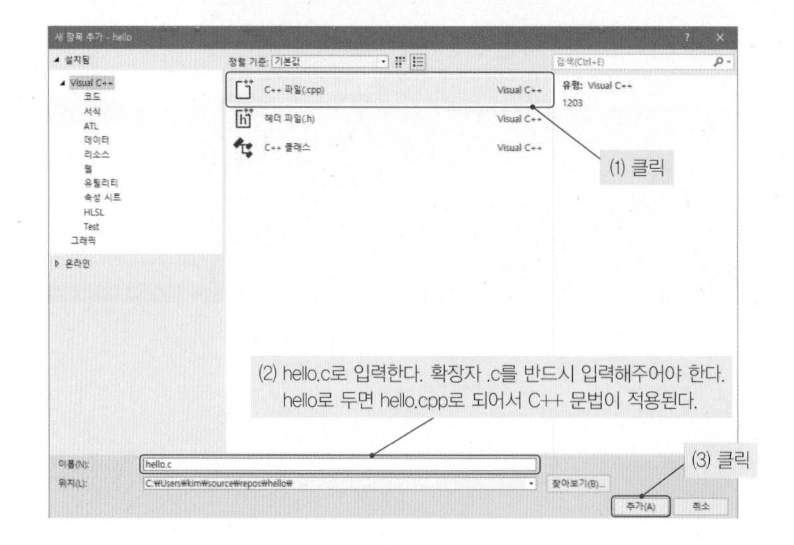

(3) [추가] 버튼을 누르면 다음과 같이 소스를 편집할 수 있는 창이 나타난다. 오른쪽 상단에 있는 솔루션 탐색기에 보면 솔루션 hello 아래에 프로젝트 hello가 있음을 알 수 있다. 프로젝트 hello 아래에는 리소스 파일, 소스 파일, 외부 종속성, 참조, 헤더 파일 폴더가 보인다. 우리가 추가한 hello.c는 소스 파일 폴더에 들어 있다. hello.c 파일을 더블 클릭하면 hello.c가 열리면서 에디터가 실행되어 오른쪽 화면에서 소스 코드를 입력할 수 있다.

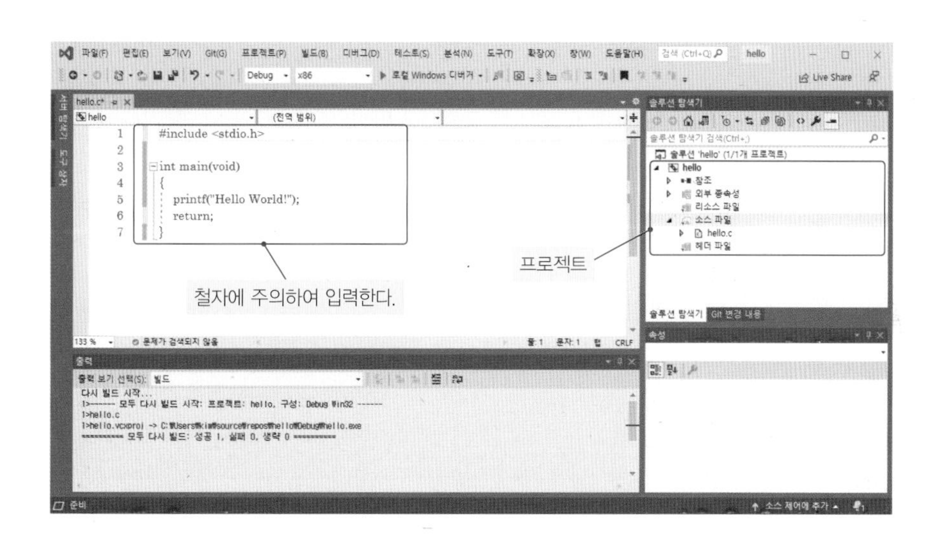

이 상태에서 왼쪽 윈도우에다가 소스를 입력하면 된다. 다음의 소스를 주의하여서 그대로 입력하여 보자. 소스 코드를 입력할 때는 흔히 한두 글자는 틀리기 쉽다. 그러나 한 글자만 틀려도 프로그램은 컴파일되지 않는다. 따라서 처음에는 다음 그림을 참조하여 보이는 그대로 입력하도록 하자.

그림 1.10 소스 코드를 위와 같이 입력하여야 한다.

소스 코드를 입력할 때 주의하여야 할 사항을 살펴보자.

- C에서는 대문자와 소문자를 구별한다. 따라서 대문자와 소문자를 정확하게 구별하여 입력하도록 하여야 한다. 즉 main과 Main은 서로 다르다.
- 주어진 소스 코드를 입력할 때 한 글자라도 틀리지 않게 철자에 주의하여야 한다. 하나의 기호만 틀려도 실행이 불가능하다. stdio.h라고 해야 할 것을 stdio,h로 입력하면 안 된다. 컴퓨터는 믿을 수 없을 만큼 단순하다.
- 소스 코드에서의 각 명령어 문장은 세미콜론(;) 기호로 끝나야 한다. ; 기호는 마침표 역할을 한다.
- 각 문장과 문장 사이에는 공백이 있어도 된다. 또한 문장은 들여 쓸 수 있다. 그러나 일단은 주어진 대로 입력하도록 하도록 하자.

화면을 캡처한 그림에서도 알 수 있지만, 단어들이 파란색, 붉은색, 검정색으로 나타난다. 만약 자신이 입력한 단어가 위의 그림의 색상과 다른 경우에는 다시 한 번 확인을 하여야 한다. 위와 완전히 100% 동일한 경우만 올바르게 컴파일된다.

참고 사항

자동으로 들여쓰기하려면, 원하는 소스 영역을 마우스로 선택하고 [편집]→[고급]→[선택 영역 서식]을 클릭한다.

Q 비주얼 스튜디오를 사용하여 프로그램을 작성하는 경우에 반드시 비주얼 스튜디오에서 지원되는 에디터만을 이용해야 되는가?

A 다른 에디터를 사용해도 된다. 단 에디터를 사용하여 파일을 저장할 때 파일의 확장자가 c로 끝나야 된다. 확장자가 c인 파일은 프로젝트의 [소스 파일]라고 되어 있는 부분에 추가할 수 있다. [소스 파일] 위치에서 마우스 오른쪽 버튼을 누르고 [추가]→[기존 항목] 메뉴를 선택하면 삽입시킬 파일을 물어본다.

컴파일과 링크

소스 코드를 다 입력하였으면 컴파일과 링크를 하여 실행 파일을 만들어보자. 컴파일과 링크를 하여서 완전한 실행 파일을 생성하는 것을 흔히 빌드(build)라고 한다. 변경된 소스 파일은 빌드 전에 자동으로 저장된다. 우리가 입력한 프로그램을 빌드하려면 [빌드] 메뉴의 [솔루션 빌드]를 선택하면 된다.

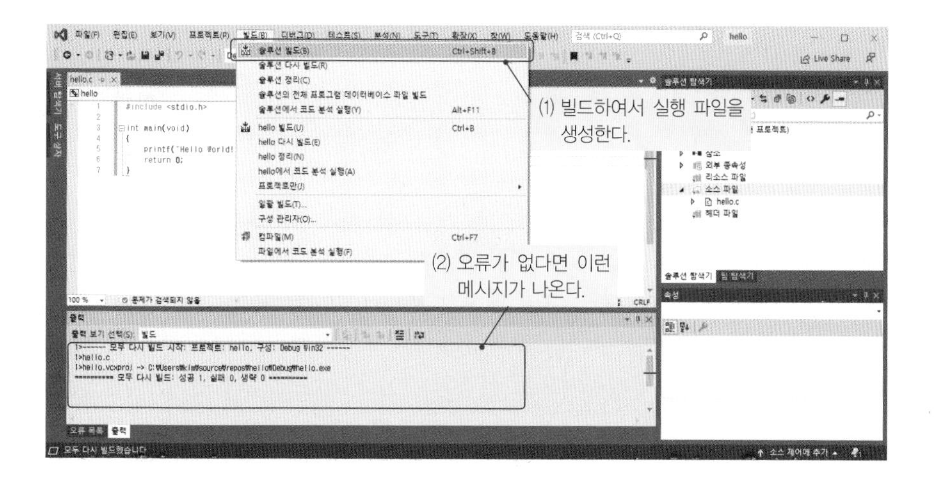
(1) 빌드하여서 실행 파일을 생성한다.
(2) 오류가 없다면 이런 메시지가 나온다.

위의 화면은 컴파일과 링크 과정에서 오류와 경고의 숫자가 0이라는 것을 나타낸다. 만약 여러분이 입력하는 과정에서 철자를 잘못 입력하게 되면 오류와 경고가 0이 아닐 수가 있다. 이 경우에는 입력한 소스 코드를 다시 한 번 교과서와 비교해보면서 오류를 수정한 다음, 빌드를 다시 하여야 한다.

프로그램 실행

지금까지 작성한 프로그램을 실행시키려면 [디버그]→[디버깅하지 않고 시작] 메뉴 항목을 선택한다. 만약 오류가 없다면 다음과 같은 콘솔 창이 뜨고 여기에 Hello World!가 출력된다. 이 상태에서 아무키나 누르면 프로그램이 종료되고 다시 비주얼 스튜디오로 되돌아간다.

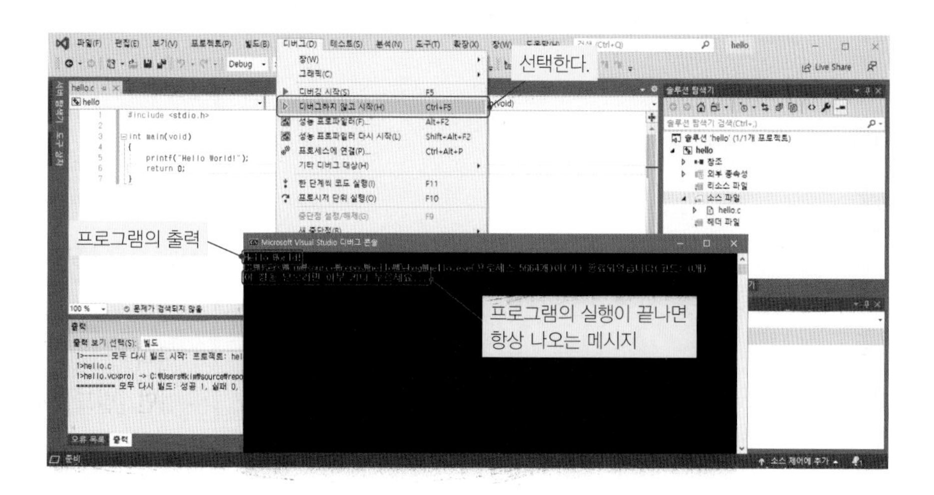
선택한다.
프로그램의 출력
프로그램의 실행이 끝나면 항상 나오는 메시지

참고 사항

빌드할 때 [Ctrl]+[Shift]+B를 입력하여도 된다. 실행시킬 때는 [Ctrl]+F5를 선택하여도 된다. 실행시키면 자동으로 빌드한다.

위의 실행 화면에서 "계속하려면 아무 키나 누르십시오..."는 프로그램의 출력이 아니고 계속 진행하려면 아무 키나 누르라는 안내 메시지이다. 이 메시지는 항상 프로그램을 실행시켰을 때 항상 나오는 메시지이다. "Hello World!"가 예제 프로그램의 출력이 된다. 위와 같은 화면이 나오면 프로그램이 성공적으로 실행된 것이다. 이 프로그램에 대한 설명은 2장에서 자세하게 살펴보자.

디버깅

우리가 코드를 입력할 때 실수할 수 있다. 실토하자면 아주 자주 실수한다.

프로그램에서는 한 글자만 잘못되어도 실행할 수 없다. 예를 들어, 여러분이 다음과 같은 문장을 입력할 때, 세미콜론 ; 하나만 생략하여도 다음과 같은 오류가 발생한다.

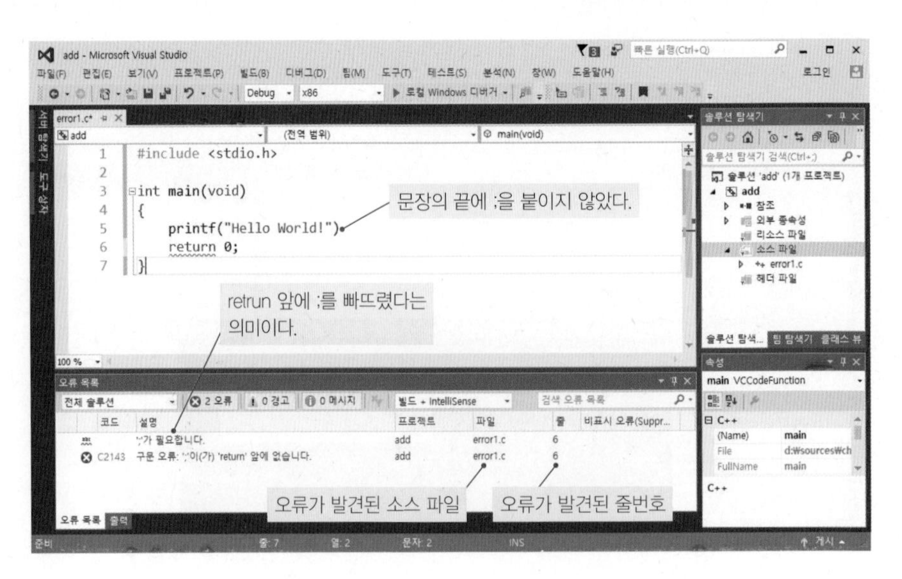

오류 메시지를 보면 return 앞에 ;이 없다고 되어 있다. 이러한 오류를 문법적인 오류(syntax error)라고 한다. 인간 같으면 세미콜론 ; 하나가 생략되었다고 금방 알아차려서 세미콜론을 자동으로 추가하여 실행할 수도 있겠지만 컴퓨터는 절대로 그렇게 하지 않는다. 컴퓨터는 원리원칙만 따지는 완고한 원칙주의자와 같다. 절대로 타협은 없고 프로그램이 정확하지 않으면 섣불리 추측하여서 실행하지 않는 것이다.

우리가 알파고 컴퓨터에서 봤듯이 요즘은 컴퓨터도 상당한 지능을 갖추고 있다. 따라서 컴퓨터도 따옴표가 생략되었다는 것쯤은 알고 있다(컴퓨터를 너무 우습게보면 안 된다!). 화면에 빨간색으로 밑줄을 긋는 것을 보면 알 수 있다. 하지만 오류를 수정하는 방법이 하나가 아니고 여러 개인 경우에는 컴파일러가 프로그래머가 의도한 바를 알 수 없기 때문에 컴파일러는 자동으로 오류를 수정하지 않는다. 따라서 컴퓨터는 프로그래머한테 오류 메시지를 보여주고 프로그래머로 하여금 고치게 하는 것이다. 여러 가지 제안은 할 수 있다. 그래서 최근의 IDE들은 여러 가지 제안을 보여주고 프로그래머가 그 중에서 하나를 선택하도록 한다. 비주얼 스튜디오도 이 기능을 최근 강화시키고 있다.

C언어에서는 여러 가지 형태의 기호를 많이 사용한다. C언어에서는 소괄호, 중괄호, 대괄호, 콜른 등이 아무 많이 사용된다. 이들 기호를 입력할 때는 마지막 한 글자까지 정확하게 입력하여야 한다. 비주얼 스튜디오에서는 코드의 색상이 적절하게 변경되면서 오류를 찾는데 도움을 준다. 오류가 발생하였다고 겁먹으면 안 된다. 오류 메시지를 보고 적절하게 수정할 수 있으면 되는 것이다.

참고 사항

'경고'는 프로그램이 실행되는 데는 문제가 없지만 무언가 석연치 않는 결과를 가져올 수도 있는 문제가 발견되었을 경우에 표시된다.

Q 비주얼 스튜디오에서는 소스 파일이 어디에 저장되는가?

A 소스 파일 **hello.c**는 솔루션_폴더**\hello** 폴더에 저장된다. 실행 파일 **hello.exe**는 솔루션_폴더**\Debug** 폴더에 저장된다. **Debug** 폴더에서 **hello.exe**를 찾아서 더블 클릭해보자.

[hello]
[.vs]
[Debug]
[hello]
[Debug]

참고

독자들 중에서는 혹시 왜 프로그램의 출력이 명령 프롬프트에 텍스트로 나오는지 궁금해 하는 사람도 있을 것이다. C언어가 만들어진 1970년대에는 주로 텍스트로 입력과 출력을 하였다. 따라서 C 프로그램은 기본적으로 텍스트 입력과 출력을 가정한다. 하지만 그래픽 사용자 인터페이스 프로그램을 C언어로 작성하지 못한다는 의미는 절대 아니다. 비주얼 스튜디오에서도 프로젝트의 유형을 [Win32]로 하면 윈도우에서 실행되는 그래픽 프로그램을 작성할 수 있다.

Q 만약 여러분이 게임 프로그램을 작성하였다고 가정하자. 프로그램을 판매하여 이익을 얻으려고 한다. 그런 경우에 여러분은 소스 파일, 오브젝트 파일, 실행 파일 중에서 어떤 파일을 구매자한테 주어야 할까?

A 정답은 실행 파일이다. 실행 파일은 독립적인 파일이다. 즉 다른 파일들이 없어도 독립적으로 수행될 수 있다. 구매자들은 실행파일만 있으면 얼마든지 실행이 가능하다. 또한 C 컴파일러도 필요 없다. 만약 소스 파일을 구매자한테 준다면 구매자가 소스를 변경하여 다른 게임을 만들 수 있기 때문에 조심하여야 한다. 업체들이 소스 파일을 공개하지 않는 것은 이런 이유 때문이다.

중간점검

1. 새로운 프로젝트를 생성하고 프로젝트에 소스 파일을 추가하는 메뉴는 무엇인가?
2. 프로젝트에 속하는 소스 파일을 컴파일하여 실행하는 메뉴는 무엇인가?
3. C언어에서는 대문자와 소문자를 구별하는가?

연습문제

1 컴퓨터는 내부적으로 몇 진법을 사용하는가?

① 2진법　② 8진법　③ 10진법　④ 16진법

2 C언어로 작성된 프로그램을 기계어로 변환하는 도구는 무엇인가?

① 링커　② 컴파일러　③ 에디터　④ 디버거

3 컴퓨터를 이용하여 문제를 해결하기 위한 단계(절차)를 무엇이라고 하는가?

① 알고리즘　② 객체지향　③ 구조적 방법　④ 자료 구조

4 프로그램 개발 과정을 순서대로 적어라.

(　　　→　　　→　　　→　　　)

① 컴파일　② 소스 코드 작성　③ 실행　④ 디버깅

5 알고리즘을 시각적으로 표현한 것은 무엇인가?

① 구조도　② 순서도　③ 의사 코드　④ 설명도

6 순서도(flowchart)에서 처리를 나타내는 기호는?

① 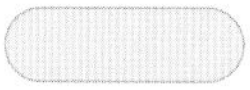　② 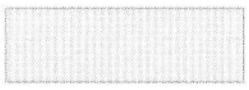　③　④

7 다음 중에서 C언어를 개발한 사람은 누구인가?

① Dennis Ritchie　② Kernighan

③ Niklaus Wirth　④ Bjarne Stroustrup

8 컴퓨터에서 10진법이 아닌 2진법이 사용되는 이유를 설명하라.

9 인텔의 CPU에서 사용되는 명령어(instruction)중에서 1가지를 선택하여 무슨 일을 하는 명령어인지를 조사하여 보라.

10 주판이나 계산자하고 현대적인 컴퓨터와의 결정적인 차이점은 무엇인가?

11 아침에 일어나서 학교에 등교하는 알고리즘을 순서도로 정리해보자.

12 두 개의 컵에 우유와 주스가 각각 담겨있다. 우유와 주스를 교환하기 위한 알고리즘을 고안하라. 사용가능한 세 번째 컵이 있다고 가정하라.

13 다음 코드에서 잘못된 부분을 모두 지적해보자.

```
#include "stdio.h"

integer main(void)
{
    print('Hello World!')
    return0;
}
```

14 자신의 이름과 나이, 주소 등을 3줄에 걸쳐서 다음과 같이 출력하는 프로그램을 작성하여 보자.

선택 Microsoft Visual Studio 디버그 콘솔
이름: 홍길동
나이: 21살
주소: 서울 종로구 200번지

HINT '\n'을 사용하면 줄을 바꿀 수 있다. printf("이름: 홍길동\n");과 같다.

기초 사항

scanf()와 printf() 함수를 사용합니다. 기본적인 함수라서 잘 알아두어야 합니다.
C언어에서 입력과 출력은 어떻게 하나요?

■ **학습목표**

- 프로그램을 이루는 구성요소들을 이해할 수 있다.
- 주석의 개념을 이해한다.
- 화면으로 출력할 수 있다.
- 사용자로부터 입력받을 수 있다.

2 기초 사항

1. 이번 장에서 만들 프로그램

앞장에서 비주얼 스튜디오를 설치하고 화면에 "Hello World!"를 출력해보았다. 이번 장에서는 문장, 주석, 함수, 출력 함수와 입력 함수 등의 프로그램을 이루는 요소들에 대하여 학습한다. 이번 장에서 작성할 프로그램은 다음과 같다.

(1) 화면에 구구단의 일부를 출력해보자.

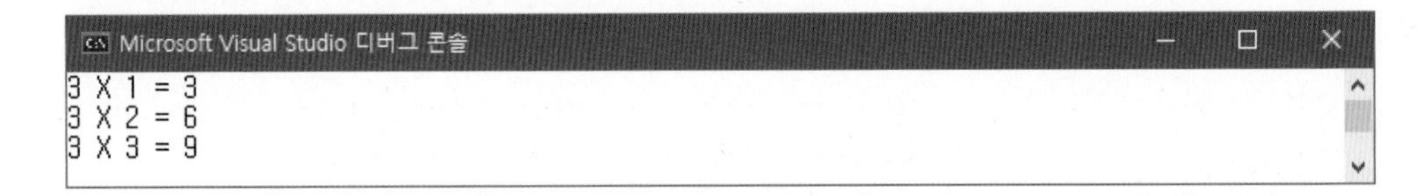

Microsoft Visual Studio 디버그 콘솔
3 X 1 = 3
3 X 2 = 6
3 X 3 = 9

(2) 사용자로부터 두 수를 받아서 더한 후에, 결과를 출력해보자.

Microsoft Visual Studio 디버그 콘솔
첫 번째 숫자를 입력하시오:100
두 번째 숫자를 입력하시오:200
두수의 합= 300

(3) 여행 비용을 계산해주는 프로그램을 작성해보자.

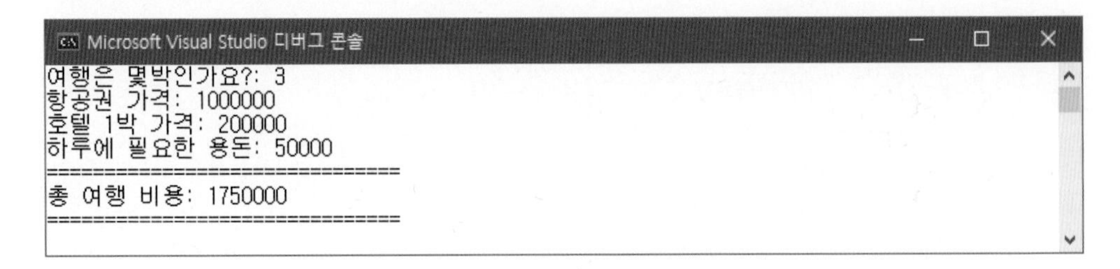

Microsoft Visual Studio 디버그 콘솔
여행은 몇박인가요?: 3
항공권 가격: 1000000
호텔 1박 가격: 200000
하루에 필요한 용돈: 50000
==============================
총 여행 비용: 1750000
==============================

2. 첫 번째 프로그램 설명

1장에서 컴파일하고 실행시킨 소스 코드를 분석하여 보자. 이 프로그램은 "Hello World!"를 화면에 출력하는 프로그램이다. 전통적으로 이 프로그램은 프로그래밍의 세계에 들어오는 사람들이 처음으로 작성하는 프로그램이 되어 왔다. 프로그램을 구성하고 있는 요소들을 하나씩 설명하여 보자.

hello.c

```c
1  #include <stdio.h>
2
3  int main(void)
4  {
5      printf("Hello World!");
6      return 0;
7  }
```

```
Microsoft Visual Studio 디버그 콘솔
Hello World!
```

#include 〈stdio.h〉

#으로 시작하는 문장은 전처리기 지시자이다. 전처리기(preprocessor)는 보통 본격적으로 컴파일하기 전에 사전 작업을 하는 컴파일러의 일부분이다. #include는 소스 코드 안에 특정 파일을 포함시키라고 지시하는 명령어이다. stdio.h와 같은 파일들은 헤더 파일(header file)이라고 불리며 컴파일러가 필요로 하는 정보를 가지고 있다. 전처리기 지시자 끝에는 세미콜론(;)을 붙이면 안 된다.

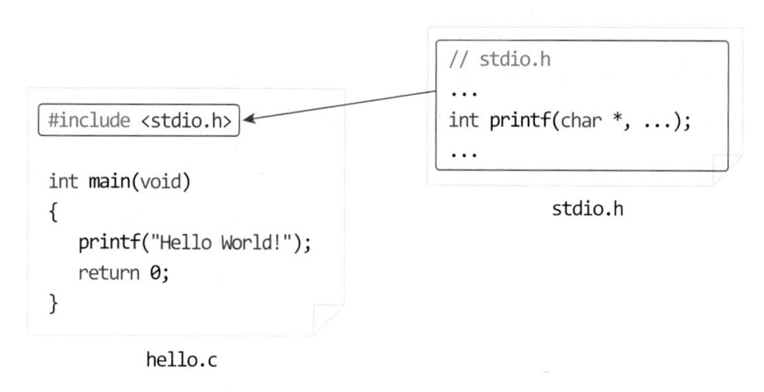

// stdio.h
...
int printf(char *, ...);
...
stdio.h
#include <stdio.h>
int main(void)
{
printf("Hello World!");
return 0;
}
hello.c

그림 2.1 헤더 파일이 #include 위치에 삽입된다.

stdio.h라는 파일은 입출력 함수에 대한 정보를 가지고 있는 헤더 파일이다. 헤더 파일들은 일반적으로 .h 확장자를 가지고 있다. 대부분의 프로그램에서 한 개 이상의 헤더 파일을 사용한다. 우리는 대부분의 경우, stdio.h 헤더 파일을 포함시킬 것이다.

줄바꿈 및 들여쓰기

hello.c의 2번째 줄은 비어 있는데 이는 프로그램을 보기 쉽게 하기 위하여 의도적으로 빈 줄을 둔 것이다. 문장과 문장 사이에는 얼마든지 빈 줄을 둘 수 있다. 빈 줄은 프로그램의 실행 결과에는 아무런 영향을 끼치지 않는다.

여기서 잠깐 들여쓰기(indentation)에 대하여 설명을 하고 지나가자. 들여쓰기는 소스 코드의 가독성을 높이기 위하여 같은 수준에 있는 문장들을 몇 자 안으로 들여보내거나 적당한 공백 문자를 삽입하는 것이다. 들여쓰기를 잘하면 소스 읽기가 아주 편해진다. 반면에 들여쓰기를 하지 않으면 실행되기는 하지만 사람이 읽기에 불편한 프로그램이 된다.

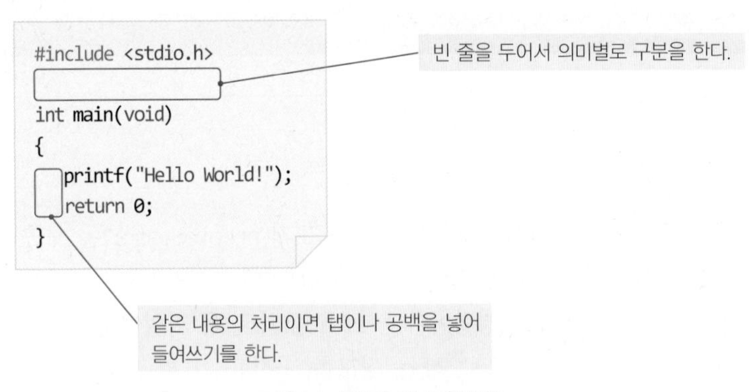

그림 2.2 줄바꿈 및 들여쓰기

함수

1장에서 프로그램은 컴퓨터에게 작업을 지시하는 문서와 같다고 이야기하였다. 그렇다면 작업을 지시하는 문장들은 어디에 들어가게 될까? 바로 다음과 같은 공간 안에 작업을 지시하는 문장들을 넣으면 된다.

```
int main(void)
{

}
```

여기에 작업을 지시하는 문장을 넣는다.

위의 문장은 main() 함수를 정의하는 문장이다. 함수(function)란 특정한 작업을 수행하는 코드의 집합이다. 함수는 우리가 작성할 수도 있고 아니면 외부에서 우리에게 제공할 수도 있다. 함수는 입력이 주어지면 출력을 만들어내는 블랙박스와 같다.

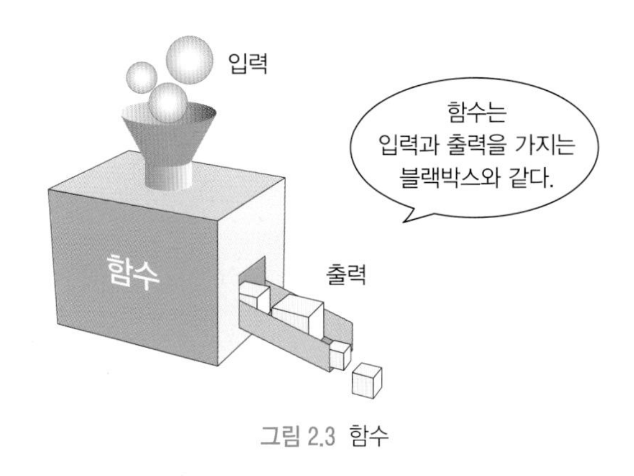

그림 2.3 함수

함수의 시작과 끝은 { 과 }로 나타낸다. { 과 } 사이에 함수의 몸체 부분이 들어간다. main() 함수의 몸체에는 작업을 지시하는 문장들이 들어간다. 예를 들어 우리의 첫 번째 프로그램에서는 화면에 "Hello World!"를 출력하는 문장이 들어가 있다.

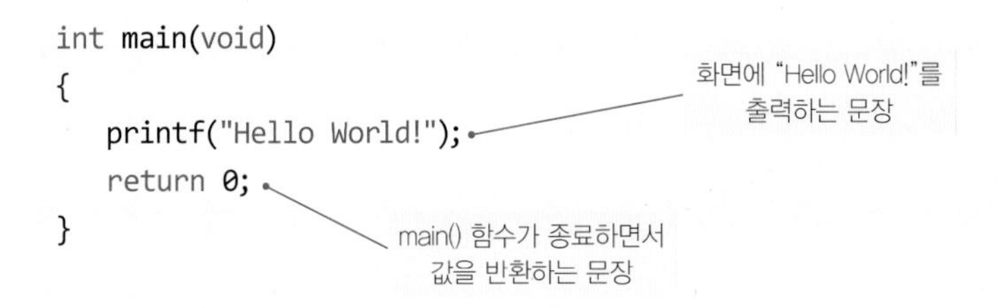

하나의 프로그램은 여러 개의 함수들로 이루어진다. 그러나 우리는 당분간 main() 함수만을 사용할 것이다. C언어에서 main() 함수는 특별한 의미가 있다. 왜냐하면 모든 C 프로그램은 main()에서 시작하기 때문이다. 따라서 모든 C 프로그램에는 반드시 하나의 main() 함수가 있어야 한다. main() 함수는 여러 개 정의하면 안 된다.

문장

프로그램에서 작업을 지시하는 한 줄을 문장(statement)이라고 한다. 명령문이라고도 한다. 프로그램이 어떻게 동작하느냐는 어떤 문장이 함수 안에 포함되느냐에 달려있다. 문장을 이용하여 화면에 값들을 출력할 수도 있고 수학적인 계산을 할 수도 있다. 현재는 화면에 출력하는 문장만 있다.

인간이 작문할 때 문장의 끝에는 마침표를 찍듯이 프로그램의 문장 끝에는 반드시 ;(세미콜론)을 찍어야 한다. 문장들은 기본적으로 위에서 아래로, 차례대로 실행된다. 즉 우리의 예제에서는 먼저 printf("Hello World!"); 문장이 먼저 실행되고 다음에 return 0; 문장이 실행된다.

```
int main(void)
{
    printf("Hello World!");
    return 0;
}
```

순차적으로 실행된다.

printf("Hello World!"); 문장은 printf() 함수를 호출하여 콘솔 화면에 텍스트 "Hello World!"를 출력하는 문장이다. 함수를 호출한다고 하는 것은 이미 작성되어 있는 함수를 사용한다는 뜻이다. printf() 함수는 컴파일러가 우리에게 제공하는 함수로서 콘솔 화면에 텍스트나 데이터 값들을 출력할 때 사용하는 라이브러리 함수이다. 일반적으로 printf() 함수는 따옴표 사이에 있는 문자들을 그대로 화면에 출력한다. 따옴표로 둘러싸인 텍스트를 문자열(string)이라고 한다. 예제 프로그램에서 "Hello World"가 바로 문자열이다.

return은 함수가 작업을 끝내고 작업의 결과를 반환할 때 사용된다. return 0; 문장이 실행되면 main() 함수는 작업을 끝내고 외부로 0 값을 반환한다. 여기서 외부라고 하는 것은 이 프로그램을 실행시킨 윈도우 10과 같은 운영 체제를 가리킨다. 보통 0의 값은 프로그램이 정상적으로 종료했음을 나타낸다.

주석

프로그램에는 주석을 추가할 수 있다. 주석(comment)은 프로그램에 대한 설명이다. 주석은 /*으로 시작하여서 */로 끝난다.

```
/* 첫 번째 프로그램 */
#include <stdio.h>

int main(void)
{
    printf("Hello World!");
    return 0;
}
```

이것이 주석. 프로그램에 대한 설명이다.

주석은 컴파일러에게 무시되기 때문에 프로그램의 동작에는 전혀 영향을 끼치지 않는다. 한 줄 또는 여러 줄이 될 수도 있다. 그렇다면 도대체 주석은 어디에 필요한 것인가? 주석은 컴퓨터를 위한 것이 아니고 프로그램을 읽는 사람을 위한 것이다. 주석은 프로그램의 가독성을 높인다. 주석에는 프로그램의 구조와 동작을 설명해주는 문장들이 들어간다. 작성자, 작성 목적, 작성 일자, 코드 설명 등이 주석에 포함된다. /와 *은 반드시 붙여서 쓰자.

```
/* 작성자: 홍길동
작성날짜: 2021년 3월 1일
작성목적: 컴파일러 테스트
*/
```

한 줄 전체를 주석처리하려면 //을 사용한다.

```
// 이 줄은 전체가 주석이다.
printf("Hello World!");        // 문자열을 화면으로 출력
```

좋은 주석은 코드를 그대로 설명하지 않는 것이라고 한다. 좋은 주석은 코드를 작성한 의도를 명확히 나타내는 주석이다. 주석은 프로그래머가 무엇을 하려고 하는지를, 더욱 높은 수준에서 설명하여야 한다.

중간점검

1. #include 문은 어떤 동작을 하는가?
2. 모든 문장의 끝에 있어야 하는 기호는?
3. 주석이 하는 역할은 무엇인가?

3. 화면 출력

화면 출력은 어떤 프로그램이든지 중요하다. 결과를 출력하지 않는 프로그램을 어디에 쓸 것인가. 요즘은 윈도우에 그래픽으로 출력시키는 것이 대세지만 그래픽을 사용하려면 약간 복잡한 과정을 거쳐야 한다. C언어는 전통적으로 콘솔 화면에 텍스트를 출력하는 기능을 기본으로 제공한다. 바로 printf()이다. printf()는 출력을 담당하는 라이브러리 함수이다.

라이브러리 함수란 컴파일러가 프로그래머가 사용할 수 있도록 기본적으로 제공하는 함수들을 의미한다. 라이브러리에 있는 함수들은 누구든지 사용할 수 있다.

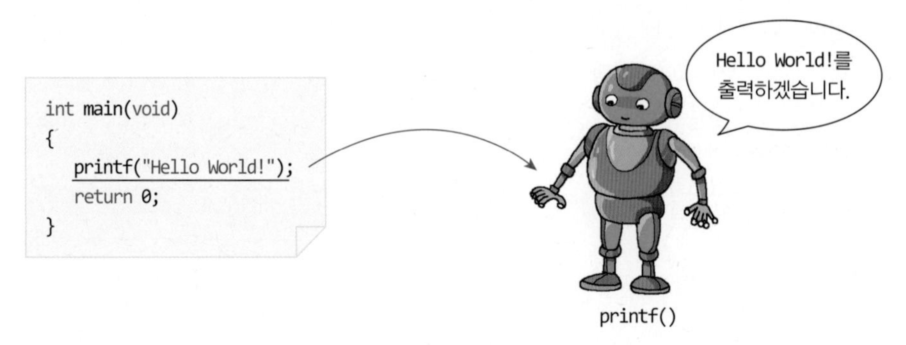
int main(void)
{
printf("Hello World!");
return 0;
}
Hello World!를
출력하겠습니다.
printf()

그림 2.4 라이브러리 함수는 컴파일러가 프로그래머한테 제공하는 함수들이다.

즉 우리가 다음과 같은 문장을 작성하면 컴퓨터는 따옴표 안의 텍스트를 화면에 출력하는 것이다.

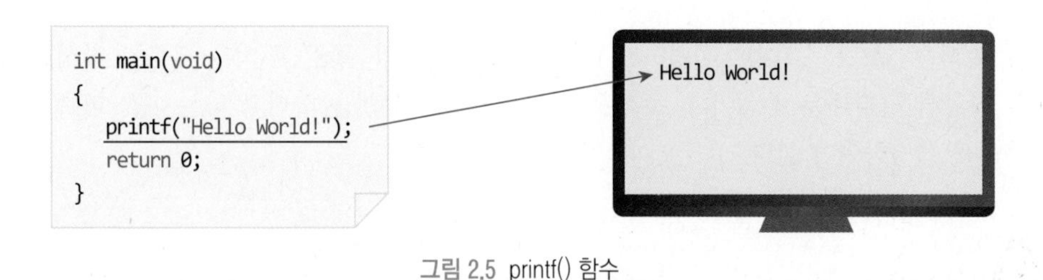
int main(void)
{
printf("Hello World!");
return 0;
}
Hello World!

그림 2.5 printf() 함수

라이브러리에는 많은 함수들이 기본으로 제공되고 있는데 그중에서 printf()는 콘솔 화면에 출력을 하기 위한 함수이다.

참고

printf()에서 f는 formatted를 의미한다. 즉 형식(format)을 지정하는 출력 함수라는 의미이다. printf() 함수는 프린트에프라고 읽으면 된다.

줄바꿈 기호

우리의 첫 번째 프로그램은 화면에 문자열을 출력하는 아주 간단한 프로그램이었다. 이것을 약간만 확장시켜 보자. 다음과 같이 한 줄이 아닌 두 줄로 하려면 출력하려면 어떻게 하여야 할까?

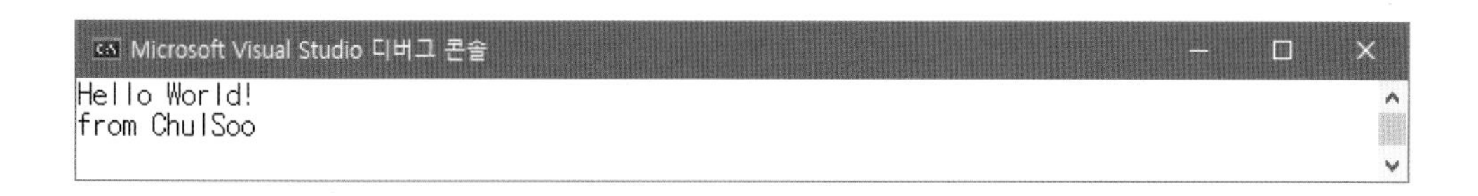
Microsoft Visual Studio 디버그 콘솔
Hello World!
from ChulSoo

우리는 printf("...");에 있는 따옴표 안의 텍스트가 화면에 출력되었을 알고 있다. main() 함수 안에 들어 있는 문장들은 순차적으로 수행된다. 따라서 비슷한 문장을 하나 더 만들어서 추가하면 원하는 결과를 얻을 수 있을 것이다.

hello1.c

```
1  /* 첫 번째 프로그램의 응용 */
2  #include <stdio.h>
3
4  int main(void)
5  {
6     printf("Hello World!");
7     printf("from ChulSoo");
8
9     return 0;
10 }
```

순차적으로 실행된다.

Microsoft Visual Studio 디버그 콘솔
Hello World!from ChulSoo

하지만 실행 결과는 우리가 원하는 것과 약간 다르다. "Hello World!"를 출력한 후에 다음 줄에 "from ChulSoo"를 출력하려면 화면에서 줄을 바꾸어 주어야 한다. 줄바꿈 문자는 \n으로 표현된다. \n처럼 역슬래시(\)가 먼저 나타나면 특별한 의미를 가진다. \n은 줄바꿈(newline)을 의미하고 화면의 커서를 다음 줄의 시작 위치로 옮긴다. 여기서 커서라고 하는 것은 마우스의 커서가 아니고 MS-DOS 창과 같은 콘솔 화면에서의 커서를 의미한다.

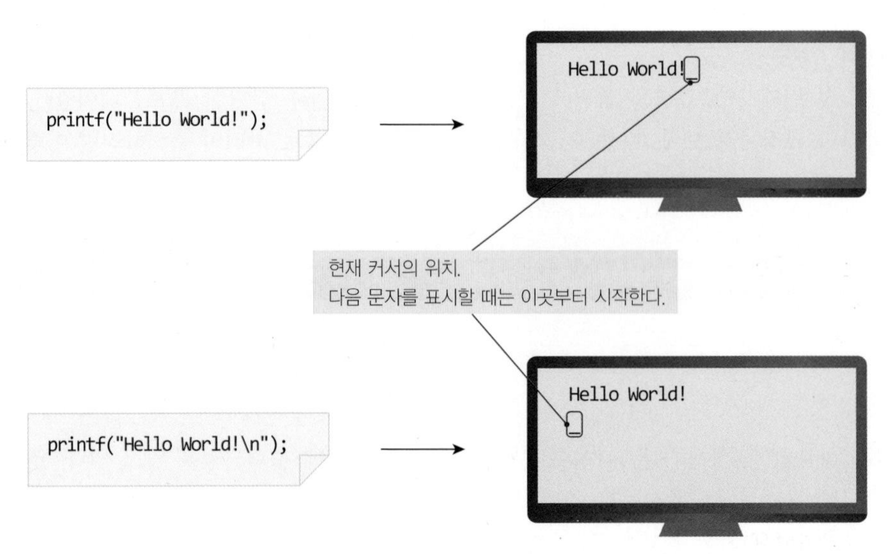

그림 2.6 \n은 화면에서 줄을 바꾸는데 사용되는 특수한 문자이다.

따라서 줄바꿈 문자를 이용하여서 위의 프로그램을 다시 작성해보면 다음과 같다.

hello2.c

```
1  /* 첫 번째 프로그램의 응용 */
2  #include <stdio.h>
3
4  int main(void)                 줄바꿈 문자
5  {
6     printf("Hello World!\n");
7     printf("from ChulSoo\n");
8
9     return 0;
10 }
```

Microsoft Visual Studio 디버그 콘솔

```
Hello World!
from ChulSoo
```

화면에 여러 줄을 출력한다.

이제까지 배운 것을 바탕으로 화면에 구구단의 일부를 다음과 같이 출력하여 보자.

```
3 X 1 = 3
3 X 2 = 6
3 X 3 = 9
```

main() 안의 문장들은 순차적으로 실행되므로 다음과 같이 문장을 배치하면 된다.

gugu.c

```
1  /* 첫 번째 프로그램의 응용 */
2  #include <stdio.h>
3
4  int main(void)
5  {
6     printf("3 X 1 = 3\n");
7     printf("3 X 2 = 6\n");
8     printf("3 X 3 = 9\n");
9
10    return 0;
11 }
```

순차적으로 실행된다.

중간점검

1. 줄바꿈 문자인 "\n"이 하는 역할은 무엇인가?
2. main() 함수 안의 문장들은 어떤 순서대로 실행되는가?
3. 구구단 중에서 9단을 출력하는 프로그램을 작성해보자.

4. 연산이 있는 프로그램

앞에서 출력문만 존재하는 아주 간단한 프로그램을 살펴보았다. 그러나 일반적인 프로그램은 외부로부터 데이터를 받아서, 데이터를 처리한 후에, 결과를 화면에 출력한다. 이번 장에서는 이러한 일반적인 구조를 가지는 프로그램을 작성하여 보자.

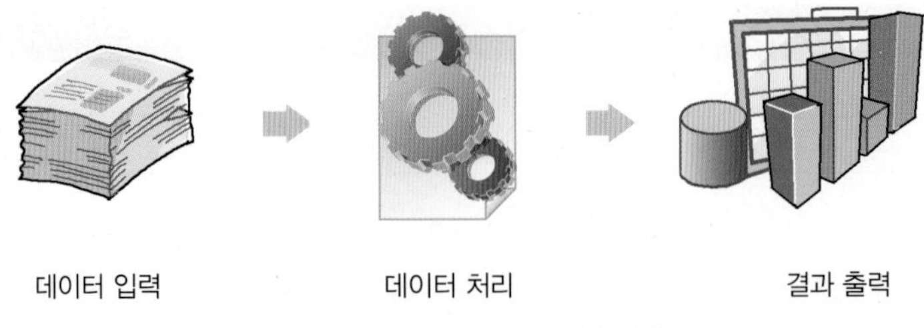

그림 2.7 일반적인 프로그램의 단계

이번 절에서는 이러한 프로그램들을 난이도 순으로 학습하여 보자. 첫 번째 프로그램은 두 개의 정수를 가지고 덧셈 연산을 실행한 후에, 연산 결과를 화면에 출력한다. 이 프로그램에서는 데이터들을 메모리에 저장하기 위하여 변수라는 새로운 개념을 사용한다. 또한 덧셈 연산을 실행하는 문장이 등장한다. 또한 printf() 함수를 사용하여 변수의 값을 출력하는 방법도 살펴본다. 우리의 목표는 다음과 같은 프로그램을 작성하여 실행하는 것이다. 하나씩 설명해보자.

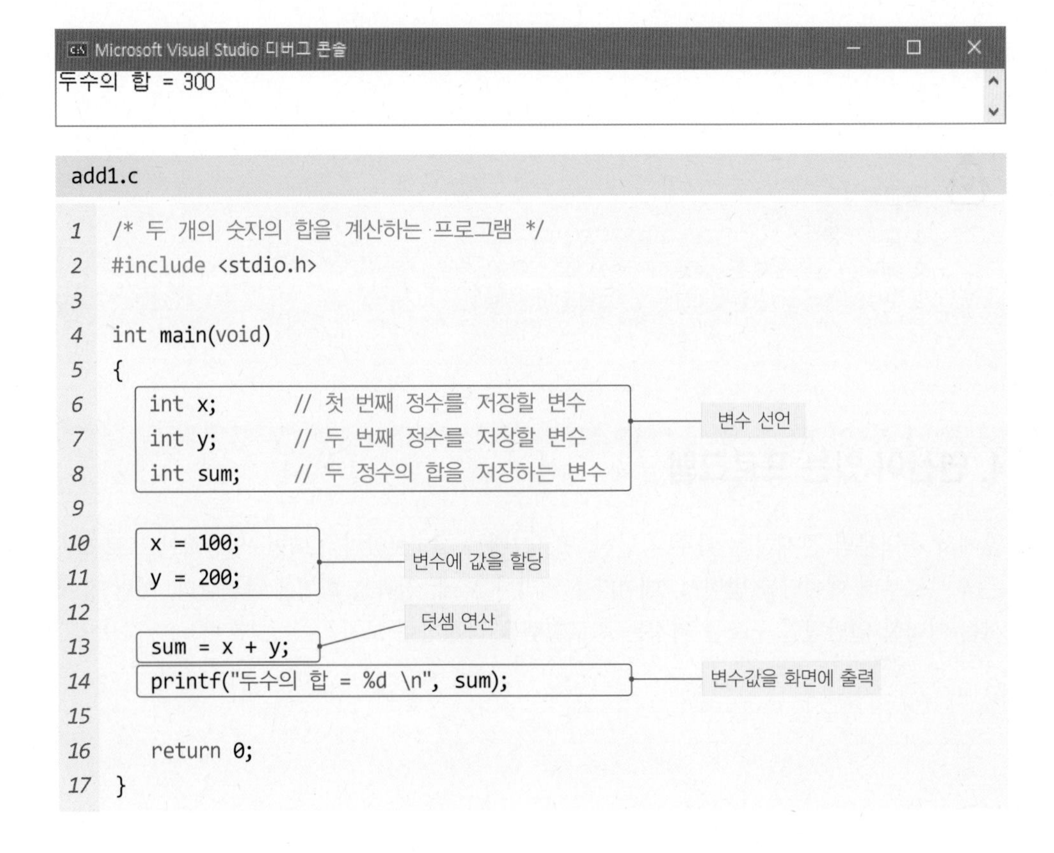

add1.c

```
1  /* 두 개의 숫자의 합을 계산하는 프로그램 */
2  #include <stdio.h>
3
4  int main(void)
5  {
6      int x;        // 첫 번째 정수를 저장할 변수
7      int y;        // 두 번째 정수를 저장할 변수
8      int sum;      // 두 정수의 합을 저장하는 변수
9
10     x = 100;
11     y = 200;
12
13     sum = x + y;
14     printf("두수의 합 = %d \n", sum);
15
16     return 0;
17 }
```

변수

```
int x;       // 첫 번째 정수를 저장하는 변수
int y;       // 두 번째 정수를 저장하는 변수
int sum;     // 두 정수의 합을 저장하는 변수
```

위의 문장들은 변수를 정의하는 문장이다. 변수(variable)란 프로그램이 사용하는 데이터를 일시적으로 저장할 목적으로 사용하는 메모리 공간이다.

변수를 요리에 비유하여 이야기하면 그릇이라고 할 수 있다. 요리는 여러 가지 재료를 이용하여 만들어진다. 요리를 하려면 외부에서 음식 재료를 받아서 어딘가에 놓아야 한다. 이때 필요한 것이 그릇이다. 재료들을 일단은 그릇에 놓아야 다음에 사용할 수 있는 것이다. 프로그램에서 변수도 마찬가지의 역할이다. 어떤 처리를 하려면 먼저 입력되는 데이터들을 어딘가에 저장해야 하는 것이다. 이때 필요한 것이 변수이다. 변수는 데이터를 일시적으로 저장하는 역할을 한다.

그림 2.8 프로그램에서의 변수는 요리에서의 그릇과 같다. 그릇에 음식 재로들이 담기듯이 변수에는 데이터들이 저장된다.

변수는 데이터를 저장하고 있는 상자로 생각하면 이해가 쉽다. 이 상자는 컴퓨터 내부 메인 메모리 안에 만들어진다.

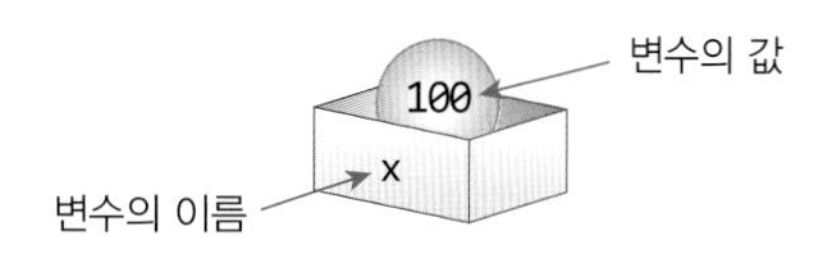

변수는 어떤 데이터를 저장하느냐에 따라 여러 가지 종류가 있다. 상자도 여러 가지 크기가 있는 것처럼 변수에도 담을 수 있는 데이터나 범위에 따라 여러 가지 종류가 있다. 예를 들면 정수를 저장할 수 있는 변수도 있고 실수나 문자를 저장할 수 있는 변수도 있다. 작은 상자에 큰 물건을 넣을 수 없는 것처럼 변수도 큰 값을 작은 상자에 저장할 수는 없다.

그림 2.9 변수에도 저장할 수 있는 데이터의 종류나 범위에 따라 여러 가지 종류가 있다.

상자와 상자를 구분하기 위해서는 각각의 상자에 이름을 붙이는 것이 편리하다. 각각의 변수들도 자신만의 이름을 가지고 있다. 우리는 이 이름을 사용하여 변수들을 구분한다.

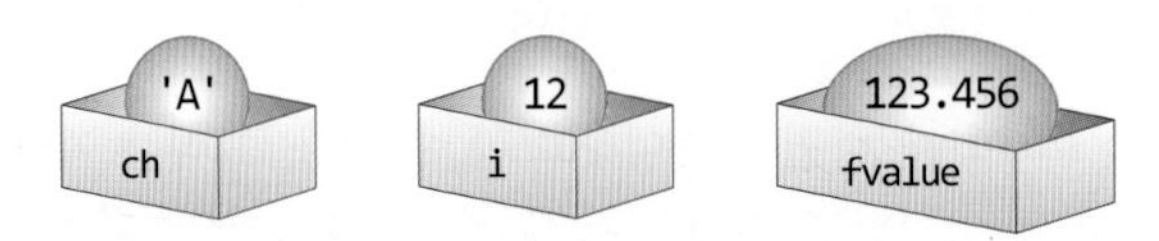

그림 2.10 변수들은 자신만의 이름을 가지고 있다.

변수 선언

C언어에서 변수를 사용하려면 먼저 변수를 선언하여야 한다. 변수 선언이란 컴파일러에게 지금부터 이러 이러한 변수를 사용하겠다고 미리 말을 해두는 것이다. 또 어떤 종류의 데이터가 그 변수에 저장되는지도 컴파일러에게 미리 알리는 것이다.

그림 2.11 변수들은 사용되기 전에 미리 선언되어야 한다. 선언한다는 것은 컴파일러에게 미리 변수들을 소개하는 것과 같다.

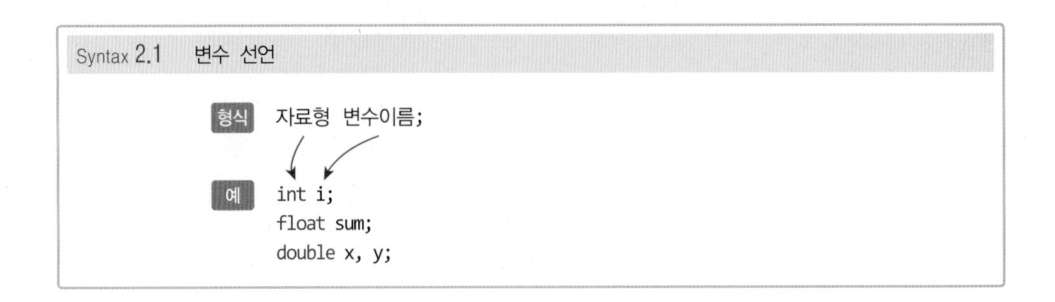

Syntax 2.1 변수 선언
형식 자료형 변수이름;
예 int i;
float sum;
double x, y;

자료형(data type)이란 변수가 저장할 데이터가 정수인지 실수인지, 아니면 문자인지를 지정하는 것이다. 자료형에는 정수형, 부동소수점형, 문자형이 있다. 정수형은 12나 -35같은 정수를 나타내는 자료형으로 정수의 범위에 따라 다시 short, int, long, long long으로 나누어진다. 부동소수점형은 소수점을 가지는 실수값을 나타내며 실수의 범위에 따라 float와 double, long double로 나누어진다. 문자형은 하나의 문자를 나타내는 자료형으로 char뿐이다.

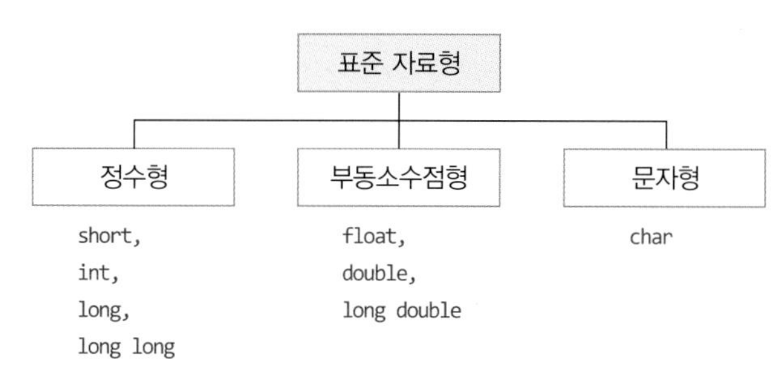

그림 2.12 표준 자료형의 종류

예제 프로그램에서는 3개의 정수를 저장할 수 있는 변수가 필요하다. 이들 변수들을 x, y, sum이라는 이름으로 생성하였다. 이들 변수들은 모두 정수를 저장하면 되므로 정수형으로 선언하였다. 한 줄에 int x, y, sum;과 같이 모두 선언하여도 된다.

```
int x;       // 첫 번째 정수를 저장하는 변수
int y;       // 두 번째 정수를 저장하는 변수
int sum;     // 두 정수의 합을 저장하는 변수
```

변수를 선언하는 것도 하나의 문장이므로 반드시 세미콜론으로 끝나야 한다. 변수는 선언되면 메모리의 공간이 확보되며 이 공간에 이름이 매겨지게 된다. 아직까지 값은 저장되지 않았다. 즉 [그림 2-13]과 같은 상태이다.

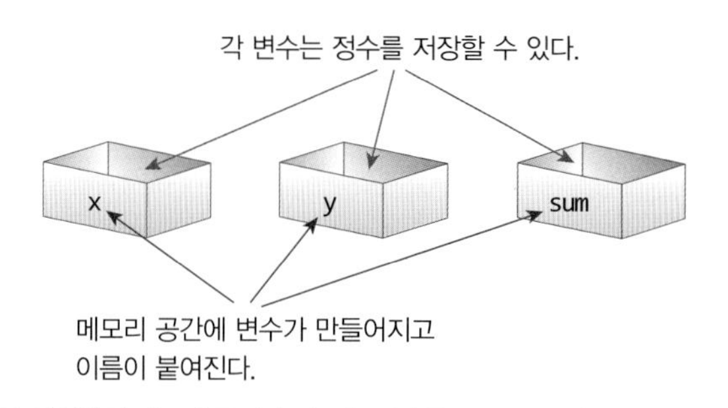

그림 2.13 변수를 선언하면 메모리 공간에 값들을 저장할 수 있는 상자가 만들어진다고 볼 수 있다.

대입 연산

```
x = 100;      // 변수 x에 100을 저장한다.
y = 200;      // 변수 y에 200을 저장한다.
```

변수는 값을 저장하기 위하여 선언한다. 그렇다면 변수에 값을 저장하는 방법은 무엇일까? 위의 문장처럼 = 연산자를 이용하면 된다. = 연산자를 대입 연산자(또는 할당 연산자)라고 한다. 즉 변수에 값을 저장한다는 의미이다. =의 좌변에는 값을 저장할 수 있는 변수가 위치하고 우변에는 저장될 값이 위치한다.

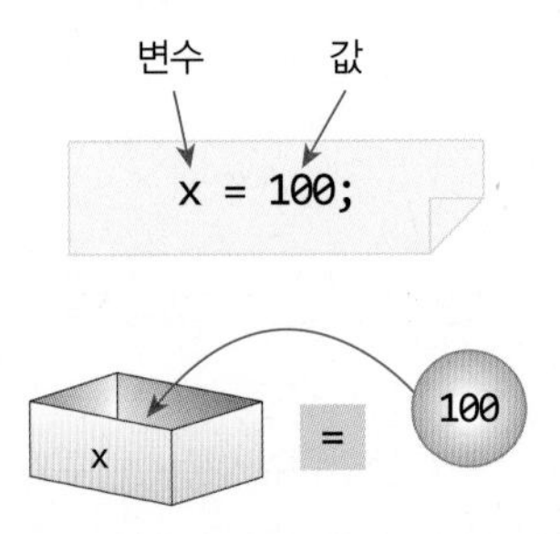

그림 2.14 C에서는 = 연산자가 변수에 값을 저장하는 연산자이다.

여기서 =는 양변이 같다는 의미가 아니다. 오른쪽의 값을 왼쪽의 변수에 저장하라는 의미이다.

산술 연산

컴퓨터는 기본적으로 계산을 하는 기계이다. 따라서 프로그램 안에서 산술 연산을 할 수 있다는 것은 아주 당연한 일이다. 산술 연산을 하려면 먼저 산술 연산을 수행하는 연산자들을 알아야 한다. 표 2.1에서 산술 연산자들을 요약하였다.

표 2.1 산술 연산자의 요약

연산	연산자	C 수식
덧셈	+	x + y
뺄셈	-	x - y
곱셈	*	x * y
나눗셈	/	x / y
나머지	%	x % y

사칙 연산자들은 이항 연산자라고 불리는데 두 개의 피연산자를 가지기 때문이다. 곱셈의 경우, 반드시 * 기호를 사용하여야 한다. 만약 수학에서처럼 x와 y를 곱하는 것을 xy로 쓰게 되면 컴파일러는 이것을 새로운 변수 이름 xy로 생각한다.

예제 프로그램에서의 연산을 보면 다음과 같다.

```
sum = x + y;
```

변수 x에 들어있는 정수와 변수 y에 들어있는 정수를 더해서 변수 sum에 대입하였다. 여기서 +가 연산자이고 피연산자는 x와 y이다. 덧셈의 결과는 대입 연산자인 =을 통하여 변수 sum에 저장된다.

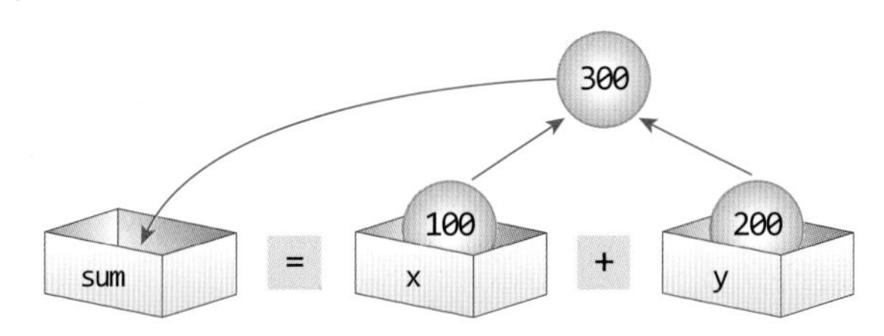

그림 2.15 산술 연산의 과정: 먼저 x과 y에서 값을 가져와서 덧셈연산이 수행되고 그 결과값이 sum에 저장된다.

변수값 출력

printf()는 문자열을 출력할 수 있을 뿐 아니라 특정한 형식을 지정하여 상수나 변수의 값을 출력하는 기능도 가지고 있다. 만약 변수 sum이 가지고 있는 값을 printf() 함수를 이용하여 출력하려면 다음과 같이 하면 된다.

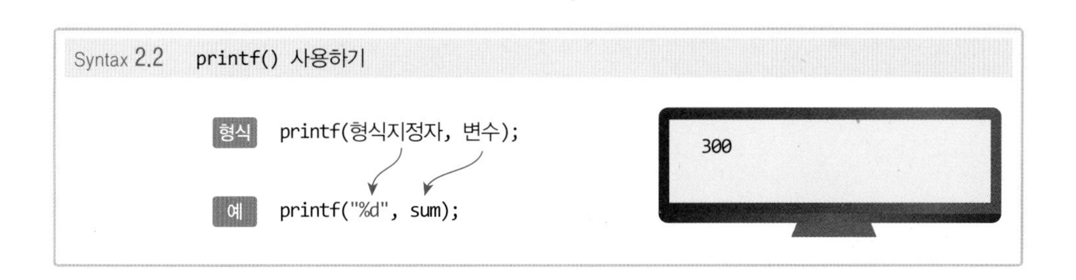

여기서 "%d"는 %d를 화면에 출력하라는 의미가 아니고 정수 형식을 나타내는 형식 지정자이다. 변수 sum의 값이 %d의 위치에서 정수형으로 출력이 된다. 형식 지정자에는 다음과 같은 것들이 있다.

표 2.2 형식 지정자의 종류

형식 지정자	의미	형태
%d	정수 형태로 출력	100
%f, %lf	실수 형태로 출력	3.141592
%c	문자 형태로 출력	A
%s	문자열 형태로 출력	Hello

형식 지정자와 변수들은 1개 이상일 수 있고 중간에 문자열이 있을 수 있다. 이 경우에는 형식 지정자와 변수들이 다음과 같이 대응된다. 즉 형식 지정자의 자리에 변수의 값이 대치되어서 출력된다고 생각하면 된다.

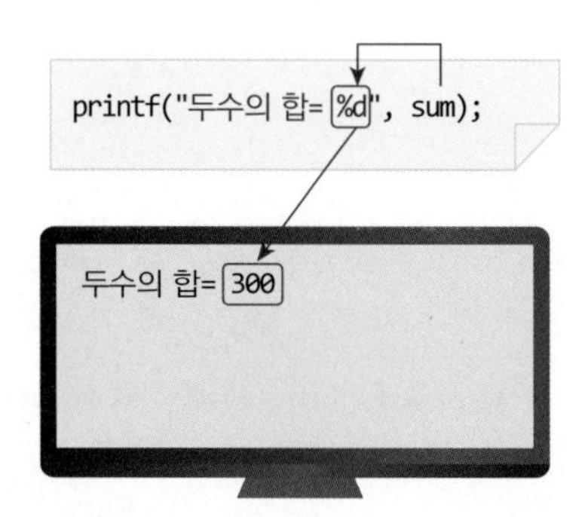

그림 2.16 printf()에서의 형식 지정자. 변수 sum의 값이 300이라고 가정하자.

여기서 주의할 점은 형식 지정자와 변수의 자료형은 반드시 일치하여야 한다는 점이다. 정수형 변수는 %d로 출력하여야 하고 부동소수점형 변수는 %f나 %lf로 출력하여야 한다. float 형의 값은 %f를 사용하고 double 형의 값은 %lf을 이용하여 출력하는 것이 원칙이다. 특히 입력할 때는 둘을 정확히 구분하여야 한다.

5. 입력과 출력이 있는 프로그램

이번에는 고정된 정수를 더하는 것이 아니라 사용자로부터 2개의 정수를 받아서 더해보자. 이번 절의 목표는 다음과 같은 프로그램을 작성하여 실행하는 것이다.

```
첫 번째 숫자를 입력하시오:100
두 번째 숫자를 입력하시오:200
두수의 합= 300
```

사용자로부터 값은 어떻게 받아야 할까? 사용자로부터 정수를 입력받기 위해서는 scanf() 라고 하는 라이브러리 함수가 필요하다. 일단 소스부터 보고 설명을 읽어보자.

add2.c

```
1  // 사용자로부터 입력받은 정수 2개의 합을 계산하여 출력
2  // 비주얼 스튜디오 사용자라면 다음 문장이 필요하다.
3  #define _CRT_SECURE_NO_WARNINGS
4  #include <stdio.h>
5
6  int main(void)
7  {
8     int x;          // 첫 번째 정수를 저장할 변수
9     int y;          // 두 번째 정수를 저장할 변수
10    int sum;        // 2개의 정수의 합을 저장할 변수
11
12    printf("첫 번째 숫자를 입력하시오:");   // 입력 안내 메시지 출력
13    scanf("%d", &x);                         // 하나의 정수를 받아서 x에 저장
14
15    printf("두 번째 숫자를 입력하시오:");   // 입력 안내 메시지 출력
16    scanf("%d", &y);                         // 하나의 정수를 받아서 y에 저장
17
18    sum = x + y;                             // 변수 2개를 더한다.
19    printf("두수의 합= %d \n", sum);         // sum의 값을 10진수 형태로 출력
20
21    return 0;                                // 0을 외부로 반환
22 }
```

scanf()

scanf() 함수는 키보드로부터 입력된 데이터를 지정된 형식으로 변환하여 변수에 저장하는 라이브러리 함수이다. scanf() 함수의 사용방법은 printf() 함수와 아주 유사하다. 일반적인 형식은 다음과 같다.

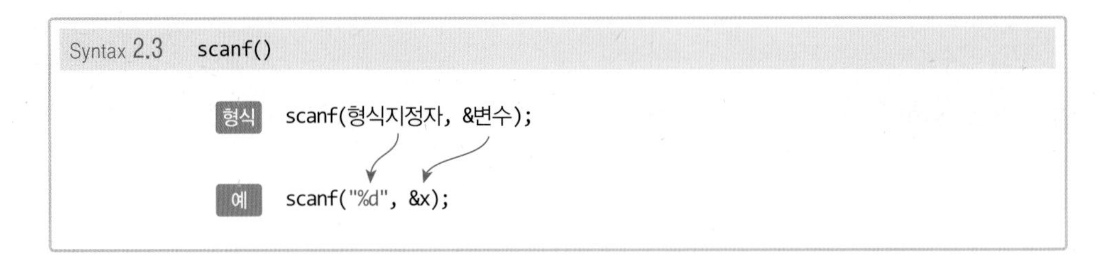

만약 키보드에서 정수를 입력받아서 변수 x에 저장하는 문장은 다음과 같다.

```
scanf("%d", &x);
```

첫 번째 인수인 "%d"는 형식 지정자로서 어떤 유형의 데이터를 받을 것인지를 지정한다. "%d"는 정수형을 나타낸다. 이것은 printf()에서의 형식 지정자와 그 의미가 같다. 두 번째 인수인 &x은 입력을 받을 변수의 주소를 나타낸다.

변수 이름 앞에 &(앰퍼샌드) 기호가 있음을 유의하여야 한다. 조금 어려운 이야기지만 변수는 메모리에 저장되고 각각의 변수는 주소를 가지고 있다. 변수 이름 앞에 &를 붙이면 변수의 주소를 의미한다. 예를 들어서 &x라고 쓰면 이것은 변수 x의 주소이다. scanf()는 printf()와 달리 변수에 값을 저장하여야 하기 때문에 변수의 주소를 받는다. 우리가 인터넷에서 제품을 구입하고 집으로 배달시키려면 쇼핑몰에 우리의 주소를 가르쳐주어야 하는 것과 비슷하다. scanf() 함수가 키보드에서 값을 받은 다음, 이것을 변수에 저장하려면 변수의 주소가 있어야 하는 것이다. 현재는 scanf()에서는 변수 이름 앞에 반드시 & 기호를 붙여야 한다고만 알아두자.

그림 2.17 사용자로부터 데이터를 받아서 변수에 저장하기 위해서는 scanf()가 변수의 주소를 알아야 한다.

scanf()가 호출되면 컴퓨터는 사용자가 숫자 입력을 마칠 때까지 기다리게 된다. 사용자가 정수를 입력하고 엔터키를 누르면 비로소 정수가 변수에 저장되어서 scanf() 호출이 끝나게 된다. 위의 프로그램에서는 두 개의 정수를 사용자로부터 받는데 거의 같은 동작을 되풀이 한다. 다만 정수가 저장되는 변수만 달라진다.

일반적으로 사용자한테서 값을 입력받기 전에 안내 메시지를 출력하고 scanf()를 이용하여 값을 읽는다. 이러한 방식은 컴퓨터와 사용자 간의 상호대화적인 동작을 수행하도록 한다.

```
printf("첫 번째 숫자를 입력하시오:");
scanf("%d", &x);
```

scanf()의 형식 지정자는 대부분이 printf()와 같다. 예를 들어서 float형의 실수를 입력받으려면 형식 지정자로 %f를 사용해야 한다.

```
float ratio = 0.0;
scanf("%f", &ratio);
```

만약 한 번에 여러 개의 입력값을 한꺼번에 입력받으려면 다음과 같이 하면 된다. 여기서도 printf()와 마찬가지로 형식 지정자과 변수의 자료형은 일치하여야 한다.

여기서 형식 지정자가 문자인 경우를 제외하면 scanf()는 모든 여백을 건너뛴다. 즉 스페이스나 탭, 줄바꿈은 무시한다.

비주얼 스튜디오 2019에서의 scanf() 함수 오류

비주얼 스튜디오 2019에서 scanf() 함수를 사용하면 다음과 같은, 골치 아픈 오류가 발생한다.

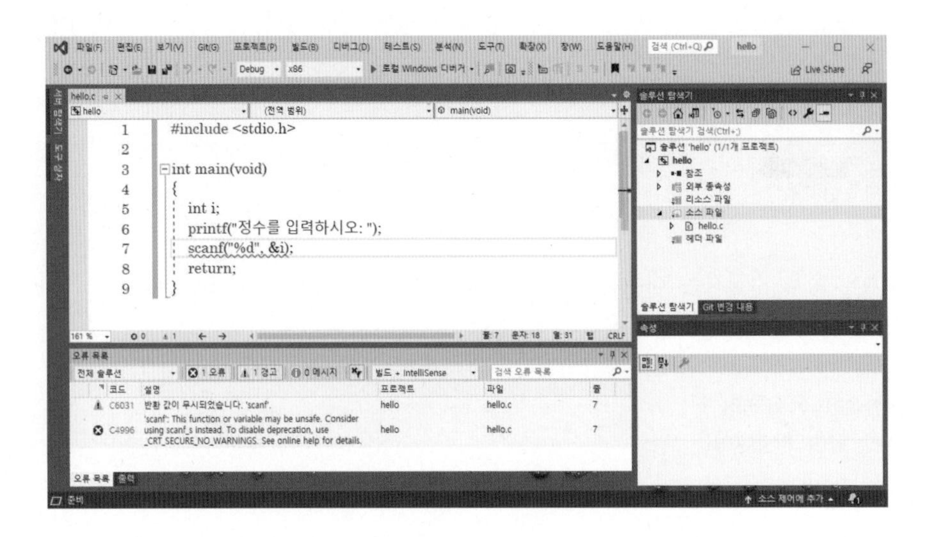

오류를 읽어보면 scanf()는 안전하지 않으니, scanf_s()를 대신 사용하라는 오류이다. 사실 scanf()는 약간 위험한 함수이다. 변수의 주소를 받아서 변수에 값을 저장하는 함수라서 잘못된 주소가 전달되면 엉뚱한 곳에 값을 저장할 수 있다. scanf_s()와 같이 기존의 함수에 _s를 붙이는 안전한 함수들은 2011년도 발표된 C11의 선택적인 표준(Annex K)이다. 하지만 선택적인 표준이기 때문에 비주얼 스튜디오를 제외하고는 gcc를 비롯한 다른 컴파일러에서는 아직도 활발히 도입되지 않고 있다(현장 적용 보고서에서는 '그다지 유익하지 않은' 것으로 평가했다. 다음 표준에서 삭제할 것이 권고되었다). 따라서 이 문제에 대하여 많은 시간 고민한 결과, 다음과 같이 소스 코드의 맨 첫 부분에 _CRT_SECURE_NO_WARNINGS를 정의하고 기존의 함수들을 그대로 사용하기로 하였다. 이 점 많은 양해 부탁드린다.

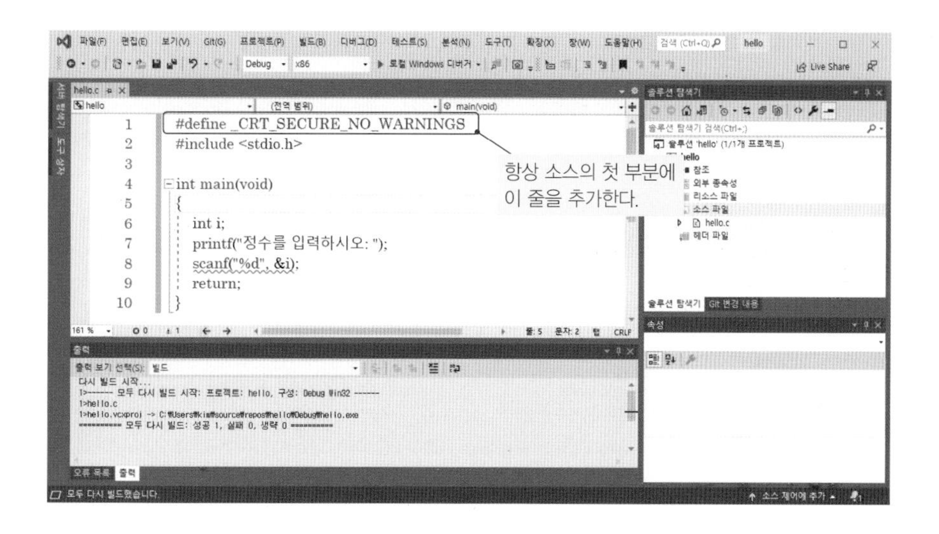

따라서 윈도우 환경에서 비주얼 스튜디오를 사용하는 사용자들은 이 책의 어떤 소스든지 맨 첫 부분에 "#define _CRT_SECURE_NO_WARNINGS"을 추가한다. gcc 컴파일러를 사용하는 리눅스 사용자나 임베디드 프로그래머는 책의 소스를 그냥 사용하면 될 것이다.

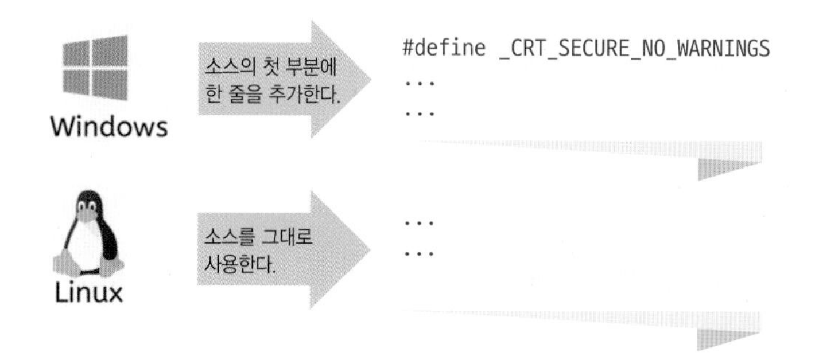

참고

또 다른 방법으로는 프로젝트의 속성에 _CRT_SECURE_NO_WARNINGS을 추가하여도 된다. [프로젝트]→[속성(P)]을 선택하고 대화 상자에서 다음과 같이 전처리기에 _CRT_SECURE_NO_WARNINGS을 추가한다.

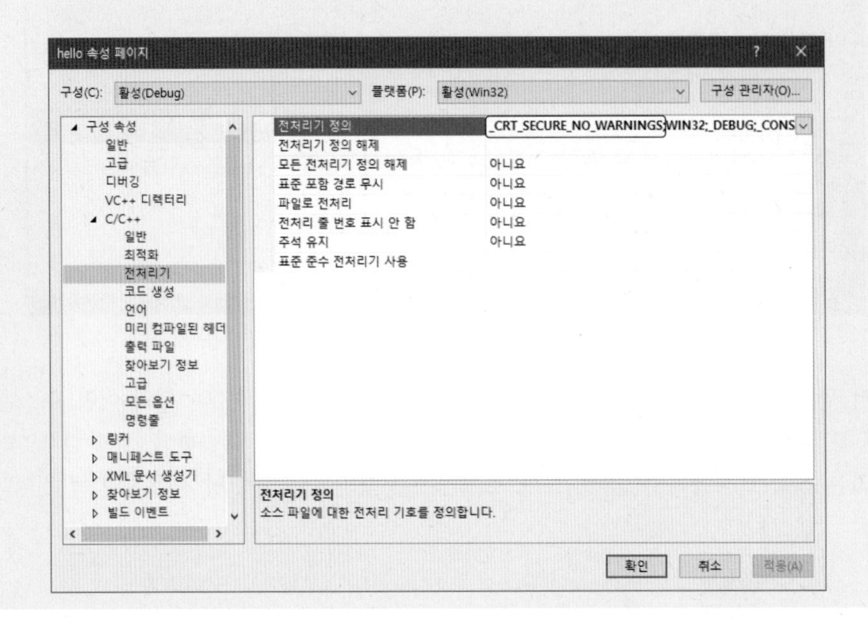

Q printf(), scanf()는 라이브러리 함수이다. C 컴파일러는 많은 라이브러리 함수를 제공한다고 하였다. 그러면 프로그래머는 어떤 라이브러리 함수들이 제공되는지는 어떻게 알 수 있는가?

A C에서 제공하는 라이브러리들은 대개는 표준화되어 있다. 따라서 이 책에서 사용하는 함수들은 어떤 C 컴파일러에서도 사용이 가능한 것들이다. 지원되는 라이브러리들의 목록은 컴파일러의 HELP 파일에서도 찾을 수 있고 이 책에서도 부록에서 제공한다. 라이브러리에서 제공하는 함수들은 최대한 활용하는 편이 좋다.

Q scanf() 대신에 그냥 scanf_s()를 사용하면 안 되는가?

A 물론 된다. 간단한 입출력은 단순히 scanf()를 scanf_s()로 바꿔도 된다. 즉 scanf_s("%d", &n);과 같이 작성하면 된다. 이것이 더 간단한 방법일 수 있다. 하지만 뒤에서 나오는 복잡한 입력에서는 scanf_s("%s", name, sizeof(name));와 같이 변수의 크기를 같이 넘겨야 한다. 문자열 복사 함수인 strcpy()에서도 문제가 발생한다. 물론 이것이 더 안전한 방법이지만 아직 국제적으로 의견이 통일되지 않은 것 같다. 메모리 오류가 수정되고 나면 더 이상 안전한 함수가 필요하지 않고, 또 항상 메모리 경계를 검사하기 때문에 성능을 낮추며, 가장 큰 이유는 기존의 코드와의 호환성이다("Field Experience With Annex K — Bounds Checking Interfaces" 보고서 참조). 따라서 우리는 일단 _CRT_SECURE_NO_WARNINGS 방법을 기본으로 하고, scanf_s()으로 쉽게 바꿀 수 있으면 이렇게 하는 것도 좋다.

6. 오류 수정 및 디버깅

프로그램을 작성하는 과정에서는 많은 오류들이 발생할 수 있다. 오류가 없는 완벽한 프로그램을 만드는 것은 생각보다 아주 어렵다. 여러분들이 구입한 최신의 스마트폰들이 얼마나 많은 오류를 일으켰는지를 생각해보자.

오류를 발생하는 시간에 따라서 나누어보면 다음과 같다.

- 컴파일 시간 오류: 대부분 문법적인 오류
- 실행 시간 오류: 실행되는 도중에 발생하는 오류
- 논리 오류: 논리적으로 잘못되어서 결과가 의도했던 대로 나오지 않는 것

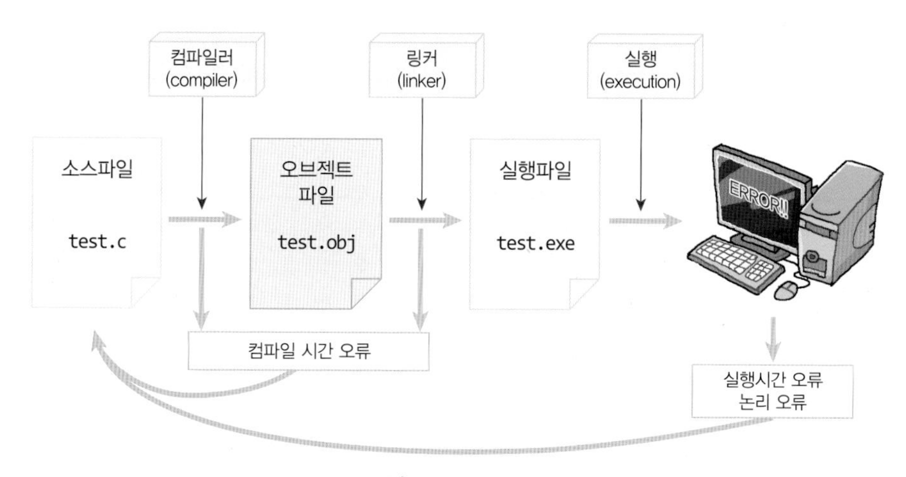

그림 2.18 오류의 종류

오류를 심각성의 정도에 따라서 나누어보면 다음과 같다.

- 에러(error): 컴파일, 링크나 실행이 불가능한 심각한 오류
- 경고(warning): 컴파일, 링크는 가능하고 실행도 가능하나 잠재적인 문제를 일으킬 수 있는 경미한 오류

경고의 경우, 수정하지 않아도 문제가 없는 경우가 종종 있지만 가능하면 경고 메시지도 나타나지 않도록 프로그램을 작성하여야 한다.

예제

error.c

```
1  // 에러가 발생하는 프로그램
2  #include <stdio.h>
3
4  int main(void)
5  {
6      printf("Hello World!\n")
7      return 0;
8  }
```

문장의 끝에 세미콜론이 빠져있다.

가장 많이 하는 실수 중의 하나인 문장의 끝에 세미콜론을 생략한 경우를 살펴보자. 위의 소스를 컴파일하면 다음과 같은 에러 메시지가 표시된다.

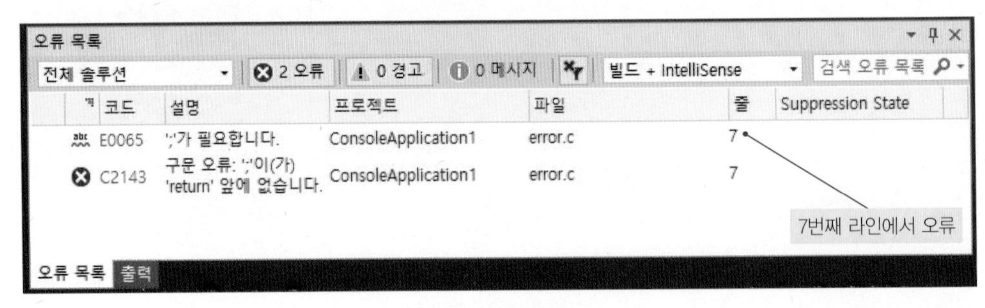

그림 2.19 에러 메시지

일반적으로 에러 메시지에는 다음과 같은 정보가 출력된다.

- 에러가 발견된 파일의 이름
- 에러가 발견된 라인의 번호
- 발견된 에러의 내용(설명)

문장의 끝에 세미콜론을 생략한 경우, 그림 2.19와 같은 에러 메시지가 발생하며 에러 메시지를 보면 7번째 라인에서 return 앞에 ;을 빠뜨렸다는 것을 알 수 있다.

Q 경고 메시지를 무시하면 어떤 일이 발생하는가?

A 경고 메시지에 따라 어떤 것은 무시해도 좋은 것들도 있다. 그러나 대부분의 경우, 잘못된 부분이 있기 때문에 발생하는 것이다. 따라서 반드시 경고 메시지가 나오지 않도록 소스를 수정하는 것이 중요하다. 비주얼 스튜디오에서는 경고 메시지의 수준을 설정할 수 있도록 되어 있다. 초보자인 경우에는 경고 메시지의 수준을 낮추어 놓는 것도 좋은 방법이다. 수준을 낮추어 놓으면 아주 사소한 오류도 볼 수 있다.

중간점검

1. 오류를 심각성의 정도에 따라 분류하여 보자.
2. 작성된 프로그램이 C언어의 문법을 지키지 않았으면 어떤 오류에 속하는가?
3. 작성된 프로그램이 컴파일은 되는데 실행하면 자꾸 비정상적으로 종료된다면 어떤 오류에 속하는가?

Lab 4칙 연산

| 난이도 ★★ 주제 산술 연산, 입출력 |

사용자로부터 2개의 정수를 받아서 +, −, *, / 연산을 하여서 화면에 출력하는 프로그램을 작성해보자.

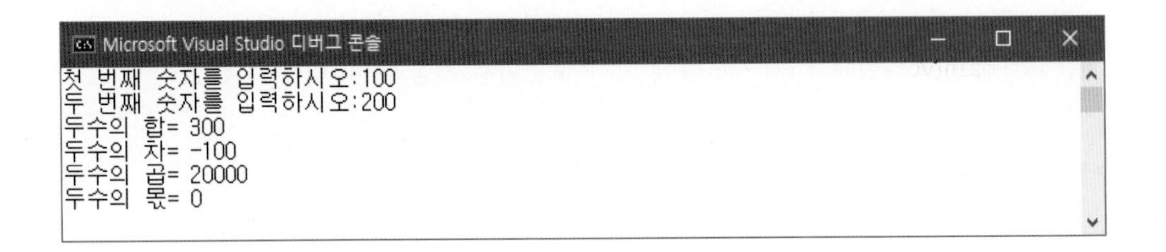
Microsoft Visual Studio 디버그 콘솔
첫 번째 숫자를 입력하시오:100
두 번째 숫자를 입력하시오:200
두수의 합= 300
두수의 차= -100
두수의 곱= 20000
두수의 몫= 0

합, 차, 곱, 몫을 계산하는 연산자는 다음과 같다.

연산	연산자	C 수식
덧셈	+	x + y
뺄셈	−	x − y
곱셈	*	x * y
나눗셈	/	x / y
나머지	%	x % y

도전문제

상품 2개의 가격을 받아서 상품의 평균 가격을 계산하는 프로그램을 작성해보자. 평균 가격은 (p1+p2)/2.0으로 계산할 수 있다. 여기서 p1은 첫 번째 상품의 가격이고, p2는 두 번째 상품의 가격이다.

Soultion 4칙 연산

calculations.c

```
1  #define _CRT_SECURE_NO_WARNINGS
2  #include <stdio.h>
3
4  int main(void)
5  {
6     int x;          // 첫 번째 정수를 저장할 변수
7     int y;          // 두 번째 정수를 저장할 변수
8     int result;     // 연산의 결과를 저장할 변수
9
10    printf("첫 번째 숫자를 입력하시오:");   // 입력 안내 메시지 출력
11    scanf("%d", &x);                       // 하나의 정수를 받아서 x에 저장
12
13    printf("두 번째 숫자를 입력하시오:");   // 입력 안내 메시지 출력
14    scanf("%d", &y);                       // 하나의 정수를 받아서 y에 저장
15
16    result = x + y;           // 덧셈
17    printf("두수의 합= %d \n", result);
18    result = x - y;           // 뺄셈
19    printf("두수의 차= %d \n", result);
20    result = x * y;           // 곱셈
21    printf("두수의 곱= %d \n", result);
22    result = x / y;           // 나눗셈
23    printf("두수의 몫= %d \n", result);
24
25    return 0;
26 }
```

Mini Project 여행 비용 계산

| 난이도 ★★ 주제 변수 선언과 사용, 입출력 함수 |

해외 여행을 간다고 하자. 총 비용을 계산해주는 간단한 프로그램을 작성해보자.

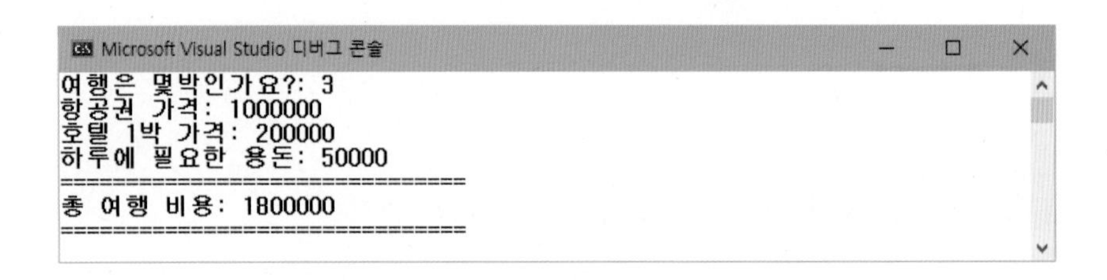

먼저 호텔에 며칠이나 묶을 지를 물어보고 변수에 저장한다. 항공권의 가격도 물어본 후에 변수에 저장한다. 하루에 필요한 용돈도 물어본다. 총 여행 비용을 다음과 같이 계산한다.

총여행비용=항공권가격+(호텔1박가격)*박수+(박수+1)*용돈

연습문제

1 보기에 있는 문장들을 올바르게 배치하여 아래와 같은 출력을 생성하는 프로그램을 작성하라.

```
Microsoft Visual Studio 디버그 콘솔
안녕하세요?
인사드립니다.
```

〈보기〉

```
{
return 0;
printf("안녕하세요? \n");
#include <stdio.h>
int main(void)
printf("인사드립니다. \n");
}
```

2 다음 프로그램은 사용자로부터 정수 2개를 받아서 저장한 후에, 순서를 바꾸어서 출력하는 프로그램이다. 빈칸을 채워라.

```
Microsoft Visual Studio 디버그 콘솔
100 200
200 100
```

```
#define _CRT_SECURE_NO_WARNINGS
#include <stdio.h>

int main(void)
{
   int x;
   int y;

   scanf("%d ____", &x, ____________);
   printf("%d %d\n", ___________, x);

   return 0;
}
```

연습문제

3 다음 문장이 콘솔 윈도우에 출력하는 것은 무엇인가?

```
printf("%d * %d = %d \n", 2, 3, 2*3);
```

4 다음 프로그램의 실행 결과를 예측하라.

```
#include <stdio.h>

int main(void)
{
   int x;
   int y;
   int result;

   x = 3;
   y = 2;
   result = x * y;
   printf("%d \n", result);

   return 0;
}
```

5 문제 4번 프로그램에 과도하게 주석을 달아보자. /*...*/ 형식과 // 형식을 모두 사용한다. 주석 처리 후에 오류 없이 컴파일되는지 확인하자.

6 다음 프로그램에서 오류를 지적하고 올바르게 수정하라.

```
/* 이 프로그램은 화면에 텍스트를 출력합니다.
#include <stdio.h>

int main
{
   print("Hello World! \n");
   return 0
}
```

Programming

| 난이도 ★ 주제 printf() 함수 이해 |

1 다음과 같이 출력하는 프로그램을 작성해보자.

Microsoft Visual Studio 디버그 콘솔
#   #
#   #
#   #
######
#   #
#   #
#   #

| 난이도 ★ 주제 printf() 함수 이해 |

2 사용자의 이름, 주소, 전화번호를 화면에 출력하는 프로그램을 작성해보자.

Microsoft Visual Studio 디버그 콘솔
이름: 홍길동
주소: 서울시 종로구
전화번호: 111-2222

HINT printf() 함수를 사용하면 화면에 출력할 수 있다.

| 난이도 ★ 주제 입출력 함수 이해 |

3 다음과 같이 사용자로부터 상품의 가격과 개수를 받아서 총가격을 출력하는 프로그램을 작성하라. 제품의 가격은 price라는 변수에 저장되어 있다고 가정한다.

Microsoft Visual Studio 디버그 콘솔
상품 가격을 입력하시오: 10000
상품의 개수를 입력하시오: 3
총 가격은 30000입니다.

HINT int price; 문장으로 price 변수를 선언한다.

| 난이도 ★ 주제 입출력 함수 이해 |

4 사용자의 나이를 받아서 다음과 같이 출력한다. 나이는 변수 age에 저장한다.

Microsoft Visual Studio 디버그 콘솔
나이를 입력하시오: 20
내년이면 21살이 되시는군요.

HINT printf() 함수를 사용하여 문자열과 (age+1)을 함께 출력한다.

| 난이도 ★ 주제 scanf() 함수의 이해 |

5 사용자로부터 세 개의 정수를 입력받은 후, 평균값을 계산하여 실수로 화면에 출력하는 프로그램을 작성하라.

Microsoft Visual Studio 디버그 콘솔
정수를 입력하시오 :10
정수를 입력하시오 :20
정수를 입력하시오 :30
평균은 20.000000입니다.

HINT scanf("%d", &x);와 같은 문장으로 정수를 입력받을 수 있다.

| 난이도 ★★ 주제 scanf() 함수의 이해 |

6 두 개의 각도(정수)가 주어지면 삼각형의 세 번째 각도를 찾는 C 프로그램을 작성하라.

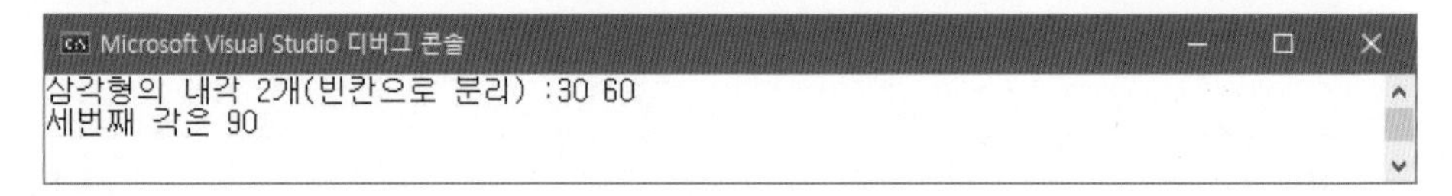
Microsoft Visual Studio 디버그 콘솔
삼각형의 내각 2개(빈칸으로 분리) :30 60
세번째 각은 90

HINT 삼각형 내각의 합은 180도가 되어야 한다. 2개의 값을 한 줄에서 입력받으려면 scanf("%d%d", &ang1, &ang2);와 같은 문장을 사용한다.

CHAPTER

변수와 자료형

컴퓨터에서 처리하는 자료의 종류입니다. C언어에서는 엄격하게 구별하여야 합니다.
자료형이란 무엇인가요?

■ 학습목표

- 변수와 상수의 개념을 이해한다.
- C에서 사용가능한 변수의 종류를 알고 있다.
- 정수형 변수와 상수를 선언하고 사용할 수 있다.
- 부동 소수점형 변수와 상수를 선언하고 사용할 수 있다.
- 문자형 변수를 선언하고 사용할 수 있다.
- 기호 상수를 사용할 수 있다.
- 오버플로우와 언더플로우를 이해한다.

3 변수와 자료형

1. 이번 장에서 만들 프로그램

자료형(data type)이란 변수가 가질 수 있는 값들의 종류이다. C언어는 엄격한 자료형으로 유명하다. 자료형을 구별하는 것은 귀찮은 작업일 수 있지만 이러한 특징 때문에 C언어로 작성된 프로그램의 실행 속도가 빠르다.

(1) 달러를 원화로 계산하는 프로그램을 작성한다.

Microsoft Visual Studio 디버그 콘솔
달러화 금액을 입력하시오: 1000
달러화 1000달러는 1120000원입니다.

(2) 태양빛이 지구에 도달하는 시간을 계산하여 보자.

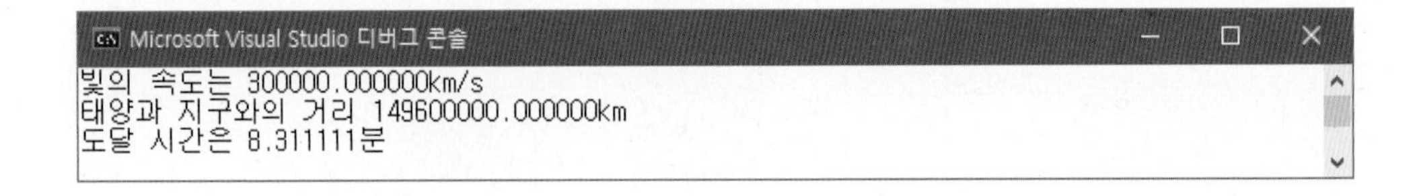
Microsoft Visual Studio 디버그 콘솔
빛의 속도는 300000.000000km/s
태양과 지구와의 거리 149600000.000000km
도달 시간은 8.311111분

(3) 화씨 온도를 섭씨 온도로 변환하는 프로그램을 작성해보자.

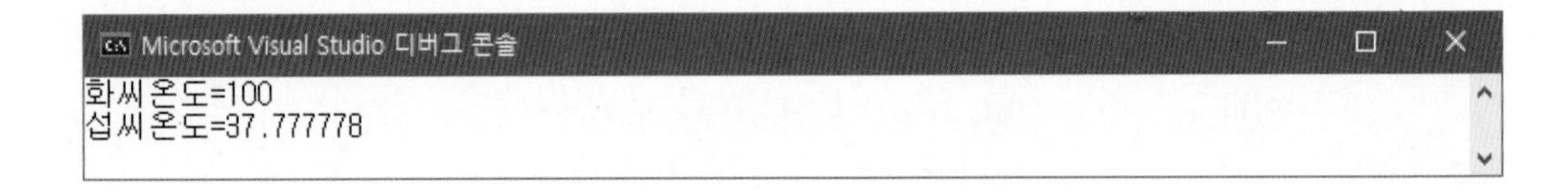
Microsoft Visual Studio 디버그 콘솔
화씨온도=100
섭씨온도=37.777778

2. 변수

프로그램에서 값들이 저장되는 공간을 변수(variable)라고 한다. 변수는 사용하기 전에 반드시 미리 선언(declare)하여야 한다. 변수 선언이란 프로그램에서 어떤 종류의 변수를 얼마나 사용할지를 컴파일러에게 미리 알리는 것이다. 이것은 이삿짐을 싸기 전에 다양한 크기의 상자들을 준비하는 것과 같다.

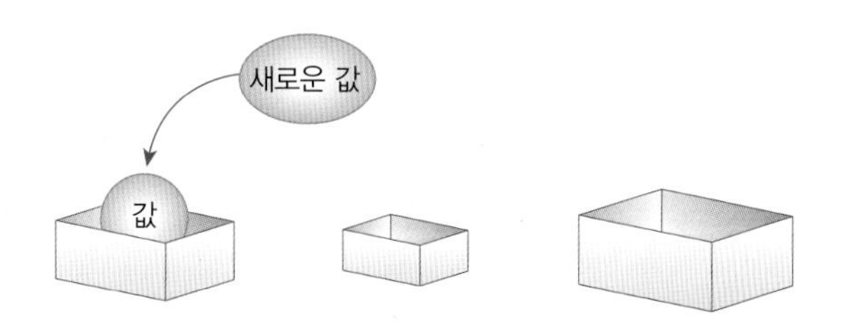

변수를 선언하려면 원하는 자료형을 적어주고 이어서 변수 이름을 적으면 된다. 변수 선언도 하나의 문장이므로 반드시 세미콜론으로 종료하여야 한다.

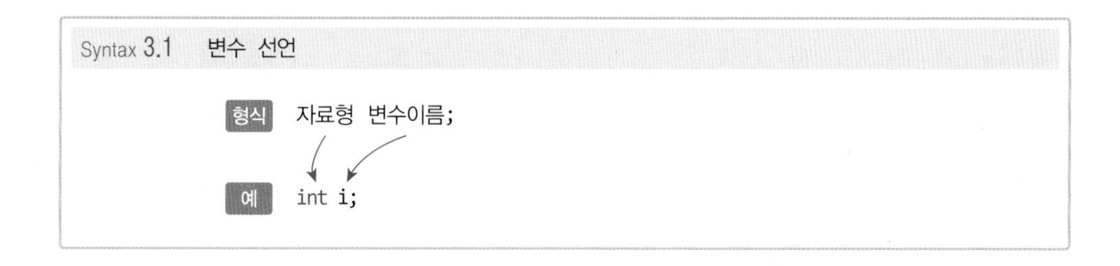
Syntax 3.1 변수 선언

형식 자료형 변수이름;

예 int i;

위의 예에서는 정수형의 변수 i가 선언되었다. 여기서 int가 정수를 나타내는 자료형이다.

자료형이란?

자료형(data type)이란 “데이터의 타입(종류)”이라는 의미이다. 변수에 저장되는 값에는 어떤 종류가 있을까? 컴퓨터에서 처리되는 기초적인 값에는 정수형, 부동소수점형, 문자형이 있다고 할 수 있다. 정수형은 정수 형태의 데이터를 저장할 수 있다. 문자형은 하나의 문자를 저장할 수 있다. 부동소수점형은 실수 형태의 데이터를 저장한다.

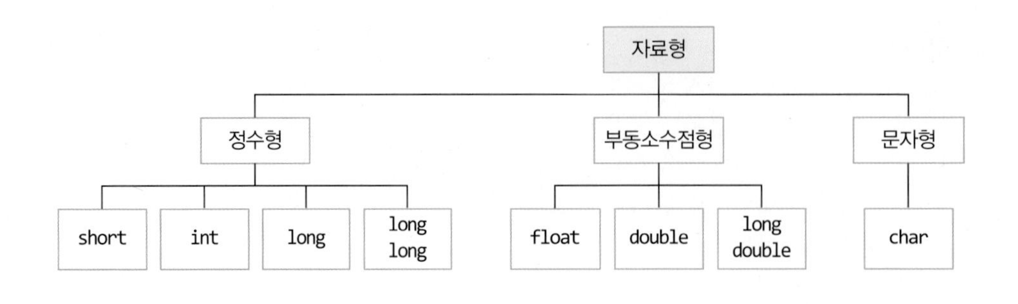

다양한 자료형의 변수를 선언해보자.

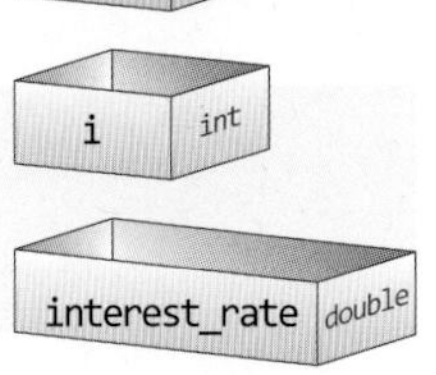


```
char c;                  // 문자형 변수 c 선언
int i;                   // 정수형 변수 i 선언
double interest_rate;    // 부동소수점형 변수 interest_rate 선언
```

문자형 변수 c에는 하나의 문자를 저장할 수 있다. 정수형 변수 i에는 정수를 저장할 수 있다. 부동소수점형 변수인 interest_rate에는 실수를 저장할 수 있다. 위의 변수에 값을 저장하여 보자.

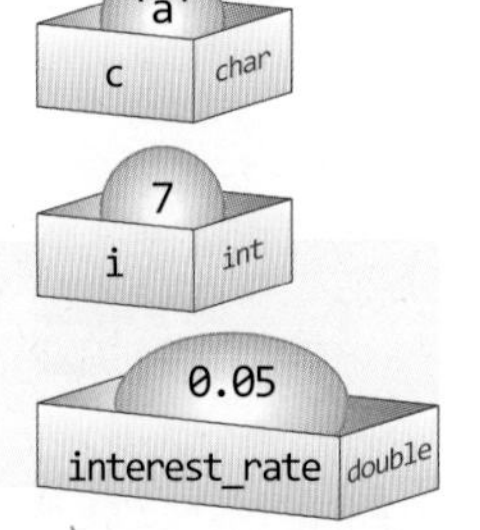


```
c = 'a';                 // 문자 a를 저장
i = 7;                   // 정수 7을 저장
interest_rate = 0.05;    // 실수 0.05를 저장
```

문자는 'a'와 같이 작은따옴표로 나타낸다. 그냥 a라고 하면 컴파일러는 a를 변수 이름으로 생각한다. 문자 a를 나타내려면 반드시 'a'와 같이 작은따옴표로 감싸야 한다.

동일한 자료형의 변수를 여러 개 선언할 때는 다음과 같이 한 줄에 선언해도 된다.

```
int width, height;
```

참고

일부 프로그래밍 언어(파이썬이나 자바 스크립트)에서는 하나의 변수에 모든 종류의 값을 저장할 수도 있다. 입문자들에게는 친절하고 편리한 방법이지만 이러한 방법은 오류가 발생하기 쉽고 비효율적인 방법이기도 하다. 뭐든 장단점이 있다.

변수 초기화

변수가 선언되면 변수의 값은 아직 정의되지 않은 상태가 된다. 변수를 선언과 동시에 값을 넣는 방법은 변수 이름 뒤에 =를 붙이고 초기값을 적어 넣으면 된다. 이것을 변수의 초기화(initialization)라고 한다.

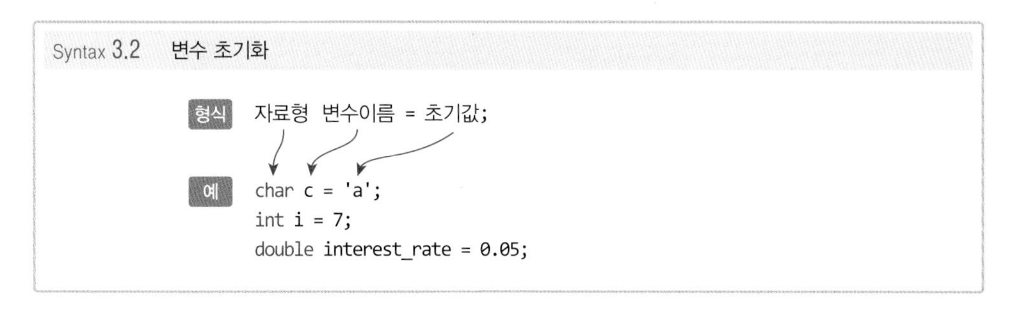

Syntax 3.2 변수 초기화
형식 자료형 변수이름 = 초기값;
예 char c = 'a';
int i = 7;
double interest_rate = 0.05;

Q 만약 변수를 초기화시키지 않으면 어떤 값이 변수에 들어 있나요?

A 변수가 어디서 선언되느냐에 따라서 다르지만 일반적으로 초기화되지 않은 변수에는 쓰레기 값이 들어가게 된다. 쓰레기 값이란 아무 의미없는 값을 말한다.

참고: 변수는 어디에 만들어 질까?

변수는 물리적으로 컴퓨터의 어디에 만들어지는 것일까? 변수는 메모리(memory)에 만들어 진다. 우리는 프로그램 안에서 변수를 만들고 변수에 이름을 부여한 다음, 변수 이름을 사용하여 메모리 공간을 사용하게 된다. 만약 변수를 이용하지 않으면 메모리의 주소를 가지고 데이터를 저장하여야 할 것이다. "300번지에 정수 20을 저장하라"와 같이 주소를 이용하여 메모리를 사용하는 것은 가능한 방법이지만 인간에게는 상당히 불편한 방법이다. 변수라는 개념을 사용할 수 있기 때문에 특별한 경우를 제외하고는 우리는 메모리를 주소로 접근할 필요가 없다.

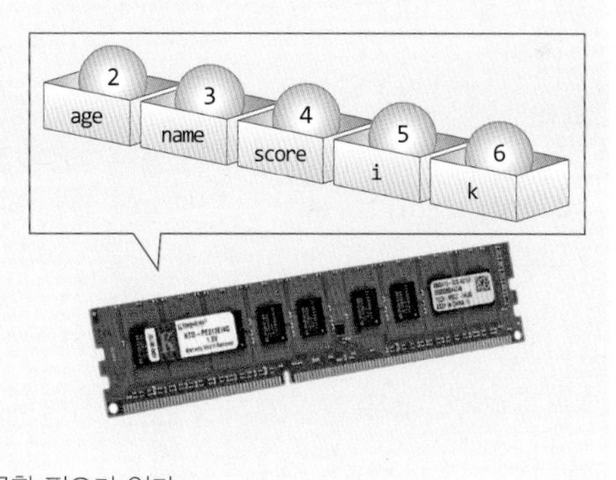

변수의 이름 짓기

변수의 이름은 프로그래머가 마음대로 지을 수 있지만 몇 가지의 규칙을 지켜야 한다. "홍길동", "김영희" 등의 이름이 사람을 식별하듯이 변수의 이름은 변수와 변수들을 식별하는 역할을 한다.

그림 3.1 변수의 이름은 변수를 식별한다.

변수의 이름은 다음과 같은 규칙에 따라 만들어야 한다.

- 알파벳 문자와 숫자, 밑줄 문자 _로 이루어진다.
- 이름의 중간에 공백이 들어가면 안 된다.
- 첫 번째 문자는 반드시 알파벳 또는 밑줄 문자 _이여야 한다. 따라서 이름은 숫자로 시작할 수 없다.
- 대문자와 소문자를 구별하여 서로 다른 것으로 취급한다. 따라서 변수 index와 Index, INDEX은 모두 서로 다른 변수이다.
- C언어에서 사용하고 있는 키워드와 똑같은 이름은 허용되지 않는다.

다음과 같은 것들은 유효한 식별자이다.

```
sum                 // 영문 알파벳 문자로 시작
_count              // 밑줄 문자로 시작할 수 있다.
number_of_pictures  // 중간에 밑줄 문자를 넣을 수 있다.
King3               // 맨 처음이 아니라면 숫자도 넣을 수 있다.
```

다음과 같은 것들은 유효하지 않은 식별자이다.

```
2nd_base(X)         // 숫자로 시작할 수 없다.
money#              // #과 같은 기호는 사용할 수 없다.
double              // double은 C언어의 키워드이다.
```

변수의 이름은 원하는 만큼 길게 할 수 있다. 그러나 일반적으로 컴파일러는 처음 63개의 문자만을 사용하여 구별한다. 컴파일러에 따라서는 처음 31개의 문자만을 사용할 수 있는 경우도 있다. 따라서 변수의 이름을 필요 이상으로 길게 하지 않아야 한다.

키워드

키워드(keyword)는 C언어에서 고유한 의미를 가지고 있는 특별한 단어이다. 키워드는 예약어(reserved words)라고도 한다. 키워드는 사용자가 다시 정의하거나 사용하는 것이 금지되어 있다. 따라서 키워드는 식별자로서 사용할 수 없다.

```
auto       double    int       struct    break     else
long       switch    case      enum      register  typedef
char       extern    return    union     const     float
short      unsigned  continue  for       signed    void
default    goto      sizeof    volatile  do        if
static     while
```

Tip

최근에는 한글 이름의 변수도 사용할 수 있다. 예를 들어서 다음과 같은 문장도 가능하다.

```
int 합계=0;
```

Tip: 좋은 변수 이름

변수의 이름을 짓는 것은 상당히 중요한 작업 중의 하나이므로 신중하고 시간을 투자해야 한다. 변수의 이름을 지을 때는 변수의 역할을 가장 잘 설명하는 이름을 지어야 한다. 좋은 변수 이름은 전체 프로그램을 읽기 쉽게 만든다. 하지만 반대로 즉흥적으로 지은 이름을 사용하게 되면 나중에 프로그램을 읽기가 아주 힘들어진다. 예를 들면 연도와 달, 일을 나타내는데 **i, j, k**라고 이름을 짓는 것보다 **year, month, date**라고 하면 프로그램이 읽기 쉬워질 것이다. 영어 단어만을 사용해야 하므로 한영 사전을 이용하여 한글을 영문으로 바꾸는 것도 좋은 아이디어이다.

Tip: 여러 단어로 된 변수 이름

여러 단어로 되어 있는 변수 이름을 나타내는 데 몇 가지의 방식이 존재한다. 먼저 가장 전통적인 방법은 **bank_account**처럼 중간에 밑줄 문자를 사용하는 것이다. 두 번째 방법은 **BankAccount**처럼 단어의 첫 번째 글자를 대문자로 하는 것이다. 어떤 방식도 사용해도 상관없고 다만 일관성있게 사용하면 된다. 이 책에서는 전통적인 C의 방법을 따라서 밑줄 문자를 사용하여 단어들을 분리하였다.

3. 자료형

자료형(data type)이란 자료의 종류이다. 비주얼 스튜디오에서의 자료형은 다음과 같다. 컴파일러가 달라지면 자료형의 크기는 변경될 수 있다.

표 3.1 기본 자료형

자료형			설명	바이트 수	범위
정수형	부호있음	short	16비트형 정수	2	-32768~32767
		int	32비트형 정수	4	-2147483648~2147483647
		long	32비트형 정수	4	-2147483648~2147483647
		long long	64비트 정수	8	-9,223,372,036,854,775,808 ~ 9,223,372,036,854,775,807
문자형	부호있음	char	문자 및 정수	1	-128~127
부동소수점형		float	단일정밀도 부동소수점	4	1.2E-38~3.4E38
		double	두배정밀도 부동소수점	8	2.2E-308~1.8E308
		long double	두배정밀도 부동소수점	8	2.2E-308~1.8E308

많이 사용되는 자료형을 상자로 그려보면 다음과 같다. 우리는 지금부터 각각의 자료형을 자세히 살펴볼 것이다.

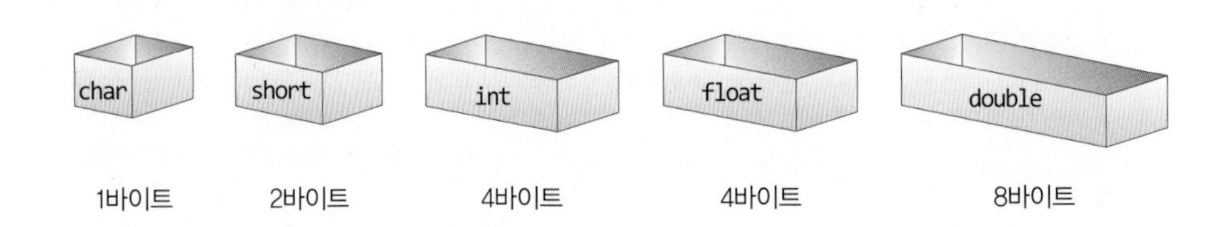

왜 다양한 자료형을 사용할까?

정수형으로 선언된 변수는 정수만을 저장할 수 있다. 정수형 변수에 실수를 저장할 수는 없다. 왜 귀찮게 변수를 선언할 때 자료형을 지정하는 것일까? C언어에는 왜 이렇게 많은 자료형을 사용할까?

예를 들어서 사용자가 주문한 상품을 상자에 넣어서 인터넷으로 판매하는 회사를 생각해보자. 상품의 크기에 따라 다양한 크기의 상자를 사용하는 것이 바람직할 것이다. 만약 작은 상품을 큰 상자에 넣는다면 낭비가 될 것이고 큰 상품을 작은 상자에 넣는다면 상품이 들어가지 않을 것이다. 변수도 저장하는 값의 종류에 따라 여러 가지 유형을 사용하면 메모리를 절약하고 속도를 빠르게 할 수 있다.

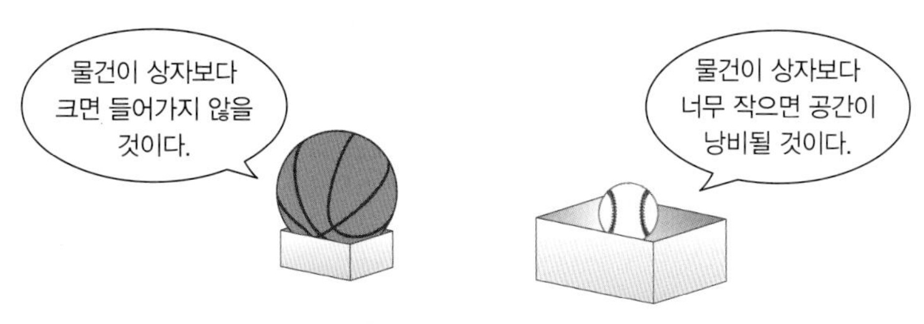

그림 3.2 변수와 데이터의 크기 관계는 상자와 물건의 크기 관계와 유사하다.

참고

자료형의 크기를 알아보려면 **sizeof** 연산자를 사용하면 된다. **sizeof**는 변수나 자료형의 크기를 바이트 단위로 반환한다.

```
int x;
printf("변수 x의 크기: %d\n", sizeof(x));          // 변수 x의 크기: 4
printf("char형의 크기: %d\n", sizeof(char));      // char형의 크기: 1
printf("int형의 크기: %d\n", sizeof(int));        // int형의 크기: 4
```

상수

우리는 지금까지 변수에 대해서만 이야기하였다. 하지만 프로그램을 작성하려면 고정된 값도 필요하다. 예를 들어, 사용자로부터 반지름을 받아서 원의 면적을 계산하기 위하여 다음과 같은 문장을 작성하였다고 하자.

```
area = 3.14 * radius * radius;
```

area, radius는 변수이다. 3.14는 어디서 오는 것일까? 3.14는 실행 중에 사용자가 입력하는 값도 아니다. 따라서 3.14도 메모리에 저장되어 있어야 한다. 3.14와 같이 실행 중에 변경되지 않는 값을 상수(constant)라고 한다.

그림 3.3 변수와 상수

프로그램에서 값을 저장하는 공간은 변수와 상수로 나눌 수 있다. 변수(variable)는 한 번 값이 저장되었어도 언제든지 다시 다른 값으로 변경이 가능하다. 반면에 한 번 정해지면 변경할 필요가 없는 값들도 있다. 이런 값들을 상수(constant)라고 한다. 상수도 자료형을 가지고 있다. 변수와 아주 흡사하며 다른 점은 실행 도중에 값이 변경되지 않는다는 점뿐이다. 자 이제부터 각각의 자료형에 대하여 상세히 살펴보자.

4. 정수형

정수형은 가장 기본적인 자료형으로 정수를 저장할 수 있다. 정수형에는 다음과 같은 자료형이 있다.

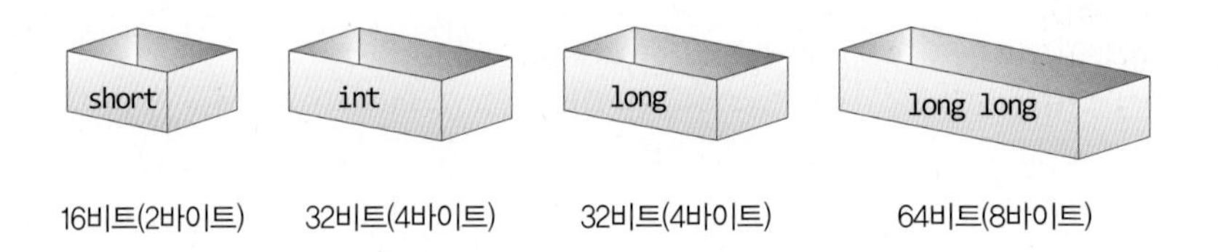

정수형 변수는 수학에서처럼 $-\infty$에서 $+\infty$까지 표현하지 못한다. 비트의 개수 때문에 표현하는 수의 범위에 제한이 있다. short형은 16비트로 정수를 저장한다. int형과 long형은 32비트이다. long long형은 최근에 추가된 자료형으로 64비트를 사용하여 정수를 저장한다.

정수형 변수를 정의하여 보면 다음과 같다.

```
short grade;            // short형의 변수를 생성한다.
int count;              // int형의 변수를 생성한다.
long price;             // long형의 변수를 생성한다.
long long distance;     // long long형의 변수를 생성한다.
```

short형이 표현할 수 있는 정수의 범위는 어떻게 계산할 수 있을까? short형은 총 16비트로 값을 표현한다. 각 비트마다 0 또는 1이 올 수 있으므로 총 $2\times2\times2\times\ldots\times2=2^{16}$가지의 숫자를 표현할 수 있다. 첫 비트는 부호를 나타낸다. 따라서 -32768에서 $+32767$까지의 정수를 표현할 수 있다.

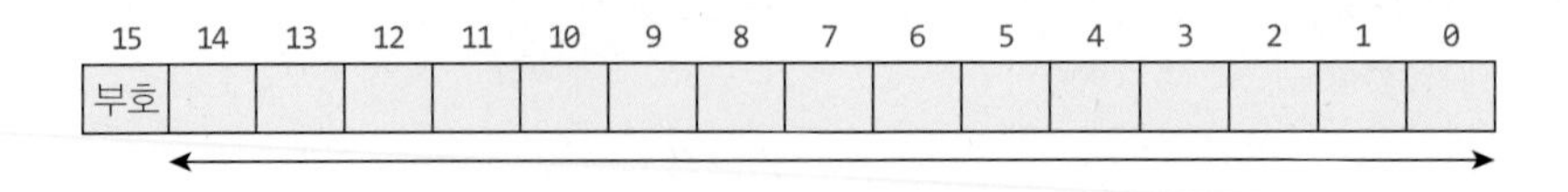

int형과 long형은 약 −21억에서 +21억까지의 정수를 표현할 수 있다. long long형은 64비트를 사용하므로 상당히 큰 정수(9,223,372,036,854,775,807)를 표현할 수 있다.

참고: 비트와 바이트

컴퓨터에서 사용하는 정보의 최소단위를 비트(bit)라고 한다. 컴퓨터에서는 이진수를 사용하고 비트는 이진수의 하나의 자릿수가 되며 0이거나 1일 수 있다. 8개의 비트가 모인 것이 바이트(byte)이다. 비트는 전자 스위치로 아주 간단하게 구현할 수 있다. 전기가 흐르면 1(on)이라고 생각하고 전기가 흐르지 않으면 0(off)으로 생각하면 되는 것이다.

참고

현재 자기가 사용하는 자료형이 나타낼 수 있는 범위가 얼마인지를 알고 싶으면 limits.h 헤더 파일을 참고하면 된다. 여기에는 정수형들의 최대값과 최소값을 기호 상수로 정의해 놓았다. 예를 들어서 int형의 최대값은 INT_MAX로, 최소값은 INT_MIN으로 알 수 있다.

Q 그렇다면 다양한 정수 타입 중에서 어떤 정수 타입을 사용하여야 하는가?

A 만약 상당히 큰 값(32,767이상 또는 -32,767이하)들을 필요로 한다면 long형을 사용하는 것이 좋다. 만약 기억 공간을 줄여야 한다면 short형을 사용하는 편이 유리하다. 일반적인 경우에는 int형을 사용한다. 만약 음수를 사용하지 않는다면 unsigned형을 사용하는 편이 좋다.

unsigned 수식자

unsigned는 변수가 음수가 아닌 값만을 나타낸다는 것을 의미한다. 음수가 제외되면 같은 비트로 더 넓은 범위의 양수를 나타낼 수 있다는 장점이 있다. 예를 들어 원래의 short형은 −32768에서 +32767까지의 정수만을 표현할 수 있었지만 unsigned short형은 0에서 65535까지의 정수를 나타낼 수 있다.

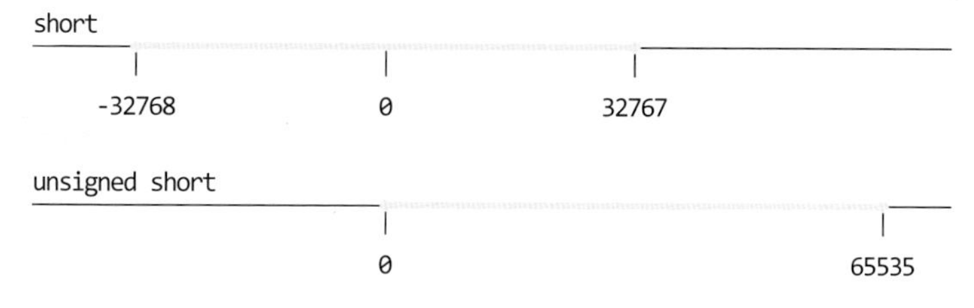

그림 3.4 unsigned를 붙이면 양수만 표현할 수 있다.

몇 가지의 예를 아래에 보였다.

```
unsigned int speed;    // 부호없는 int형 변수 speed
unsigned speed;        // 이렇게 해도 된다.
```

참고

unsigned고 쓰면 unsigned int형을 의미한다. 또한 short 형은 short int라고 쓸 수도 있다. 마찬가지로 long 형은 long int라고 쓸 수도 있다.

오버플로우

정수형 변수가 나타낼 수 있는 정수의 범위가 제한되어 있으므로 조심해야 할 사항이 있다. 즉 정수형 변수를 이용하여 산술 연산을 하는 경우, 산술 연산의 결과가 정수형이 나타낼 수 있는 범위를 넘어갈 수도 있다. 예를 들어서 다음과 같은 코드를 살펴보자.

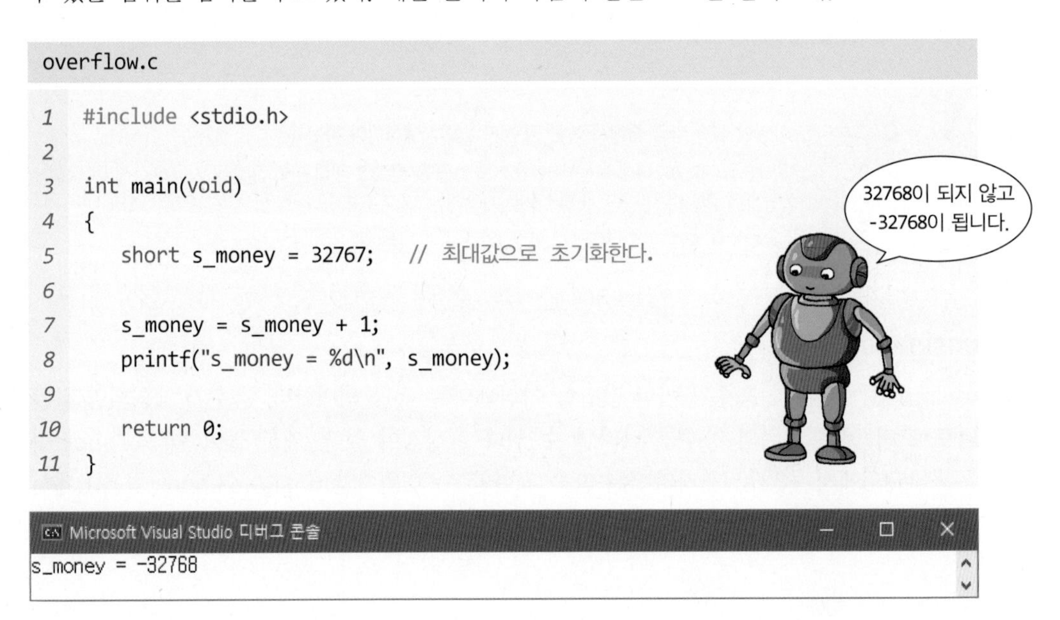

overflow.c

```
1  #include <stdio.h>
2
3  int main(void)
4  {
5      short s_money = 32767;    // 최대값으로 초기화한다.
6
7      s_money = s_money + 1;
8      printf("s_money = %d\n", s_money);
9
10     return 0;
11 }
```


Microsoft Visual Studio 디버그 콘솔

```
s_money = -32768
```

short형의 변수에 최대값인 32767을 저장한 후에 1을 증가시키면 어떻게 될까? 이 경우에는 32767에서 갑자기 −32768이 된다. 이런 경우를 오버플로우(overflow)라고 하며 변수가 나타낼 수 있는 범위를 넘는 숫자를 저장하려고 할 때 발생한다.

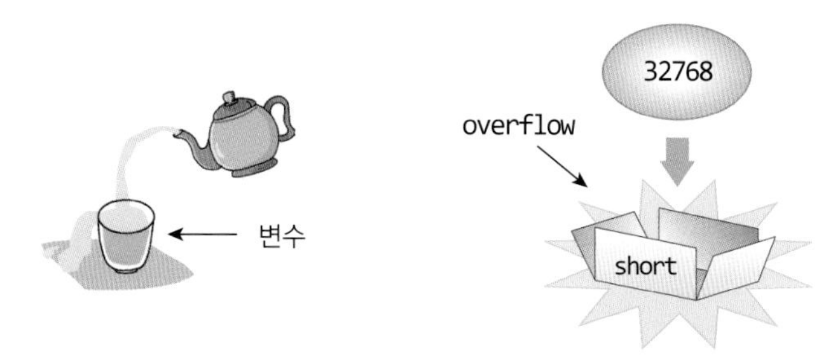

그림 3.5 오버플로우는 변수가 저장할 수 있는 범위를 넘어서는 수를 저장했을 경우에 발생한다.

변수의 값이 변수가 저장할 수 있는 한계를 벗어나면 자동차의 주행 거리계처럼 다시 처음으로 돌아가서 시작한다.

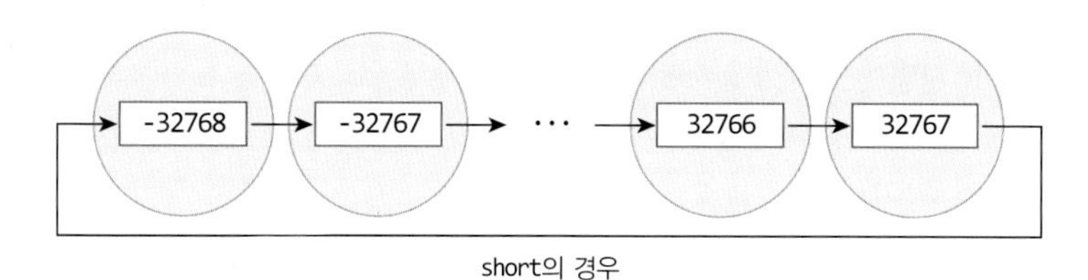

그림 3.6 오버플로우가 발생하면 수도계량기나 자동차의 주행거리계처럼 처음으로 되돌아간다. short형의 경우, 음수부터 시작하므로 음수로 되돌아간다.

정수형에서 오버플로우가 발생하더라도 컴파일러는 아무런 경고를 하지 않는다. 따라서 프로그래머가 정수형을 사용할 때는 오버플로우가 일어나지 않도록 주의하여야 한다.

입출력 형식 지정자

printf() 함수나 scanf() 함수에서 정수형을 입출력하는 형식 지정자는 다음과 같다.

자료형	형식 지정자	설명
short	%hi	입력할 때는 %hi를 사용하는 것이 좋다. 출력 시에는 %d도 가능하다.
int	%d	
long	%ld	
long long	%lld	특히 입력할 때는 반드시 %lld를 사용하여야 한다. 출력 시에도 %lld를 사용하여야 한다.

정수형 상수

정수 상수는 12나 100과 같이 프로그램 안에 직접 입력하면 된다. 정수 상수는 기본적으로

int형으로 간주된다. 만약 상수의 자료형을 프로그래머가 지정하고 싶은 경우는 접미사를 붙인다. 123L처럼 정수 상수 뒤에 접미사로 L을 붙이면 123이라는 상수를 long형(32비트)으로 간주한다.

표 3.2 정수 상수

접미사	자료형	예
u 또는 U	unsigned int	123u 또는 123U
l 또는 L	long	123l 또는 123L
ul 또는 UL	unsigned long	123ul 또는 123UL

정수 상수는 10진법뿐만 아니라 8진법이나 16진법으로도 표기가 가능하다. 정수 상수를 8진법으로 표기하려면 앞에 0을 붙이면 된다. 16진법으로 정수 상수를 표기하려면 앞에 0x를 붙이면 된다. 16진법은 0에서 9까지 10개의 숫자와 A, B, C, D, E, F까지 6개의 문자를 추가하여 수를 표현하는 방법이다. 예를 들어서 41719를 16진수로 나타내보면 0xA2F7이 된다.

$$0xA2F7_{16}=10\times16^3+2\times16^2+15\times16^1+7\times16^0=41719_{10}$$

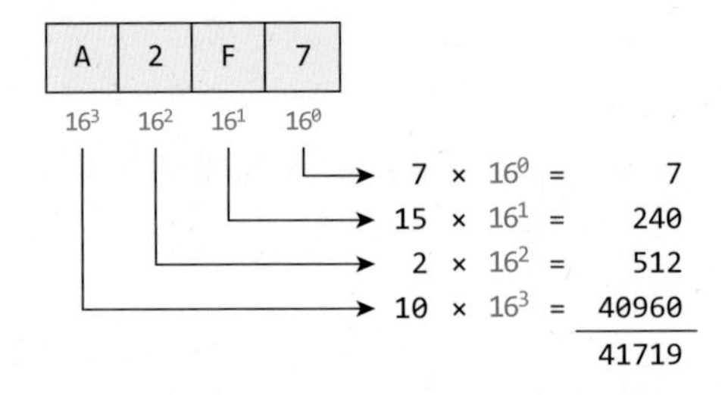

수를 나타내는데 A나 B와 같은 문자를 사용하는 것이 처음에는 생소해보일 것이다. 하지만 하드웨어 관련하여 비트 조작을 할 때는 10진법보다 16진법이 훨씬 사용하기가 편리하다. 2진수와 16진수는 상당한 관련이 있다. 16진수에서 하나의 자릿수는 4비트에 해당한다. 따라서 0과 1로 되어 있는 데이터를 16진수로 표기하게 되면 알아보기가 쉽다. 여러분도 조금만 연습하면 16진수를 보고 해당하는 비트 패턴을 알 수 있다.

```
0x0f(16진수) ↔ 0000 1111(2진수)
```

다음 프로그램은 정수 상수 128을 10진수, 16진수, 8진수로 출력해본 것이다.

int_const.c

```
1  #include <stdio.h>
2
3  int main(void)
4  {
5     printf("%d %#x %#o \n", 128, 128, 128);
6     return 0;
7  }
```

%#x와 %#o는 각각 16진수, 8진수로 출력하는 형식 지정자

Microsoft Visual Studio 디버그 콘솔

```
128 0x80 0200
```

정수형의 값을 출력하거나 입력하려면 형식 지정자로 "%d"를 사용한다. 만약 8진수나 16진법으로 정수를 출력하려면 형식 지정자 "%#o"와 "%#x"를 사용한다.

기호 상수(#define 이용)

보통의 상수에는 변수와는 달리 이름이 없다. 그러나 상수에도 이름을 붙일 수 있는 방법이 있다. 기호 상수(symbolic constant)는 기호에 의하여 상수를 표현한 것이다. 이름 없는 상수는 리터럴 상수(literal)라고 한다. 예를 들어서 현재의 환율 1120을 기호 상수 EXCHANGE_RATE로 표현해보자.

```
#define EXCHANGE_RATE    1120
```

보통 #define 문장은 프로그램의 맨 첫 부분에 모여 있다. #define이 들어가는 문장은 전처리기(preprocessor)가 처리한다. 전처리기는 코드에서 EXCHANGE_RATE를 전부 찾아서 1120으로 바꾼다.

기호 상수는 상수 값을 그대로 쓰는 방법(이것을 리터럴 상수라고 한다)에 비하여 몇 가지의 장점을 지닌다. 첫 번째 장점은 기호 상수를 사용하면 프로그램을 읽기가 쉬워진다는 것이다. 아래의 문장 (1)에서는 1120이 무엇을 의미하는지 쉽게 알 수 없다. 그러나 문장 (2)에서는 1120이 환율이라는 것을 쉽게 알 수 있다.

```
won = 1120 * dollar;            // (1) 실제의 값을 사용
won = EXCHANGE_RATE * dollar;   // (2) 기호상수 사용
```

기호 상수의 두 번째 장점은 프로그램이 동일한 상수를 여러 곳에서 사용하고 있는 경우에, 상수 값의 변경을 쉽게 할 수 있다는 것이다. 위의 예에서 환율이 1050으로 변경되었다고 가정하자. 만약 숫자를 사용했다면 프로그램에서 그 숫자가 사용된 모든 곳을 찾아서 값을 변경하여야 한다. 그러나 기호 상수를 사용했다면 기호 상수의 정의만 변경하면 된다.

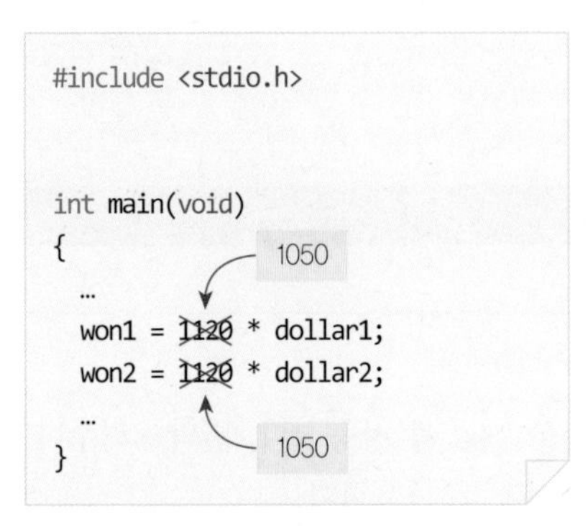

리터럴 상수를 사용하는 경우:
등장하는 모든 곳을 수정하여야 한다.

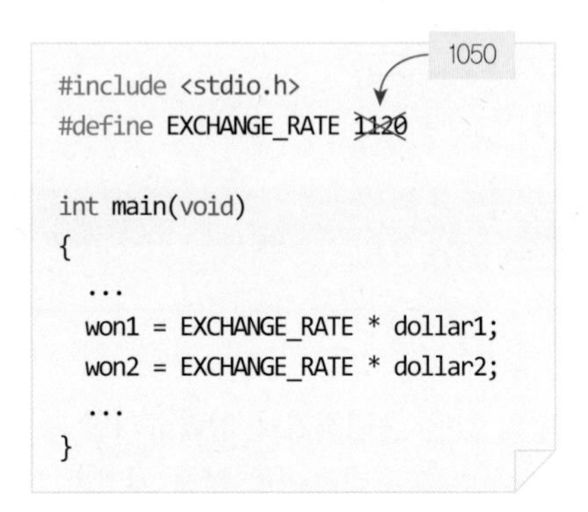

기호 상수를 사용하는 경우:
기호 상수가 정의된 곳만 수정하면 된다.

그림 3.7 리터럴 상수와 기호 상수의 비교

기호 상수(const 이용)

기호 상수를 만드는 또 하나의 방법이 있다. 변수 선언 앞에 const를 붙이면 상수가 된다. const는 "constant"의 약자로서 변경되지 않는다는 의미이다.

```
const int EXCHANGE_RATE = 1120;
```

위의 코드에서 EXCHANGE_RATE는 상수로서 1120을 나타낸다. const로 선언된 변수는 딱 한 번만 값을 저장할 수 있다.

중간점검

1. 정수형에 속하는 자료형을 모두 열거하라.
2. 숫자 값을 직접 사용하는 것보다 기호 상수를 사용하는 것의 이점은 무엇인가?
3. 왜 정수를 하나의 타입으로 하지 않고 short, int, long 등의 여러 가지 타입으로 복잡하게 분류하여 사용하는가?
4. 변수가 저장할 수 있는 한계를 넘어서는 값을 저장하면 어떻게 되는가? 구체적인 예로 short형의 변수에 32768을 저장하면 어떻게 되는가?

Lab 달러를 원화로 계산하기

| 난이도 ★ 주제 기호 상수 |

변수를 선언하고 사용하는 예제로 달러화를 원화로 계산하는 프로그램은 작성하여 보자. 사용자로부터는 받는 달러화는 정수 변수 usd에 저장한다. 달러화에 환율을 곱하여서 사용자가 입력한 달러화가 몇 원에 해당하는지를 계산한다. 환율은 1달러당 1120원이라고 가정하자.

```
Microsoft Visual Studio 디버그 콘솔
달러화 금액을 입력하시오: 1000
달러화 1000달러는 1120000원입니다.
```

dollar2won.c

```
1  #define _CRT_SECURE_NO_WARNINGS
2  #include <stdio.h>
3  #define EXCHANGE_RATE    1120                 // 기호 상수 정의
4
5  int main(void)
6  {
7     int usd; // 달러화
8     int krw; // 원화
9
10    printf("달러화 금액을 입력하시오: ");         // 입력 안내 메시지
11    scanf("%d", &usd);                          // 달러화 금액 입력
12    krw = EXCHANGE_RATE * usd;                  // 원화로 환산
13    printf("달러화 %d달러는 %d원입니다.\n", usd, krw);  // 계산 결과 출력
14
15    return 0;                                   // 함수 결괏값 반환
16 }
```

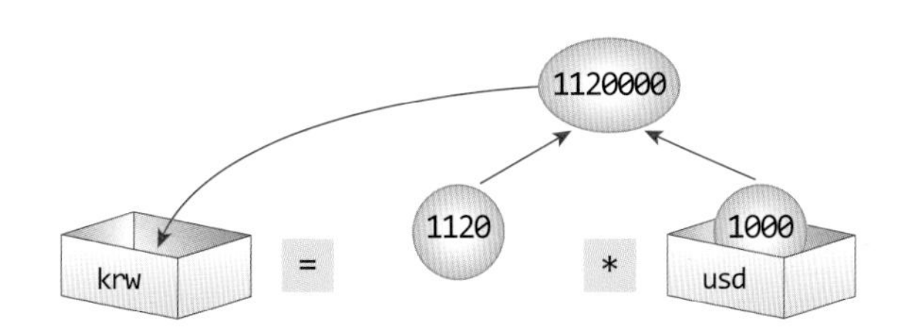

Lab 재산 계산하기

| 난이도 ★ 주제 오버플로우 |

철수군은 미래에 자신이 모을 재산을 계산하고 싶어 한다. 한 달에 500만원씩 30년 동안 저금하면 얼마가 될까? 적절한 자료형을 사용해보자.

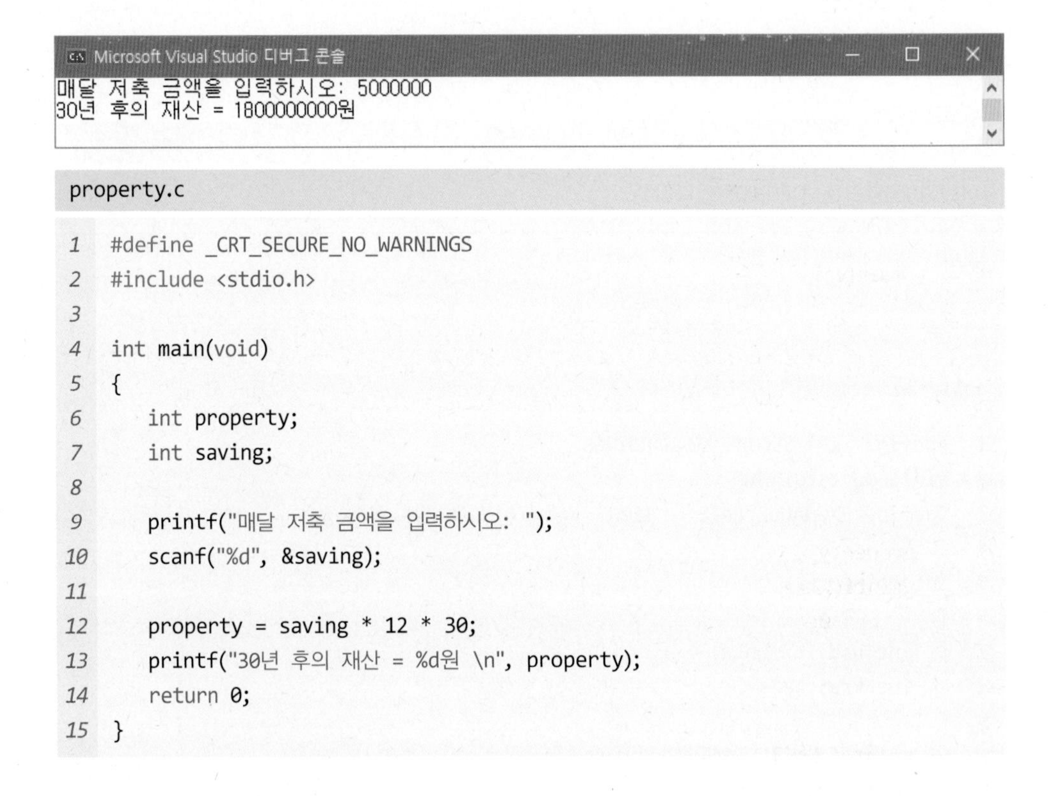
Microsoft Visual Studio 디버그 콘솔
매달 저축 금액을 입력하시오: 5000000
30년 후의 재산 = 1800000000원

property.c

```
1  #define _CRT_SECURE_NO_WARNINGS
2  #include <stdio.h>
3  
4  int main(void)
5  {
6     int property;
7     int saving;
8  
9     printf("매달 저축 금액을 입력하시오: ");
10    scanf("%d", &saving);
11 
12    property = saving * 12 * 30;
13    printf("30년 후의 재산 = %d원 \n", property);
14    return 0;
15 }
```

그런데 만약 저축액을 1,000만 원으로 늘리면 어떻게 될까?

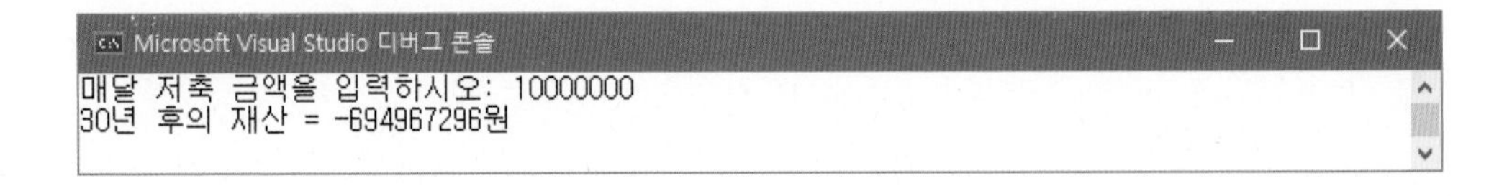
Microsoft Visual Studio 디버그 콘솔
매달 저축 금액을 입력하시오: 10000000
30년 후의 재산 = -694967296원

갑자기 재산이 음수가 된다. 왜 그럴까?

Soultion 재산 계산하기

이것은 int형 변수가 나타낼 수 있는 정수의 범위를 넘어가기 때문이다. int형 변수는 -21억에서 +21억까지를 나타낼 수 있는데 이것을 넘어간 것이다. 이것을 오버플로우(overflow)라고 한다. 오버플로우를 막으려면 int형을 long long 형으로 변경하면 된다. long long형을 출력할 때는 형식 지정자로 %lld를 사용하여야 한다.

property.c

```
1  #define _CRT_SECURE_NO_WARNINGS
2  #include <stdio.h>
3
4  int main(void)
5  {
6     long long int property;
7     long long int saving;
8
9     printf("매달 저축 금액을 입력하시오: ");
10    scanf("%lld", &saving);
11
12    property = saving * 12 * 30;
13    printf("30년 후의 재산 = %lld원 \n", property);
14    return 0;
15 }
```

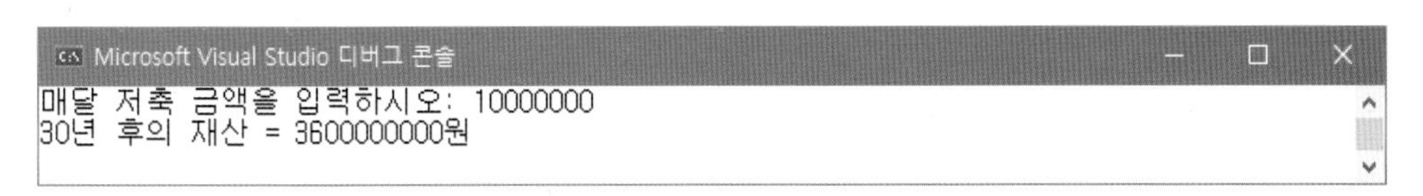
Microsoft Visual Studio 디버그 콘솔
매달 저축 금액을 입력하시오: 10000000
30년 후의 재산 = 3600000000원

도전문제

long long 자료형도 분명히 한도는 있다. 그렇다면 long long 자료형이 표현할 수 있는 한도보다도 더 큰 수를 표현하려면 어떻게 해야 할까? 다음 절부터 나오지만 double과 같은 실수 자료형을 사용하면 된다.

Lab 변수의 값 교환하기

| 난이도 ★★ 주제 변수 이해 |

변수 x와 변수 y의 값을 서로 바꾸는 코드를 작성하여 보자. 변수 a와 변수 b가 있고 이들 변수에 저장된 값을 서로 바꾸려면 어떻게 해야 하는가? 일단 다음과 같은 코드로는 안 된다.

```
int a = 100;
int b = 200;

a = b;
b = a;
```

왜 그럴까? a = b; 문장이 실행되는 순간, a에 저장된 값 100이 없어지기 때문이다.

어떻게 해야 하는가?

추가적인 변수를 하나 더 사용하면 된다.

```
int a = 100;
int b = 200;
int tmp;

tmp = a; // ①
a = b;   // ②
b = tmp; // ③
```

Lab (고급) 16진수로 하드웨어 제어하기

| 난이도 ★★ 주제 16진수 |

아두이노와 같은 하드웨어 제어 프로그램에서 8개의 핀에 LED들이 연결되어 있고 이들 8개의 LED들은 8개의 비트로 제어한다고 가정하자. 특정 비트에 1을 넣어주면 해당되는 LED가 빛난다고 가정하자. 예를 들어서 첫 번째 LED를 빛나게 하려면 다음과 같은 비트 패턴을 16진수로 하드웨어에 쓰면 된다.

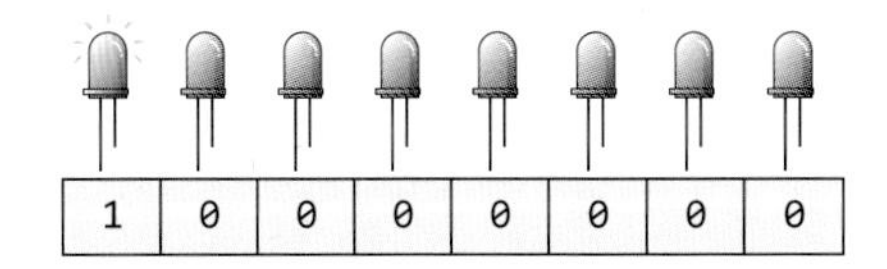

위와 같은 비트 패턴을 16진수로 만들어 보자. 어떻게 하면 되는가?

1번 핀에 연결된 LED만 켜고 나머지 LED들을 끄려고 할 때는 다음과 같은 비트를 출력포트에 써야 한다.

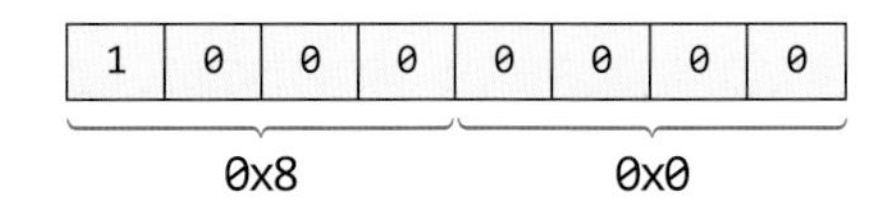

16진수로 변경하려면 이진수를 4비트씩 잘라서 0~F까지의 문자로 바꾸면 된다. 1000은 '8'이 되고 0000은 '0'이 된다. 따라서 위의 비트 패턴은 16진수 0x80에 해당한다. C언어에서는 16진수를 나타낼 때 앞에 0x를 붙인다.

5. 부동소수점형

실수는 123.456과 같이 소수점을 가진 수이다. 실수는 매우 큰 수나 매우 작은 수를 다루는 자연 과학이나 공학 분야의 프로그램을 작성할 때는 없어서는 안 될 중요한 요소이다. C에서는 부동소수점 방식으로 실수를 표현한다. 부동소수점은 소수점의 위치가 고정돼 있지 않으며, 가수와 지수를 사용하여 실수를 표현한다. 가수는 유효숫자를 나타내며 지수는 소수점의 위치를 나타낸다.

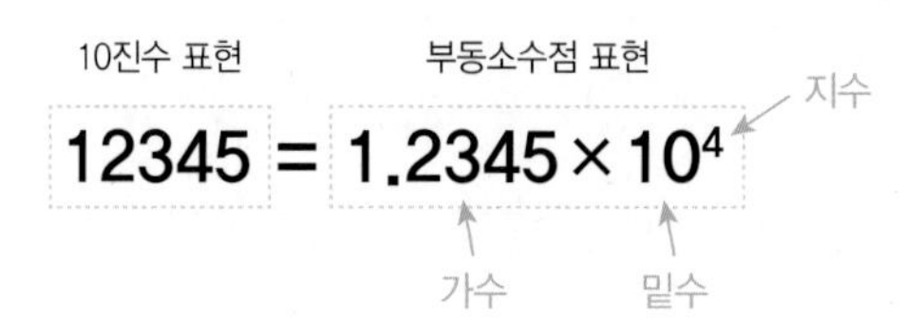

C에서는 float, double, long double의 3가지의 부동소수점 자료형이 있다. PC에서는 double과 long double은 같다.

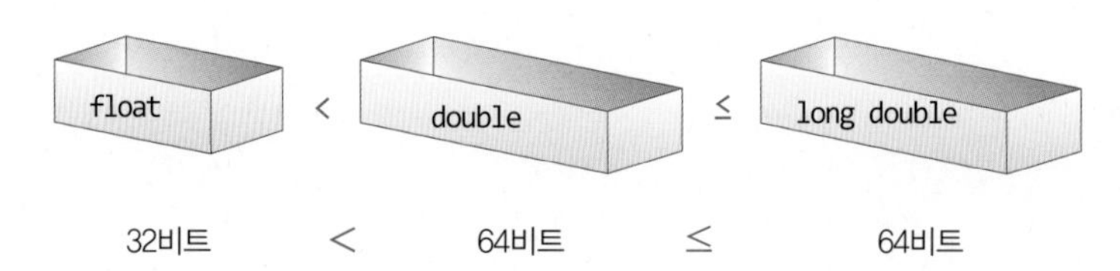

그림 3.8 C에서는 float, double, long double형과 같은 부동소수점형을 이용하여 실수를 표현한다.

주어진 비트 안에서 지수와 가수를 어떻게 표현하느냐에 대한 여러 가지 규격이 있다. C 언어의 부동소수점은 IEEE 754 규격을 사용한다(예전 C 컴파일러 제외). 예를 들어서 float형은 다음과 같은 IEEE 754 Single-Precision 규격을 사용한다.

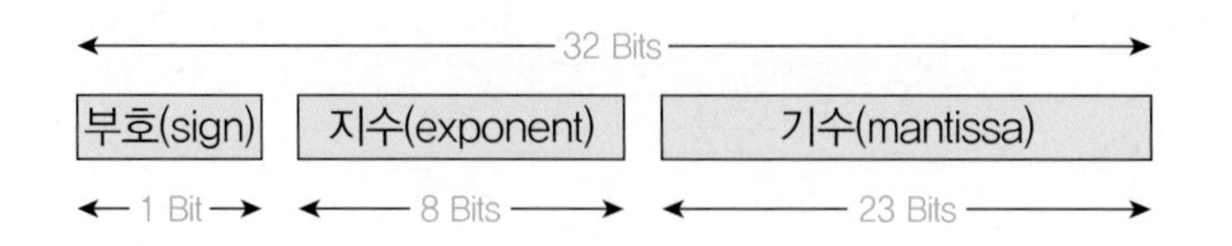

float는 32비트, double은 64비트를 사용한다. float는 약 6개의 유효 숫자, double은 약 16개의 유효 숫자를 가질 수 있다. 부동소수점형은 비트의 개수가 제한되어 있으므로 아주 정확하게 값을 저장하기가 어려운 경우가 있다.

표 2.6 부동소수점 자료형

자료형	명칭	크기	유효 숫자	범위
float	단일 정밀도 (single-precision)	32비트	6자리	$\pm 1.17549 \times 10^{-38} \sim \pm 3.40282 \times 10^{+38}$
double long double	두 배 정밀도 (double-precision)	64비트	16자리	$\pm 2.22507 \times 10^{-308} \sim \pm 1.79769 \times 10^{+308}$

참고

유효 숫자란 믿을 수 있는 의미 있는 숫자를 말한다. 예를 들어서 2,696을 십의 자리에서 반올림하면 2,700이다. 여기서 2와 7은 의미있는 숫자이다. 반면에 뒤에 붙은 00은 단순히 자릿수를 나타내는데 사용된다. 유효 숫자의 개수는 소수점의 위치와는 상관이 없다. 2,700을 2.7e3이라고 표현해도 유효 숫자는 역시 2개이다.

참고

부동소수점형은 소수점의 위치가 움직인다는 의미에서 부동소수점 수라고 한다.

부동소수점 상수

부동소수점 상수를 표기하는 방법에는 두 가지가 있다. 하나는 소수점 표기법으로 12345.6와 같이 우리에게 친근한 소수점을 이용하여 실수를 표현하는 방법이다. 두 번째 방법은 지수 표기법으로 지수를 이용하여 실수를 표기하는 방법이다. 즉 12345.6은 1.23456×10^4로 표기가 가능하고 이것을 C에서는 1.23456e4로 표기한다. 지수 부분은 E나 e를 사용하여 표시한다.

표 3.3 부동소수점 상수의 표기법 비교

소수점 표기법	지수 표기법	의미
123.45	1.2345e2	1.2345×10^2
12345.6	1.23456e4	1.23456×10^4
0.000023	2.3e-5	2.3×10^{-5}
2000000000	2.0e9	2.0×10^9

여기서 주의할 점은 정수라고 하더라도 2.0처럼 뒤에 소수점을 붙이면 이것은 부동소수점 상수로서 간주되어 double형이 된다는 점이다. 지수 표기법은 주로 매우 큰 수나 작은 수를 표기하는데 유용하다.

부동소수점 상수는 기본적으로 double형으로 간주된다. 만약 double형이 아니고 float형 상수를 만들려면 상수 끝에 f나 F를 붙여주면 된다.

```
3.141592F
```

다음은 유효한 부동소수점 상수의 예이다.

```
.          // 소수점만 붙여도 된다.
.28        // 정수부가 없어도 된다.
9.26E3     // 9.26×10³
0.67e-7    // 0.67×10⁻⁷
```

형식 지정자

float형의 값을 출력하거나 입력하려면 형식 지정자로 "%f"를 사용한다. double형의 값을 입출력하려면 "%lf"을 사용한다. 특히 double형의 값을 입력할 때 "%lf"을 사용하지 않으면 값이 이상하게 저장된다.

```
double radius;
printf("반지름 값을 입력하시오: ");
scanf("%lf", &radius);     // 반드시 "%lf"을 사용하여야 한다.
```

예제 #1

다음의 예제는 유효 숫자 개념을 알아보기 위하여 부동소수점 상수를 float형 변수와 double형 변수에 1234567890.12345678901234567890을 대입하여 본다.

floating.c

```
1  #include <stdio.h>
2  
3  int main(void)
4  {
5  
6     float fvalue = 1234567890.12345678901234567890;
7     double dvalue = 1234567890.12345678901234567890;
8     printf("float형 변수=%35.25f\n", fvalue);
9     printf("double형 변수=%35.25lf\n", dvalue);
```

```
10
11      return 0;
12  }
```

```
Microsoft Visual Studio 디버그 콘솔
float형 변수=1234567936.0000000000000000000000000
double형 변수=1234567890.1234567165374755859375000
```

프로그램 설명

float형은 6개 정도의 유효 숫자를 가질 수 있으므로 8번째 자릿수부터는 정확한 값이 나오지 않는다. 반면에 double형은 15자리 정도의 유효숫자를 가짐을 확인할 수 있다. 형식 지정자 % 앞에 붙은 30.25는 전체 출력 필드의 크기를 30으로 하고 소수 부분을 25자리로 출력하라는 의미이다.

참고

부동소수점형의 한계를 알려주는 헤더파일이 존재한다. 헤더 파일 float.h에있는 FLT_MIN과 FLT_MAX는 float로 나타낼 수 있는 가장 작은 값과 가장 큰 값을 의미한다. 비슷하게 double형에 대해서도 DBL_MIN과 DBL_MAX가 정의되어 있다.

Q float같은 실수를 int같은 정수에 넣을 경우, 어떤 일이 발생하는가?

A 컴파일러는 이러한 경우에 경고를 한다. 실수 중에서 소수점 이하는 없어지고 정수 부분만 정수변수에 대입된다. 12.7이라는 실수를 정수 변수에 대입하면 12만 남는다.

오버플로우와 언더플로우

오버플로우(overflow)는 변수에 대입된 수가 너무 커서 변수가 저장할 수 없는 상황을 의미한다. float형 변수는 약 1×10^{38} 이상을 넘는 수는 저장하지 못한다. 이보다 큰 값을 대입하면 오버플로가 발생할 것이다. 언더플로우(underflow)는 오버플로우와 반대의 상황이다. 부동 소수점 수가 너무 작아서 표현하기가 힘든 상황이 언더플로우이다. 이것을 다음의 프로그램으로 살펴보자.

over_under.c

```c
1  #include <stdio.h>
2
3  int main(void)
4  {
5      float x = 1e39;
```

```
6       float y = 1.23456e-46;
7
8       printf("x=%e\n", x);
9       printf("y=%e\n", y);
10      return 0;
11  }
```

```
1>d:₩cprogram₩mainarg₩mainarg₩mainarg.c(5): warning C4056: 부동 소수점 상수 산술 연산에서 오버플로가 발생했습니다.
1>d:₩cprogram₩mainarg₩mainarg₩mainarg.c(6): warning C4305: '초기화 중': 'double'에서 'float'(으)로 잘립니다.
1>d:₩cprogram₩mainarg₩mainarg₩mainarg.c(5): warning C4756: 상수 산술 연산에서 오버플로가 발생했습니다.
1>  mainarg.vcxproj -> D:₩cprogram₩mainarg₩Debug₩mainarg.exe
1>  mainarg.vcxproj -> D:₩cprogram₩mainarg₩Debug₩mainarg.pdb (Full PDB)
========== 빌드: 성공 1, 실패 0, 최신 0, 생략 0 ==========
```

Microsoft Visual Studio 디버그 콘솔

```
x=inf
y=0.000000e+00
```

프로그램 설명

5 부동 소수점의 경우, 오버플로우가 발생하면 컴파일러는 해당 변수에 무한대를 의미하는 특별한 값을 대입하고 printf()는 이 값을 inf라고 출력한다.

8, 9 실행 결과를 보면 변수 y의 값은 언더플로우가 일어나서 0으로 출력되었다. 서식 지정자 %e는 지수 표기법으로 출력하라는 의미이다.

부동소수점형은 부정확할 수도 있다!

다음의 코드를 실행해보자.

```
1  #include <stdio.h>
2
3  int main(void)
4  {
5      float value = 0.1;
6      printf("%.20f \n", value);    // %.20f는 소수점 이하를 20자리로 출력하라는 의미이다.
7      return 0;
8  }
```

Microsoft Visual Studio 디버그 콘솔

```
0.10000000149011611938
```

0.1의 값이 정확하게 출력되지 않는다. 이유는 무엇일까? 이진법으로는 정확하게 나타낼 수

없는 값들이 있기 때문이다. 0.1도 그 중의 하나이다. 십진법으로 예를 들어보자. 십진법에서는 1/3을 정확하게 나타낼 수 없다(0.3333...이 무한히 반복된다). 이진법에서는 0.1이 그렇다. 십진법에서는 0.1로 정확하게 표현되지만, 이진법에는 아무리 노력해도 0.1을 정확하게 표현하는 것이 불가능하다. "0.000110011.."로 시작되어서 무한히 이어진다. 물론 중간에서 반올림하면 얼마든지 실용적으로는 사용이 가능하다.

중간점검

1. 부동 소수점형에 속하는 자료형을 모두 열거하라.
2. float형 대신에 `double`형을 사용하는 이유는 무엇인가?
3. 12.345처럼 소수점이 있는 실수를 `int`형의 변수에 넣을 경우, 어떤 일이 발생하는가?

Lab 태양빛 도달 시간

| 난이도 ★★ 주제 부동소수점수 |

태양에서 오는 빛이 몇 분 만에 지구에 도착하는지를 컴퓨터로 계산해보고자 한다. 여러분들도 다 알다시피 빛의 속도는 1초에 30만 km를 이동한다. 또 태양과 지구 사이의 거리는 약 1억 4,960만 km이다.

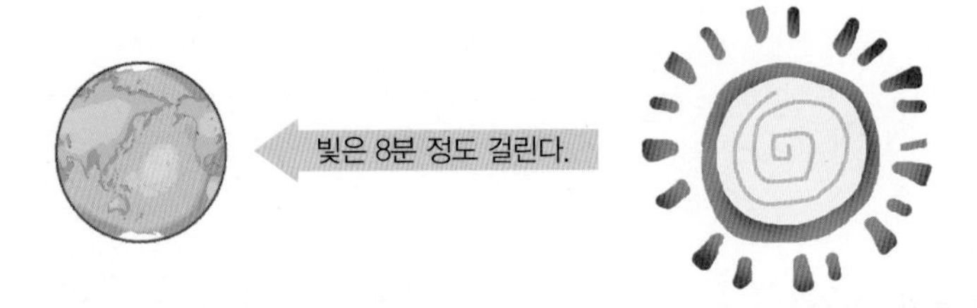
빛은 8분 정도 걸린다.

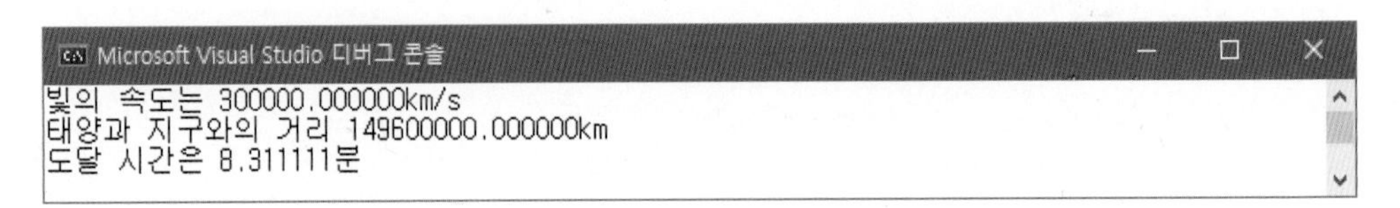
Microsoft Visual Studio 디버그 콘솔
빛의 속도는 300000.000000km/s
태양과 지구와의 거리 149600000.000000km
도달 시간은 8.311111분

- 문제를 해결하기 위해서는 먼저 필요한 변수를 생성하여야 한다. 여기서는 빛의 속도, 태양과 지구 사이의 거리, 도달 시간을 나타내는 변수가 필요하다.
- 변수의 자료형은 모두 부동소수점 수이어야 한다. 왜냐하면 매우 큰 수들이기 때문이다.
- 빛이 도달하는 시간은 (도달 시간 = 거리/ (빛의 속도))으로 계산할 수 있다.
- double형을 printf()로 출력할 때는 %lf를 사용한다.

Soultion 태양빛 도달 시간

sunlight.c

```
1  #include <stdio.h>
2
3  int main(void)
4  {
5     double light_speed = 300000;    // 빛의 속도를 저장하는 변수(300,000km/sec)
6     double distance = 149600000;    // 태양과 지구 사이 거리를 저장하는 변수
7                                     // 149,600,000km로 초기화한다.
8     double time;                    // 시간을 나타내는 변수
9
10    time = distance / light_speed; // 거리를 빛의 속도로 나눈다.
11    time = time / 60.0;             // 초를 분으로 변환한다.
12
13    printf("빛의 속도는 %lfkm/s \n", light_speed);
14    printf("태양과 지구와의 거리 %lfkm \n", distance);
15    printf("도달 시간은 %lf분\n", time);  // 시간을 출력한다.
16
17    return 0;
18 }
```

도전문제

double을 float로 변경하여서 프로그램을 실행시켜보자. 결과 차이가 있는가?

Lab 화씨온도 변환하기

| 난이도 ★ 주제 부동소수점수 |

우리나라에서는 온도를 나타낼 때 섭씨온도를 사용하지만 미국에서는 화씨온도를 사용한다. 사용자로부터 화씨온도를 받아서 섭씨온도로 바꾸는 프로그램을 작성해보자.

$$C = (F - 32) * \frac{5}{9}$$

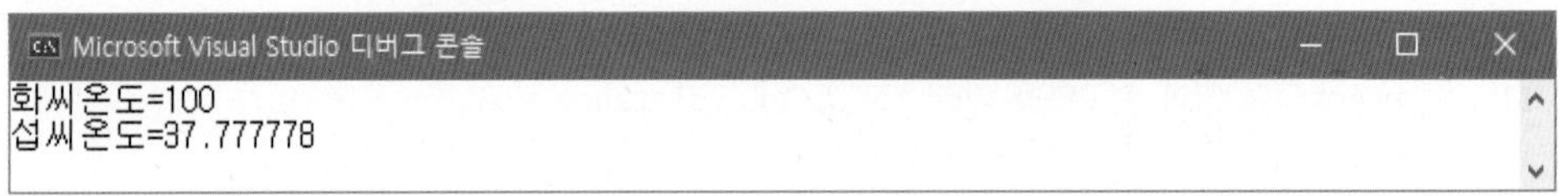
Microsoft Visual Studio 디버그 콘솔
화씨온도=100
섭씨온도=37.777778

어떤 변수를 사용해야 하는가? 온도는 소수점 이하가 있으니 부동소수점형 변수를 사용해야 한다. 부동소수점형에는 float형과 double형이 있는데 여기서는 double형을 사용한다. 다음과 같이 변수를 선언하고 scanf()를 사용하여 사용자로부터 화씨온도를 받으면 된다. 입출력할 때 사용되는 형식 지정자에 유의한다. double형을 입출력할 때는 "%lf"를 사용한다.

```
double celsius, fahrenheit; // 변수 선언

printf("화씨온도=");
scanf("%lf", &fahrenheit);    // 실수형으로 입력받는다.
```

화씨 온도를 섭씨 온도로 변환하는 것은 다음과 같다. 곱하기는 *로 표시한다.

```
celsius = (fahrenheit - 32.0) * 5.0 / 9.0;
```

Soultion 화씨온도 변환하기

temparture.c

```
1   #define _CRT_SECURE_NO_WARNINGS
2   #include<stdio.h>
3
4   int main(void)
5   {
6       double celsius, fahrenheit; // 변수 선언
7
8       printf("화씨온도=");
9       scanf("%lf", &fahrenheit);    // double형으로 입력받는다.
10
11      celsius = (fahrenheit - 32.0) * 5.0 / 9.0;
12      printf("섭씨온도=%lf \n", celsius);
13
14      return 0;
15  }
```

도전문제

섭씨온도를 받아서 화씨온도로 변환하여 출력하도록 위의 코드를 수정해보자.

주의

다음과 같은 문장은 5/9가 먼저 계산되어서 항상 0이 된다.

```
celsius = (5/9) * (fahrenheit - 32.0);
```

Lab 원의 면적을 계산해보자

| 난이도 ★ 주제 부동소수점수 |

사용자로부터 원의 반지름을 받아서 원의 면적을 계산하는 프로그램을 작성해보자.

Microsoft Visual Studio 디버그 콘솔
원의 반지름을 입력하시요:10.0
원의 면적: 314.159200

입출력할 때 사용되는 형식 지정자에 유의한다. double형을 입출력할 때는 "%lf"를 사용한다.

circle_area.c

```
1  #define _CRT_SECURE_NO_WARNINGS
2  #include <stdio.h>
3  #define PI   3.141592
4  int main(void)
5  {
6     double radius;  // 원의 반지름
7     double area;    // 원의 면적
8     printf("원의 반지름을 입력하시요:");
9     scanf("%lf", &radius);
10
11    area = PI * radius * radius;
12    printf("원의 면적: %f \n", area);
13
14    return 0;
15 }
```

변수 (6~7행), 상수 (11행의 PI)

6. 문자형

문자(character)는 한글이나 영어에서의 하나의 글자, 숫자, 기호 등을 의미한다. 문자는 컴퓨터에게는 그다지 중요한 것이 아니지만 사람한테는 아주 중요하다. 거의 모든 정보가 문자를 통하여 전달되기 때문이다.

문자는 컴퓨터에서 어떻게 표현될까? 컴퓨터는 모든 것을 숫자로 표현한다. 문자도 예외가 아니다. 문자도 역시 숫자로 표현한다. 한 가지 예를 들면 'A'는 숫자 65로, 'B'는 66로 표현한다. 이것을 문자 코드라고 한다. 널리 사용하는 표준적인 문자 코드는 아스키 코드(ASCII code)이다. 아스키 코드는 영어의 대소문자, 숫자, 기호들에 대하여 0에서 127 사이의 값들을 부여한다. C언어에서도 ASCII 코드를 이용하여 문자를 표현하게 된다. 영문자의 경우, 글자들의 개수가 128개 이하이기 때문에 하나의 글자에 대하여 많은 비트를 할당할 필요는 없다. 8비트면 충분하다. 아스키 코드는 8비트의 char형의 변수에 저장될 수 있다.

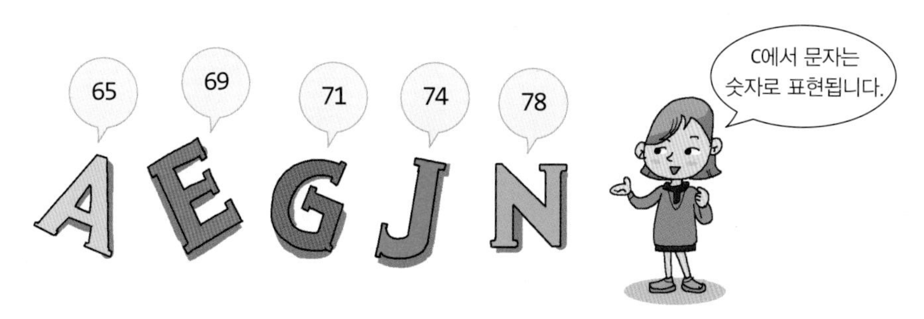

그림 3.9 C에서 문자는 숫자로 표현된다.

아스키 코드에서 인쇄 가능한 코드는 스페이스 문자부터 시작한다. 스페이스(space) 문자는 32로 표현된다. 느낌표 문자(!)의 코드는 33이다. 이런 식으로 1씩 증가하면서 알파벳 문자들을 차례대로 표현한다. 'A'의 코드는 65이고 'B'는 66이다. 'a'는 97이고 'b'는 98이다.

Dec	Hex	문자	Dec	Hex	문자	Dec	Hex	문자	Dec	Hex	문자	Dec	Hex	문자	Dec	Hex	문자
0	0	NULL	22	16	SYN	44	2C	,	66	42	B	88	58	X	110	6E	n
1	1	SOH	23	17	ETB	45	2D	-	67	43	C	89	59	Y	111	6F	o
2	2	STX	24	18	CAN	46	2E	.	68	44	D	90	5A	Z	112	70	p
3	3	ETX	25	19	EM	47	2F	/	69	45	E	91	5B	[	113	71	q
4	4	EOL	26	1A	SUB	48	30	0	70	46	F	92	5C	\	114	72	r
5	5	ENQ	27	1B	ESC	49	31	1	71	47	G	93	5D	]	115	73	s
6	6	ACK	28	1C	FS	50	32	2	72	48	H	94	5E	^	116	74	t
7	7	BEL	29	1D	GS	51	33	3	73	49	I	95	5F	_	117	75	u
8	8	BS	30	1E	RS	52	34	4	74	4A	J	96	60	`	118	76	v
9	9	HT	31	1F	US	53	35	5	75	4B	K	97	61	a	119	77	w
10	A	LF	32	20	space	54	36	6	76	4C	L	98	62	b	120	78	x
11	B	VT	33	21	!	55	37	7	77	4D	M	99	63	c	121	79	y
12	C	FF	34	22	"	56	38	8	78	4E	N	100	64	d	122	7A	z
13	D	CR	35	23	#	57	39	9	79	4F	O	101	65	e	123	7B	{
14	E	SO	36	24	$	58	3A	:	80	50	P	102	66	f	124	7C	|
15	F	SI	37	25	%	59	3B	;	81	51	Q	103	67	g	125	7D	}
16	10	DLE	38	26	&	60	3C	<	82	52	R	104	68	h	126	7E	~
17	11	DC1	39	27	'	61	3D	=	83	53	S	105	69	i	127	7F	DEL
18	12	DC2	40	28	(	62	3E	>	84	54	T	106	6A	j			
19	13	DC3	41	29	)	63	3F	?	85	55	U	107	6B	k			
20	14	DC4	42	2A	*	64	40	@	86	56	V	108	6C	l			
21	15	NAK	43	2B	+	65	41	A	87	57	W	109	6D	m			

그림 3.10 아스키 코드표

참고

char형이 내부적으로는 정수를 저장하기 때문에 기술적으로 보면 정수형이라고 말할 수도 있다. 그러나 char라는 단어가 붙은 것처럼 char형은 문자를 저장하기 위하여 만들어 졌기 때문에 이 책에서는 문자형으로 소개하였다.

문자 변수와 문자 상수

문자가 정수로 표현되므로 정수를 저장할 수 있는 자료형은 문자도 저장할 수 있다. 아스키 코드가 0에서 127까지의 숫자만을 이용하므로 8비트로 충분히 표현이 가능하다(8비트이면 2^8(256)개의 문자까지 나타낼 수 있다). 따라서 char형이 문자를 저장하는데 주로 사용된다. char형은 8비트 정수를 저장할 수 있다.

```
char code;
```

만약 이 char형의 변수 code에 문자 A를 저장하려면 어떻게 해야 할까? 문자 A는 아스키 코드 65로 표현되므로 code에 65를 대입하면 될 것이다. 하지만 숫자를 대입하는 것보다 더 편리한 방법이 있다. C에서는 문자 A를 표현하려면 작은따옴표(' ')를 사용하여 'A'와 같이 나타낸다.

```
code = 'A';
```

'A'와 같이 작은따옴표로 감싸진 문자를 문자 상수(character constant)라고 한다. 컴파일러는 작은따옴표로 감싸진 문자 상수를 만나면 이것을 아스키 코드로 변환한다. 실제로 code를 십진수 형식으로 출력하여 보면 65가 출력됨을 확인할 수 있다.

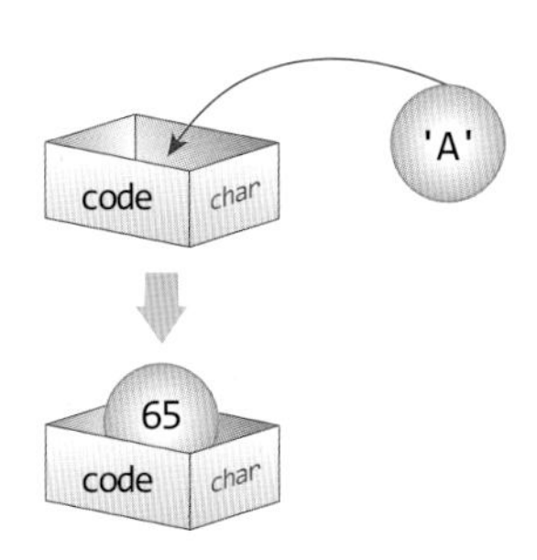

그림 3.11 문자형의 변수에 문자 상수를 대입하면 아스키 코드가 저장된다.

문자를 입출력하는 방법은 많다. scanf()를 형식 지정자 %c로 호출해도 되고 getchar()라는 전용 함수를 사용해도 된다. 우리는 좀 더 쉬운 getchar() 함수를 사용해보자. 문자 'A'의 아스키 코드를 출력한 후에, 사용자로부터 문자를 받아서 그 문자의 아스키 코드를 출력하는 프로그램을 작성해보자.

get_ascii.c

```
1   #include <stdio.h>
2
3   int main(void)
4   {
5      char c;        // 변수 선언
6
7      c = 'A';       // 변수 c에 문자 'A'를 저장한다.
8      printf("A의 아스키 코드= %d\n", c);   // 문자와 아스키코드를 출력
9
10     printf("문자를 입력하시오: ");  // 입력 안내문
11     c = getchar();       // scanf("%c", &c)하여도 된다.
12
13     printf("%c의 아스키 코드= %d\n", c, c);  // 문자와 아스키코드를 출력
14     return 0;
15  }
```

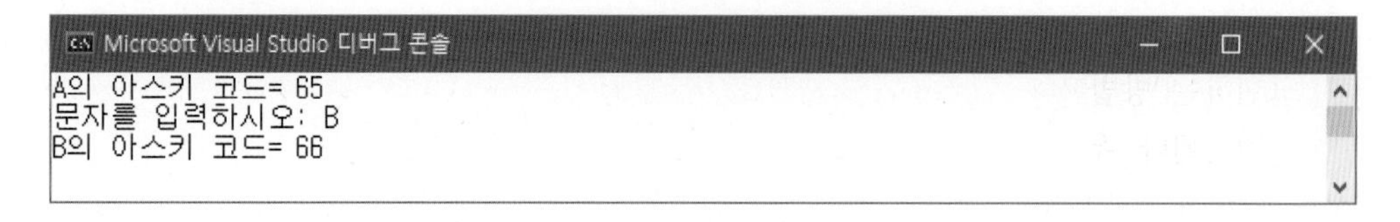
Microsoft Visual Studio 디버그 콘솔
A의 아스키 코드= 65
문자를 입력하시오: B
B의 아스키 코드= 66

경고

만약 문자 상수를 작은따옴표를 쓰지 않고 다음과 같이 기술하면 오류이다.

```
char code = A;
```

컴파일러는 A를 변수 이름으로 생각한다. 작은따옴표를 빠뜨리지 않도록 주의하자.

Q 문자가 정수로 표현된다면 char 형의 변수가 문자를 저장하는지, 정수를 저장하는지를 어떻게 구별하나요.

A char 형의 변수에 저장된 값을 문자로 해석하면 문자라고 간주된다. 예를 들어서 화면에 출력할 때 %c를 사용하여서 출력하면 변수에 들어 있는 값을 아스키 코드로 해석한다. 반면에 %d를 사용하면 문자가 아니고 정수로 해석한다.

중간점검

1. 컴퓨터에서는 문자를 어떻게 나타내는가?
2. C에서 문자를 가장 잘 표현할 수 있는 자료형은 무엇인가?
3. 컴파일러가 'A'를 만나면 어떻게 처리하는가?

제어 문자

제어 문자들은 인쇄될 수가 없고 주로 콘솔이나 프린터를 제어할 목적으로 이용되는 문자들이다. 예를 들면 화면에 새로운 줄을 만드는 줄바꿈 문자와 화면에 탭을 나타내는 문자, 벨소리를 내는 문자, 백스페이스 문자 등이 제어 문자에 포함된다.

제어 문자들을 프로그램 안에서 표현하는 몇 가지의 방법이 존재한다. 가장 간단한 방법은 그냥 해당 아스키 코드 값을 직접 사용하는 것이다. 예를 들면 컴퓨터에서 벨소리를 발생시키는 제어 문자는 아스키 코드값이 7이다. 따라서 컴퓨터에서 “삐”하는 경고 벨소리가 나게 하려면 다음과 같이 하면 된다. 이 방법은 가장 쉬운 방법이지만 아스키 코드값을 전부 암기하여야 한다.

```
printf("%c", 7);
```

더 쉬운 방법은 없을까? 한 가지 방법은 이스케이프 시퀀스(escape sequence)을 이용해서 표현하는 방법이다. 이스케이프 시퀀스는 역슬래시(\)와 의미를 나타내는 한 글자를 붙여서 기술된다. 우리가 지금까지 사용하여 왔던 \n 문자가 바로 이스케이프 시퀀스의 대표적인 예이다. \n 문자는 화면의 다음 라인의 시작 위치로 커서를 보내는 제어 문자이다. 이 줄바꿈 문자의 경우 \와 줄바꿈(newline)을 뜻하는 n을 붙여서 \n와 같이 나타낸다. 수평 탭의 경우 \와 탭(tab)을 나타내는 t를 붙여서 \t와 같이 나타낸다. 벨소리를 나게 하는 제어 문자는 \a로 나타낸다. 다음 표에서 이스케이프 시퀀스로 표기된 제어 문자들을 정리하였다.

표 3.4 이스케이프 시퀀스

제어 문자 이름	제어 문자 표기	값	의미
널문자	\0	0	
경고(bell)	\a	7	"삐"하는 경고 벨소리 발생
백스페이스 (backspace)	\b	8	커서를 현재의 위치에서 한 글자 뒤로 옮긴다.
수평 탭 (horizontal tab)	\t	9	커서의 위치를 현재 라인에서 설정된 다음 탭 위치로 옮긴다.
줄바꿈(newline)	\n	10	커서를 다음 라인의 시작 위치로 옮긴다.
수직탭(vertical tab)	\v	11	설정되어 있는 다음 수직 탭 위치로 커서를 이동
폼피드(form feed)	\f	12	주로 프린터에서 강제적으로 다음 페이지로 넘길 때 사용된다.
캐리지 리턴 (carriage return)	\r	13	커서를 현재 라인의 시작 위치로 옮긴다.
큰따옴표	\"	34	원래의 큰따옴표 자체
작은따옴표	\'	39	원래의 작은따옴표 자체
역슬래시(back slash)	\\	92	원래의 역슬래시 자체

예를 들어 프로그램에서 경고음을 내려면 다음과 같이 하면 된다.

```
printf("\a");
```

이스케이프 시퀀스는 큰따옴표 문자를 화면에 나타내는 데도 사용된다. 원래 큰따옴표는 문자열(문자들이 모인 것)을 표시하는 역할을 한다. 그러나 만약 큰따옴표를 화면에 나타내야 할 경우가 있다면 큰따옴표의 본래의 의미를 벗어나서 그냥 하나의 문자의 의미를 가져야 할 것 이다. 이때 이스케이프 시퀀스가 사용된다. 특수한 기능을 가진 문자 앞에 역슬래시 \를 위치시키면 특수한 의미가 사라지는 효과가 있다. 다음과 같은 라인을 출력하려면

```
"나만의 할리우드" UCC 열풍
```

다음과 같이 하여야 한다.

```
printf(" \"나만의 할리우드\" UCC 열풍 ");
```

escape.c

```
1  #define _CRT_SECURE_NO_WARNINGS
2  #include <stdio.h>
3
4  int main(void)
5  {
6      int id, pass;
7
8      printf("아이디와 패스워드를 4개의 숫자로 입력하세요:\n");
9      printf("id: ____\b\b\b\b");
10     scanf("%d", &id);
11     printf("pass: ____\b\b\b\b");
12     scanf("%d", &pass);
13     printf("\a입력된 아이디는 \"%d\"이고 패스워드는 \"%d\"입니다.\n", id, pass);
14     return 0;
15 }
```

C:₩Users₩chun₩source₩repos₩hello₩Debug₩hello.exe

```
아이디와 패스워드를 4개의 숫자로 입력하세요:
id: ____
```

Microsoft Visual Studio 디버그 콘솔

```
아이디와 패스워드를 4개의 숫자로 입력하세요:
id: 1234
pass: 5678
입력된 아이디는 "1234"이고 패스워드는 "5678"입니다.
```

프로그램 설명

간단하게 로그인 화면을 만들어 보았다. 사실 아이디나 패스워드는 문자열로 받아야 하지만 아직 문자 배열을 학습하지 않았으므로 정수로 받아보자.

8 \b는 화면의 커서를 뒤로 움직이는 제어 문자이다.

12 " 문자를 화면에 표시하려면 반드시 \"라고 하여야 한다. 그냥 "라고 하면 문자열의 시작이나 끝으로 간주한다.

참고

특수 문자 표기 방법을 이스케이프 시퀀스이라고 부르는 이유는 역슬래시(\)가 다음에 오는 문자의 의미를 본래의 의미에서 탈출하도록 하기 때문이다. \ 다음에 오는 문자는 원래의 의미인 글자가 아닌 특별한 명령을 의미한다.

참고: 정수를 입력받은 후에 문자를 입력받을 때

정수를 입력받은 후에 문자나 문자열을 입력받으면 이상하게 동작하는 것처럼 보인다.

```
scanf("%d", &i);     // 정수 입력
c = getchar();       // 문자 입력
```

위의 코드를 실행하면 우리가 문자를 입력하기도 전에 실행이 끝나버린다. 그 이유는 정수를 입력할 때 엔터키를 눌러야 하는데 이것이 줄바꿈 문자로 바뀌어서 입력 버퍼에 있어서이다.

```
| '1' | '0' | '\n' |      scanf("%d", &i)
            | '\n' |      getchar()
```

예를 들어서 우리가 키보드로 "10Enter↵"를 치면 입력 버퍼에는 위와 같이 저장된다. "10"은 정수 10으로 변환이 되어서 입력 버퍼에서 없어지지만 '\n'은 남아있게 되고, 이어서 getchar()를 호출하면 이것이 우리에게 반환이 된다. 남아있는 줄바꿈 문자를 없애려면 getchar()를 한번 불러주면 된다.

```
scanf("%d", &i);     // 정수 입력
getchar();           // 줄바꿈 문자를 없앤다.
c = getchar();       // 문자 입력
```

중간점검

1. C에서 문자를 나타내기 위해 사용하는 코드는?
2. 경고음을 출력하는 제어 문자는 무엇인가?
3. 화면에 '\'을 출력하려면 어떻게 하는가?

Mini Project 자료형 선택하기

| 난이도 ★★ 주제 변수의 자료형 선택 |

이번 장에서 우리는 C에서 제공되는 자료형들에 대하여 학습하였다. 사용자로부터 값들을 받아서 적절한 자료형의 변수에 저장하였다가 그대로 다시 출력하는 프로그램을 작성해보자. 여러분들이 저장해야 하는 정보들은 다음과 같다. 정수형을 사용할 때는 int형을 사용하는 것을 권장한다. 변수의 이름은 적절하게 결정한다.

- 자신의 나이
- 회사 직원 아이디(직원의 총수는 1000명 이하)
- 제품의 연간 생산량(평균 100만개)
- 우주에 있는 별들의 개수(약 7×10^{22}개)
- A부터 z까지의 글자 하나

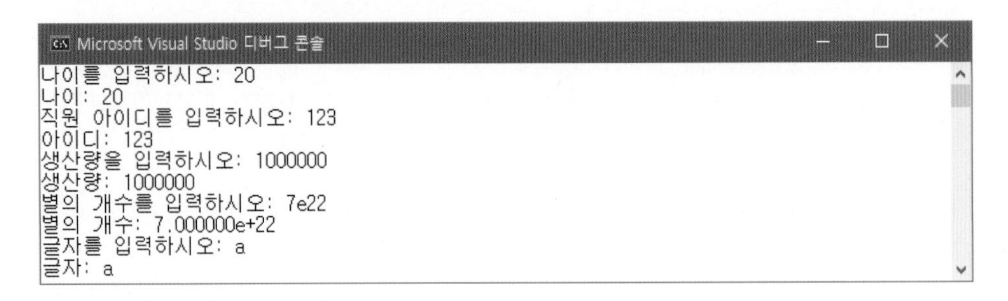
Microsoft Visual Studio 디버그 콘솔
나이를 입력하시오: 20
나이: 20
직원 아이디를 입력하시오: 123
아이디: 123
생산량을 입력하시오: 1000000
생산량: 1000000
별의 개수를 입력하시오: 7e22
별의 개수: 7.000000e+22
글자를 입력하시오: a
글자: a

간단한 프로그램 같지만 상당히 고려해야 할 사항이 꽤 있다. 만약 정수형으로 short형을 사용한다면 scanf() 호출 시에 형식 지정자로 %hi를 사용하는 것이 좋겠다. short형 입력 시에 %d를 사용하면 메모리가 깨질 수도 있다.

문자를 입력받을 때는 입력 버퍼에 남아 있는 줄바꿈 문자에 주의하여야 한다. 부동소수점을 입력할 때 숫자를 입력한 후에 엔터키를 쳐야하는데, 이 엔터키가 줄바꿈 문자로 바뀌어서 입력 버퍼에 남아 있다. 따라서 이것을 없애주어야 한다. 가장 간단한 방법은 getchar() 함수를 한번 호출해준다. 예를 들어서 다음과 같다.

```
#define _CRT_SECURE_NO_WARNINGS
...
...
scanf("%lf", &stars);
printf("별의 개수: %e \n", stars);

getchar();        // 줄바꿈 문자를 없앤다.
...
```

연습문제

1 다음의 식별자 중에서 잘못된 것은?

① _number　　② sales_expectation

③ 1st_number　　④ logical

2 다음 중 C에서 지원하는 자료형의 이름이 아닌 것은?

① double　　② long　　③ real　　④ float

3 다음의 상수 중에서 올바르지 않은 상수를 고르시오.

① 'abc'　　② "A"　　③ 0x10　　④ .1

4 65000을 저장할 수 있는 자료형으로 가장 메모리를 적게 차지하는 자료형은?

① signed short　　② unsigned short

③ long　　④ int

5 다음 프로그램의 실행 결과는?

```
#include <stdio.h>
int main(void)
{
    printf("\ac programming\nclass\n");
    return 0;
}
```

6 다음 코드를 컴파일 할 때, 컴파일 경고가 발생하는 이유는 무엇인가?

```
float f;
f = 12.345;
```

7 다음 프로그램의 실행 결과는?

```
#include <stdio.h>
int main(void)
{
   int x;
   float y;

   y = x = 2.5;
   printf("x=%d y=%f \n", x, y);
   return 0;
}
```

8 정수 18을 이진수로 바꾸면?

① 0001 0011　② 1001 0010　③ 0001 0110　④ 0001 0010

9 다음 프로그램의 실행 결과는?

```
#include <stdio.h>
int main(void)
{
   int var = 0x10;
   printf("%d", var);
   return 0;
}
```

10 다음 프로그램의 실행 결과는?

```
#include <stdio.h>
int main(void)
{
   char code = 'B';

   printf("%c\n", code-1);
   printf("%c\n", code+1);
   return 0;
}
```

Programming

| 난이도 ★ 주제 부동소수점형 입출력 |

1 사용자로부터 소수점 표기 형식으로 실수를 읽어서 지수 형식으로 출력하는 프로그램을 작성하라.

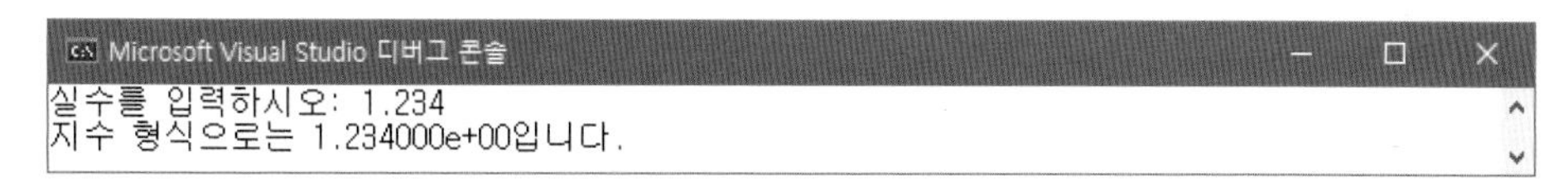

Microsoft Visual Studio 디버그 콘솔
실수를 입력하시오: 1.234
지수 형식으로는 1.234000e+00입니다.

HINT double형은 %lf, 지수형식은 %le로 입출력할 수 있다. 반드시 l을 붙여야 한다.

| 난이도 ★ 주제 부동소수점형 입출력 |

2 사용자로부터 지수 형식으로 실수를 읽어서 소수점 표기 형식으로 출력하는 프로그램을 작성하라.

Microsoft Visual Studio 디버그 콘솔
지수형식으로 실수를 입력하시오: 1.234e10
소수점 표시 형식으로는 12340000000.000000입니다.

HINT double형은 %lf, 지수형식은 %le로 입출력할 수 있다. 반드시 l을 붙여야 한다.

| 난이도 ★★ 주제 부동소수점형 사용 |

3 사용자로부터 반지름이 주어지면 구의 표면과 부피를 계산하는 프로그램을 작성해보자. 파이는 기호 상수 PI로 정의해서 사용해보자.

- 구의 표면적 = 4.0 * PI * (radius * radius)
- 구의 부피 = 4.0/3.0 * PI * (radius * radius * radius)

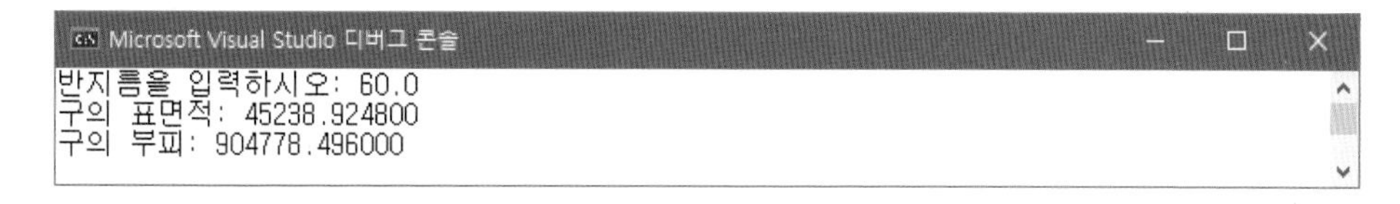

Microsoft Visual Studio 디버그 콘솔
반지름을 입력하시오: 60.0
구의 표면적: 45238.924800
구의 부피: 904778.496000

| 난이도 ★★ 주제 부동소수점형 사용 |

4 사용자로부터 x의 값을 실수로 입력받아서 다음과 같은 다항식의 값을 계산하는 프로그램을 작성하라.

$$3x^3-7x^2+9$$

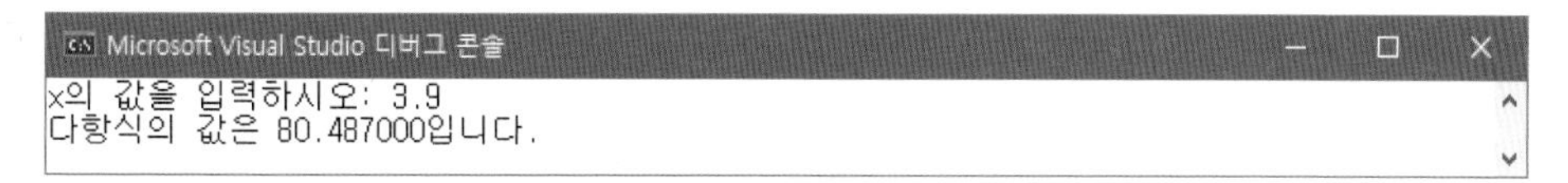

Microsoft Visual Studio 디버그 콘솔
x의 값을 입력하시오: 3.9
다항식의 값은 80.487000입니다.

| 난이도 ★ 주제 문자 입출력 |

5 사용자로부터 문자를 받아서 아스키코드로 출력하는 프로그램을 작성하라.

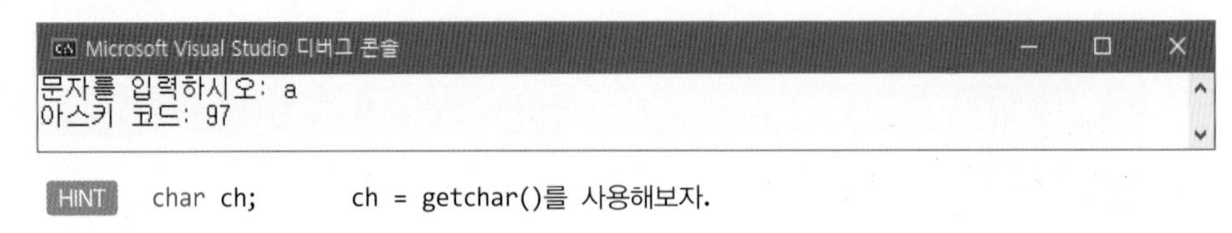

HINT char ch; ch = getchar()를 사용해보자.

| 난이도 ★ 주제 문자 입출력 |

6 사용자에게 받은 문자 3개를 저장하였다가 역순으로 출력해보자. 반복 구문과 배열은 사용하지 않는다.

HINT 문자형 변수 3개를 선언하여 사용하라. 3개의 문자를 동시에 입력받으려면 scanf("%c %c %c", &a, &b, &c);을 사용한다.

| 난이도 ★ 주제 sizeof 연산자 |

7 이번 장에서 학습한 모든 자료형의 크기를 sizeof 연산자를 사용하여 출력하는 프로그램을 작성하여 보라.

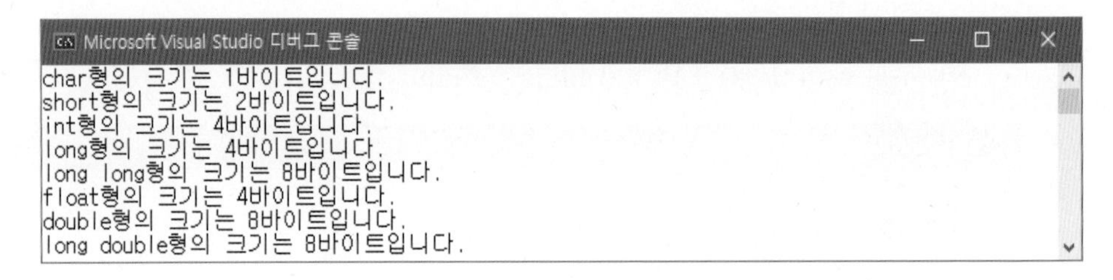

| 난이도 ★★ 주제 부동소수점 수 입출력 및 계산 |

8 사용자에게 자동차로 움직인 거리 (미터)와 소요 시간 (시간, 분, 초)을 입력받는다. 자동차의 속도를 시간당 킬로미터로 출력해보자. 기호 상수도 사용해보자.

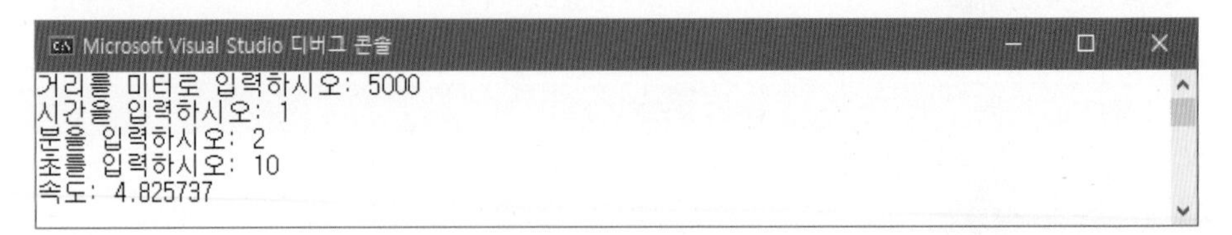

수식과 연산자

컴퓨터는 본질적으로 계산하는 기계입니다. 인공지능도 계산 기능에 토대를 두고 있지요.
컴퓨터에서 계산기능이 중요한가요? 요즘은 인공지능 같은 작업을 더 많이 하는 거 같던데요?

학습목표

- 더하기, 빼기, 곱하기, 나누기 등의 산술 연산자에 대하여 학습한다.
- 나머지 연산자에 대하여 학습한다.
- 대입(할당) 연산자와 복합 연산자를 학습한다.
- 우선순위의 개념을 이해한다.
- 산술 연산과 관련된 응용 프로그램을 작성해본다.

4

수식과 연산자

1. 이번 장에서 만들 프로그램

C에는 다양한 연산자가 내장되어 있다. 기본적인 사칙연산인 더하기, 빼기, 곱하기, 나누기 연산자뿐만 아니라 대입(할당), 나머지, 지수 연산자도 있다. 이번 장에서 이들 연산자들에 대하여 학습한다. 이 연산자들을 이용하여 실제 응용 프로그램을 작성해보자.

(1) 자동판매기를 시뮬레이션하는 프로그램을 작성해보자. 자동판매기는 사용자로부터 투입한 돈과 물건 값을 입력받는다. 프로그램은 잔돈을 동전으로 계산하여 출력한다. 동전은 100원, 10원짜리만 있다고 가정하자.

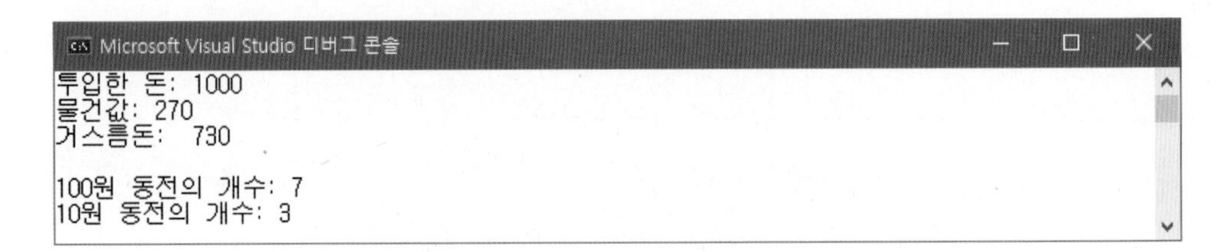
Microsoft Visual Studio 디버그 콘솔
투입한 돈: 1000
물건값: 270
거스름돈: 730
100원 동전의 개수: 7
10원 동전의 개수: 3

(2) x가 2일 때 2차 방정식의 값을 계산해보자.

Microsoft Visual Studio 디버그 콘솔
y=3.0*x*x + 7.0*x + 9.0=35.000000

(3) 24달러를 은행의 정기예금에 넣어 382년이 지나면 원리금은 얼마일까? 예금 금리는 복리 6%라고 가정하자.

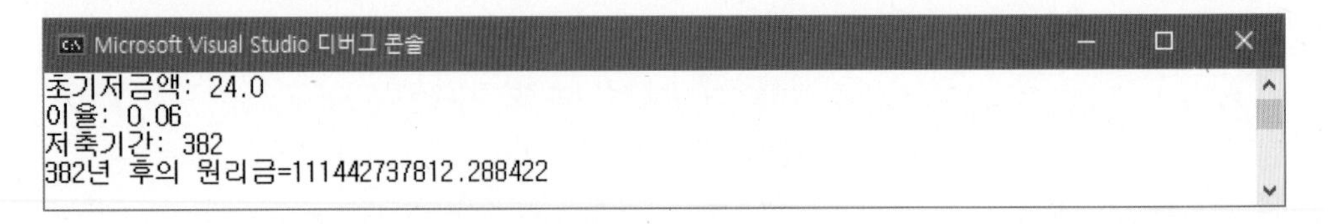
Microsoft Visual Studio 디버그 콘솔
초기저금액: 24.0
이율: 0.06
저축기간: 382
382년 후의 원리금=111442737812.288422

2. 수식은 어디에나 있다!

우리가 즐겨보는 영화의 컴퓨터 그래픽 장면들이 컴퓨터의 계산 기능을 이용하여 만들어진다는 것은 아주 흥미롭다. 예를 들어, 영화의 폭발 장면은 물리학의 여러 가지 공식들을 이용하여 컴퓨터로 계산한 결과를 화면에 표시하는 것이다.

출처: 영화 "맨 오브 스틸"

많은 사람들은 수학을 두려워한다. 그러나 안심해도 좋다. 이번 장에서는 우리가 직접 계산할 필요는 없다. 수식만 작성하여 컴퓨터로 넘기면 컴퓨터가 알아서 수식을 계산한다. 컴퓨터는 수학을 두려워하지 않을 뿐더러 빠른 속도로 정확하게 계산을 하여 결과를 알려줄 것이다.

그림 4.1 수식의 예

컴퓨터가 수식 계산을 담당한다면 왜 우리가 수식에 대하여 알아야 할까? 올바르게 수식을 작성하는 방법을 알아야하기 때문이다. 우선, 연산자가 적용되는 순서를 알아야 한다. 수식은 항상 왼쪽에서 오른쪽으로 계산되는 것은 아니다. 또한, 증감 연산자나 나머지 연산자와 같이 수학 시간에 배우지 않은 연산자들도 있다. 연산자를 잘 사용하면 코드의 길이를 줄일 수 있다.

3. 수식과 연산자의 개념

수식(expression)이란 피연산자들과 연산자의 조합이라고 할 수 있다. 연산자(operator)는 연산을 나타내는 기호이다. 피연산자(operand)는 연산의 대상이 되는 것이다. 수식 (5*8)에서 5와 8는 피연산자이고 *는 연산자이다. 모든 수식은 값을 갖는다. 예를 들어 수식 (5*8)의 값은 40이다.

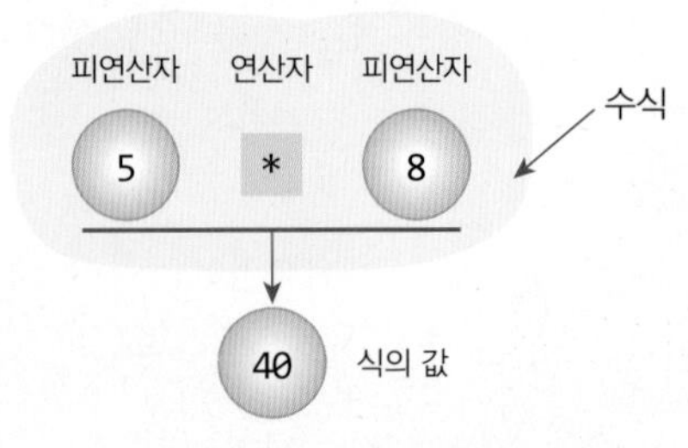

그림 4.2 연산자와 피연산자

연산자의 분류

연산자는 기능에 따라 다음과 같이 분류할 수 있다.

표 4.1 연산자의 분류

연산자의 분류	연산자	의미
대입	=	오른쪽을 왼쪽에 대입
산술	+ - * / %	사칙연산과 나머지 연산
부호	+ -	양수와 음수 표시
증감	++ --	증가, 감소 연산
관계	> < == != >= <=	오른쪽과 왼쪽을 비교
논리	&& || !	논리적인 AND, OR
조건	?	조건에 따라 선택
콤마	,	피연산자들을 순차적으로 실행
비트 단위 연산자	& | ^ ~ << >>	비트별 AND, OR, XOR, 이동, 반전
sizeof 연산자	sizeof	자료형이나 변수의 크기를 바이트 단위로 반환
형변환	(type)	변수나 상수의 자료형을 변환
포인터 연산자	* & []	주소계산, 포인터가 가리키는 곳의 내용 추출
구조체 연산자	. ->	구조체의 멤버 참조

피연산자의 수에 따라서 단항, 이항, 삼항 연산자로 나누어지기도 한다. C는 상당히 많은 종류의 연산자를 제공하는 데 이런 풍부한 연산자 지원이 C의 큰 장점이기도 하다. 제공하는 연산자가 많다는 것은 그만큼 데이터를 가공할 수 있는 능력이 탁월하다는 뜻이며 이런 연산자들을 자유자재로 사용할 수 있으면 복잡한 연산을 간단하게 처리할 수 있다.

1. 수식(expression)이란 어떻게 정의되는가?
2. 아래의 수식에서 피연산자와 연산자를 구분하여 보라.

```
y = 10 + 20;
```

4. 산술 연산자

산술 연산자는 기본적인 산술 연산인 덧셈, 뺄셈, 곱셈, 나눗셈, 나머지 연산을 실행하는 연산자이다. 표 4.2에 산술 연산자들을 정리하였다.

표 4.2 산술 연산자의 종류

연산자	기호	사용예	결괏값
덧셈	+	7 + 4	11
뺄셈	-	7 - 4	3
곱셈	*	7 * 4	28
나눗셈	/	7 / 4	1
나머지	%	7 % 4	3

사용자에게서 2개의 정수를 받아서 여러 가지 연산을 한 후에 결과를 출력하는 프로그램을 살펴보자.

arithmetic1.c

```
1   #define _CRT_SECURE_NO_WARNINGS
2   #include <stdio.h>
3   
4   int main(void)
5   {
6      int x, y, result;
7   
8      printf("두 개의 정수를 입력하시오: ");
9      scanf("%d %d", &x, &y);   // 2개의 정수를 동시에 입력받는다.
10  
11     result = x + y;           // 덧셈 연산을 하여서 결과를 result에 대입
12     printf("%d + %d = %d\n", x, y, result);
13  
14     result = x - y;           // 뺄셈 연산
15     printf("%d - %d = %d\n", x, y, result);
16  
17     result = x * y;           // 곱셈 연산
18     printf("%d * %d = %d\n", x, y, result);
19  
20     result = x / y;           // 나눗셈 연산
21     printf("%d / %d = %d\n", x, y, result);
22     result = x % y;           // 나머지 연산
23     printf("%d %% %d = %d\n", x, y, result); // %을 출력하려면 %%하여야 함
24  
25     return 0;
26  }
```

```
Microsoft Visual Studio 디버그 콘솔
두개의 정수를 입력하시오: 7 4
7 + 4 = 11
7 - 4 = 3
7 * 4 = 28
7 / 4 = 1
7 % 4 = 3
```

프로그램 설명

9 두 개의 정수를 `scanf()`를 호출해서 한 번에 입력받을 수 있다. 이때에는 형식 지정자 **%d**를 두 번 써주면 된다.

11 덧셈 연산을 해서 그 결괏값을 `result` 변수에 저장한다.

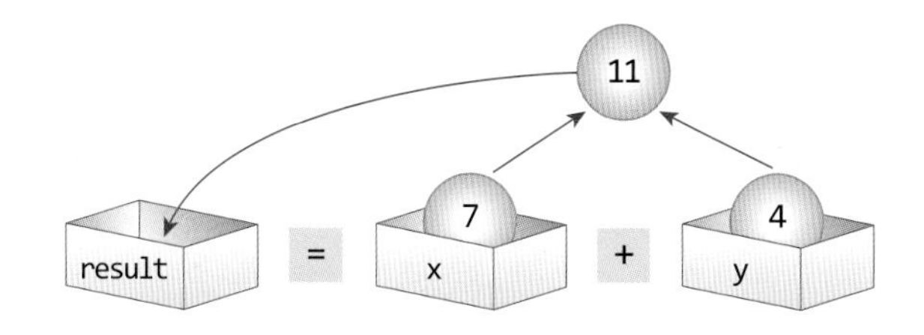

20 정수를 정수로 나누면 계산 결과에서 소수점 이하는 버려진다. 즉 7을 4로 나눈 몫인 1이 result에 대입된다.
22 7을 4로 나눈 나머지 3이 result에 대입된다.

여기서 나눗셈 연산에 대하여 주의하여야 한다. 사람한테 7/4를 계산해보라고 하면 답이 1.75라고 한다. 하지만 컴퓨터에서 정수 계산과 실수 계산은 완전히 다르다. 정수끼리의 연산은 정수 하드웨어를 사용하기 때문에 결과도 반드시 정수로 나오게 된다. 예를 들어서 7를 4로 나누면 1.75가 아니라 1이 되고 소수점 이하는 버려진다.

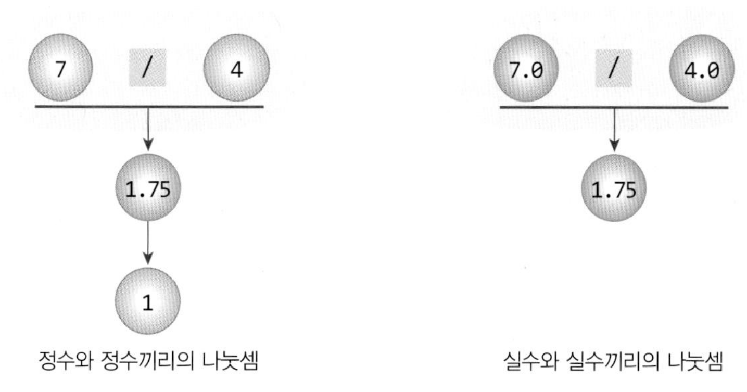

그림 4.3 수식의 예

만약 피연산자 중에서 하나가 실수이면, 실수 하드웨어를 사용하여 계산을 하기 때문에 나눗셈 연산의 결과도 실수가 된다. 즉 7.0을 4.0으로 나누면 1.75가 된다. 이번에는 사용자로부터 2개의 실수를 받아서 여러 가지 연산을 한 후에 결과를 출력하는 프로그램을 살펴보자.

arithmetic2.c

```
1  #define _CRT_SECURE_NO_WARNINGS
2  #include <stdio.h>
3
4  int main(void)
```

```
5  {
6      double x, y, result;
7  
8      printf("두 개의 실수를 입력하시오: ");
9      scanf("%lf %lf", &x, &y);     // double형을 입력받으려면 %lf를 사용한다.
10 
11     result = x + y;     // 덧셈 연산을 하여서 결과를 result에 대입
12     printf("%lf + %lf = %lf\n", x, y, result);
13 
14     result = x - y;     // 뺄셈 연산
15     printf("%lf - %lf = %lf\n", x, y, result);
16 
17     result = x * y;     // 곱셈 연산
18     printf("%lf * %lf = %lf\n", x, y, result);
19 
20     result = x / y;     // 나눗셈 연산
21     printf("%lf / %lf = %lf\n", x, y, result);
22 
23     return 0;
24 }
```

```
Microsoft Visual Studio 디버그 콘솔
두개의 실수를 입력하시오: 7.0 4.0
7.000000 + 4.000000 = 11.000000
7.000000 - 4.000000 = 3.000000
7.000000 + 4.000000 = 28.000000
7.000000 / 4.000000 = 1.750000
```

나머지 연산자

나머지 연산자 %는 생각보다 많이 사용되는 중요한 연산자이다. x%y는 x를 y로 나누어서 남은 나머지를 반환한다. 예를 들어 10%3은 1이다. 10을 3으로 나누면 몫은 3이고 나머지는 1이 된다. 나머지 연산자를 이용하면 짝수와 홀수를 쉽게 구분할 수 있다. 즉 어떤 수를 2로 나누어서 나머지가 0이면 짝수이다.

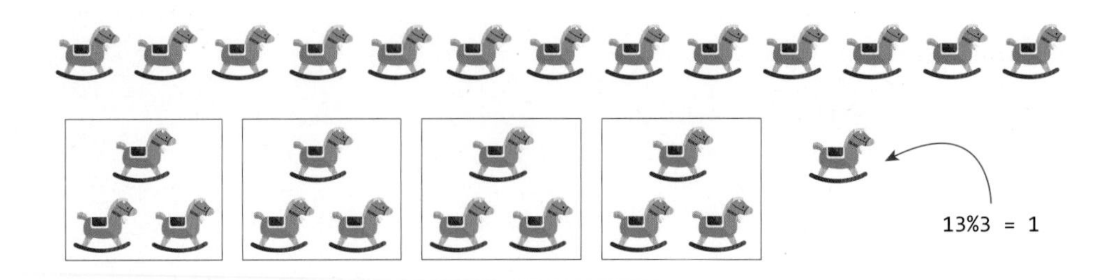

나머지 연산자를 이용한 예제로 사용자로부터 초 단위의 시간을 받아서 몇 분, 몇 초인지를 계산하여 보자. 즉 1,000초가 몇 분, 몇 초에 해당하는지를 계산할 수 있다. (1000/60)하면 몇 분인지를 알 수 있고 (1000%60)하면 몇 초가 남는지를 계산할 수 있다.

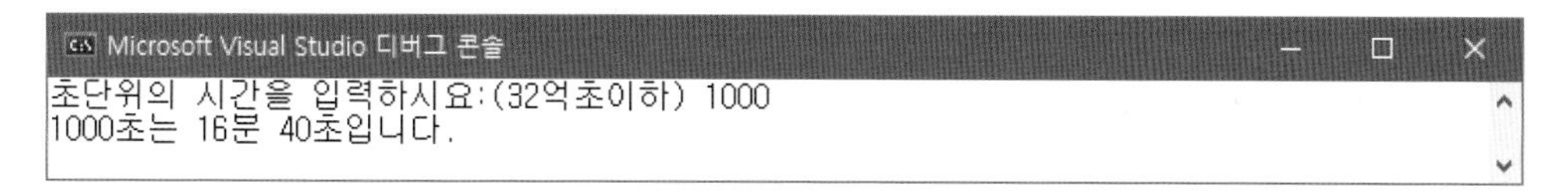
Microsoft Visual Studio 디버그 콘솔
초단위의 시간을 입력하시요:(32억초이하) 1000
1000초는 16분 40초입니다.

modulo.c

```
1  #define _CRT_SECURE_NO_WARNINGS
2  // 나머지 연산자 프로그램
3  #include <stdio.h>
4  #define SEC_PER_MINUTE 60   // 1분은 60초
5
6  int main(void)
7  {
8     int input, minute, second;
9
10    printf("초 단위의 시간을 입력하시요:(21억초이하) ");
11    scanf("%d", &input);       // 초 단위의 시간을 읽는다.
12
13    minute = input / SEC_PER_MINUTE;   // 몇 분
14    second = input % SEC_PER_MINUTE;   // 몇 초
15
16    printf("%d초는 %d분 %d초입니다. \n", input, minute, second);
17    return 0;
18 }
```

프로그램 설명

4 #define문을 이용하여 SEC_PER_MINUTE라는 기호상수를 정의한다.
SEC_PER_MINUTE라는 기호는 전처리기에 의하여 60으로 대체된다.

11 사용자로부터 초 단위의 시간을 받아서 변수 input에 저장한다.

13 초 단위의 시간이 몇 분에 해당하는지를 알기위하여 입력받은 초 단위의 입력 시간을 SEC_PER_MINUTE로 나눈다.

14 입력받은 시간이 몇 초인지를 알기위해서는 먼저 입력 값에서 분에 해당하는 것들을 제거하고 남은 나머지를 알아야 한다. 따라서 입력받은 시간을 SEC_PER_MINUTE로 나누어서 나온 나머지가 초에 해당한다.

증감 연산자

증감 연산자는 ++ 기호나 -- 기호를 사용하여 변수의 값을 1만큼 증가시키거나 감소시키는 연산자이다. ++ 연산자는 변수의 값을 1만큼 증가시킨다. -- 연산자는 변수의 값을 1만큼 감소시킨다.

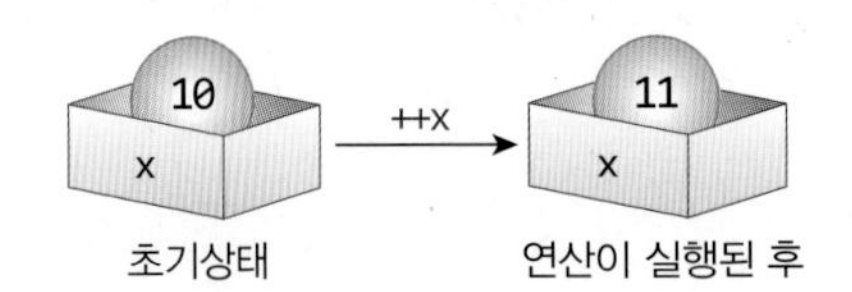

++ 연산자는 다음과 같이 바꾸어서 쓸 수 있다. 다음의 두 문장은 같은 의미이다.

```
x++;
x = x + 1;
```

-- 연산자는 다음과 같이 바꾸어서 쓸 수 있다. 다음의 두 문장은 같은 의미이다.

```
x--;
x = x - 1;
```

증감 연산자는 피연산자의 앞이나 뒤에 올 수 있다. 증감 연산자가 앞에 오는지 뒤에 오는지에 따라 수식의 값이 달라진다.

표 4.3 증감 연산자의 종류

증감 연산자	차이점
++x	수식의 값은 증가된 x값이다.
x++	수식의 값은 증가되지 않은 원래의 x값이다.
--x	수식의 값은 감소된 x값이다.
x--	수식의 값은 감소되지 않은 원래의 x값이다.

여기서 주의해야 할 사항은 ++x과 x++의 차이점이다. 만약 변수 x를 증가시킬 목적으로만 증감 연산자를 사용한다면 x++나 ++x는 동일하다. 그러나 증감 연산자를 적용한 후에 그 수식의 값을 사용할 목적이라면 두 가지를 구분하여야 한다. ++x는 문장에서 x의 값을

증가시킨 후에 수식의 값을 계산한다. 수식 ++x의 값은 증가된 x의 값이다. x++는 수식의 값을 계산한 후에 x의 값을 증가시키게 된다. 이다. 수식 x++의 값은 증가되기 전의 x값이다. 다음의 예를 참조하라.

```
x = 1;
y = 1;
nextx = ++x;    // x의 값이 증가된 후에 사용된다. nextx는 2가 된다.
nexty = y++;    // y의 값이 사용된 후에 증가된다. nexty는 1이 된다.
```

여기서 nextx는 2이고 nexty는 1이 된다. 증감 연산자를 사용하는 다음 코드에서 x와 y의 값을 예측해보자.

incdec.c

```
1  #include <stdio.h>
2
3  int main(void)
4  {
5     int x, y;     // 변수 x, y를 선언한다.
6
7     x = 1;        // x는 1이다.
8     y = ++x;      // x는 2이고 y는 2이다.
9     printf("x=%d y=%d \n", x, y);
10
11    y = x++;      // x는 3이고 y는 2이다.
12    printf("x=%d y=%d \n", x, y);
13
14    return 0;
15 }
```

Microsoft Visual Studio 디버그 콘솔

```
x=2  y=2
x=3  y=2
```

Lab 근무 일수를 연수, 주수, 일수로 변환하기

| 난이도 ★★ 주제 나머지 연산자 |

철수군은 회사에서 근무한 근무 일수를 기록하고 있다. 철수군은 몇년이나 근무했는지 알고 싶다. 근무 일수를 입력하면 이것을 몇년, 몇월, 며칠에 해당하는지를 계산하는 프로그램을 작성해보자. 예를 들어서 389일은 1년 3주 3일에 해당한다. 단 윤년은 고려하지 않는다.

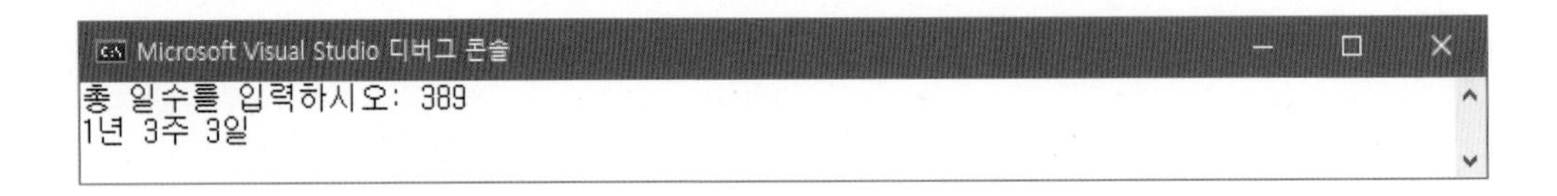
Microsoft Visual Studio 디버그 콘솔
총 일수를 입력하시오: 389
1년 3주 3일

- 사용자에게서 받은 전체 근무 일수를 변수 days에 저장한다.
- 년수는 days/365로 계산할 수 있다.
- 주수는 (days%365)/7로 계산할 수 있다.
- 남은 일수는 days − (년수*365+주수*7)로 계산이 가능하다.

days.c

```
1  #define _CRT_SECURE_NO_WARNINGS
2  #include <stdio.h>
3
4  int main(void)
5  {
6      int days, years, weeks;
7
8      printf("총 일수를 입력하시오: ");
9      scanf("%d", &days);
10
11     years = (days / 365);    // 년수
12     weeks = (days % 365) / 7;      // 주수
13     days = days - ((years * 365) + (weeks * 7));   // 남은 일수
14
15     printf("%d년 ", years);
16     printf("%d주 ", weeks);
17     printf("%d일 \n", days);
18
19     return 0;
20 }
```

Lab 자동판매기 프로그램

| 난이도 ★★ 주제 나머지 연산자 |

자동판매기를 시뮬레이션하는 프로그램을 작성해보자. 자동판매기는 사용자로부터 투입한 돈과 물건 값을 입력받는다. 물건 값은 10원 단위라고 가정한다. 프로그램은 잔돈을 계산하여 출력한다. 자판기는 동전 100원, 10원짜리만 가지고 있다고 가정하자.

Microsoft Visual Studio 디버그 콘솔
투입한 돈: 1000
물건값: 270
거스름돈: 730
100원 동전의 개수: 7
10원 동전의 개수: 3

거스름돈에서 100원이 몇 개 있는지를 알려면 거스름돈을 100으로 나눈 몫을 계산하면 된다. 남은 돈은 나머지 연산자를 이용하면 알 수 있다.

```
int coin100s = change / 100;
change = change % 100;
```

이러한 과정을 되풀이하면 된다. 반복문은 사용하지 않는다.

도전문제

유사한 문제로 1000원이 있고, 사탕의 가격이 300원일 때, 최대로 살 수 있는 사탕의 개수와 구입 후에 남은 돈을 계산할 수 있는가? 사용자가 가지고 있는 돈과 사탕의 가격은 사용자로부터 입력받도록 한다.

Soultion 자동판매기 프로그램

vending.c

```
1  #define _CRT_SECURE_NO_WARNINGS
2  #include <stdio.h>
3
4  int main(void)
5  {
6      int money, price, change;
7
8      printf("투입한 돈: ");
9      scanf("%d", &money);
10
11     printf("물건 값: ");
12     scanf("%d", &price);
13
14     change = money - price;
15     printf("거스름돈: %d\n\n", change);
16
17     int coin100s = change / 100;    // 거스름돈에서 100원 짜리의 개수 계산
18     change = change % 100;          // 거스름돈에서 100원 짜리를 내주고 남은 돈
19
20     int coin10s = change / 10;      // 거스름돈에서 10원 짜리의 개수 계산
21     change = change % 10;           // 거스름돈에서 10원 짜리를 내주고 남은 돈
22
23     printf("100원 동전의 개수: %d\n", coin100s);
24     printf("10원 동전의 개수: %d\n", coin10s);
25
26     return 0;
27 }
```

도전문제

자동판매기가 만약 **50**원짜리 동전도 거슬러 줄 수 있다면 위의 코드를 어떻게 수정하여야 하는가?

5. 대입 연산자

대입 연산자(assignment operator)는 변수에 값을 저장하기 위하여 사용하는 연산자이다. 대입 연산자는 할당 연산자, 또는 배정 연산자라고도 한다. 대입 연산자는 오른쪽에 있는 수식의 값을 계산하여, 왼쪽의 변수에 저장한다.

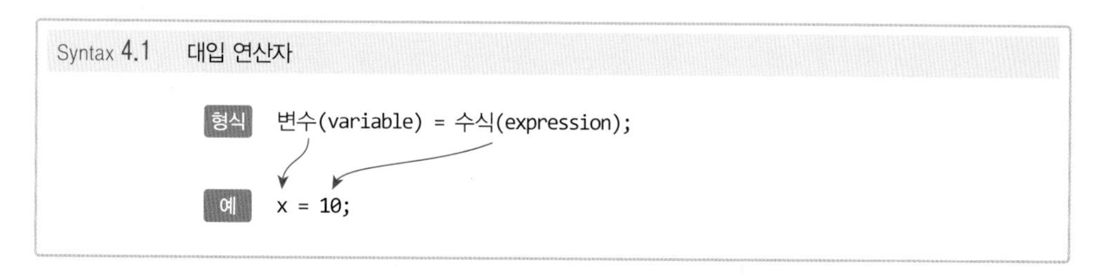

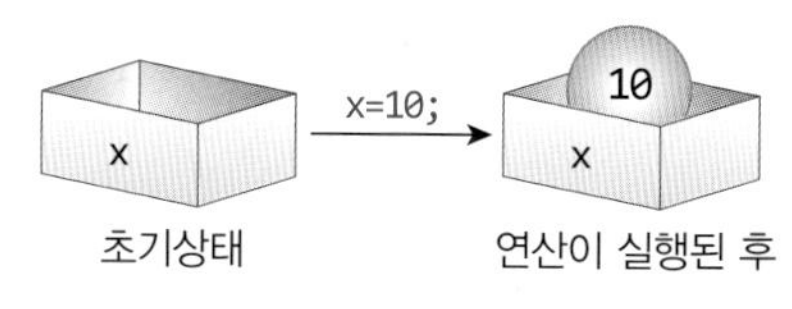

그림 4.4 대입 연산자

수학에서는 =이 등호이지만 C에서는 변수에 값을 대입하는 의미로 사용된다. 다음의 문장은 수학적으로 보면 아주 잘못된 문장이다. x는 절대 x+1과 같을 수 없다. 그러나 C에서는 가능한 문장이다.

```
x = x + 1;
```

위의 문장의 의미는 변수 x의 값에 1을 더하여 그 결과 값을 다시 변수 x에 대입하라는 것이다. 사실 위와 같은 형식의 문장은 프로그램에서 아주 많이 사용된다.

대입 연산자는 연속해서 사용될 수 있다. 예를 들어서 변수 x, y, z에 0을 대입하는 문장은 다음과 같이 작성될 수 있다.

```
x = y = z = 0;
```

z = 0이 먼저 실행되고 이 수식의 값인 0이 다시 y에 대입된다. x에도 0이 대입된다.

복합 대입 연산자

복합 대입 연산자란 +=처럼 대입 연산자 =와 산술 연산자를 합쳐 놓은 연산자이다. x += y의 의미는 x = x + y와 같다. 복합 대입 연산자는 소스를 간결하게 만들 수 있다. 다음 표는 가능한 복합 대입 연산자들을 보여주고 있다.

표 4.4 복합 대입 연산자

복합 대입 연산자	의미
x += y	x = x + y
x -= y	x = x - y
x *= y	x = x * y
x /= y	x = x / y
x %= y	x = x % y

복합 대입 연산자를 이용하여 몇 가지 연산을 하고 결과를 화면에 출력해보자.

comp_op.c

```
1  #include <stdio.h>
2
3  int main(void)
4  {
5      int x = 10, y = 10;
6      printf("x = %d y = %d \n", x, y);
7
8      x += 1;
9      printf("(x += 1)이후 x = %d \n", x);
10     y *= 2;
11     printf("(y *= 2)이후 y = %d \n", y);
12
13     return 0;
14 }
```

Microsoft Visual Studio 디버그 콘솔

```
x = 10    y = 10
(x += 1)이후 x = 11
(y *= 2)이후 y = 20
```

프로그램 설명

9 복합 대입 연산자 +=를 사용하여 연산을 수행한다. x = x + 1과 같다.
11 복합 대입 연산자 *=를 사용하여 연산을 수행한다. y = y * 2과 같다.

6. 관계 연산자

관계 연산자(relational operator)는 두 개의 피연산자를 비교하는데 사용된다. 예를 들면 "변수 x가 0과 같은가", "변수 y가 10보다 더 작은가" 등을 따지는데 사용된다. 관계 연산자의 결과는 참(true) 아니면 거짓(false)으로 계산된다. C에서는 표 4.5와 같은 6가지의 관계 연산자를 사용한다.

표 4.5 관계 연산자

연산	의미
x == y	x와 y가 같은가?
x != y	x와 y가 다른가?
x > y	x가 y보다 큰가?
x < y	x가 y보다 작은가?
x >= y	x가 y보다 크거나 같은가?
x <= y	x가 y보다 작거나 같은가?

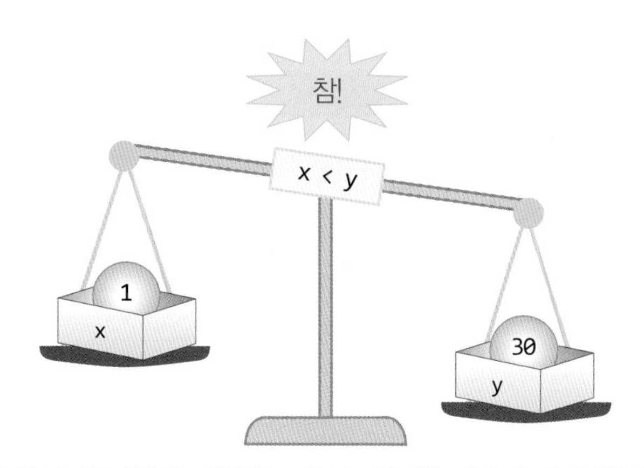

그림 4.5 관계연산자는 피연산자들의 값을 비교하여 참과 거짓을 반환한다.

C에서 참과 거짓은 1과 0으로 표시된다. 10 〉 1라는 관계식을 예로 들어보자. 10이 1보다 크므로 이 수식은 참을 의미하는 정수 값 1을 생성한다. 수식 1 〉 10은 거짓을 의미하는 정수 값 0을 생성한다.

사용자로부터 두 개의 정수를 받아서 관계 연산을 수행하고 그 결과를 화면에 출력하는 프로그램을 작성해보자.

relation.c

```
1  #define _CRT_SECURE_NO_WARNINGS
2  #include <stdio.h>
3
4  int main(void)
5  {
6      int x, y;
7
8      printf("두 개의 정수를 입력하시오: ");
9      scanf("%d%d", &x, &y);
10
11     printf("%d == %d의 결과값: %d\n", x, y, x == y);
12     printf("%d != %d의 결과값: %d\n", x, y, x != y);
13     printf("%d > %d의 결과값: %d\n", x, y, x > y);
14     printf("%d < %d의 결과값: %d\n", x, y, x < y);
15     printf("%d >= %d의 결과값: %d\n", x, y, x >= y);
16     printf("%d <= %d의 결과값: %d\n", x, y, x <= y);
17
18     return 0;
19 }
```

Microsoft Visual Studio 디버그 콘솔

```
두 개의 정수를 입력하시오: 3 4
3 == 4의 결과값: 0
3 != 4의 결과값: 1
3 > 4의 결과값: 0
3 < 4의 결과값: 1
3 >= 4의 결과값: 0
3 <= 4의 결과값: 1
```

경고

관계 연산자에서 많이 저지르는 실수 중에 (x == y) 대신에 (x = y)를 사용하는 경우가 있다. 수학적으로는 =가 맞지만 C에서는 =가 대입 연산자로 사용된다는 것을 유념하여야 한다. x = y에서는 x의 값이 변경되고 x == y에서는 x의 값이 변경되지 않는다.

```
(x = y)     // x의 값을 y에 대입한다. 이 수식의 값은 x의 값이다.
(x == y)    // x와 y가 같으면 1, 다르면 0이 수식의 값이 된다.
```

참고

논리연산자와 조건연산자는 5장에서 학습한다.

중간점검

1. 관계 수식의 결과로 생성될 수 있는 값은 무엇인가?
2. (3 >= 2) + 5의 값은?

7. 비트 연산자

컴퓨터에서 모든 데이터는 결국은 비트로 표현된다. 비트(bit)는 컴퓨터에서 정보를 저장하는 가장 작은 단위이다. 비트는 2진수의 한자리에 해당하므로 0 또는 1의 값을 가질 수 있다. 비트 8개가 모이면 바이트(byte)가 된다. 예를 들어서 정수 10은 컴퓨터 안에서 다음과 같은 32비트 패턴으로 저장된다. 정수 10을 2진수로 변환하면 쉽게 알 수 있다.

```
0000 0000 0000 0000 0000 0000 0000 1010
```

위의 비트 패턴을 16진수로 표시하면 다음과 같다.

```
0x0000000A
```

이것을 쉽게 변환하려면 윈도우의 “프로그래머용” 계산기를 사용하면 된다.

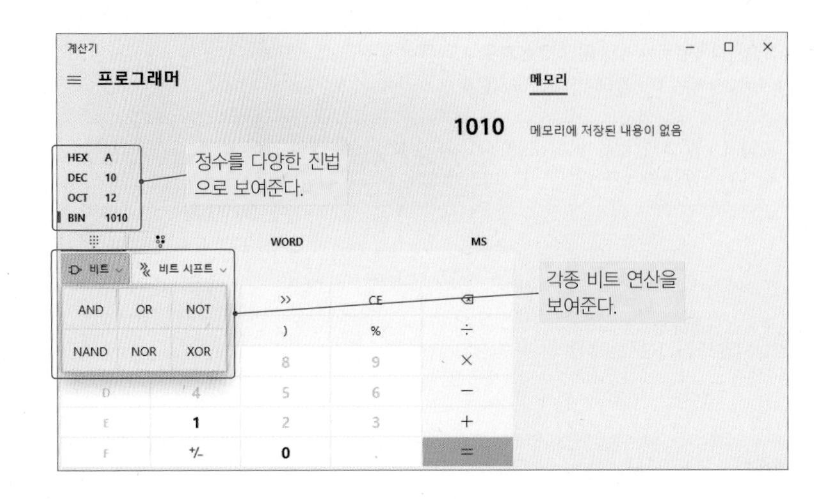

비트 연산자는 비트별로 AND 연산이나 OR 연산을 하는 연산자이다. 비트 연산자에는 다음과 같은 것들이 있다.

표 4.6 비트 연산자

연산자	연산자의 의미	설명
&	비트 AND	두 개의 피연산자의 해당 비트가 모두 1이면 1, 아니면 0
|	비트 OR	두 개의 피연산자의 해당 비트중 하나만 1이면 1, 아니면 0
^	비트 XOR	두 개의 피연산자의 해당 비트의 값이 같으면 0, 아니면 1
<<	왼쪽으로 이동	지정된 개수만큼 모든 비트를 왼쪽으로 이동한다.
>>	오른쪽으로 이동	지정된 개수만큼 모든 비트를 오른쪽으로 이동한다.
~	비트 NOT	0은 1로 만들고 1은 0로 만든다.

비트 연산자는 정수 타입의 피연산자에만 적용할 수 있다. 즉 정수 타입에는 char, short, int, long 등이 있다. 정수 타입이면 signed나 unsigned에 상관없이 모두 적용 가능하다. 비트 연산자는 부동소수점수에는 적용할 수 없다. 이는 당연한 것으로 부동소수점수는 컴퓨터 내부에는 정수와는 사뭇 다르게 표현된다는 것을 전에 설명한 바 있다. 비트 단위 연산자는 시스템과 컴파일러에 따라서 약간씩 달라질 수 있다. 여기서는 비주얼 스튜디오를 기준으로 한다. 지금부터 각각의 비트 연산자를 자세히 살펴보자.

비트 AND, OR, XOR, NOT

2개의 int형에 대하여 비트 AND 연산을 한다고 하자. 같은 위치의 비트를 비교하여, 하나라도 0이 있으면 결과 비트는 0이 된다.

```
            변수1 00000000  00000000  00000000  00001001 (9)
            변수2 00000000  00000000  00000000  00001010 (10)
-----------------------------------------------------------------
(변수1 AND 변수2) 00000000  00000000  00000000  00001000 (8)
```

이번에는 비트 OR 연산을 한다고 하자. 같은 위치의 비트를 비교하여, 하나라도 1이 있으면 결과 비트는 1이 된다.

```
            변수1 00000000  00000000  00000000  00001001 (9)
            변수2 00000000  00000000  00000000  00001010 (10)
-----------------------------------------------------------------
 (변수1 OR 변수2) 00000000  00000000  00000000  00001011 (11)
```

이번에는 비트 XOR 연산을 한다고 하자. 같은 위치의 비트들이 일치하면 0이 되고 다르면 1이 된다.

```
            변수1 00000000  00000000  00000000  00001001 (9)
            변수2 00000000  00000000  00000000  00001010 (10)
-----------------------------------------------------------------
(변수1 XOR 변수2) 00000000  00000000  00000000  00000011 (3)
```

비트 NOT 연산을 생각해보자. 변수 안의 각 비트들을 반전시킨다. 부호를 나타내는 비트도 반전된다.

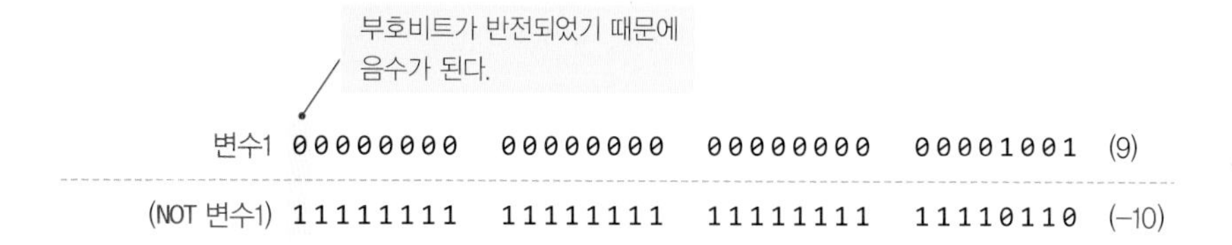

위의 설명을 프로그램으로 작성하여 확인해보자.

bit_op.c

```
1  #include <stdio.h>
2  
3  int main(void)
4  {
5     int x = 9;          // 1001
6     int y = 10;         // 1010
7  
8     printf("%08X & %08X = %08X\n", x, y, x & y);    // 1000
9     printf("%08X | %08X = %08X\n", x, y, x | y);    // 1011
10    printf("%08X ^ %08X = %08X\n", x, y, x ^ y);    // 0011
11    printf("~ %08X = %08X\n", x, ~x);               // 1111...0110
13 
14    return 0;
15 }
```

Microsoft Visual Studio 디버그 콘솔

```
00000009 & 0000000A = 00000008
00000009 | 0000000A = 0000000B
00000009 ^ 0000000A = 00000003
~ 00000009 = FFFFFFF6
```

프로그램 설명

%08X은 8자리의 16진수로 표시하라는 의미이다. 16진수는 0에서 9, A부터 F까지의 기호를 이용하여 숫자를 표시한다. 16진수를 보면 2진수를 유추할 수 있다.

비트 이동 연산자(《, 》)

비트 이동(shift) 연산자는 지정된 숫자만큼 전체 비트를 이동시킨다. 이동할 수 있는 방향이 왼쪽과 오른쪽, 두 개가 있으므로 두 개의 연산자 《과 》이 필요하다.

연산자	기호	설명
왼쪽 비트 이동	<<	x << y x의 비트들을 y 칸만큼 왼쪽으로 이동
오른쪽 비트 이동	>>	x >> y x의 비트들을 y 칸만큼 오른쪽으로 이동

먼저 왼쪽 비트 이동 연산자인 《는 지정된 숫자만큼 왼쪽으로 이동한다. 이때 변수의 경계를 벗어나는 비트들은 없어지게 되고 오른쪽에 발생하는 빈 공간은 0으로 채워지게 된다. 예를 들어서 15《2를 생각하여 보자.

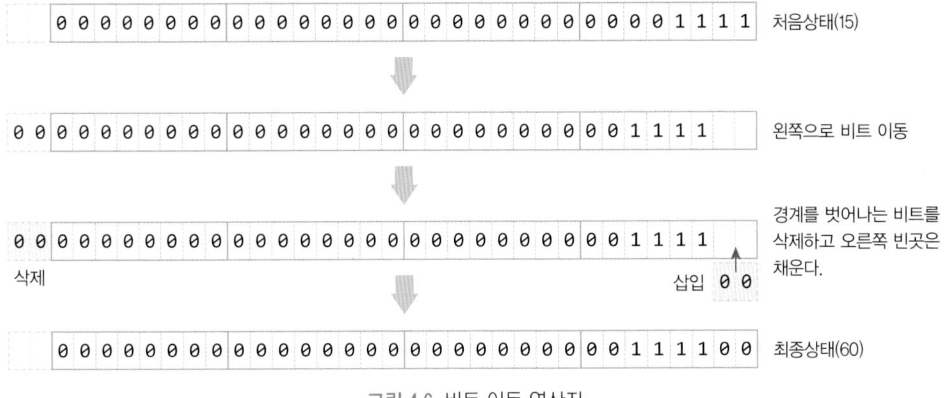

그림 4.6 비트 이동 연산자

비트들을 왼쪽으로 한번 이동할 때마다 값은 두 배가 된다. 이 특성을 이용할 수 없을까? 개발자들은 예전부터 비트 연산을 이용하여 빠르게 2배로 만드는 방법들을 사용하여 왔다.

오른쪽 비트 이동 연산자인 >>는 지정된 숫자만큼 비트들을 오른쪽으로 이동한다. 이때에도 변수의 경계를 벗어나는 비트들은 없어지게 되고 왼쪽에 발생하는 빈 공간은 부호 비트로 채워지게 된다. 여기서 주의할 점은 왼쪽의 발생하는 빈 공간을 무작정 0으로 채우면 안되고 부호 비트로 채워야 한다는 점이다. 양수면 부호 비트가 0이므로 0으로 채우면 되고 음수라면 부호 비트가 1이므로 1로 채워야 한다. 만약 부호 비트로 채우지 않으면 이동 연산이 끝난 뒤에 음수가 양수로 변할 수도 있기 때문이다.

15>>2와 같이 양수를 비트 이동하는 경우를 살펴보자.

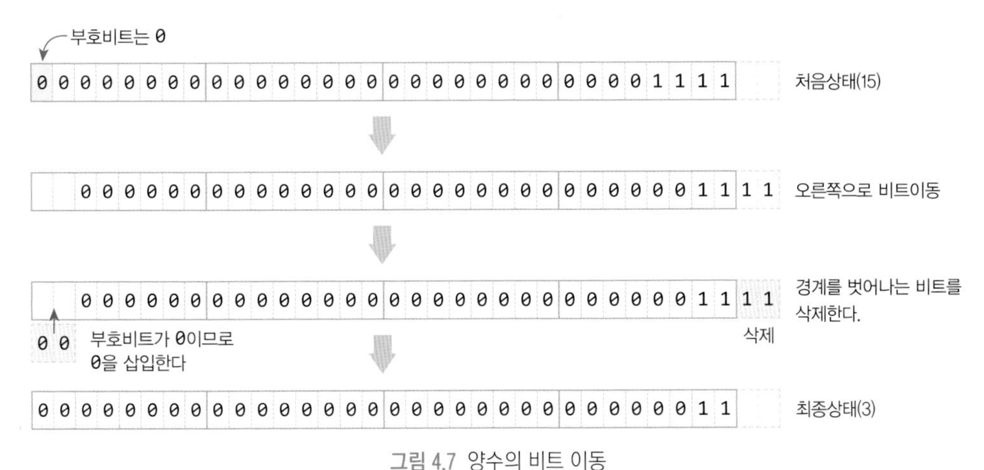

그림 4.7 양수의 비트 이동

정수 9를 왼쪽과 오른쪽으로 1비트씩 이동시켜서 결과를 출력하는 프로그램을 살펴보자. 2배로 되거나 1/2배로 된 것을 확인해보자.

bit_shift.c

```
1  #include <stdio.h>
2
3  int main(void)
4  {
5      int x = 9;          // 1001
6
7      printf("%d << 1 = %d\n", x, x << 1);      // 10010
8      printf("%d >> 1 = %d\n", x, x >> 1);      // 00100
9
10     return 0;
11 }
```

Microsoft Visual Studio 디버그 콘솔
9 << 1 = 18
9 >> 1 = 4

중간점검

1. 비트를 지정된 숫자만큼 왼쪽으로 이동시키는 연산자는 _____이다.
2. 비트의 값을 0에서 1로, 1에서 0으로 바꾸는데 사용하는 연산자는 _______이다.
3. 변수 x의 값을 2배로 하려면 _____쪽으로 비트를 이동시키면 된다.
4. 변수 x의 값을 1/2배로 하려면 _____쪽으로 비트를 이동시키면 된다.

8. 연산자의 우선순위와 결합 규칙

연산자의 우선순위

만약 아래와 같이 하나의 수식이 2개 이상의 연산자를 가지고 있는 경우에는 어떤 연산자가 먼저 수행될 것인가? 예를 들면 다음과 같은 문장에서 가장 먼저 수행되는 연산은 무엇인가?

```
x + y * z
```

우리는 수학에서 배웠듯이 곱셈과 나눗셈이 덧셈과 뺄셈보다 먼저 수행되어야 한다. 우선순위(precedence)는 많은 연산들 중에서 어떤 연산을 먼저 수행할지를 결정하는 규칙이다. 각 연산자들은 서열이 매겨져 있다. 즉 곱셈과 나눗셈은 덧셈이나 뺄셈보다 우선순위가 높다. 산술 연산자들의 우선순위를 높은 것부터 나열하면 그림 4.8과 같다.

그림 4.8 증감 〉 곱셈, 나눗셈, 나머지 〉 덧셈, 뺄셈 순의 우선순위를 가진다.

만약 사용자가 이러한 우선순위대로 연산을 하지 않고 다른 순서로 하고 싶은 경우는 어떻게 하면 되는가? 수학에서도 배웠듯이 이 경우에는 괄호를 사용하면 된다.

$$\underbrace{x + \underbrace{y * z}_{①}}_{②} \qquad \underbrace{\underbrace{(x + y)}_{①} * z}_{②}$$

C에서 사용되는 모든 연산자에 대한 우선순위를 표 4.7에 정리하였다.

표 4.7 연산자의 우선순위

우선순위	연산자	결합규칙
1	() [] -> . ++(후위) --(후위)	→(좌에서 우)
2	sizeof &(주소) ++(전위) --(전위) ~ ! *(역참조) +(부호) -(부호), 형변환	←(우에서 좌)
3	*(곱셈) / %	→(좌에서 우)
4	+(덧셈) -(뺄셈)	→(좌에서 우)
5	<< >>	→(좌에서 우)
6	< <= >= >	→(좌에서 우)
7	== !=	→(좌에서 우)
8	&(비트연산)	→(좌에서 우)
9	^	→(좌에서 우)

<table>
<tr><td>10</td><td>|</td><td>→(좌에서 우)</td></tr>
<tr><td>11</td><td>&&</td><td>→(좌에서 우)</td></tr>
<tr><td>12</td><td>||</td><td>→(좌에서 우)</td></tr>
<tr><td>13</td><td>?(삼항)</td><td>←(우에서 좌)</td></tr>
<tr><td>14</td><td>= += *= /= %= &= ^= |= <<= >>=</td><td>←(우에서 좌)</td></tr>
<tr><td>15</td><td>,(콤마)</td><td>→(좌에서 우)</td></tr>
</table>

연산자의 결합 규칙

만약 아래의 수식과 같이 동일한 우선순위를 가지는 연산들이 여러 개가 있으면 어떤 것을 먼저 수행하여야 하는가? 즉 x*y을 먼저 수행하는가 아니면 y*z를 먼저 수행하는가?

```
x * y * z
```

이것도 연산자마다 달라진다. 산술 연산자의 경우에는 왼쪽에서 오른쪽으로 연산이 수행된다. 즉 x*y가 먼저 수행된다. 이것이 연산자의 결합 규칙(association)이다. 결합 규칙이란 동일한 우선순위의 연산이 있는 경우에 무엇을 먼저 수행하느냐에 대한 규칙이다.

$x * y * z$ ① ② 결합방향(좌 → 우)

$x = y = z$ ① ② 결합방향(우 → 좌)

산술 연산자를 비롯한 대부분의 이항 연산자들은 왼쪽에 있는 연산을 먼저 수행한다. 반면에 다항 연산자들과 대입 연산자는 오른쪽 연산을 먼저 수행한다. 정확한 결합 규칙은 표 4.7을 다시 참조하라.

경고

* 연산자들의 우선순위가 생각나지 않으면 위험을 무릅쓰지 말고 정신적인 안정을 위해서라도 괄호를 이용하여 우선순위를 정확하게 지정해준다. 즉 다음과 같이 +와 <=의 우선 순위가 생각나지 않으면 괄호를 사용해서 먼저 계산되어야 하는 것을 묶어준다.

```
( x + 10 ) <= ( y + 20 )
```

* 관계 연산자는 산술 연산자보다 우선순위가 낮다. 즉 다음과 같은 수식은 마음 놓고 사용하여도 된다.

```
x + 2 == y + 3
```

* 일반적으로 단항 연산자는 이항 연산자보다 우선순위가 높다. 아래의 수식에서 ++은 <=보다 우선순위가 높다.

```
( ++x <= 10 )
```

예제 #1

아래와 같은 복잡한 문장에서는 어떤 연산이 먼저 수행될까? 아래의 문장에서 원문자는 연산자들이 수행되는 순서를 의미한다.

$$\underbrace{y = \underbrace{\underbrace{\underbrace{a \% b}_{②} / c}_{③} + \underbrace{d * (\underbrace{e - f}_{①})}_{④}}_{⑤}}_{⑥};$$

괄호 안의 연산은 가장 우선순위가 높다. 따라서 가장 먼저 수행된다. 다음에는 곱셈, 뺄셈, 나머지 연산자들은 우선순위가 같으므로 왼쪽에서부터 차례대로 수행된다. 덧셈은 그 다음에 수행되며 대입 연산자는 가장 우선순위가 낮으므로 마지막에 수행된다.

예제 #2

다음 프로그램의 결과를 보기 전에 수식의 값을 예측하여 보자.

prep.c

```
1  #include <stdio.h>
2
3  int main(void) {
4
5      int a = 10;
6      int b = 20;
7      int c = 30;
8      int d = 3;
9      int result;
10
11     result = a + b * c / d;
12     printf("연산값: %d\n", result);
13
14     result = (a + b) * c / d;
15     printf("연산값: %d\n", result);
16
17     result = a = b = 1;
18     printf("연산값: %d\n", result);
19
20     return 0;
21 }
```

Microsoft Visual Studio 디버그 콘솔

```
연산값: 210
연산값: 300
연산값: 1
```

프로그램 설명

11 곱셈 연산자가 덧셈 연산자보다 우선 순위가 높으므로 먼저 계산된다. `a+(b*c)/d`와 같다. 따라서 연산의 최종 결괏값은 `10+(20*30)/3`이 `210`이 된다.

14 괄호 안의 수식은 무조건 먼저 계산된다. `(10+20)*30/3`이 되어서 `900/3`이 되고 최종적으로 최종 결괏값은 `300`이 된다.

17 대입 연산자는 결합 방향이 오른쪽에서 왼쪽이다. 따라서 제일 먼저 `b = 1`이 수행되어서 `b`가 `1`이 된다. 이어서 `a = 1`이 수행되고 `result = a`가 맨 나중에 수행된다.

중간점검

1. 연산자 중에서 가장 우선순위가 낮은 연산자는 무엇인가?
2. 단항 연산자와 이항 연산자 중에서 어떤 연산자가 더 우선순위가 높은가?
3. 관계 연산자와 산술 연산자 중에서 어떤 연산자가 더 우선순위가 높은가?

9. 형변환

형변환(type casting)이란 데이터의 타입을 변환시키는 처리과정이다. 우리는 필요하다면 int형을 double형으로 변환할 수 있다. 형변환은 크게 두 가지로 나눌 수 있다. 하나는 자동적인 형변환으로, 컴파일러에 의하여 자동(암묵적)으로 수행되는 것이고 또 하나는 프로그래머가 명시적으로 데이터의 형을 변환하는 것이다.

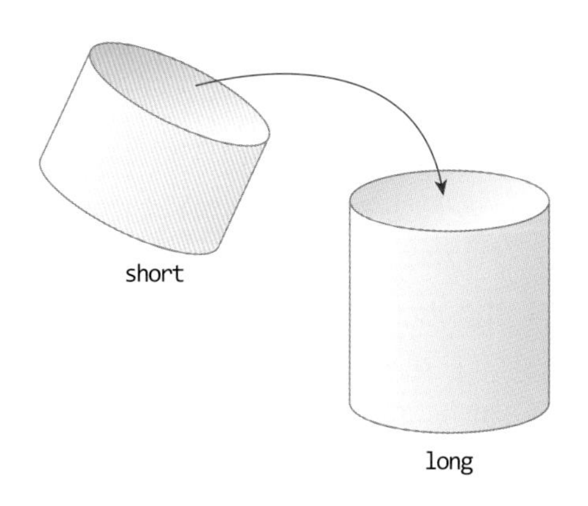

자동적인 형변환

대입 연산 시에 형변환이 자동으로 발생할 수 있다. 대입 연산자의 오른쪽에 있는 값은 왼쪽에 있는 변수의 자료형으로 자동적으로 변환된다. 예를 들어서 다음과 같은 수식을 고려해보자. 여기서 f가 double형일 경우에는 정수 10이 double형으로 변환된 후에 변수 f로 대입된다. 이러한 변환은 올림 변환(promotion)이라고 한다.

```
double f;
f = 10;           // f에는 10.0이 저장된다.
```

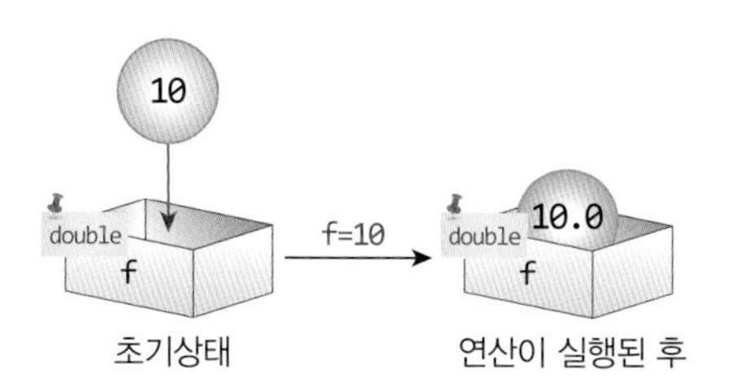

대입 연산 시에서는 낮은 등급의 자료형으로 변환되는 내림 변환(demotion)이 발생할 수도 있다. 실제로 문제가 되는 경우는 바로 이 내림 변환이다. 내림 변환이 발생하면 데이터의

손실이 발생할 수 있다. 만약 double형의 실수가 int형 변수로 대입되면 소수점 이하는 버려지게 된다. 예를 들어서 3.14가 int형 변수에 대입되면 정수부인 3만 저장된다.

```
int x;
x = 3.14;     // i에는 3이 저장된다.
```

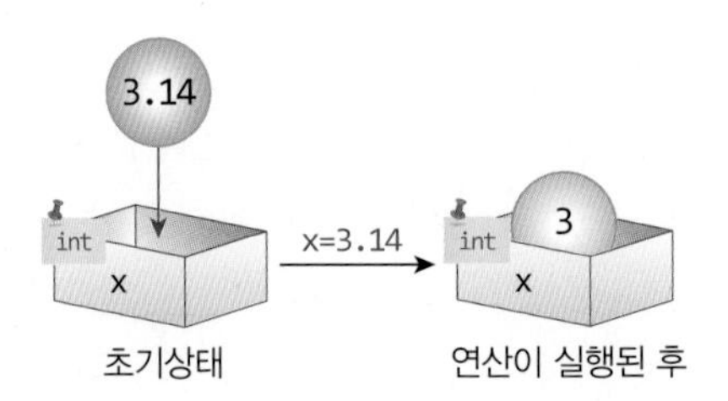

하나의 수식에서 서로 다른 자료형이 사용되면 모든 자료형은 그중에서 가장 높은 등급의 자료형으로 자동적으로 변환된다. 이유는 데이터의 손실을 막기 위해서이다. 만약 높은 등급을 낮은 등급으로 변환한다면 그 과정에서 데이터의 손실이 있을 수 있기 때문이다.

예를 들어, 10+1.2345라는 수식을 계산하는 과정에서 int형인 10은 double형 10.0으로 변환되어서 1.2345에 더해진다. 따라서 전체 수식의 값은 double형이 된다.

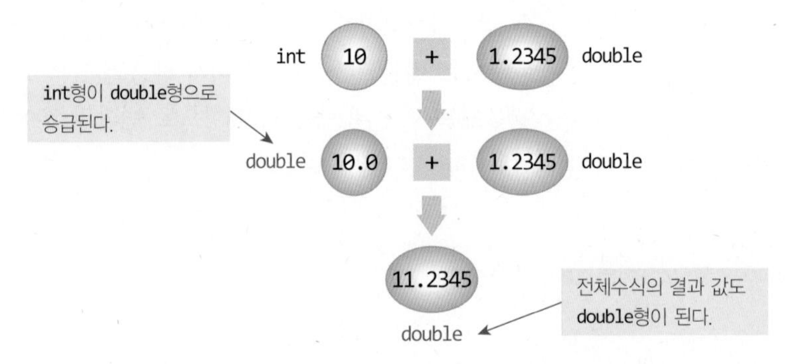

그림 4.9 모든 피연산자들의 자료형이 가장 큰 자료형으로 승급된다.

명시적인 형변환

지금까지의 형변환은 모두 자동적으로 이루어졌다. 그러나 때에 따라서는 명시적으로 형을 변환하여야 하는 경우도 있다. 이런 경우에 사용하는 연산자가 형변환(type cast) 연산자이다. 형변환 연산자는 캐스트 연산자라고도 한다. 형변환을 하려면 원하는 자료형을 괄호 안에 넣고 상수나 변수 앞에 적어주면 된다.

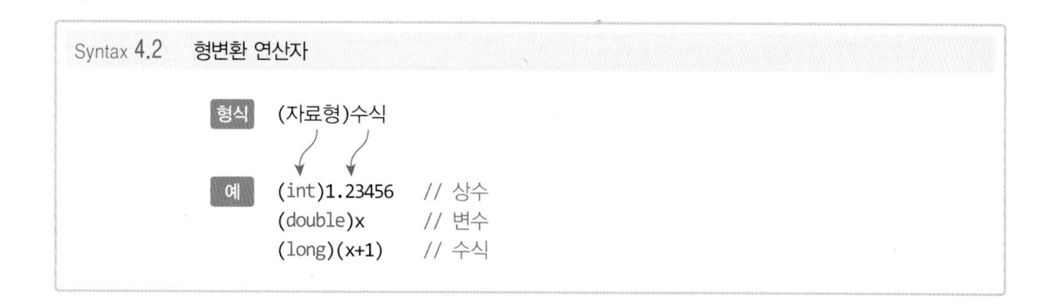
Syntax 4.2 형변환 연산자

형식 (자료형)수식

예
```
(int)1.23456    // 상수
(double)x       // 변수
(long)(x+1)     // 수식
```

예를 들어서 1.23456을 정수형으로 변환하고 싶으면 (int)1.23456이라고 하면 된다. 또 정수 5를 부동소수점형으로 변환하고 싶으면 (double)5하면 된다. 변수 앞에도 사용할 수 있다.

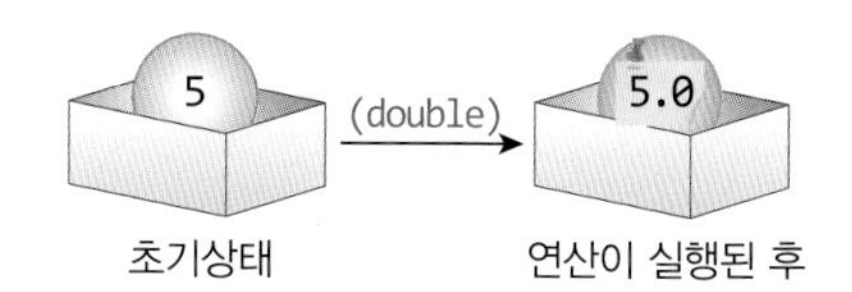

그림 4.10 변수에 형변환 연산자를 적용하면 변수에서 값을 꺼내서 타입을 변경한다. 변수의 타입이 변하는 것은 아니다.

경우에 따라서는 자동 형변환과 명시적인 형변환의 결과가 다른 경우도 있다. 다음의 소스를 주의 깊게 분석하여 보자.

typecast.c

```
1   #include <stdio.h>
2   int main(void)
3   {
4      int i;
5      double f;
6
7      f = 5 / 4;
8      printf("(5 / 4) = %lf\n", f);
9
10     f = (double)5 / 4;
11
12     printf("(double)5 / 4 = %1f\n", f);
13
14     i = 1.3 + 1.8;
15     printf("1.3 + 1.8 = %d\n", i);
16
17     i = (int)1.3 + (int)1.8;
```

```
18      printf("(int)1.3 + (int)1.8 = %d\n", i);
19
20      return 0;
21  }
```

Microsoft Visual Studio 디버그 콘솔

```
(5 / 4) = 1.000000
(double)5 / 4 = 1.250000
1.3 + 1.8 = 3
(int)1.3 + (int)1.8 = 2
```

프로그램 설명

7 5 / 4는 피연산자가 정수이므로 정수 연산으로 계산되어서 1이 된다. 이것이 double형 변수로 대입되므로 올림 변환이 발생하여 1.0이 f에 저장된다.

10 (double)5 / 4에서는 먼저 형변환 연산자가 우선순위가 높기 때문에 먼저 실행되어서 정수 5가 부동소수점수 5.0으로 변환된다.

14 수식 1.3 + 1.8은 두 개의 피연산자가 모두 부동소수점수이므로 수식의 결과도 부동소수점형인 3.1이 된다. 3.1이 정수형 변수 i로 대입되면 내림 변환이 발생하여 3이 i에 저장된다.

17 수식 (int)1.3 + (int)1.8에서는 1.3과 1.8이 모두 1로 변환되므로 변수 i에는 1 + 1하여 2가 저장된다.

따라서 자동 형변환과 명시적인 형변환의 결과를 다를 수 있고 프로그래머는 주어진 상황에서 어느 쪽이 더 적절한지를 판단하여 형변환 연산자를 사용하여야 한다.

중요

형변환을 하였다고 해서 변수의 형이 변경되는 것은 아니다. 변수가 가지고 있는 값을 꺼내서 형을 변경해서 수식에서 임시로 사용하는 것이다.

중간점검

1. 내림 변환과 올림 변환을 설명하라.
2. int형 변수 x를 double형으로 형변환하는 문장을 써보라.
3. 하나의 수식에 정수와 부동소수점수가 섞여 있으면 어떻게 되는가?

Lab 2차 함수 계산

| 난이도 ★ 주제 수식 계산 |

2차 함수 $y=3x^2+7x+9$에서 $x=2$일 때, 함수의 값을 계산하여 보자. 지수는 pow() 함수를 사용해도 되지만 그냥 두 번 곱해도 된다.

$y=3x^2+7x+9$을 C언어 수식으로 표현하면 다음과 같다.

```
y = 3.0*x*x + 7.0*x + 9.0;
```

Microsoft Visual Studio 디버그 콘솔
y=3.0*x*x + 7.0*x + 9.0=35.000000

cal_quad_eq.c

```
1  #include <stdio.h>
2  int main(void)
3  {
4     double x = 2.0;
5     double y;
6
7     y = 3.0*x*x + 7.0*x + 9.0;
8     printf("y=3.0*x*x + 7.0*x + 9.0=%f \n", y);
9
10    return 0;
11 }
```

도전문제

2차 함수의 각 항 계수를 사용자로부터 입력받아서, 2차 함수를 계산해보자. x의 값도 사용자로부터 입력받아본다. 즉 $y=ax^2+bx+c$에서 a, b, c의 값을 사용자로부터 입력받아서 y의 값을 계산해보자.

Lab 비트 연산

| 난이도 ★★ 주제 비트 연산의 실제 응용 |

비트 연산은 어떤 경우에 사용될까? 프로그램과 하드웨어 칩 간의 통신에 사용된다. 예를 들어서 세탁기 안에 있는 8개의 센서들의 값을 한 개의 바이트로 반환하는 하드웨어 칩이 있다고 하자. 이 바이트를 status라는 변수로 읽었다고 하자. 특정한 센서값이 1이 되었는지를 검사하는 용도로 사용된다. 예를 들어서 세탁기의 문이 열려있으면 비트 0이 1이라고 하자. 비트 0이 0인지 1인지를 검사하는 코드를 작성해보자.

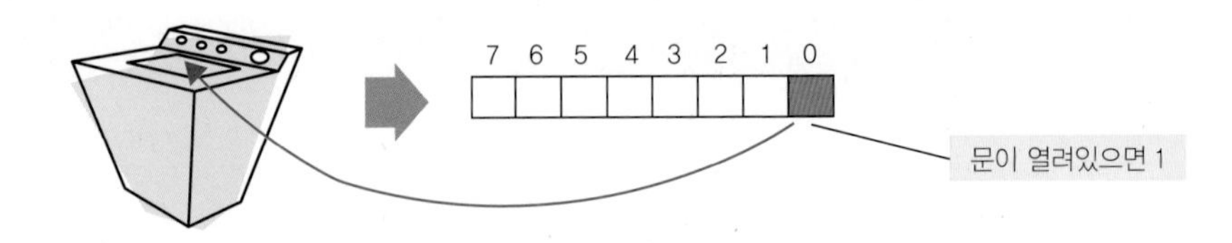

bit_operator.c

```
1  #include <stdio.h>
2
3  int main(void)
4  {
5     int status = 0x6f;            // 01101111
6     printf("문열림 상태=%d \n", (status & 0x01));
7     return 0;
8  }
```

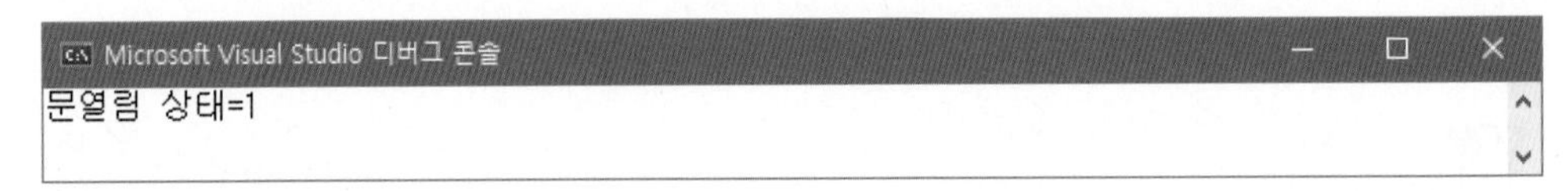

도전문제

만약 문열림을 나타내는 비트가 비트 2라면 위의 프로그램은 어떻게 변경해야 하는가? 비트 이동 연산의 사용도 고려해보자.

Mini Project 복리 원리금 계산

| 난이도 ★★ 주제 적절한 자료형의 선택, 산술 연산의 이해 |

1626년에 아메리카 인디언들이 뉴욕의 맨하탄섬을 단돈 60길더(약 24달러)에 탐험가 Peter Minuit에게 팔았다고 한다. 382년 정도 경과한 2008년 맨하탄 땅값은 약 600억달러라고 한다. 인디언들은 큰 손해를 보았다고 할 수 있다.

하지만 만약 인디언이 24달러를 은행의 정기예금에 입금해두었다면 어떻게 되었을까? 예금 금리는 복리로 6%라고 가정하자. 그리고 382년이 지난 후에는 원리금을 계산하여 보자. 이때 초기저금액과 이율, 연도 등을 입력받도록 하자.

```
Microsoft Visual Studio 디버그 콘솔
초기저금액: 24.0
이율: 0.06
저축기간: 382
382년 후의 원리금=111442737812.288422
```

놀랍게도 380년이 지나면 원리금은 1,114억 달러가 되어서 현재 땅값을 넘어서게 된다(1980년대 가격이다. 지금은 전세계적인 부동산 폭등으로 더 많이 올랐을 것이다). 만약 이율이 약간이라도 더 높으면 그 차이는 더 벌어질 것이다. 이것이 바로 "복리효과"이다. 재투자가 이루어지면 재산이 급격하게 증식되는 것이다.

복리로 원리금을 계산하는 식은 (투자원금 × (1.0 + 이율)**투자기간)이다. C언어에서 거듭제곱을 계산하려면 pow() 함수를 사용한다. pow(2.0, 10.0)하면 2의 10승이 계산된다. pow()를 사용하려면 〈math.h〉를 포함시켜야 한다.

```c
#include <stdio.h>
#include <math.h>

int main(void)
{
   printf("%lf \n", pow(10.0, 2.0));    // 100.000000 출력
   return 0;
}
```

연습문제

1 수식에서 어떤 연산자들이 먼저 계산되는지를 결정하는 것을 무엇이라고 하는가?

① 피연산자　　② 결과값　　③ 우선순위　　④ 연산의 부작용

2 C프로그램에서 수식 7/9*9은 얼마로 계산되는가?

① 1　　② 0.08642　　③ 0　　④ 10

3 변수 x, y는 int x = 10; int y = 20;으로 선언되어 있다고 하자. 다음 중 올바른 수식이 아닌 것은?

① x = 10 + y;　　② 30 = x + y;　　③ x += 20;　　④ x = 1 = 2;

4 다음 코드의 실행결과는?

```
int i = 5;
i = i / 3;
printf("%d \n", i);
```

5 다음 코드의 실행결과는?

```
int x = 2 * 9 / 3 + 9;
printf("%d \n", x);
```

6 다음 코드의 실행결과는?

```
int x = 5 % 2 * 3 / 2;
printf("%d \n", x);
```

7 다음 코드의 실행결과는?

```
int x=10;
int y=20;
printf("%d\n", x < y);
printf("%d\n", x == y);
printf("%d\n", x = y );
printf("%d\n", x != y);
printf("%d\n", x++ );
```

8 잠시 컴파일러가 되었다고 가정하자. 다음 소스 파일이 컴파일되어 실행되는 것인지를 말하고 컴파일이 되지 않는다면 어디가 문제인지를 오른쪽 빈칸에 적어라.

```
#include <stdio.h>                    ____________________
int main(void)                        ____________________
{                                     ____________________
    const integer MAX=1000;           ____________________
    integer i= 10;                    ____________________
    unsigned double d = .2;           ____________________

    return 0;                         ____________________
}
```

9 다음은 100에 1/2을 곱하여 50을 계산하려는 코드이다. 항상 0이 출력된다. 어디에 문제가 있는가?

```
#include <stdio.h>
int main(void)
{
        int x = 100;
        int y;

        y = (1 / 2) * x;
        printf("%d \n", y);
        return 0;
}
```

Programming

| 난이도 ★ 주제 산술 연산자 |

1 사용자로부터 체중(kg)과 신장(m)을 받아서 BMI를 계산하여 출력하는 프로그램을 작성하라. BMI는 체중을 신장의 제곱으로 나눈 값이다. 이때 신장의 단위는 미터여야 한다.

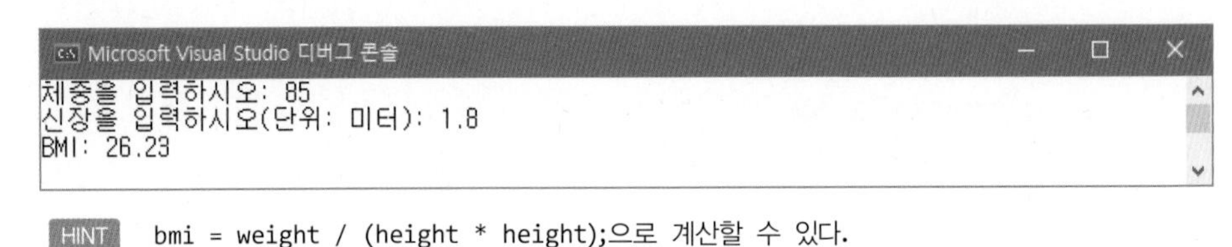

Microsoft Visual Studio 디버그 콘솔
체중을 입력하시오: 85
신장을 입력하시오(단위: 미터): 1.8
BMI: 26.23

HINT `bmi = weight / (height * height);`으로 계산할 수 있다.

| 난이도 ★ 주제 산술 연산자 |

2 사용자로부터 3개의 정수를 받아서 변수 x, y, z에 저장하고 다음과 같은 수식의 결과를 출력하는 프로그램을 작성하라. 예를 들어서 사용자가 1, 2, 3을 입력하였다면 1*2-3=-1을 출력하면 된다.

```
x * y - z
```

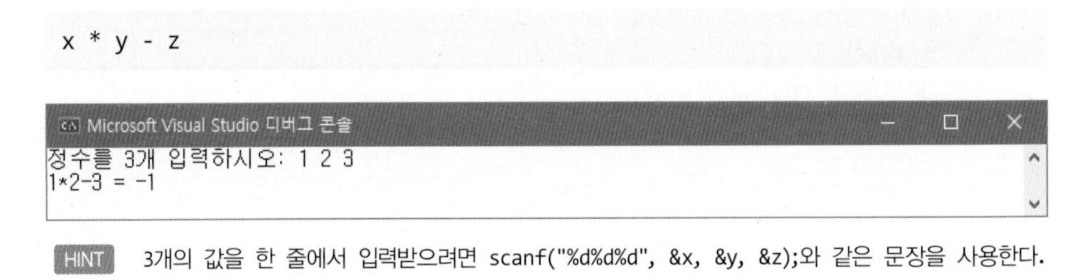

Microsoft Visual Studio 디버그 콘솔
정수를 3개 입력하시오: 1 2 3
1*2-3 = -1

HINT 3개의 값을 한 줄에서 입력받으려면 `scanf("%d%d%d", &x, &y, &z);`와 같은 문장을 사용한다.

| 난이도 ★ 주제 산술 연산자 |

3 사용자로부터 상품가격(정수)과 할인율(부동소수점수)을 받아서 할인된 가격을 출력하는 프로그램을 작성하라.

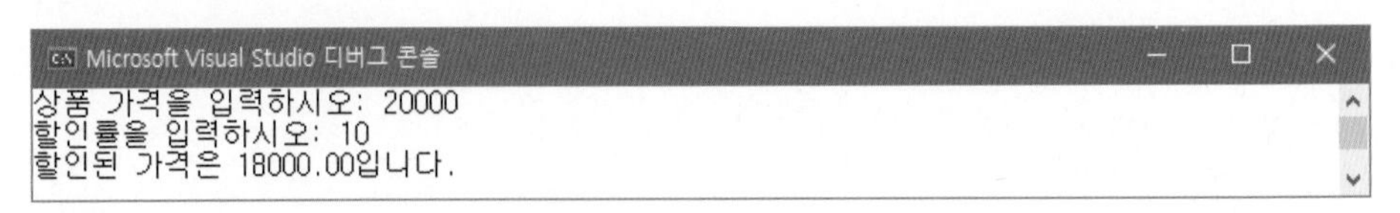

Microsoft Visual Studio 디버그 콘솔
상품 가격을 입력하시오: 20000
할인률을 입력하시오: 10
할인된 가격은 18000.00입니다.

HINT `double disc_rate; scanf("%lf", &disc_rate);`와 같은 문장으로 부동소수점수를 입력받을 수 있다. 할인된 상품 가격을 계산하는 식은 `(price-price * disc_rate/100.0)`이 될 것이다. 부동소수점수를 소수점 2자리까지 출력하려면 `%.2lf`와 같은 형식 지정자를 사용한다.

| 난이도 ★ 주제 산술 연산자 |

4 한 학생의 국어, 영어, 수학 점수를 입력하는 C 프로그램을 작성하고 모든 과목의 합계, 평균 점수를 계산한다. 총점과 평균의 소수점 2번째 자리까지만 출력한다.

Microsoft Visual Studio 디버그 콘솔
3과목의 점수를 입력한다: 80 70 90
총점=240.00
평균=80.00

HINT 3과목의 점수를 한 줄에서 입력받으려면 `scanf("%f%f%f", &kor, &eng, &math);`와 같은 문장을 사용한다. 소수점 2번째 자리까지만 출력하려면 `printf("총점=%.2f\n", total);`을 사용한다.

| 난이도 ★ 주제 나머지 연산자 |

5 사용자로부터 2개의 정수를 받아서 첫 번째 정수를 두 번째 정수로 나누었을 때의 몫과 나머지를 계산하는 프로그램을 작성하라. 예를 들어서 10과 3이 입력되면 몫으로는 3, 나머지로는 1이 출력되어야 한다.

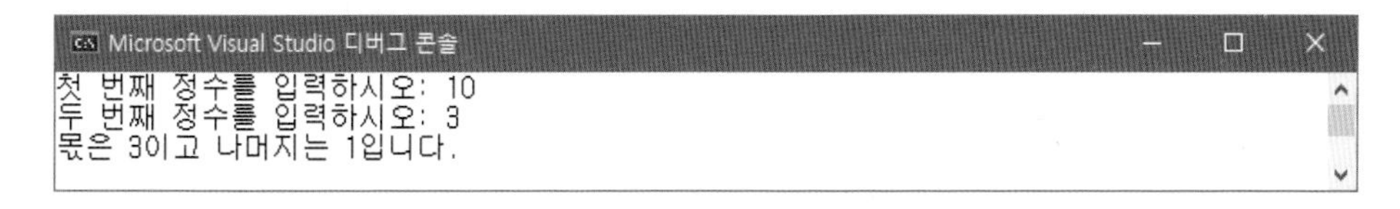
Microsoft Visual Studio 디버그 콘솔
첫 번째 정수를 입력하시오: 10
두 번째 정수를 입력하시오: 3
몫은 3이고 나머지는 1입니다.

| 난이도 ★★ 주제 나머지 연산자 |

6 세 자리로 이루어진 숫자를 입력받은 후에 각각의 자리수를 분리하고 이 자리수를 출력하는 프로그램을 작성하라.

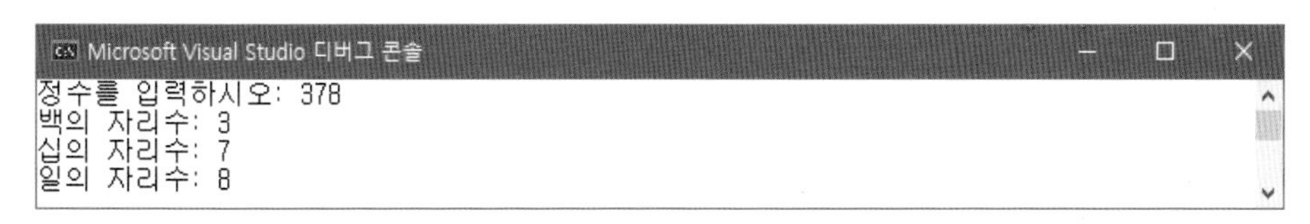
Microsoft Visual Studio 디버그 콘솔
정수를 입력하시오: 378
백의 자리수: 3
십의 자리수: 7
일의 자리수: 8

HINT 백의 자리수는 `378/100`하면 된다. 십의 자리수는 `(378%100)/10`하면 된다. 패턴을 생각해보자.

| 난이도 ★★ 주제 부동소수점 연산 |

7 다음 수식의 값을 계산하여서 화면에 출력하라. x의 값은 사용자로부터 입력받는다.

$$f(x) = \frac{x^3 - 20}{x - 7}$$

Microsoft Visual Studio 디버그 콘솔
x의 값을 입력하시오: 10.0
수식의 값은 326.666667입니다.

HINT x의 세제곱은 단순히 x를 3번 곱하면 된다. 즉 x*x*x한다.

| 난이도 ★★ 주제 부동소수점 연산, 형변환 연산자 |

8 사용자에게 2개의 실수를 받아서 정수부를 더한 값을 출력하는 프로그램을 작성해 보자.

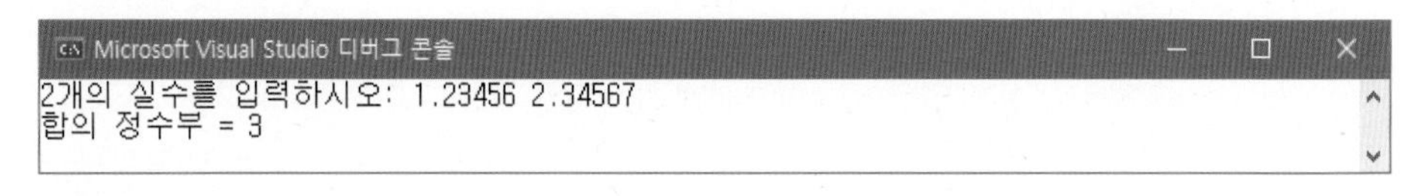
Microsoft Visual Studio 디버그 콘솔
2개의 실수를 입력하시오: 1.23456 2.34567
합의 정수부 = 3

HINT 부동소수점 수 fvalue의 정수부는 (int)fvalue하여 얻을 수 있다.

| 난이도 ★★ 주제 비트 연산자 |

9 사용자로부터 임의의 숫자 num을 입력받아서 num의 최하위 비트(LSB: Least Significant Bit)를 출력하는 프로그램을 작성하라.

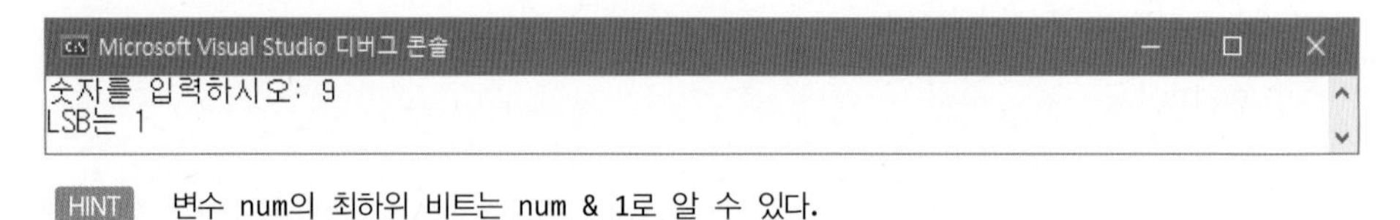
Microsoft Visual Studio 디버그 콘솔
숫자를 입력하시오: 9
LSB는 1

HINT 변수 num의 최하위 비트는 num & 1로 알 수 있다.

| 난이도 ★★ 주제 비트 연산자 |

10 사용자로부터 임의의 숫자 num와 n을 입력받아서 num의 n번째 비트를 1로 설정하는 프로그램을 작성하라. 최하위 비트는 0번째 비트라고 하자.

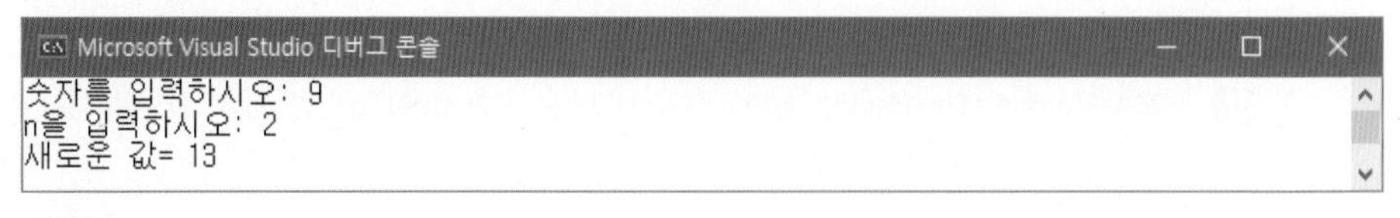
Microsoft Visual Studio 디버그 콘솔
숫자를 입력하시오: 9
n을 입력하시오: 2
새로운 값= 13

HINT 변수 num의 n번째 비트를 설정하려면 (1 << n) | num 연산을 사용한다.

조건문

맞습니다. 조건을 따져서 행동할 수 있는 것이 프로그램의 최대 장점입니다.
조건을 따져서 논리적으로 실행한다면 좀 더 지능적인 프로그램 작성이 가능하겠죠?

학습목표

- if 문을 이해하고 사용할 수 있다.
- if-else 문을 이해하고 사용할 수 있다.
- 중첩 if 문을 이해하고 사용할 수 있다.
- switch 문을 이해하고 사용할 수 있다.
- break, continue, goto 문을 이해하고 사용할 수 있다.

5 조건문

1. 이번 장에서 만들 프로그램

자동차가 신호에 따라서 직진하거나 좌회전하듯이 컴퓨터 프로그램도 조건에 따라서 서로 다른 동작을 수행할 수 있다. 이번 장에서는 조건에 따라서 서로 다른 동작을 하는 조건문을 학습한다.

이번 장에서는 다음과 같은 프로그램을 작성해볼 것이다.

(1) 윤년을 판단하는 프로그램을 작성해보자.

Microsoft Visual Studio 디버그 콘솔
연도를 입력하시오: 2024
2024년은 윤년입니다.

(2) "가위 바위 보" 게임을 작성해보자.

```
Microsoft Visual Studio 디버그 콘솔
가위, 바위, 보 게임에 오신 것을 환영합니다.
하나를 선택하세요(가위-0, 바위-1, 보-2): 0
사용자=0
컴퓨터=2
사용자 승리
```

2. 3가지의 기본 제어구조

컴퓨터 프로그램을 작성할 때, 우리가 사용할 수 있는 3가지의 기본적인 제어 구조가 있다.

- 순차 구조(sequence) – 명령어들이 순차적으로 실행되는 구조이다.
- 선택 구조(selection) – 여러 개 중에서 하나의 명령어를 선택하여 실행되는 구조이다.
- 반복 구조(iteration) – 동일한 명령어가 반복되면서 실행되는 구조이다.

우리는 이제까지는 순차 구조만을 사용하였다. 하지만 컴퓨터가 스마트한 것은 선택 구조와 반복 구조가 있기 때문이다. 아래 그림은 순차 구조, 선택 구조, 반복 구조를 순서도(flowchart)로 나타낸 것이다.

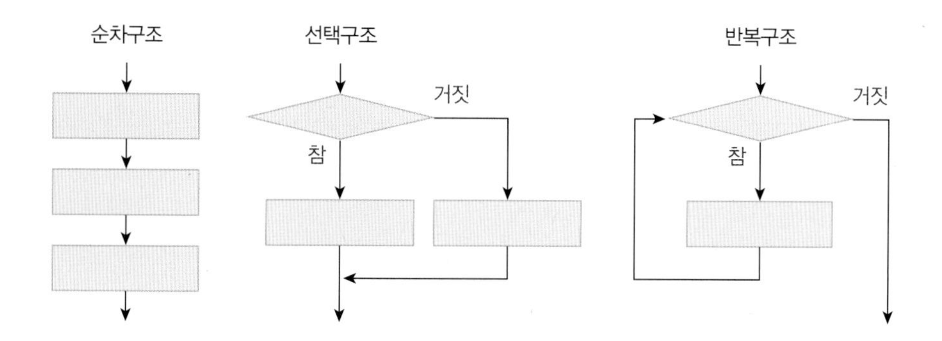

이것들은 레고의 기본 블록과 유사하다. 레고의 작품은 기본 블록 몇 가지만을 이용하여 만들어진다. 프로그램도 마찬가지이다. 어떠한 프로그램이라도 3가지의 기본 블록만 있으면 만들 수 있다. 프로그램의 기본 블록을 쉽게 이해하려면 이것을 자동차(CPU)가 주행하는 도로로 생각하면 된다.

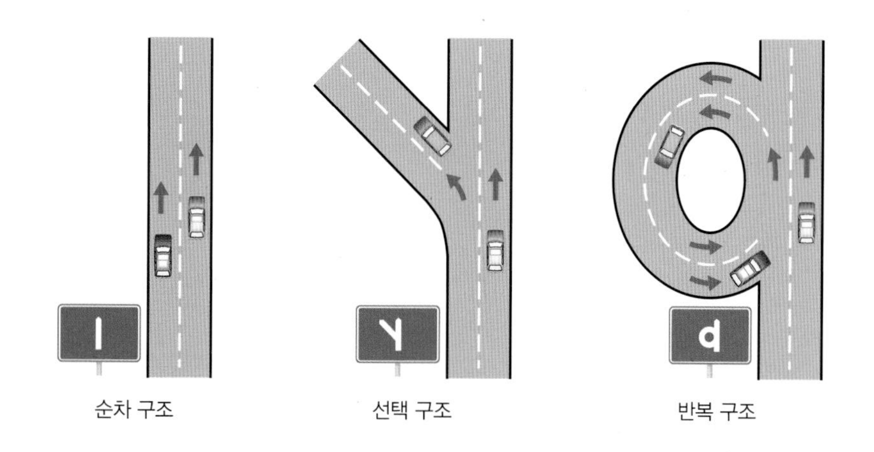

순차 구조는 자동차가 직진하는 도로라고 생각할 수 있다. 선택 구조는 자동차가 2가지의 길 중에서 하나를 선택하여 주행하는 교차로이다. 반복 구조는 자동차가 회전하면서 주행하는 회전 교차로라고 할 수 있다. 프로그램은 이들 기본적인 구조를 서로 연결해서 작성된다. 이번 장에서는 주로 선택 구조에 집중하여 학습하자.

3. if-else 문

왜 선택 구조가 필요한가?

우리가 지금까지 학습한 예제에서는 모든 문장이 순서대로 실행되었다. 이것이 앞에서 설명한 3가지의 기본 제어 구조 중에서 순차 구조이다. 우리가 프로그램을 작성할 때, 순차 구조만 사용한다면 프로그램은 항상 동일한 동작만을 되풀이할 것이기 때문에, 별로 쓸모가 없다. 예를 들어서 자율 주행 자동차가 직진만 하고, 신호등이 빨강색일 때도 멈추지 않는다면 큰일이 날 것이다.

선택 구조는 조건을 검사하고 조건에 따라 실행되는 명령어를 다르게 할 수 있다. 예를 들어서 눈이 오면 지하철로 출근하고 그렇지 않으면 승용차로 출근하는 사람이 있다고 하자. 이 경우, 조건은 눈이 왔는지 여부이다. 만약 눈이 왔으면 지하철로 출근하고, 눈이 오지 않았으면 승용차로 출근한다. 이것을 흐름도로 그리면 그림 5.1과 같다.

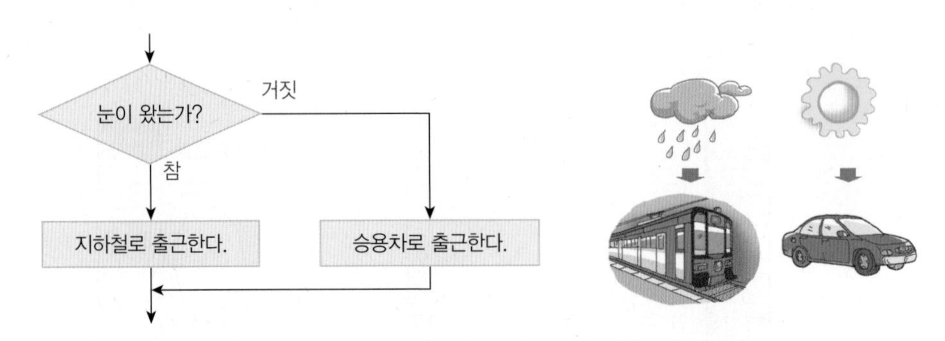

그림 5.1 조건에 따라 서로 다른 결정을 내리는 예

이런 경우에 사용할 수 있는 문장이 if-else 문이다. if-else 문은 다음과 같은 형식을 가지고 있다.

Syntax 5.1 **if-else 문**

형식

```
if( 조건식 ) {
   문장1;
}
else {
   문장2;
}
```

예

```
if( number > 0 ) {
    printf("양수입니다.\n");
}
else {
    printf("음수이거나 0입니다.\n");
}
```

설명 만약 조건식이 참이면 문장1이 실행된다. 그렇지 않으면 문장2가 실행된다.
조건에 따라 실행되는 문장이 하나이면 중괄호는 생략이 가능하다.
else 이하는 생략될 수 있다.

if-else 문은 주어진 조건식을 계산하여 참이면 if 이후의 문장을 실행한다. 조건식이 거짓이면 else 이후의 문장을 실행한다. if-else문에서 조건이 참일 때 실행되는 문장을 then 절(then clause)이라고 한다. 조건이 거짓일 때 실행되는 문장을 else 절(else clause)라고 한다.

구체적인 예를 들어보자. 시험점수가 60점 이상이면 합격을, 60점 미만이면 불합격을 화면에 출력하고자 한다면 다음과 같이 if-else를 사용하여 코드를 작성하면 된다.

```
if ( score >= 60 ) {
   printf("합격입니다.\n");
}
else {
   printf("불합격입니다.\n");
}
```

위의 코드에서는 조건 "score >= 60"을 계산하여 참으로 계산되면 if 아래에 있는 문장을 실행한다. 만약 조건식이 거짓이면 else 아래에 있는 문장을 실행한다.

여기서 만약 조건에 따라 실행되는 문장이 하나이면 중괄호는 생략할 수 있다. 즉 다음과 같이 작성하여도 된다. 하지만 조건에 따라 실행되는 문장이 2개 이상이면 반드시 중괄호를 사용하여야 한다.

```
if ( score >= 60 )
    printf("합격입니다.\n");
else
    printf("불합격입니다.\n");
```

여기서 else 절은 생략될 수 있다. 시험 점수가 60점 이상일 때, "합격입니다."만 출력하면 된다면 다음과 같이 작성해도 된다.

```
if ( score >= 60 )
    printf("합격입니다.\n");
```

예제 #1

사용자가 입력한 현재의 온도를 검사하여서 영상인지 영하인지를 출력해주는 프로그램을 작성해보자. 사용자로부터 입력받은 온도를 if-else 문을 이용하여 검사한 후에 영상이면 "영상의 날씨입니다"를 출력하고 그렇지 않으면 "영하의 날씨입니다"를 출력한다.

if_else1.c

```
1   #define _CRT_SECURE_NO_WARNINGS
2   #include <stdio.h>
3
4   int main(void)
5   {
6       int temperature;
7
8       printf("온도를 입력하시오:");
9       scanf("%d", &temperature);
10
11      if (temperature > 0)  // temperature가 0보다 크면 아래 문장을 실행
12          printf("영상의 날씨입니다.\n");
13      else                  // temperature가 0 이하이면 아래 문장을 실행
14          printf("영하의 날씨입니다.\n");
15
16      printf("현재 온도는 %d도입니다.\n", temperature);   // 항상 실행
17      return 0;
18  }
```

프로그램 설명

여기서 한 가지 짚고 넘어 갈 것은 `if-else` 문이 실행된 다음에는 어떤 문장이 실행되느냐이다. `if` 문이 끝나면 조건이 참이든 거짓이든 상관없이 `if-else` 문 다음에 있는 문장이 실행된다.

```
if (temperature > 0)        // temperature가 0보다 크면 아래 문장을 실행
        printf("영상의 날씨입니다.\n");
else                        // temperature가 0 이하이면 아래 문장을 실행
        printf("영하의 날씨입니다.\n");

printf("현재 온도는 %d도입니다.\n", temperature); // 항상 실행
```

Microsoft Visual Studio 디버그 콘솔
온도를 입력하시오:-10
영하의 날씨입니다.
현재 온도는 -10도입니다.

예제 #2

사용자로부터 입력받은 정수가 홀수인지 짝수인지를 말해주는 프로그램을 작성해보자. 홀수와 짝수는 어떻게 구별할 수 있는가? 짝수는 2로 나누었을 때, 나머지가 0이다. 홀수는 2로 나누었을 때, 나머지가 1이다. 나머지 연산자 %를 이용하여 구별할 수 있다.

if_else2.c

```
1  #define _CRT_SECURE_NO_WARNINGS
2  #include <stdio.h>
3
4  int main(void)
5  {
6     int number;
7
8     printf("정수를 입력하시오:");
9     scanf("%d", &number);
10
11    if (number % 2 == 0)  // number를 2로 나눈 나머지가 0이면 짝수이다.
12       printf("입력된 정수는 짝수입니다.\n");
13    else                  // 그렇지 않으면 홀수이다.
14       printf("입력된 정수는 홀수입니다.\n");
15
16    return 0;
17 }
```

```
정수를 입력하시오:23
입력된 정수는 홀수입니다.
```

프로그램 설명

8, 9 입력 안내 메시지를 출력하고 사용자로부터 값을 입력받아서 변수 number에 저장

11 if 문을 사용하여 number를 2로 나눈 나머지가 1이면 홀수라는 메시지를 출력. 여기서 number % 2 == 0는 (number % 2) == 0과 같이 계산되며 2로 나눈 나머지가 0이면 참이 된다.

참고

짝수와 홀수를 구분할 때, if 문을 2개를 사용하는 방법과 if-else 문을 사용하는 방법 중에서 어떤 것이 더 효율적일까?

여러 개의 if 문을 사용하는 방법	if-else 문을 사용하는 방법

`if (number % 2 == 0)   // ①`
`    printf("짝수\n");`
`if (number % 2 == 1)   // ②`
`    printf("홀수\n");`
	`if (number % 2 == 0)   // ①`
	`    printf("짝수\n");`
	`else`
	`    printf("홀수\n");`

모든 값에 대하여 항상 문장 ①과 문장 ②가 실행되어야 하므로 비효율적이다.	입력 값에 대하여 문장 ①만 실행되므로 효율적이다.

예제 #3

만약 조건이 참인 경우에 여러 개의 문장이 실행되어야 한다면 어떻게 하여야 하는가? 즉 예를 들어서 시험 성적이 60점 이상이면 합격과 동시에 장학금도 받을 수 있다고 출력하려면 어떻게 해야 할까? 이런 경우에는 다음과 같이 중괄호를 이용하여 문장들을 묶어서 한꺼번에 실행시킬 수 있다.

if_else3.c

```
1  #define _CRT_SECURE_NO_WARNINGS
2  #include <stdio.h>
3
4  int main(void)
5  {
6     int score;
7
8     printf("성적을 입력하시오:");
9     scanf("%d", &score);
```

```
10      if (score >= 60)    // 성적이 60점 이상이면
11      {
12         printf("합격입니다.\n");
13         printf("장학금도 받을 수 있습니다.\n");
14      }
15      else                // 그렇지 않으면
16      {
17         printf("불합격입니다.\n");
18         printf("다시 도전하세요.\n");
19      }
20      return 0;
21  }
```

Microsoft Visual Studio 디버그 콘솔
성적을 입력하시오:90
합격입니다.
장학금도 받을 수 있습니다.

이 경우 만약 score의 값이 60보다 크거나 같으면 중괄호에 싸인 두 개의 문장이 실행된다. 이러한 문장 그룹핑을 복합문(compound statement)이라고 한다. 복합문은 블록(block)이라고도 하며 단일문이 들어갈 수 있는 곳이면 어디나 단일문 대신 넣을 수 있다.

경고

초보자가 저지르기 쉬운 하나의 실수가 다음과 같이 들여쓰기를 하면 score가 90보다 크거나 같을 때 두 개의 문장이 실행될 거라고 믿는 것이다.

```
if( score >= 90 )
    printf("합격입니다.\n");
    printf("장학금도 받을 수 있습니다.\n");
```

그러나 컴파일러는 첫 번째 printf 문장만 조건에 따라서 실행하고 두 번째 printf 문장은 조건에 상관없이 무조건 실행하게 된다. 즉 다음과 같은 코드와 실행 결과는 동일하다.

```
if( score >= 90 )
    printf("합격입니다.\n");
printf("장학금도 받을 수 있습니다.\n");
```

따라서 조건에 따라 두 개의 문장을 묶어서 실행하는 경우라면 반드시 중괄호로 묶어서 블록으로 만들어야 한다는 것을 기억하자.

경고

다음과 같이 `if` 문장의 조건식 뒤에 세미콜론을 찍으면 안된다. `if` 문장은 조건식과 문장이 합쳐서 하나의 문장을 이룬다. 아래와 같이 작성하면 `if` 문은 `if( x > 0 );`로 끝나고 `printf` 문장은 조건에 관계없이 실행된다.

```
if( x > 0 );
    printf("양수입니다.\n");
```

조건 연산자

if-else 문과 유사한 기능을 하는 조건 연산자를 소개한다. 조건 연산자는 C에서 유일하게 3개의 피연산자를 가지는 삼항 연산자이다. 조건 연산자는 다음과 같은 구조를 가진다.

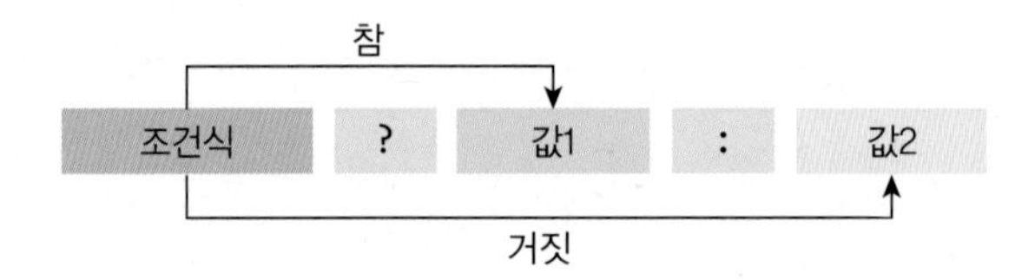

조건 연산자는 ? 기호와 : 기호로 이루어진다. ? 앞에 있는 것이 조건이다. 조건이 참이면 값1이 반환된다. 조건이 거짓이면 값2가 반환된다. 예를 들어서 보자.

```
big = (x > y) ? x : y;
```

(x 〉 y)가 조건이 된다. 조건 (x 〉 y)이 참이면 x가 수식의 값으로 반환된다. 조건이 거짓이면 y가 수식의 값으로 반환된다. 즉 위의 문장을 실행하면 x와 y 중에서 큰 수를 반환하여 변수 big에 저장한다.

조건 연산자는 두 수중에서 최대값이나 최소값을 구하는 문장에 널리 사용된다.

```
absolute_value = (x > 0) ? x : -x;      // 절대값 계산
big = (x > y) ? x : y;                  // 최대값 계산
small = (x < y) ? x : y;                // 최소값 계산
```

사용자로부터 2개의 정수를 받아서 큰 수와 작은 수를 출력하는 프로그램을 조건 연산자를 이용하여 작성해보자.

condition.c

```
1  #define _CRT_SECURE_NO_WARNINGS
2  #include <stdio.h>
3
4  int main(void)
5  {
6     int x, y;
7
8     printf("첫번째 수=");
9     scanf("%d", &x);
10    printf("두번째 수=");
11    scanf("%d", &y);
12
13    printf("큰수=%d \n", (x > y) ? x : y);
14    printf("작은수=%d \n", (x < y) ? x : y);
15 }
```

Microsoft Visual Studio 디버그 콘솔
첫번째 수=2
두번째 수=3
큰수=3
작은수=2

프로그램 설명

13 조건 연산자를 이용하여 큰 수를 찾는다. x > y 가 참이면 x가 수식의 값이 되고 거짓이면 y가 수식의 값이 된다. 따라서 두 수중에서 큰 수를 찾을 수 있다.

14 조건 연산자를 이용하여 작은 수를 찾는다. x < y 가 참이면 x가 수식의 값이 되고 거짓이면 y가 수식의 값이 된다. 따라서 두 수중에서 작은 수를 찾을 수 있다.

중간점검

1. 중괄호로 묶은 여러 개의 문장을 무엇이라고 하는가?
2. C에서 참과 거짓은 어떤 정수로 표시되는가?
3. `if` 문안의 조건식으로 많이 사용되는 수식의 종류는 무엇인가?
4. `if` 문이 끝나면 어떤 문장이 실행되는가?
5. 조건에 따라서 실행되어야 하는 문장이 두개 이상이면 어떻게 하여야 하는가?
6. 변수 n의 값이 `100`보다 크거나 같으면 `"large"`, `100`보다 작으면 `"small"`을 출력하는 `if-else` 문을 작성하라.

4. 복잡한 조건식을 사용하는 if-else 문

지금까지는 비교적 간단한 수식을 조건으로 이용하였다. 응용에 따라서는 보다 복잡한 수식이 필요한 경우가 종종 있다. 복잡한 수식은 논리 연산자를 사용하여야 한다.

논리 연산자

논리 연산자는 여러 개의 조건을 조합하여 참인지 거짓인지를 따질 때 사용한다. 예를 들어 “비가 오지 않고 휴일이면 테니스를 친다”라는 문장에는 “비가 오지 않는다”라는 조건과 “휴일이다”라는 조건이 동시에 참이면, 테니스를 친다는 의미가 포함되어 있다. C에는 조건들을 다양하게 묶을 수 있는 연산자들이 준비되어 있다.

표 4.3 논리 연산자

연산	의미
x && y	AND 연산, x와 y가 모두 참이면 참, 그렇지 않으면 거짓
x || y	OR 연산, x나 y중에서 하나만 참이면 참, 모두 거짓이면 거짓
!x	NOT 연산, x가 참이면 거짓, x가 거짓이면 참

그림 5.2 논리 연산자는 조건을 묶을 수 있다.

AND와 OR 연산자

AND 연산자인 &&은 두 개의 피연산자가 모두 참일 때만 연산 결과가 참이 된다. 예를 들어서 어떤 회사에서 신입 사원을 채용하는데 나이가 30살 이하이고 토익 성적이 700점 이상이라는 조건을 걸었다고 가정하자.

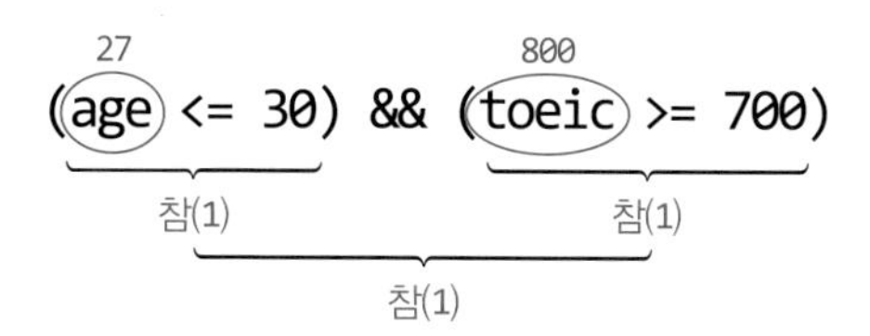

위의 수식에서 age가 30이하이고 toeic이 700이상인 경우에만 참이 된다. 예를 들어서 age가 27이고 toeic이 800인 경우에는 참이 된다. 만약 조건 중에서 하나라도 거짓이면 전체 수식의 값은 거짓이 된다.

OR 연산자인 ||은 하나의 피연산자만 참이면 연산 결과가 참이 된다. 신입 사원을 채용하는 조건이 변경되어서 나이가 30살 이하이거나 토익 성적이 700점 이상이면 된다고 하자. 이런 경우에는 age가 27이고 toeic이 699인 경우에도 참이 된다.

```
        27              699
(age <= 30) || (toeic >= 700)
     참(1)            거짓(0)
              참(1)
```

논리 연산자들은 여러 개가 동시에 사용될 수 있다. 예를 들면 "x는 1, 2, 3 중 하나인가"라는 질문은 다음과 같이 작성할 수 있다.

```
if( (x == 1) || (x == 2) || (x == 3) ) {
    printf("x는 1, 2, 3 중의 하나입니다. \n");
}
```

NOT 연산자

NOT 연산자는 피연산자의 값이 참이면 연산의 결과값을 거짓으로 만들고, 피연산자의 값이 거짓이면 연산의 결과값을 참으로 만든다.

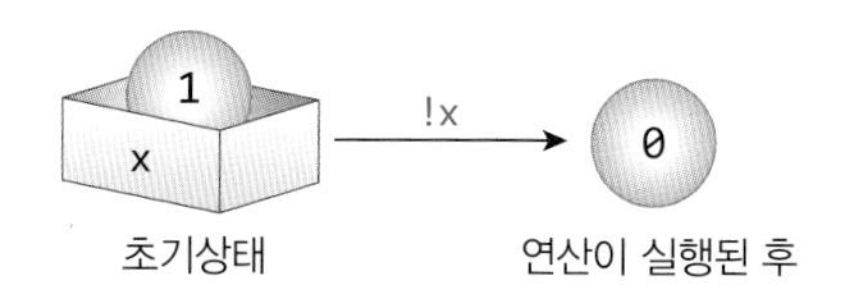

예를 들어보면 다음과 같다.

```
result = !(2==2);    // result에는 0이 대입된다.
```

논리 연산자를 사용해보자.

예를 들어서 사용자가 입력한 정수가 0에서 100 사이인지를 검사하는 프로그램을 작성해보자. 논리 연산자 &&을 사용해서 0 이상이고 100 이하인지를 검사하면 된다.

check_number.c

```
1  #define _CRT_SECURE_NO_WARNINGS
2  #include <stdio.h>
3
4  int main(void)
5  {
6      int number;
7
8      printf("정수를 입력하시오: ");
9      scanf("%d", &number);
10
11     if ( number >= 0 && number <= 100)
12         printf("입력한 정수가 0에서 100 사이에 있습니다. \n");
13     else
14         printf("입력한 정수가 0에서 100 사이가 아닙니다. \n");
15
16     return 0;
17 }
```

```
Microsoft Visual Studio 디버그 콘솔
정수를 입력하시오: 98
입력한 정수가 0에서 100 사이에 있습니다.
```

단축 계산

논리 연산자를 포함한 수식을 작성할 때 주의해야 할 점이 있다. AND 연산자의 경우, 여러 개의 피연산자 중에서 처음 피연산자의 값이 거짓이면 다른 피연산자들은 계산되지 않는다. 왜냐하면 AND 연산자의 경우에 첫 번째 피연산자의 값이 거짓이면 나머지 피연산자들을 계산하지 않아도 전체 수식의 값은 거짓이기 때문이다.

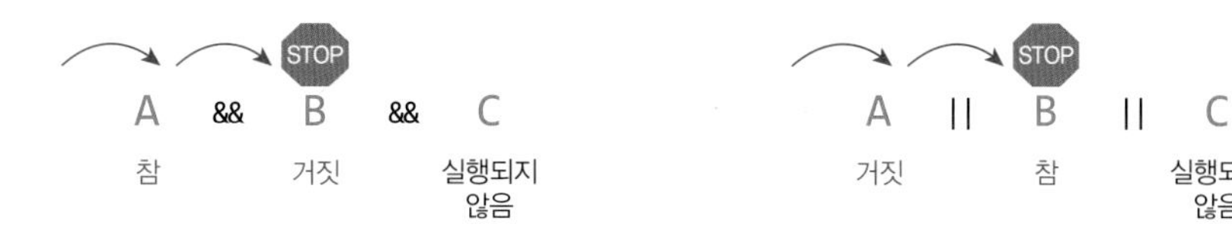

예를 들어 다음과 같은 수식에서는 첫 번째 피연산자인 (2 〉 3)이 거짓이기 때문에 두 번째 피연산자 (++x 〈 5)는 계산되지 않는다.

```
if( (2 > 3) && (++x < 5) ) {
    ...
}
```

따라서 두 번째 피연산자에 있는 증가 연산자는 실행되지 않는다. 이것은 수식의 계산을 빠르게 하기 위하여 컴파일러에서 사용하는 기법이다. 따라서 위와 같은 예에서 증가 연산자가 항상 실행될 거라고 믿어서는 안 된다. 이것은 OR 연산자에서도 마찬가지이다. OR 연산자의 경우는 첫 번째 피연산자의 값이 참이면 나머지 피연산자들을 계산하지 않는다. 왜냐하면 전체의 수식은 이미 값이 참이기 때문이다. 이것을 단축 계산(short circuit evaluation)이라고 한다.

참고: 참과 거짓

관계 수식이나 논리 수식은 수식이 거짓이면 `0`을 생성하고 참이면 `1`을 생성한다. 하지만 피연산자의 경우에는 `0`이면 거짓이고 `0`이 아닌 값은 무조건 참으로 간주한다.
따라서 NOT 연산자의 경우와 같이 `!100` 하면 `100`의 값을 참으로 간주하여 여기에 NOT을 적용하여 `0`값이 생성된다. 수식의 결과로는 항상 `0` 아니면 `1`만 생성되지만 피연산자로서 참과 거짓을 분류할 때는 `0`이면 거짓이고 나머지는 모두 참으로 간주한다.

경고

수학에서처럼 다음과 같이 수식을 만들면 프로그래머가 전혀 예상하지 못한 결과가 생성된다.

```
(2 < x < 5)
```

위의 수식은 x가 2보다 크고 5보다 작으면 참이고 그렇지 않으면 거짓일 거라고 생각된다. 하지만 C언어는 다음과 같이 연산을 진행한다.

```
(( 2 < x ) < 5 )
```

따라서 x의 값이 8이라면 위의 수식은 ((2 < 8) < 5)가 되고 (2 < 8)의 결과가 참(1)이므로 (1 < 5)가 되어서 전체 수식의 값은 참이 된다. 따라서 위와 같은 조건은 다음과 같이 논리 연산자를 사용하여야 한다.

```
( 2 < x ) && ( x < 5 )
```

중간점검

1. 2개의 정수를 입력받아서 큰 수에서 작은 수를 뺀 결과를 출력하는 프로그램을 작성해보자. 예를 들어서 2과 10를 입력하면 8을 출력하면 된다.
2. 정수를 입력받아서 2의 배수인 동시에 3의 배수인지를 검사하는 프로그램을 작성해보자.

Lab 동전 던지기 게임

| 난이도 ★★ 주제 if-else 문 |

동전을 던지기 게임을 작성해보자. 프로그램을 실행할 때마다 실제 동전을 던지는 것처럼 앞면과 뒷면이 랜덤하게 나와야 한다.

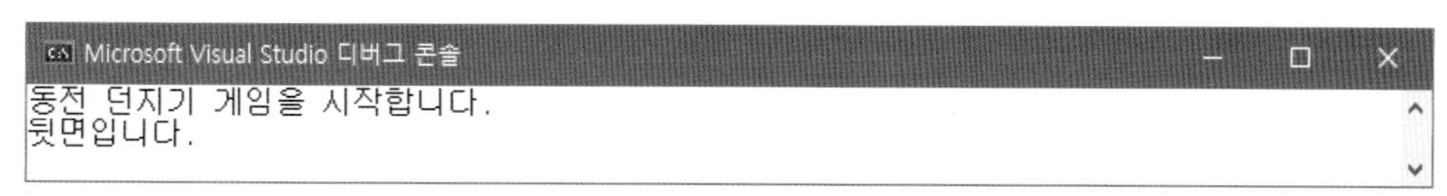
Microsoft Visual Studio 디버그 콘솔
동전 던지기 게임을 시작합니다.
뒷면입니다.

이 프로그램을 작성하려면 난수를 생성하는 방법을 알아야 한다. 난수(random number)는 규칙성이 없이 임의로 생성되는 수이다. 난수는 프로그래밍에서 아주 중요하게 사용된다. 특히 난수는 암호학이나 시뮬레이션, 게임 등에서 필수적이다. 주사위 게임이나 트럼프 게임은 난수를 사용하고 있다.

C언어에서 난수를 생성하려면 stdlib.h 헤더 파일을 포함시키고 rand() 함수를 호출한다. rand() 함수는 0부터 32767까지의 정수를 생성한다. 동전 던지기 게임에서는 0 또는 1이 랜덤하게 나오면 된다. 어떻게 하면 될까? rand() 함수가 반환하는 값을 2로 나누어서 나머지를 취하면 된다. 2로 나눈 나머지는 틀림없이 0 또는 1일 것이다. 나머지는 어떻게 계산하는가? 전용 연산자인 %가 있다.

```
int coin = rand() % 2;
...
```

이제 if-else 문을 사용하여 앞면인지 뒷면인지만 출력하면 된다.

Soultion 동전 던지기 게임

coin.c

```
1  #include <stdio.h>
2  #include <stdlib.h>
3  
4  int main(void)
5  {
6      printf("동전 던지기 게임을 시작합니다.\n");
7      srand(time(NULL));      // 현재 시간을 난수의 씨앗값으로 한다.
8  
9      int coin = rand() % 2;
10     if (coin == 0)
11         printf("앞면입니다.\n");
12     else
13         printf("뒷면입니다.\n");
14     return 0;
15 }
```

도전문제

위의 코드를 주사위 던지기 게임으로 변환해보자. rand()%6하면 0에서 5까지의 정수를 랜덤하게 생성할 수 있다. 주사위의 어떤 면이 나왔는지를 출력한다.

Tip

위의 코드에서 srand() 함수는 난수 발생시에 난수의 시작값을 다르게 한다. 이 문장이 없으면 동일한 난수가 발생된다.

```
#include <time.h>
...
srand(time(NULL)); // 현재 시간을 난수의 씨앗값으로 한다.
int coin = rand() % 2;
```

Lab 윤년 판단 프로그램 작성

| 난이도 ★★ 주제 논리 연산자 |

지구가 태양을 공전하는 시간은 365.2422일이므로 달력의 계절과 실제의 계절이 점차 어긋나간다. 천문대에서는 4년에 한 번씩 윤년을 삽입하여 이 어긋남을 조절한다. 윤년인지 아닌지를 판단하는 프로그램을 if 문을 사용하여 작성하여 보자.

February
29
+1 Day

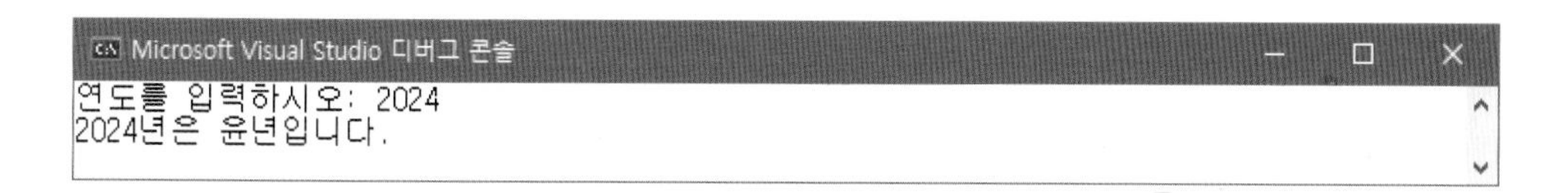

Microsoft Visual Studio 디버그 콘솔
연도를 입력하시오: 2024
2024년은 윤년입니다.

윤년은 다음의 조건을 만족해야 한다.

- 연도가 4로 나누어 떨어진다.
- 100으로 나누어 떨어지는 연도는 제외한다.
- 400으로 나누어 떨어지는 연도는 윤년이다.

나머지 연산자를 사용하고 논리 연산자로 묶으면 된다. year라고 하는 변수에 연도가 입력되어 있을 때 위의 조건을 조건식으로 만들어 보면 다음과 같다.

```
((year % 4 == 0) && (year % 100 != 0)) || (year % 400 == 0)
```

위의 식의 값은 year가 윤년이면 1이고 윤년이 아니면 0이다.

Soultion 윤년 판단 프로그램 작성

leap_year.c

```
1  #define _CRT_SECURE_NO_WARNINGS
2  #include <stdio.h>
3
4  int main(void)
5  {
6     int year;
7
8     printf("연도를 입력하시오: ");
9     scanf("%d", &year);
10
11    if ((year % 4 == 0 && year % 100 != 0) || year % 400 == 0)
12       printf("%d년은 윤년입니다.\n", year);
13    else
14       printf("%d년은 윤년이 아닙니다.\n", year);
15
16    return 0;
17 }
```

프로그램 설명

2 입출력 라이브러리 함수를 위한 헤더파일을 포함한다.

6 int형 변수 year를 선언한다.

9 사용자로부터 연도를 입력받아서 변수 year에 저장한다.

11 if 문으로 윤년을 판단하는 조건식을 계산하여 결과값이 참이면 윤년이라고 출력한다. 그렇지 않으면 윤년이 아니라고 출력한다. if 문의 조건식에서 여기서 논리연산자 &&가 ||에 비해 우선순위가 높지만 가독성을 위하여 괄호를 사용하였다.

5. 연속적인 if 문

if...else문은 조건식이 참인지 거짓인지에 따라 2개의 문장 중에서 하나를 실행한다. 가끔은 3개 이상의 명령문 중에서 하나를 선택해야 한다. 이럴 때는 연속적인 if-else 문을 사용하면 3개 이상의 조건에 대해 서로 다른 코드를 실행할 수 있다.

Syntax 5.2 연속적인 if-else 문

형식
```
if (조건식1) {
    // 조건식1이 참인 경우 실행할 명령문
}
else if (조건식2) {
    // 조건식2이 참인 경우 실행할 명령문
}
...
else {
    // 모든 조건식이 거짓 일 때 실행될 명령문
}
```

예를 들어서 학생의 점수에 따라서 다음의 순서도처럼 학점을 부여하려고 한다. 성적을 여러 개의 조건식으로 검사하여, 조건에 맞는 문장을 실행시킨다.

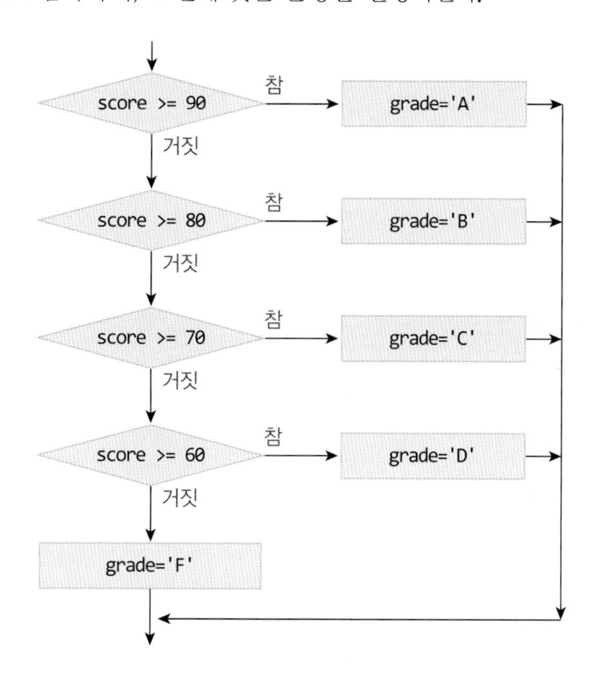

이럴 때는 다음과 같이 연속적인 if-else문을 사용할 수 있다. 여기서 중요한 것은 하나라도 조건이 만족되어 해당 문장을 실행하고 나면 다른 조건들은 전부 건너뛴다는 점이다. 예를 들어서 만약 성적이 82점이라면 화살표와 같이 grade='B'; 문장만 실행하게 된다.

grade.c

```c
1  #define _CRT_SECURE_NO_WARNINGS
2  #include <stdio.h>
3  
4  int main(void)
5  {
6      int score;
7      char grade;
8  
9      printf("성적을 입력하시오: ");
10     scanf("%d", &score);
11 
12     if (score >= 90)
13         grade = 'A';
14     else if (score >= 80)
15         grade = 'B';
16     else if (score >= 70)
17         grade = 'C';
18     else if (score >= 60)
19         grade = 'D';
20     else
21         grade = 'F';
22 
23     printf("학점 %c \n", grade);
24     return 0;
25 }
```

if(score >= 80 && score < 90) 와 같이 할 필요는 없다. 90보다 적은 경우에만 이 조건식을 검사한다.

Microsoft Visual Studio 디버그 콘솔

```
성적을 입력하시오: 98
학점 A
```

프로그램 설명

11 사용자로부터 성적을 입력받아서 변수 score에 저장한다.

13 if 문을 사용하여 score가 90보다 크거나 같은지를 검사한다. 만약 참이면 "학점 A"를 출력한다. 그렇지 않으면 else 절을 수행한다.

15 else if 문을 사용하여 score가 80보다 크거나 같은지를 검사한다. 만약 참이면 "학점 B"를 출력한다. 그렇지 않으면 else 절을 수행한다.

17 else if 문을 사용하여 score가 70보다 크거나 같은지를 검사한다. 만약 참이면 "학점 C"를 출력한다. 그렇지 않으면 else 절을 수행한다.

19 else if 문을 사용하여 score가 60보다 크거나 같은지를 검사한다. 만약 참이면 "학점 D"를 출력한다. 그렇지 않으면 else 절을 수행한다.

21 else 문을 사용하여 앞의 조건을 모두 만족하지 않으면 "학점 F"라고 출력한다.

예제 #2

간단한 산술 계산기를 만들어보자. 물론 그래픽 버전이 아닌 텍스트 버전의 계산기이다. 2개의 피연산자를 받아서 +, −, *, / 연산을 할 수 있는 프로그램을 제작해보자. 먼저 scanf() 함수를 이용하여 수식을 입력받는다. 연산자에 따라 해당되는 연산을 수행하고 연산의 결과를 출력한다.

calc1.c

```
1  #define _CRT_SECURE_NO_WARNINGS
2  #include <stdio.h>
3  int main(void)
4  {
5     char op;
6     int x, y;
7
8     printf("수식을 입력하시오: ");
9     scanf("%d %c %d", &x, &op, &y);
10
11    if (op == '+')
12       printf("%d \n", x + y);
13    else if (op == '-')
14       printf("%d \n", x - y);
15    else if (op == '*')
16       printf("%d \n", x * y);
17    else if (op == '/')
18       printf("%d \n", x / y);
19    else
20       printf("지원되지 않는 연산자입니다. \n");
21
22    return 0;
23 }
```

피연산자와 연산자를 동시에 입력받는다.

Microsoft Visual Studio 디버그 콘솔

```
수식을 입력하시오: 10 + 20
30
```

프로그램 설명

5 char형 변수 op를 선언한다. 여기에 연산자를 나타내는 기호가 저장된다.

7 int형 변수 x와 y가 선언된다. x와 y에 피연산자가 저장된다.

9 scanf() 함수를 이용하여 피연산자와 연산자를 읽어 들인다. 특이한 점은 3개의 값을 한 번에 읽어 들인다는 점이다. 이것은 1 + 2와 같은 수식을 한 번에 읽기 위해서이다. 피연산자 연산자 피연산자 순으로 되어 있으므로 scanf()의 형식 지정자도 그 순서대로 지정해주면 된다. 여기서는 피연산자는 정수라고 가정하였다. 따라서 "%d %c %d"라고 지정하면 된다. 연산자는 '+', '-', '*', '/', '%'와 같은 문자이므로 숫자와는 구별된다. 따라서 입력할 때 1+2라고 붙여서 입력해도 scanf()가 분리하여 변수에 저장한다. scanf()의 형식 지정자에 있는 %d와 %c 사이의 공백 문자는 피연산자와 연산자 사이에 공백 문자를 허용하는 의미가 있다. 만약 "%d%c%d"라고 하면 피연산자와 연산자 사이의 공백을 허용하지 않겠다는 의미가 된다. 이것은 중요한데 왜냐하면 scanf()는 %c라고 지정하면 다음 문자가 공백 문자라고 하더라도 하나의 문자로 간주하여 읽기 때문이다.

11 if 문을 사용하여 op가 '+'와 같으면 덧셈 연산을 수행하고 그 결과를 화면에 출력한다.

13 else if 문을 사용하여 op가 '-'와 같으면 뺄셈 연산을 수행하고 그 결과를 화면에 출력한다.

19 else 문을 사용하여 op가 지원되지 않는 연산자이면 "지원되지 않는 연산자입니다."를 출력한다.

중간점검

1. 컵의 사이즈를 받아서 100ml 미만은 small, 100ml 이상 200ml 미만은 **, 200ml 이상은 large라고 출력하는 연속적인 if-else 문을 작성하라.

Lab 세 개의 정수 중에서 큰 수 찾기

| 난이도 ★★ 주제 알고리즘 구상 |

사용자로부터 받은 3개의 정수 중에서 가장 큰 수를 찾는 프로그램을 작성해보자.

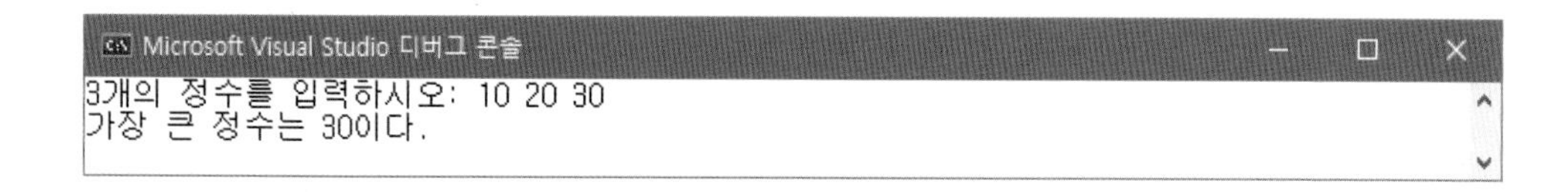
Microsoft Visual Studio 디버그 콘솔
3개의 정수를 입력하시오: 10 20 30
가장 큰 정수는 30이다.

2개의 정수 중에서 큰 값을 찾는 것은 아주 쉽다. 하지만 3개의 정수 중에서 큰 값을 찾는 것은 쉽지 않다. 여러 가지 알고리즘을 생각할 수 있다. 일반적인 알고리즘은 정수를 2개씩 비교하는 것이다. 우리는 약간 충격적이면서 가장 간명한 알고리즘을 생각해보자.

```
#define _CRT_SECURE_NO_WARNINGS
#include <stdio.h>

int main(void)
{
   int a, b, c, largest;

   printf("3개의 정수를 입력하시오: ");
   scanf("%d %d %d", &a, &b, &c);

   largest=a;                        // 일단 a가 최대값이라고 가정
   if(largest<b) largest=b;          // b가 최대값보다 크면 b를 최대값으로 한다.
   if(largest<c) largest=c;          // c가 최대값보다 크면 c를 최대값으로 한다.
   printf("가장 큰 정수는 %d이다. \n", largest);
   return 0;
}
```

도전문제

(1) 3개의 정수가 모두 같으면 어떤 정수가 출력되는가?
(2) 다른 알고리즘도 생각할 수 있는가?
(3) 3개의 정수 중에서 가장 작은 수가 출력되도록 위의 코드를 변경해보자.

6. switch 문

if 문에서는 조건식이 참이냐 거짓이냐에 따라서 실행할 문장이 둘 중에서 하나로 결정된다. 따라서 if 문에서 가능한 실행 경로는 두 개이다. 만약 가능한 실행 경로가 여러 개인 경우에는 switch 문을 사용하는 것이 좋다.

예를 들어서 변수의 값이 c1이면 처리1을 수행하고 변수의 값이 c2이면 처리2, 변수의 값이 c3이면 처리3를 수행한다고 가정하자. 그리고 일치되는 값이 없으면 처리d를 수행한다. 이런 경우에 switch 문을 사용하면 좋다.

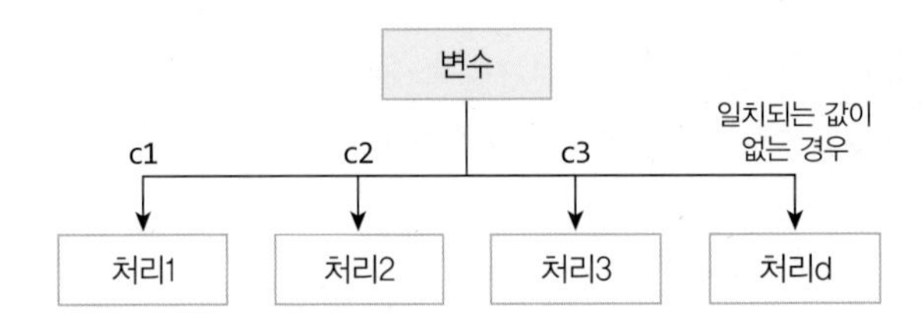

switch 문에서는 변수의 값을 계산하여 case 뒤의 c1, c2, ... 등과 비교한다. 만약 변수의 값과 일치하는 값이 있으면 관련된 case 아래의 문장들이 차례로 실행된다. break 문에 도달하면 switch 문을 빠져나간다. 만약 어느 것에도 해당되지 않으면 default 아래의 문장들이 실행된다. 여기서 c1, c2, ...은 정수이어야 한다.

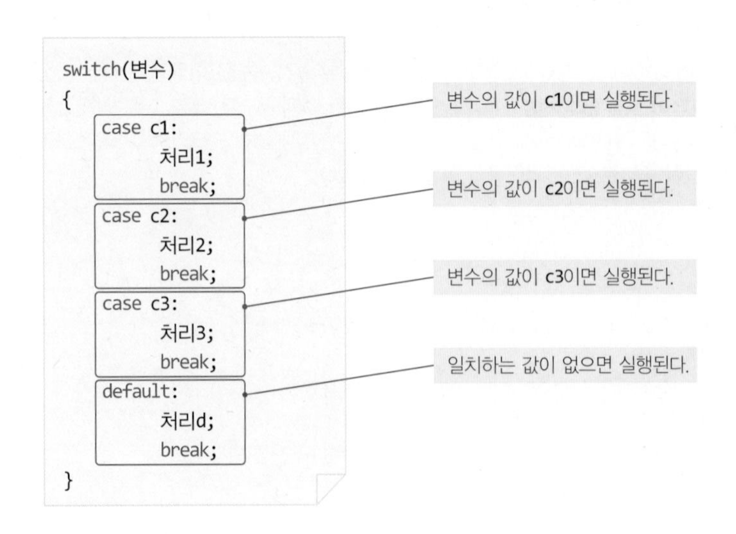

여기서 설명을 간단하게 하기 위하여 변수라고 하였지만 switch 문의 변수 자리에는 어떤 수식도 들어 갈 수 있다.

간단한 예를 가지고 좀 더 자세히 설명해보자. 선사시대 어떤 부족은 하나 둘 까지만 셀 수 있다고 한다. 숫자가 입력되면 선사시대 부족처럼 출력하는 코드를 작성해보자. switch 문을 사용하여서 값들을 분리하여 처리하였다. 만약 사용자가 1을 입력하였다면 다음과 같은 순서를 거쳐서 실행된다.

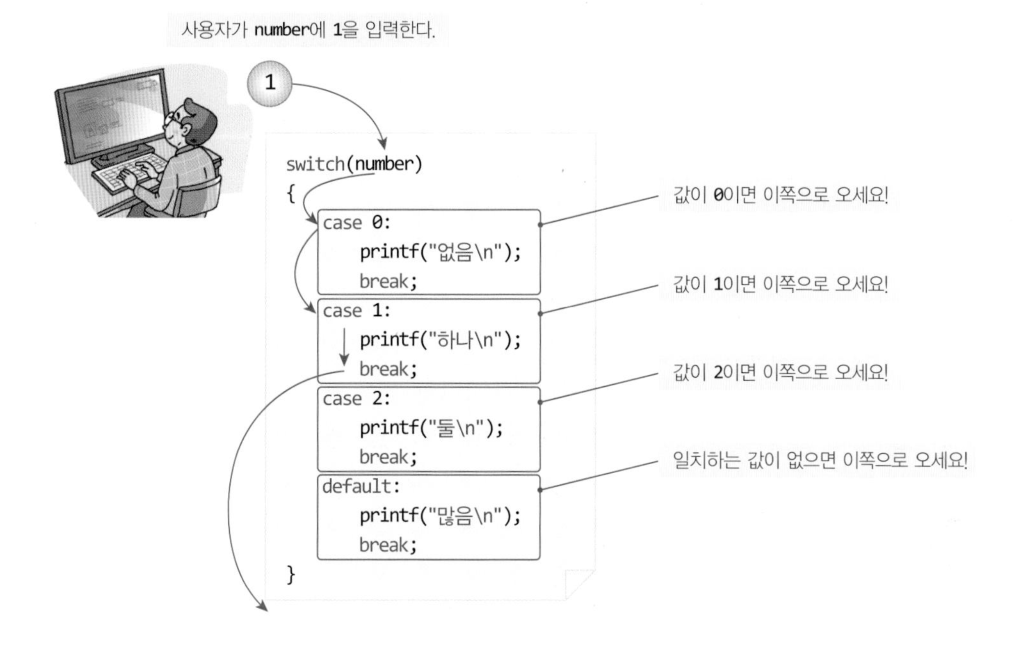

break 문이 없다면?

여기서 주의해야 할 점은 break 문이 없으면 선택된 case 절 안의 문장들을 실행한 다음, 계속해서 다음 case절의 문장들을 실행하게 된다. 따라서 break 문을 생략하면 중대한 오류가 발생할 수 있다. 따라서 모든 case 문은 일반적으로는 break 문으로 끝내야 한다. 만약 case 1에 break 문이 없다면 어떻게 될까?

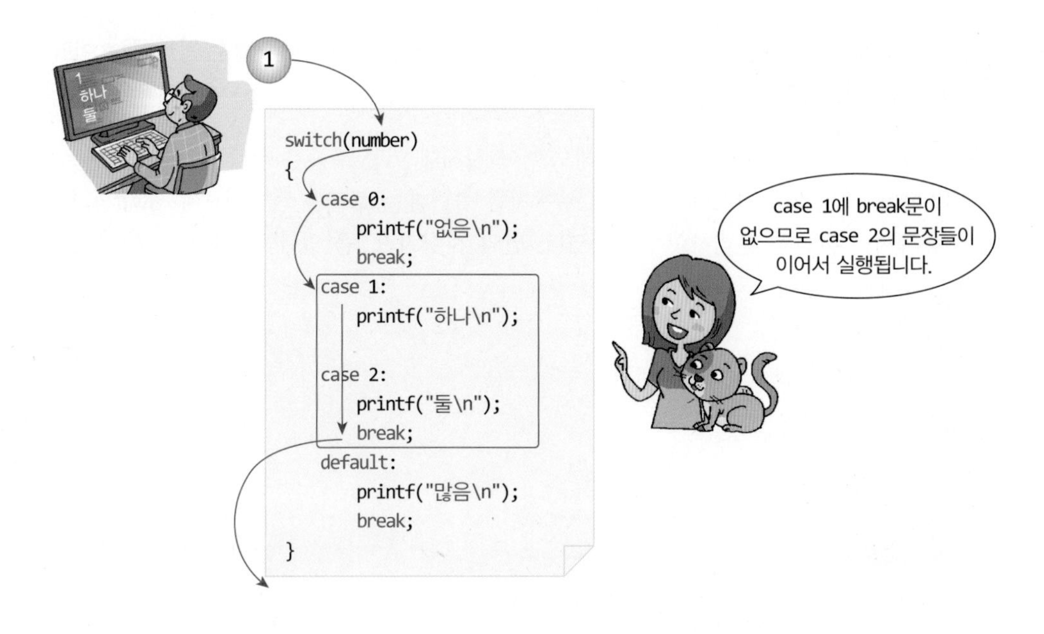

이러한 특징을 유용하게 사용하는 예로는 다음과 같은 프로그램을 들 수 있다. case 2와 case 3의 경우, 의도적으로 break 문을 생략하여 같은 처리를 수행하도록 한 것이다.

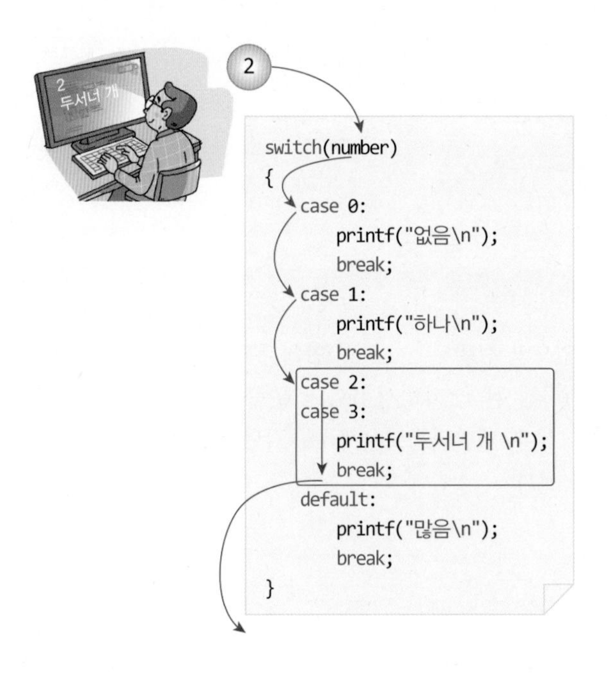

default 문

default 문은 어떤 case 문과도 일치되지 않는 경우에 선택되어 실행된다. default문은 생략될 수도 있다. 만약 default 문이 없고 일치하는 case 문도 없다면 아무 것도 실행되지 않는다. 미처 예상하지 못했던 값을 알아내기 위하여 가급적 default 문을 포함시키는 것이 좋다. 우리의 예제 코드에서 사용자가 5를 입력하면 다음과 같이 진행된다.

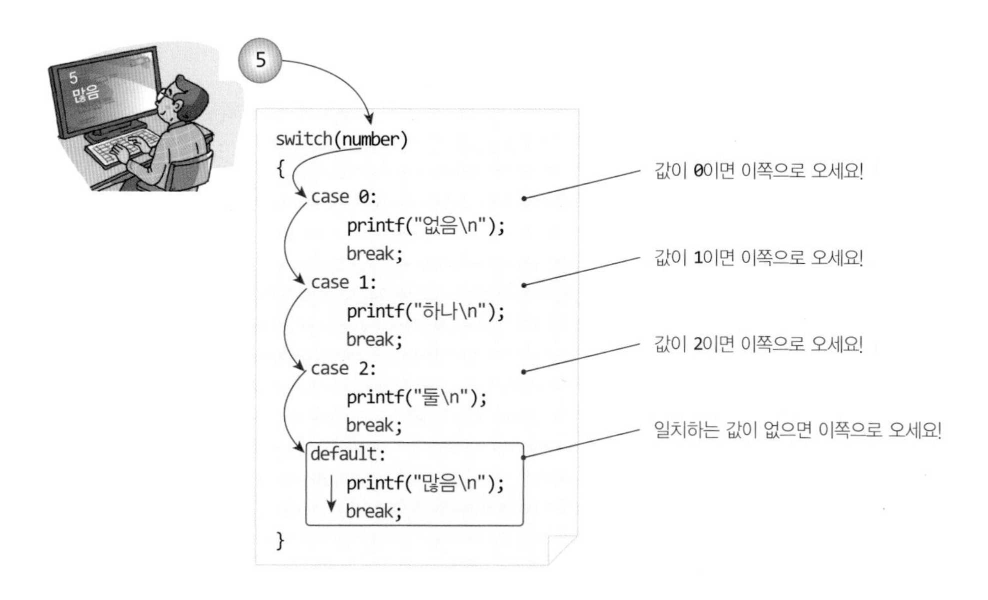

switch 문을 if-else 문으로 바꿀 수 있을까?

switch 문은 if-else 문으로 바꿀 수 있다. 앞의 코드도 다음과 같이 if-else 구조를 사용하여 다시 작성할 수 있다.

```
switch(number)
{
    case 0:
        printf("없음\n");
        break;
    case 1:
        printf("하나\n");
        break;
    case 2:
        printf("둘\n");
        break;
    default:
        printf("많음\n");
        break;
}
```

```
if( number == 0 )
        printf("없음\n");
else if( number == 1 )
        printf("하나\n");
else if( number == 2 )
        printf("둘\n");
else
        printf("많음\n");
```

Tip: switch 문과 if-else 문의 선택

둘 중에서 어떤 것을 사용해도 상관없는 경우가 많지만, 경우의 수가 많아지면(대략 5개 이상) **switch** 문을 사용하는 것이 간결해 보인다. 한 가지 유의할 점은 **switch** 문에서 제어식의 값은 반드시 정수 상수로 나와야 한다는 점이다. 만약 수식의 값이 정수로 나오지 않으면 **switch** 문을 쓸 수 없어서 이런 경우에는 **if-else** 문을 사용하여야 한다.

예제 #1

1년의 각 달의 일수를 출력하는 프로그램을 작성하여보자. 즉 달이 주어지면 그 달의 일수를 출력한다. 여러 가지 방법으로 작성할 수 있겠으나 여기서는 switch 문을 사용해보자. 대부분의 달이 31일 또는 30일인 점을 고려하여 break를 생략하는 기법을 사용해보자.

days_in_month.c

```
1  #define _CRT_SECURE_NO_WARNINGS
2  #include <stdio.h>
3
4  int main(void)
5  {
6     int month, days;
7
8     printf("일수를 알고 싶은 달을 입력하시오: ");
9     scanf("%d", &month);
10
11    switch (month)
12    {
13    case 2:
14       days = 28;
15       break;
16    case 4:
17    case 6:
18    case 9:
19    case 11:
20       days = 30;
21       break;
22    default:
23       days = 31;
24       break;
25    }
26    printf("%d월의 일수는 %d입니다.\n", month, days);
27    return 0;
28 }
```

```
Microsoft Visual Studio 디버그 콘솔
일수를 알고 싶은 달을 입력하시오: 5
5월의 일수는 31입니다.
```

프로그램 설명

6 int형 변수 month와 days를 선언한다. 달과 달의 일수가 저장된다.

11 변수 month의 값에 따라 분기된다.

13 2월 달은 28일까지 있으므로 days에 28을 입력한다. 만약 윤년까지를 고려한다면 연도를 입력받아서 이전에 작성하였던 윤년 프로그램과 결합하여야 할 것이다.

16 4월, 6월, 9월, 11월은 30일까지 있으므로 days에 30을 입력한다. 여기서 break를 생략하는 기법을 사용하여 4가지의 경우에 대하여 같은 처리를 하였다.

22 1월, 3월, 5월, 7월, 8월, 10월, 12월은 31일까지 있으므로 16번째 줄과 같은 기법으로 처리하여도 되지만 여기서는 default를 사용하여 days에 31을 입력하였다.

도전문제

위의 프로그램에서 윤년도 처리하도록 코드를 추가해보자.

중간점검

1. case 절에서 break 문을 생략하면 어떻게 되는가?
2. 변수 fruit의 값이 각각 1, 2, 5일 때, 다음의 코드의 출력을 쓰시오.

```
switch(fruit) {
    case 1:    printf("사과");
               break;
    case 2:    printf("배");
    case 3:    printf("바나나");
               break;
    default:   printf("과일");
}
```

Lab 회원 가입 조건 검사하기

| 난이도 ★★ 주제 중첩된 if-else 문 |

우등생 동아리에서 회원을 모집한다. 1차 조건은 수학, 물리, 화학 점수가 모두 50점 이상이어야 한다. 또 1차 조건을 통과한 후보 학생들은 (물리+수학) >= 150 이거나 (수학+화학) >= 150이어야 한다. 신청자로부터 수학, 물리, 화학 점수를 받아서 우등생 동아리에 가입되는지 여부를 출력하는 프로그램을 작성하라.

Microsoft Visual Studio 디버그 콘솔

```
수학, 물리, 화학 점수를 한줄에 입력하시오: 90 60 60
가입할 수 있습니다.
```

check_cond.c

```
1  #define _CRT_SECURE_NO_WARNINGS
2  #include <stdio.h>
3  int main(void)
4  {
5     int math, phy, chem;
6     printf("수학, 물리, 화학 점수를 한줄에 입력하시오: ");
7     scanf("%d %d %d", &math, &phy, &chem);
8
9     if (math >= 50 && phy >= 50 && chem >= 50) {
10       if ((math + phy) >= 150 || (math + chem) >= 150)
11          printf("가입할 수 있습니다.\n\n");
12       else
13          printf("다음 기회에 가입해주세요.\n\n");
14    }
15    else {
16       printf("다음 기회에 가입해주세요.\n\n");
17    }
18    return 0;
19 }
```

Lab 유효한 삼각형 검사

| 난이도 ★★ 주제 if-else 문, 논리 연산자 |

삼각형의 세 변의 길이를 받아서 유효한 삼각형인지를 검사하는 프로그램을 작성해보자. 유효한 삼각형이라면 두 변의 합이 세 번째 변보다 커야 한다. 즉 a, b, c가 삼각형의 변이라고 하자. 아래 기준을 충족해야 한다.

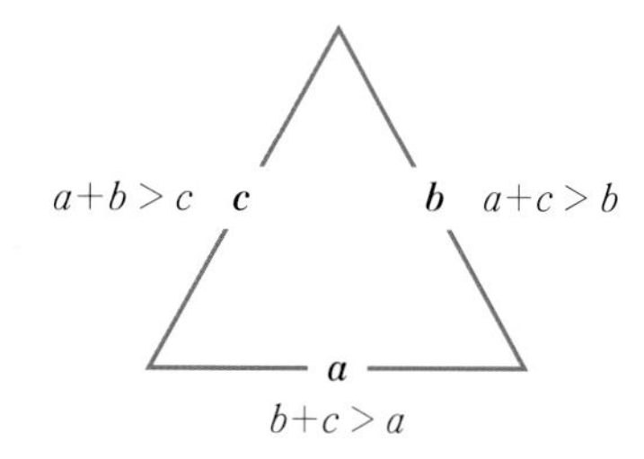

- a + b 〉 c
- a + c 〉 b
- b + c 〉 a

```
Microsoft Visual Studio 디버그 콘솔
삼각형의 세변 입력 :30 20 40
유효한 삼각형.
```

check_tri.c

```c
1  #define _CRT_SECURE_NO_WARNINGS
2  #include <stdio.h>
3  int main(void)
4  {
5      int a, b, c;
6
7      printf("삼각형의 세변 입력 :");
8      scanf("%d%d%d", &a, &b, &c);
9
10     // 삼각형의 유효성 확인
11     if ((a + b > c) && (a + c > b) && (b + c > a))
12         printf("유효한 삼각형. \n");
13     else
14         printf("유효한 삼각형이 아닙니다. \n");
15     return 0;
16 }
```

도전문제

삼각형의 내각도 입력받아서 유효한지 검사해보자.

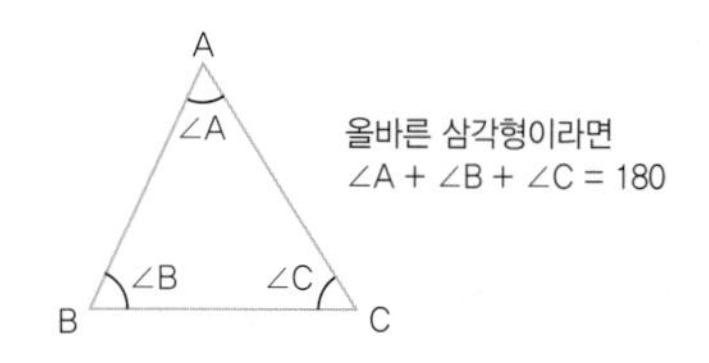

Lab 이차 방정식의 근 계산하기

| 난이도 ★★★ 주제 연속적인 if-else 문 |

이차 방정식 $ax^2+bx+c=0$ 의 근을 계산하는 프로그램을 작성하여 보자.

① 사용자에게 이차 방정식의 계수 a, b, c를 입력하도록 한다.
② 만약 a가 0이면 근은 −c/b이다.
③ 만약 판별식 b^2-4ac 가 음수이면 실근은 존재하지 않는다.
④ 위의 조건에 해당되지 않으면 다음과 같은 공식을 이용하여 실근을 구한다.

$$x=\frac{-b\pm\sqrt{b^2-4ac}}{2a}$$

```
Microsoft Visual Studio 디버그 콘솔
계수 a,b c 를 입력하시오: 2 -7 5
첫 번째 실근= 2.500000
두 번째 실근= 1.000000
```

quad_eqn.c

```
1  #define _CRT_SECURE_NO_WARNINGS
2  #include <stdio.h>
3  #include <math.h>
4
5  int main(void) {
6      int a, b, c;
7      double d, x1, x2;
8
9      printf("계수 a,b c 를 입력하시오: ");
10     scanf("%d%d%d", &a, &b, &c);
11     d = b * b - 4.0 * a * c;
12     if (d == 0) {        } // 여기는 여러분들이 채워보자.
13     else if (d > 0) {
14         x1 = (-b + sqrt(d)) / (2.0 * a);
15         x2 = (-b - sqrt(d)) / (2.0 * a);
16         printf("첫 번째 실근= %f\n", x1);
17         printf("두 번째 실근= %f\n", x2);
18     }
19     else printf("허수근입니다.\n");
20     return 0;
21 }
```

Lab 온도에 따라 날씨 출력하기

| 난이도 ★ 주제 연속적인 if-else 문 |

기온에 따라 날씨를 출력하는 프로그램을 작성해보자.

기온	출력문
t< -10	매우 추운 날씨입니다.
-10<= t <0	추운 날씨입니다.
0<= t <10	쌀쌀한 날씨입니다.
10<= t <20	쾌적한 날씨입니다.
20<= t <30	더운 날씨입니다.
t >= 30	무더운 날씨입니다.

```
Microsoft Visual Studio 디버그 콘솔
오늘의 기온을 입력하시오: -30
매우 추운 날씨입니다.
```

print_temp.c

```
1  #define _CRT_SECURE_NO_WARNINGS
2  #include <stdio.h>
3  
4  int main(void)
5  {
6      int tmp;
7  
8      printf("오늘의 기온을 입력하시오: ");
9      scanf("%d", &tmp);
10     if (tmp < -10)              printf("매우 추운 날씨입니다. \n");
11     else if (tmp < 0)           printf("추운 날씨입니다.\n");
12     else if (tmp < 10)          printf("쌀쌀한 날씨입니다.\n");
13     else if (tmp < 20)          printf("쾌적한 날씨입니다.\n");
14     else if (tmp < 30)          printf("더운 날씨입니다.\n");
15     else                        printf("무더운 날씨입니다.\n");
16     return 0;
17 }
```

Mini Project 가위 바위 보 게임

| 난이도 ★★★ 주제 연속적인 if-else 문 |

컴퓨터와 사람이 대결하는 가위, 바위, 보 게임을 작성해보자. 아직 우리가 문자열을 학습하지 않았으므로 (바위–0, 보–1, 가위–2)로 생각한다. 사용자는 0, 1, 2 중에서 하나를 선택한다. 컴퓨터도 난수를 이용하여 0, 1, 2 중에서 하나를 선택한다. 이 2개의 숫자를 비교해서 승패를 결정한다.

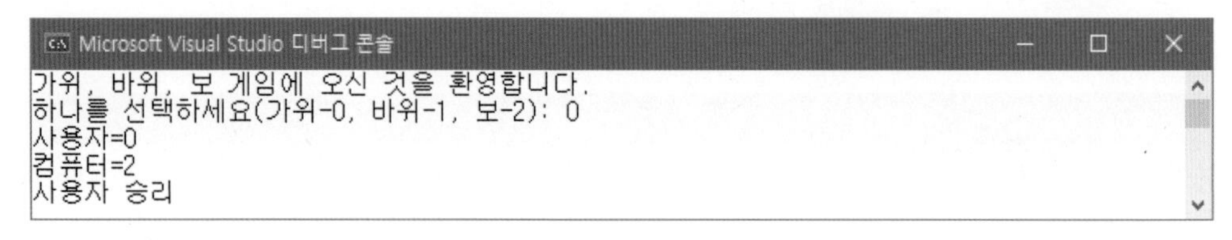

Microsoft Visual Studio 디버그 콘솔
가위, 바위, 보 게임에 오신 것을 환영합니다.
하나를 선택하세요(가위-0, 바위-1, 보-2): 0
사용자=0
컴퓨터=2
사용자 승리

누가 이겼는지를 어떻게 판단하는 것이 좋을까? 사용자가 선택한 정수와 컴퓨터가 선택한 정수를 모조리 비교해서 승패를 출력하는 방법도 있다. 여기서는 좀 더 쉬운 방법을 사용하자. 먼저 문제를 잘 분석해보자. 바위(0)는 보(1)한테 지고, 보(1)는 가위(2)한테 진다. 가위(2)는 바위(0)한테 진다. 어떤 패턴이 있지 않은가? 사용자가 선택한 정수에 1을 더하여 이것이 컴퓨터가 선택한 정수와 같으면 컴퓨터가 이기는 것이 된다. 이때 2에 1을 더하면 0이 되어야 한다. 이것은 나머지 연산자로 가능하다.

```
computer = rand() % 3;
scanf("%d", &user);
if ((user + 1) % 3 == computer)
    printf("컴퓨터: %d\n사용자: %d \n컴퓨터승!\n", computer, user);
```

나머지 코드는 여러분들이 생각해보자.

연습문제

1 두 개의 피연산자가 모두 참인 경우에만 참이 되는 논리 연산자는?

① && ② || ③ ! ④ > ⑤ <

2 수식 !(1 + 1 >= 2)의 결과값은 얼마인가?

① 0 ② 1 ③ 2 ④ 3

3 다음 중에서 참인 수식을 모두 선택하라.

① 1 ② 0 ③ 0.1 ④ -1

4 다음 코드의 실행결과는?

```
int x = 5;

if (x < 10)
   printf("10보다 작음\n");
else if (x == 5)
   printf("5와 같음\n");
else
   printf("5와 같지 않음\n");
```

5 다음 코드의 실행결과는?

```
int x = 0;
if (x == 1)
   if (x == 0)
      printf("if 절\n");
   else
      printf("else if 절\n");
else
   printf("else 절\n");
```

연습문제

6 다음 코드의 실행결과는?

```
int x = 0;
switch(x)
{
   case 1: printf( "One" );
   case 0: printf( "Zero" );
   case 2: printf( "Two" );
}
```

7 다음 문장의 오류를 찾아서 수정하라. 오류가 없을 수도 있고 2개 이상의 오류가 있을 수도 있다. 문법적인 오류뿐만 아니라 논리적인 오류도 지적하라.

(a)

```
if( age > 18 );
   printf("성인\n");
else
   printf("청소년\n");
```

(b)

```
if( 0 < age < 18 )
   printf("청소년\n");
```

(c)

```
if( x = 0 )
   printf("x는 0이다.\n");
```

8 다음의 문장을 switch를 사용하여 재작성하라.

```
if( x == -1 )
   num--;
else if( x == 1 )
   num++;
else
   num = 0;
```

Programming

| 난이도 ★ 주제 if-else 문 |

1 사용자로부터 정수를 받아서 홀수인지 짝수인지를 출력하는 프로그램을 작성하라.

Microsoft Visual Studio 디버그 콘솔
정수를 입력하시오: 3
3 은 홀수 입니다.

| 난이도 ★ 주제 if-else 문 |

2 사용자로부터 입력받은 두수의 합과 차를 구하여 출력하여 보자. 두수의 차는 큰 수에서 작은 수를 뺀 것으로 한다.

Microsoft Visual Studio 디버그 콘솔
정수를 입력하시오:30
정수를 입력하시오:50
두수의 합은 80입니다.
두수의 차는 20입니다.

| 난이도 ★ 주제 연속적인 if-else 문 |

3 요일을 나타내는 숫자(0−6)를 받아서 주중인지, 주말인지를 출력하는 프로그램을 작성하라.

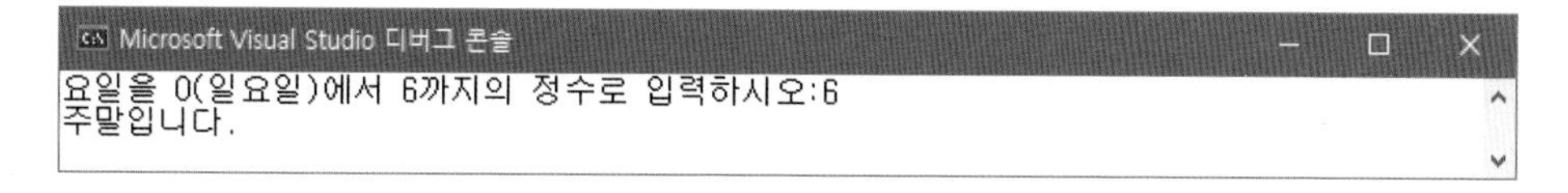
Microsoft Visual Studio 디버그 콘솔
요일을 0(일요일)에서 6까지의 정수로 입력하시오:6
주말입니다.

| 난이도 ★ 주제 연속적인 if-else 문, 아스키 코드 |

4 문자 하나를 받아서 알파벳인지, 숫자인지, 특수문자인지를 출력하는 프로그램을 작성하라.

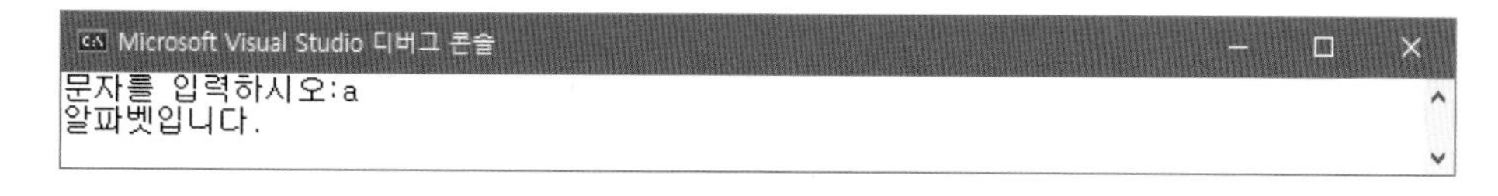
Microsoft Visual Studio 디버그 콘솔
문자를 입력하시오:a
알파벳입니다.

| 난이도 ★ 주제 연속적인 if-else 문, 아스키 코드 |

5 문자를 받아서 대문자인지 소문자인지를 출력하는 프로그램을 작성하라.

Microsoft Visual Studio 디버그 콘솔
문자를 입력하시오:A
대문자입니다.

| 난이도 ★ 주제 연속적인 if-else 문 |

6 사용자가 신호등의 색깔을 입력하면 "정지", "주의", "진행"와 같은 문장을 출력하는 프로그램을 작성하여 보자.

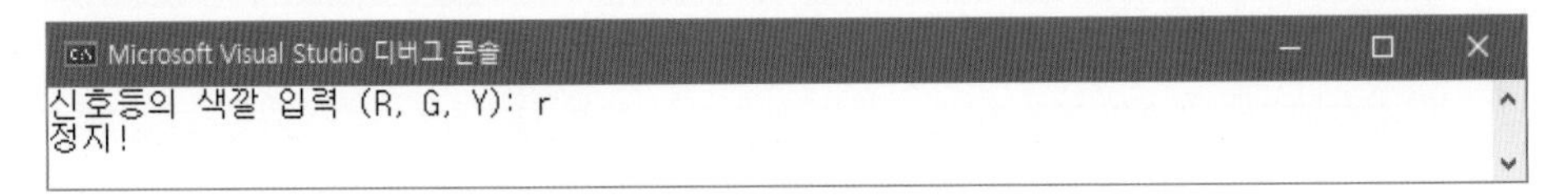
Microsoft Visual Studio 디버그 콘솔
신호등의 색깔 입력 (R, G, Y): r
정지!

| 난이도 ★ 주제 연속적인 if-else 문 |

7 삼각형의 세 변의 길이를 입력받아서 삼각형의 종류를 결정하는 프로그램을 작성하라. 많은 종류 중에서 정삼각형, 이등변 삼각형만 구별하여 보자.

Microsoft Visual Studio 디버그 콘솔
삼각형의 세변을 입력하시요: 30 40 40
이등변 삼각형

| 난이도 ★★ 주제 연속적인 if-else 문 |

8 근로 소득세를 계산하는 프로그램을 작성하여 보자. 근로 소득세율은 다음 표와 같다. 사용자가 자신의 과세 표준 금액을 입력하면 근로 소득세를 계산하여 주는 프로그램을 작성하여 보자. 여기서 주의해야할 점이 있다. 만약 자신의 소득이 3000만원이면 소득 중에서 1000만원 이하는 8%를 적용하고 초과하는 부분은 17%의 세율이 매겨진다. 3000만원 전체에 대하여 17%가 적용되는 것이 아니다.

과세표준	세율
1000만 원 이하	8%
1000만 원 초과 4000만 원 이하	17%
4000만 원 초과 8000만 원 이하	26%
8000만 원 초과	35%

Microsoft Visual Studio 디버그 콘솔
과세 표준을 입력하시오(만원): 3500
소득세는 505만원입니다

| 난이도 ★★ 주제 switch 문 |

9 본문에서는 연속적인 if-else문을 이용하여 계산기를 작성하였다. 이번에는 switch 문을 이용하여 간단한 계산기를 작성해보자. +, -, *, / 연산을 지원한다.

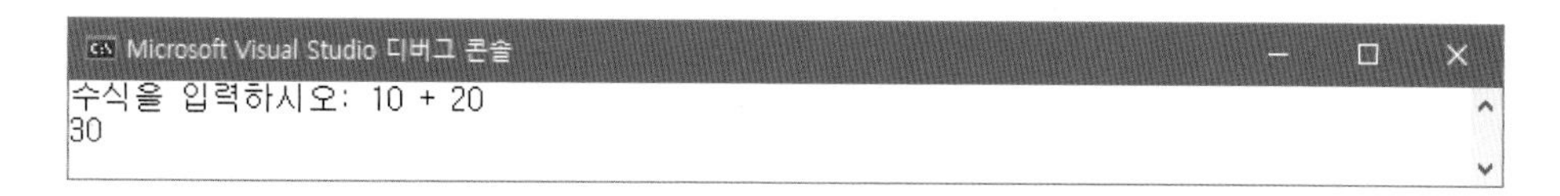
Microsoft Visual Studio 디버그 콘솔
수식을 입력하시오: 10 + 20
30

| 난이도 ★★ 주제 switch 문 |

10 switch 문을 이용하여 자신의 학점을 입력하면 학점에 대한 코멘트를 출력하는 프로그램을 작성해보자.

학점	코멘트
A	아주 잘했어요!
B	좋습니다.
C	만족스럽습니다.
D	더 노력해보세요.
F	안타깝습니다.

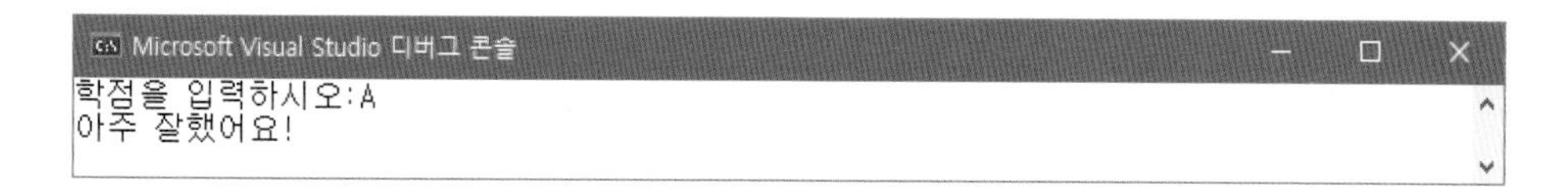
Microsoft Visual Studio 디버그 콘솔
학점을 입력하시오:A
아주 잘했어요!

반복문

컴퓨터는 알파고처럼 쉬지도 않고 잠도 안 자면서 반복할 수 있습니다.
반복은 정말 컴퓨터가 잘하는 분야겠죠!

학습목표

- while 반복 구조를 이해하고 사용할 수 있다.
- do-while 반복 구조를 이해하고 사용할 수 있다.
- for 반복 구조를 이해하고 사용할 수 있다.
- 중첩 반복 구조를 이해하고 사용할 수 있다.
- 반복문에서의 break와 continue 사용법을 이해한다.

6 반복문

1. 이번 장에서 만들 프로그램

반복(iteration)은 동일한 문장을 여러 번 반복시키는 구조이다. 이번 장에서는 다음과 같은 프로그램을 작성해볼 것이다.

(1) 초등학생용 산수 문제를 자동으로 출제하는 프로그램을 작성해보자. 한 번이라도 맞으면 종료한다.

```
Microsoft Visual Studio 디버그 콘솔
산수 문제를 자동으로 출제합니다.
41 + 67 = 109
틀렸습니다.
34 + 0 = 34
맞았습니다.
```

(2) 1억원을 일시불로 받을 때와 처음에 1원을 받고, 한 달 동안 하루가 지날 때마다 2배씩 받는 것 중에서 어떤 것이 유리한지 계산해보자.

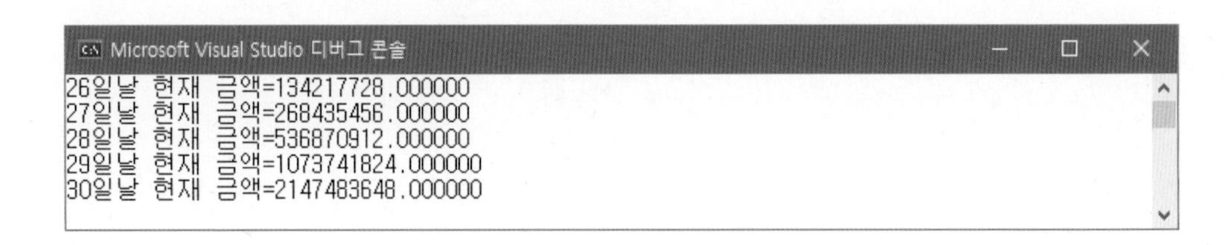

Microsoft Visual Studio 디버그 콘솔
26일날 현재 금액=134217728.000000
27일날 현재 금액=268435456.000000
28일날 현재 금액=536870912.000000
29일날 현재 금액=1073741824.000000
30일날 현재 금액=2147483648.000000

(3) 숫자 맞추기 게임을 작성해보자.

```
Microsoft Visual Studio 디버그 콘솔
정답을 추측하여 보시오: 50
제시한 정수가 높습니다.
정답을 추측하여 보시오: 25
제시한 정수가 높습니다.
정답을 추측하여 보시오: 12
제시한 정수가 높습니다.
정답을 추측하여 보시오: 6
제시한 정수가 낮습니다.
정답을 추측하여 보시오: 9
제시한 정수가 낮습니다.
정답을 추측하여 보시오: 10
제시한 정수가 낮습니다.
정답을 추측하여 보시오: 11
축하합니다. 시도횟수=7
```

2. 반복이란?

반복은 어떤 단계를 반복하게 하는 것으로 반복 구조를 사용하면 프로그램이 간단하고 빠르게 된다. 예를 들어서 동일한 작업을 반복하기 위하여 똑같은 문장을 복사하여 붙여넣기 하는 것보다 반복 구조를 사용하는 편이 프로그램을 간결하게 만든다. 또 프로그래밍에 필요한 시간도 단축할 수 있다.

반복이 왜 필요한지, 구체적인 예를 들어보자. 거리를 표시하는 단위로 미국에서는 마일을 사용하고 우리나라에서는 미터를 사용한다. 지금까지 배운 지식을 바탕으로 마일을 미터로 바꾸는 프로그램을 작성하여 보자. 먼저 0마일에서 2마일까지를 미터로 변환하여 출력하는 프로그램을 작성하여 보자. 1마일은 약 1609미터이다.

```c
#include <stdio.h>
int main(void)
{
	int meter;

	meter = 0 * 1609;
	printf("0 마일은 %d미터입니다\n", meter);

	meter = 1 * 1609;
	printf("1 마일은 %d미터입니다\n", meter);

	meter = 2 * 1609;
	printf("2 마일은 %d미터입니다\n", meter);
	return 0;
}
```

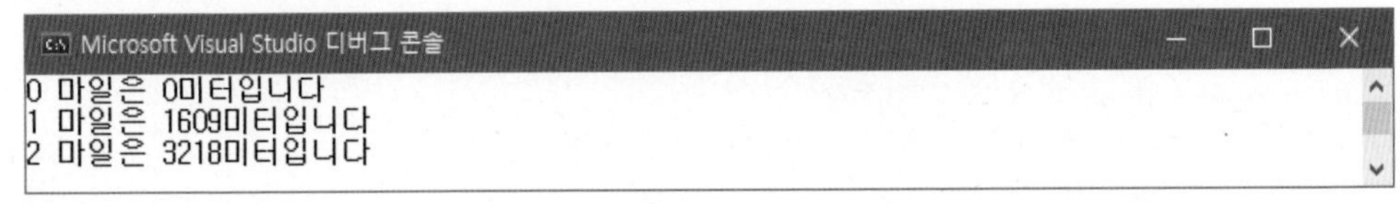
Microsoft Visual Studio 디버그 콘솔
0 마일은 0미터입니다
1 마일은 1609미터입니다
2 마일은 3218미터입니다

위의 프로그램을 보면 거의 같은 처리 과정을 3번 반복하고 있음을 알 수 있다. 즉 변환하고자 하는 마일 수에 1609를 곱하고 화면에 이 값을 출력한다. 0~2마일까지의 변환 값은 비교적 쉽게 프로그래밍 할 수 있었다. 그러나 만약 0~1000마일까지를 미터로 변환하여 출력하여야 한다면 어떨까? 마일을 미터로 변환하여 출력하는 문장을 1000번 정도 집어넣으면 된다. 하지만 이 방법은 매우 비효율적이다. 왜냐하면 프로그램이 엄청나게 길어지기 때문이다. 따라서 작성하는 것도 굉장히 지루한 작업이 될 것이다. 반복 처리는 이런 경우에 아주 적합한 기법이 된다. 반복 처리는 동일한 처리 과정을 정해진 횟수만큼 반복하거나 조건에 따라서 반복하게 할 수 있다. 따라서 반복 처리는 프로그래머가 반드시 잘 알아두어야 할 긴요한 기법이다.

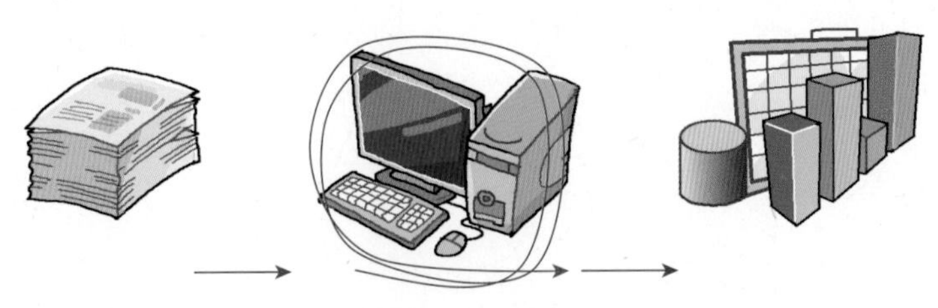

그림 6.1 반복은 같은 처리 과정을 반복하는 것이다.

반복문의 종류

반복문에는 while 문과 for 문이 있다.

- 조건 제어 반복(while 문): 특정한 조건이 만족되면 계속 반복한다.
- 횟수 제어 반복(for 문): 정해진 횟수만큼 반복한다.

while 문은 조건이 만족되면 반복을 계속하는 구조이다. while 문은 미리 반복 횟수를 알 수 없는 경우에 사용한다. for 문은 정해진 횟수만큼 반복하는 경우에 사용된다.

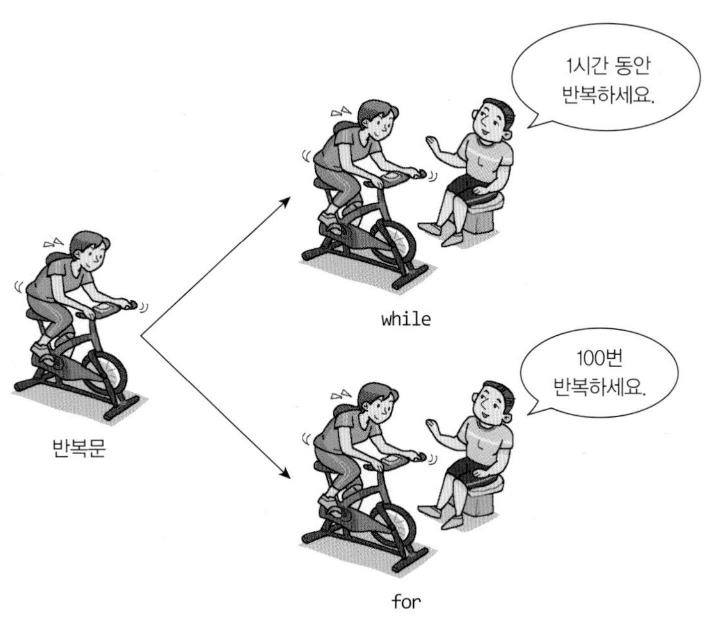

그림 6.2 반복문의 종류

중간점검

1. 프로그램에 반복 구조가 필요한 이유는 무엇인가?
2. 반복문에는 _______, _______문이 있다.

3. while 문

while 문은 조건식이 참이면 문장들을 반복적으로 실행한다. while 문의 문법은 다음과 같다.

Syntax 6.1 while 문

형식
```
while( 조건식 ) {
    문장(들);
}
```

예
```
while( i < 10 ) {
    printf("Hello World!\n");
    i++;
}
```

설명 조건식이 참이면 문장을 반복 실행한다.
반복되는 문장이 하나이면 중괄호는 생략할 수 있다.

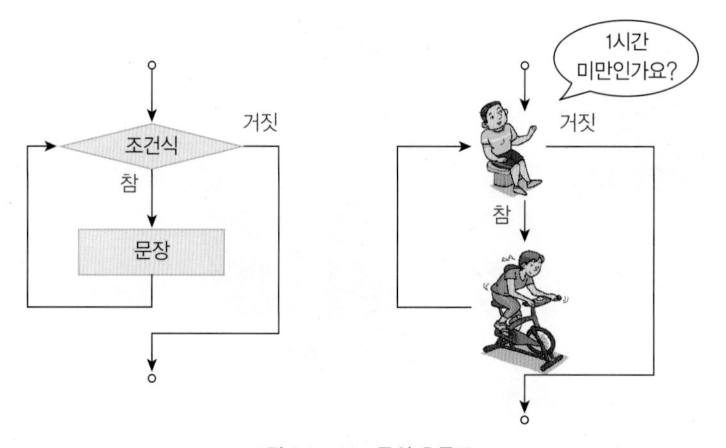

그림 6.3 while 문의 흐름도

while 문은 조건식의 값이 참이면 문장을 반복 실행한다. 조건식의 값이 거짓이 되면 반복을 중단한다. 문장은 단일 명령어 문장이거나 블록이 될 수 있다. 만약 반복 실행하는 문장이 하나가 아니고 여러 개이면 중괄호를 이용하여 문장들을 감싸서 블록으로 만들어 주어야 한다.

수업 시간에 초등학생이 떠들어서 선생님이 칠판에 "수업시간에 떠들지 않겠습니다."를 10번 쓰라고 하셨다. 만약 이것을 반복 구조로 해결해보자.

teacher.c

```
1  #include <stdio.h>
2
3  int main(void)
4  {
5     int i = 0;
6     while (i < 10)
7     {
8        printf("수업 시간에 떠들지 않겠습니다.\n");
9        i++;
10    }
11    return 0;
12 }
```

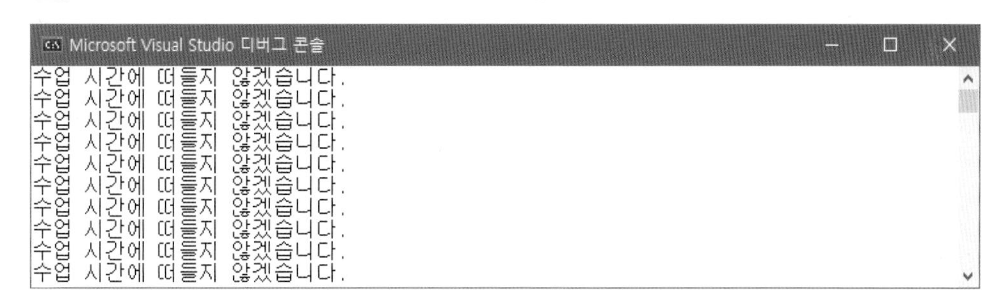

반복 조건은 "i 〈 10" 수식이 참이 되는 것이다. 수식 "i 〈 10"이 참이 되려면 변수 i의 값이 10보다 작아야 한다. i의 초기값은 0이고 i는 한번 반복될 때마다 1씩 증가된다. 따라서 i는 0→1→2→3→...→10와 같이 증가하게 되고 i가 10이 되면 수식 "i 〈 10"은 거짓이 되어 반복이 종료된다. 반복 조건은 한 번씩 반복할 때마다 반복을 계속할 것인지를 결정하기 위하여 검사된다. 각 반복에서 i의 값과 조건식의 값을 다음 표에 나타내었다. 여기서 변수 i를 루프 제어 변수라고 한다.

표 6.1 while 문에서의 변수와 수식의 값

i의 값	i 〈 10	반복여부
0	0 〈 10 → 참(1)	반복
1	1 〈 10 → 참(1)	반복
2	2 〈 10 → 참(1)	반복
3	3 〈 10 → 참(1)	반복
4	4 〈 10 → 참(1)	반복
5	5 〈 10 → 참(1)	반복

6	6 < 10 → 참(1)	반복
7	7 < 10 → 참(1)	반복
8	8 < 10 → 참(1)	반복
9	9 < 10 → 참(1)	반복
10	10 < 10 → 거짓(0)	중지

예제 #1

앞에서는 반복 루프 제어 변수 i의 값을 사용하지 않았다. 만약 i의 값을 반복 루프 안에서 출력한다면 어떤 결과가 나올까?

```
1  #include <stdio.h>
2
3  main(void)
4  {
5      int i = 0;
6      while (i < 10)            반복 조건
7      {
8          printf("i=%d ", i);   반복 내용
9          i++;
10     }
11     return 0;
12 }
```

```
Microsoft Visual Studio 디버그 콘솔
i=0  i=1  i=2  i=3  i=4  i=5  i=6  i=7  i=8  i=9
```

i의 값은 0에서 9까지 출력된다. 10은 출력되지 않는다. i가 10이 되면 반복 루프를 빠져나가기 때문이다. 이것은 많은 혼란을 일으키는 문제이니 철저히 알아두도록 한다.

예제 #2

마일을 미터로 변환하는 프로그램을 while 문을 이용해서 작성해보면 다음과 같이 된다. 루프 제어 변수 i에 1609를 곱하여 출력하면 된다.

```
1  #include <stdio.h>
2
3  int main(void)
4  {
5     int meter;
6     int i = 0;
7
8     while (i < 3)
9     {
10       meter = i * 1609;
11       printf("%d 마일은 %d미터입니다\n", i, meter);
12       i++;
13    }
14    return 0;
15 }
```

Microsoft Visual Studio 디버그 콘솔
0 마일은 0미터입니다
1 마일은 1609미터입니다
2 마일은 3218미터입니다

예제 #3

팩토리얼 값을 반복 루프로 계산해보자. 5!을 계산해보자. 5!=5×4×3×2×1로 계산할 수 있다. 이번에는 루프 제어 변수가 5부터 시작하여서 하나씩 감소한다. i가 1 미만이 되면 반복이 종료된다.

```
1  #include <stdio.h>
2
3  int main(void)
4  {
5     int i = 5;
6     int factorial = 1;
7
8     while (i >= 1)  // i를 감소시키면서 i가 1이상이면 반복한다.
9     {
10       factorial *= i;
11       i--;
12    }
```

여기에 정수들이 곱해지기 때문에 초기값이 1이어야 한다.

```
13     printf("%d \n", factorial);
14
15     return 0;
16 }
```

```
Microsoft Visual Studio 디버그 콘솔
120
```

예제 #4

반복을 이용하여서 구구단을 출력하여 보자. 출력할 단은 사용자가 지정한다. 하나의 단은 9줄로 되어 있으므로 9번 반복시키면 될 것이다.

gugu.c

```
1  #define _CRT_SECURE_NO_WARNINGS
2  #include <stdio.h>
3
4  int main(void)
5     int n;
6     int i = 1;
7
8     printf("출력하고 싶은 단: ");
9     scanf("%d", &n);
10
11    while (i <= 9)
12    {
13       printf("%d*%d = %d \n", n, i, n*i);
14       i++;
15    }
16
17    return 0;
18 }
```

i가 9이하면 반복

```
Microsoft Visual Studio 디버그 콘솔
출력하고 싶은 단: 9
9*1 = 9
9*2 = 18
9*3 = 27
9*4 = 36
```

프로그램 설명

여기서는 먼저 사용자로부터 출력하고 싶은 구구단의 단수를 받아서 변수 n에 저장한다. 여기서의 루프 제어 변수는 i이다. i의 초기값이 0이 아니고 1인 것에 유의하라. 구구단은 1부터 곱해야 하기 때문에 0이 아니고 1로 초기화를 하였다. 그리고 반복 루프도 9보다 작거나 같을 때까지 반복하도록 하였다.

예제 #5

반복 구조를 이용하여 1부터 1000까지의 합을 구해보자. 1부터 1000까지의 합은 수식 1+2+3+...+1000으로도 계산할 수도 있으나 문장이 너무 길어지게 된다. 이럴 때 자주 사용되는 기법이 하나의 변수 sum을 정의해놓고 여기에 정수를 계속 누적하는 방법이다. 즉 sum의 초기값은 0으로 하고 여기에 1, 2, 3, ..., 1000까지를 차례대로 더하는 것이다.

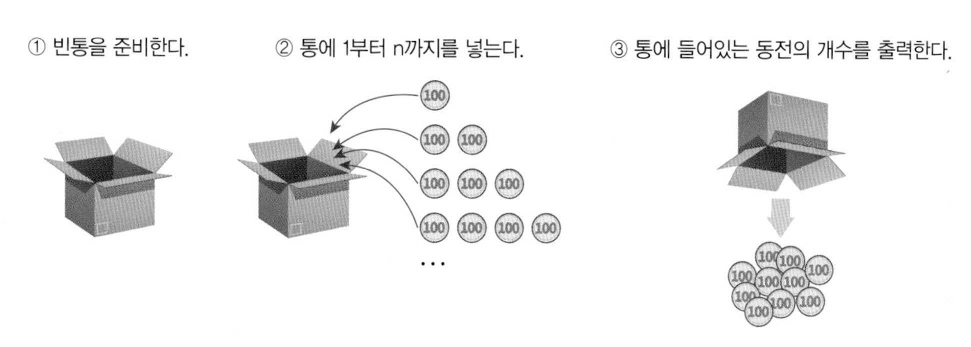
① 빈통을 준비한다.
② 통에 1부터 n까지를 넣는다.
③ 통에 들어있는 동전의 개수를 출력한다.
100
...

그림 6.4 누적 변수의 사용

sum.c

```
1  #include <stdio.h>
2  int main(void)
3  {
4      int i, sum;
5
6      i = 1;
7      sum = 0;
8      while (i <= 1000)
9      {
10         sum += i;
11         i++;
12     }
13     printf("합은 %d입니다.\n", sum);
14     return 0;
15 }
```

i가 1000이하면 반복

```
선택 Microsoft Visual Studio 디버그 콘솔
합은 500500입니다.
```

프로그램 설명

6,7 반드시 i와 sum의 값을 초기화하여야 한다. 초기화하지 않으면 쓰레기값이 들어있게 되고 반복이 제대로 되지 않는다.

8 1부터 1000까지의 합을 구해야 되기 때문에 i가 1000일 때도 반복을 하여야 한다. 따라서 반복 조건이 "i<=1000"이 된다.

11 하나의 반복이 끝나면 반드시 i 의 값을 증가하여야 한다. 증가하지 않으면 반복이 무한히 계속된다.

중간점검

1. if 문과 while 문을 비교하여 보라. 똑같은 조건이라면 어떻게 동작하는가?
2. while 루프를 이용하여 무한 루프를 만들어 보라.
3. 다음 코드의 출력을 쓰시오.

```
int n = 10;
while (n > 0) {
    printf("%d\n", n);
    n = n - 3;
}
```

Lab 종이접기

| 난이도 ★★ 주제 while 문의 이해 |

while 루프는 조건에 의하여 반복하는 경우에 많이 사용된다. 이번 실습에서는 A4 종이를 접어서 에베레스트산 높이(8800m)가 되려면 종이를 몇 번 접어야 하는지를 계산해보자. 종이의 두께는 1mm라고 하자. 종이는 접을 때마다 두께가 2배씩 증가한다. 그리고 종이는 회수 제한 없이 접을 수 있다고 가정하자. 로그 함수는 사용하지 않는다.

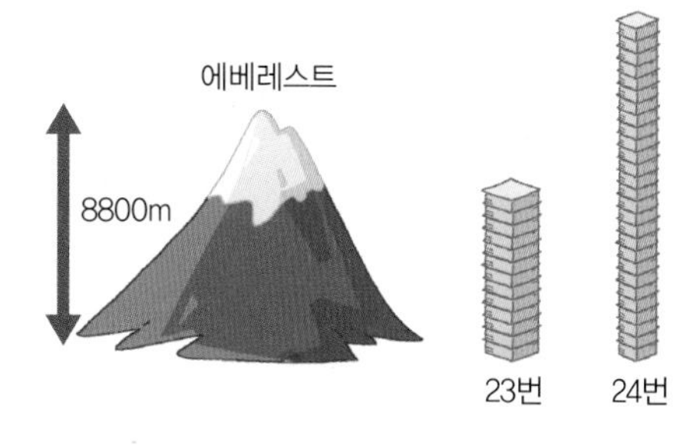


```
Microsoft Visual Studio 디버그 콘솔
종이 접는 횟수=24
```

paper.c

```
1  #define _CRT_SECURE_NO_WARNINGS
2  #include <stdio.h>
3
4  int main(void) {
5     double pheight = 0.001; // 단위 미터
6     const double everest = 8800.0; // 단위 미터
7     int count = 0;
8
9     while (pheight < everest) {
10       pheight *= 2.0;
11       count++;
12    }
13    printf("종이 접는 횟수=%d \n\n", count);
14    return 0;
15 }
```

도전문제

(1) 종이의 두께를 사용자로부터 받도록 해보자. 0.1mm라면 몇 번 접어야 하는가?
(2) 달까지 가려면 몇 번이나 접어야 하는가? 달까지의 거리는 384,400km이다.
(3) 1000만원으로 시작하여서 10년 만에 복리로 10억을 만들려면 1년 수익률이 얼마나 되어야 할까? 프로그램으로 계산해보자.

Lab 디지털 시계를 만들어보자

| 난이도 ★★ 주제 while 루프 이해 |

컴퓨터에는 항상 시계가 있다. 우리도 하나 만들어 보자. 1초가 지나갔다는 것을 우리에게 알려주는 함수만 있으면 된다. UNIX에서는 sleep()을 사용하면 되고, 윈도우에서는 Sleep()이 있다. Sleep(ms)는 주어진 시간 동안 실행되는 프로그램을 중지시킨다.

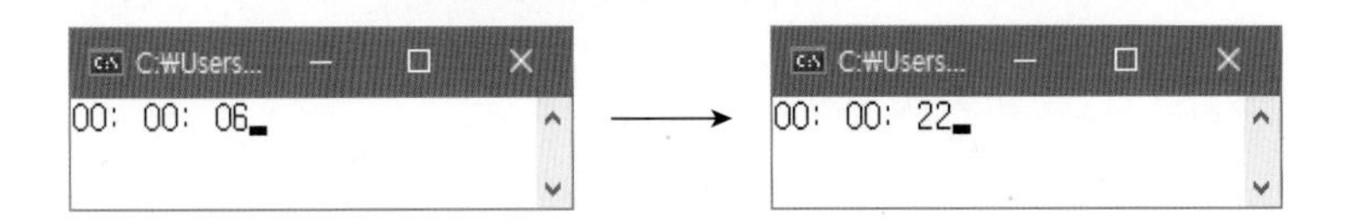

clock.c

```
1  #include <stdio.h>
2  #include <stdlib.h>
3  #include <windows.h>
4
5  int main(void)
6  {
7      int hour, min, sec;
8      hour = min = sec = 0;
9
10     while (1) {
11         system("cls");    // 화면을 지운다.
12         printf("%02d: %02d: %02d", hour, min, sec);
13         sec++;
14         if (sec == 60) { min++;              sec = 0; }
15         if (min == 60) { hour++;             min = 0; }
16         if (hour == 24) { hour = min = sec = 0; }
17         Sleep(1000);       // 1초 동안 프로그램을 재운다.
18     }
19     return 0;
20 }
```

도전문제

위의 프로그램에 알람 기능을 추가해보자. 사용자가 3분으로 설정하면 알람을 울려주는 프로그램이다. 알람은 printf("\a\a\a\a");을 사용한다.

4. do-while 문

do-while 문은 while 문과 비슷하나 반복 조건을 루프의 처음이 아니라 루프의 끝에서 검사한다는 것이 다르다.

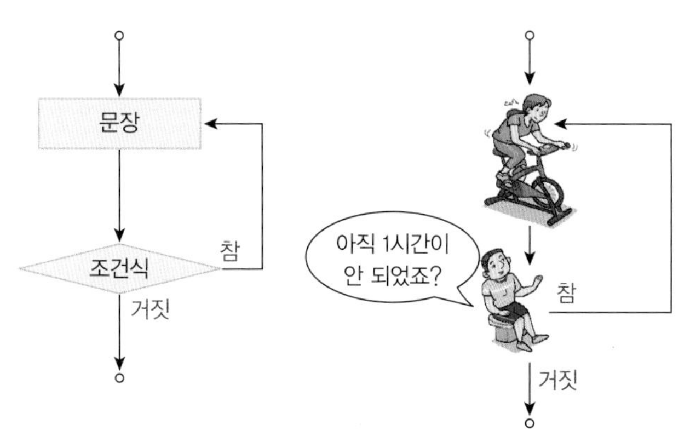

그림 6.5 do-while 문의 흐름도

do-while 문의 구조는 다음과 같다. 조건식은 참, 거짓을 가릴 수 있는 수식이면 되고 반복되는 문장은 단일문 또는 복합문일 수 있다.

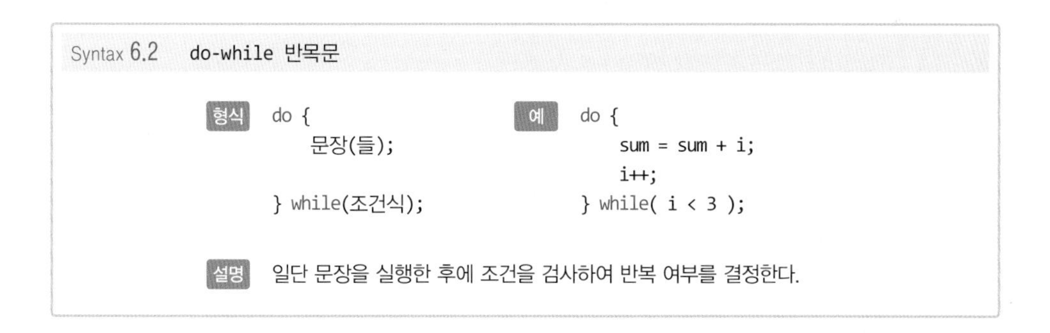

Syntax 6.2 do-while 반목문

형식
```
do {
    문장(들);

} while(조건식);
```

예
```
do {
    sum = sum + i;
    i++;
} while( i < 3 );
```

설명 일단 문장을 실행한 후에 조건을 검사하여 반복 여부를 결정한다.

do-while 문이 while 문과 다른 점은 반복 문장이 적어도 한번은 실행된다는 점이다. 따라서 do-while 문은 반복 문장이 적어도 한번은 실행되어야 하는 경우에 사용하는 것이 가장 바람직하다. do-while 문은 데이터를 처리하기 전에 사용자로부터 메뉴나 데이터를 입력을 받아야 하는 경우에 많이 사용된다.

예제 #1

do-while 문은 입력을 처리하는 부분에서 많이 사용된다. 예를 들어서 다음과 같이 메뉴를 출력한 후에 사용자의 입력을 받는 부분에 사용된다.

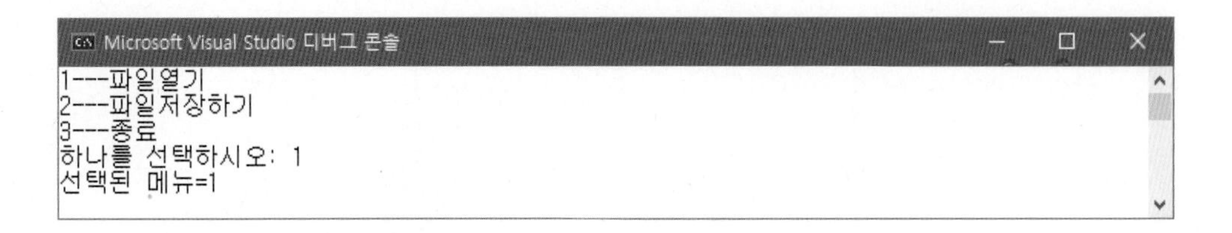

입력을 처리하기 위해서는 일단 외부로부터 입력을 하나 받아야 한다. 따라서 do-while을 이용하여 입력을 받은 후에 이것을 처리하면 보다 간결한 프로그래밍이 가능하다.

menu.c

```
1  #define _CRT_SECURE_NO_WARNINGS
2  #include <stdio.h>
3  int main(void)
4  {
5     int i = 0;
6     do
7     {
8        printf("1---파일열기\n");
9        printf("2---파일저장하기\n");
10       printf("3---종료\n");
11       printf("하나를 선택하시오: ");
12       scanf("%d", &i);
13    } while(i < 1 || i > 3);
14
15    printf("선택된 메뉴=%d\n",i);
16    return 0;
17 }
```

정상적인 메뉴값이 아니면 반복

프로그램 설명

위의 프로그램은 사용자가 적절한 선택을 할 때까지 메뉴를 화면에 출력하는 것을 반복한다. 사용자로부터 유효한 입력을 받기 전에 적어도 한번은 메뉴를 나타내야 하기 때문에 **do-while** 문이 사용되었다. 입력된 값이 **1**부터 **3**사이가 아니라면 메뉴를 다시 표시하여 사용자가 새 값을 선택하도록 요청한다.

중간점검

1. 다음 코드의 출력을 쓰시오.

```
int n = 0;
while (n > 0) {
       printf("%d\n", n);
       n = n - 3;
}
```

2. 1번 문제의 반복 구조를 `do-while`로 변경하면 출력이 어떻게 변화되는가?

Lab 숫자 맞추기

| 난이도 ★★★ 주제 do-while 문의 이해 |

if 문과 do-while 문을 동시에 사용하는 예제를 작성하여 보자. 이 예제는 숫자 알아맞히기 게임이다. 프로그램은 1부터 100 사이의 정수를 저장하고 있고 사용자는 질문을 통하여 그 정수를 알아맞히려고 노력한다. 사용자가 답을 제시하면 프로그램은 자신이 저장한 정수와 비교하여 제시된 정수가 더 높은지 낮은지 만을 알려준다.

프로그램은 do-while 루프를 사용하여 사용자가 정확하게 정수를 알아맞힐 때까지 반복한다. 사용자가 정답을 알아맞히면 몇 번 만에 알아맞혔는지를 화면에 출력한다. 사용자가 제시한 정수와 정답을 비교하는데 if 문이 사용된다.

도전문제

어떤 전략을 구사하는게 가장 논리적인가? 이 전략을 정렬된 숫자들의 모임(예를 들어서 **1, 3, 9, 12, 29**)에서 특정한 숫자 **12**를 찾을 때 사용할 수 있는가?

Soultion 숫자 맞추기

game.c

```
1  #define _CRT_SECURE_NO_WARNINGS
2  #include <stdio.h>
3
4  int main(void)
5  {
6          int answer;      // 정답
7          int guess;
8          int tries = 0;
9          srand(time(NULL));
10         answer = rand()% 100;
11         // 반복 구조
12         do {
13                 printf("정답을 추측하여 보시오: ");
14                 scanf("%d", &guess);
15                 tries++;
16
17                 if (guess >answer)   // 사용자가 입력한 정수가 정답보다 높으면
18                         printf("제시한 정수가 높습니다.\n");
19                 if (guess <answer)   // 사용자가 입력한 정수가 정답보다 낮으면
20                         printf("제시한 정수가 낮습니다.\n");
21         } while (guess !=answer);
22
23         printf("축하합니다. 시도횟수=%d\n", tries);
24         return 0;
25 }
```

정답이 아니면 반복

프로그램 설명

3개의 변수가 선언되어서 사용된다. 변수 answer는 정답을 저장하고 있다. rand() 함수를 사용한다면 실행할 때마다 무작위로 숫자를 결정할 수 있다. 변수 guess에는 사용자가 입력한 정수가 저장된다. 만약 answer와 guess가 일치하면 반복이 종료된다. tries는 사용자의 시도 회수를 기록한다.

반복 루프는 do-while 루프를 이용하여 구현되었다. 먼저 사용자로부터 scanf()를 통하여 정수를 받아야 하기 때문이다. 이것을 answer에 저장된 정수와 비교한다. if 문을 사용하여 guess가 answer보다 작은지 큰지를 검사하여 적당한 메시지를 출력한다. do-while 루프의 조건 검사 부분에서 guess가 answer와 같으면 반복을 중단하고 시도 횟수를 출력한다.

Lab 정수의 자리수 개수 계산하기

| 난이도 ★★ 주제 do-while 문의 이해 |

사용자로부터 숫자를 입력받고 while 루프를 사용하여 주어진 정수의 총 자릿수를 계산하는 프로그램을 작성해보자.

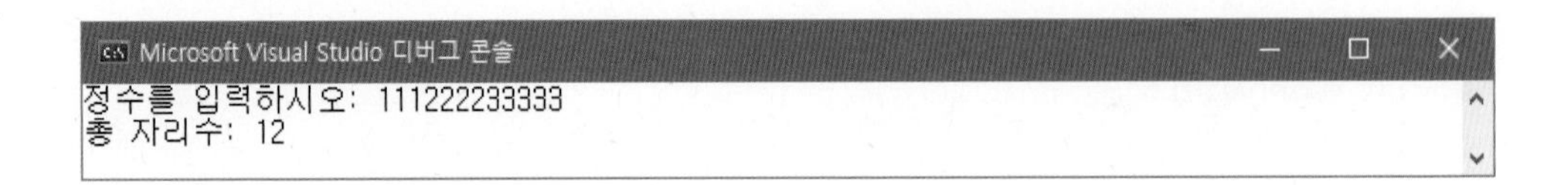

Microsoft Visual Studio 디버그 콘솔
정수를 입력하시오: 111222233333
총 자리수: 12

n_digits.c

```
1  #define _CRT_SECURE_NO_WARNINGS
2  #include <stdio.h>
3
4  int main(void)
5  {
6      long long num;  // 64비트 정수형
7      int count = 0;
8
9      printf("정수를 입력하시오: ");
10     scanf("%lld", &num);  // long long 타입은 %lld를 사용해야 한다.
11
12     do
13     {
14         count++;
15         num /= 10; // 정수 나눗셈
16     } while (num != 0);
17
18     printf("총 자리수: %d", count);
19     return 0;
20 }
```

숫자를 10으로 나누어서 몫이 0이 아니면 자리수를 나타내는 변수 count를 증가한다.

5. for 문

for 문은 일정한 횟수만큼 반복할 때 유용하게 사용된다. 흔히 for 루프(loop)라고 부른다. 왜냐하면 특정한 조건이 만족될 때까지 반복적으로 루프를 돌기 때문이다. 일반적인 형식은 다음과 같다.

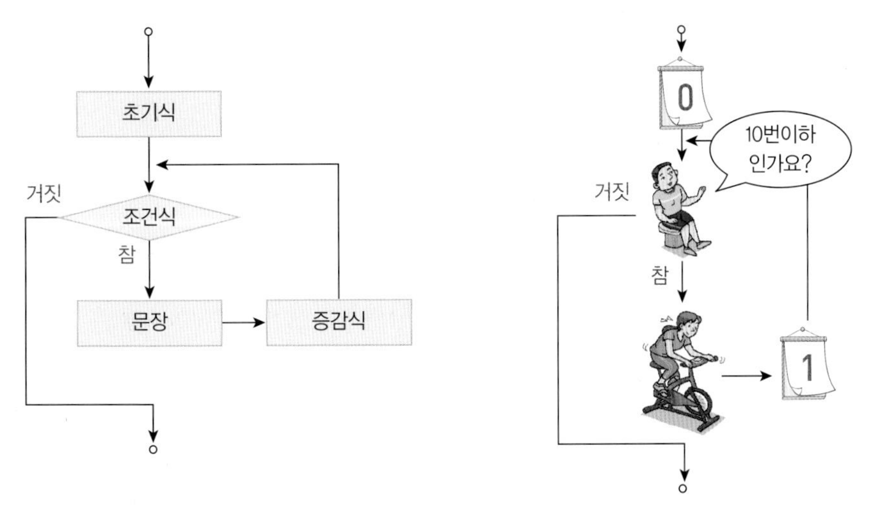

그림 6.6 for 문의 흐름도

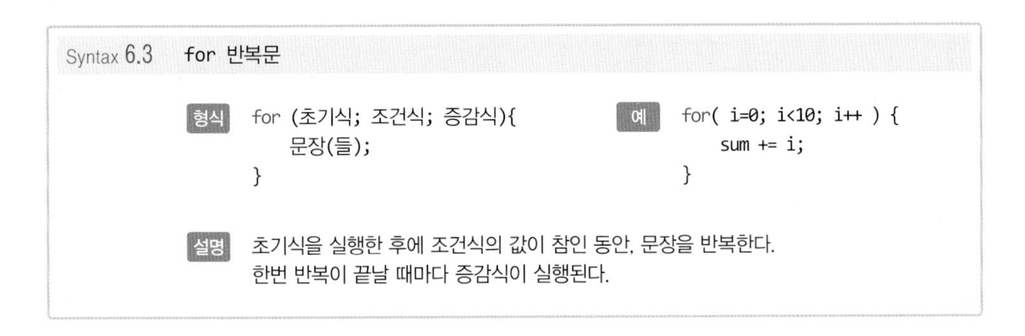

Syntax 6.3 for 반복문

형식
```
for (초기식; 조건식; 증감식){
    문장(들);
}
```

예
```
for( i=0; i<10; i++ ) {
    sum += i;
}
```

설명 초기식을 실행한 후에 조건식의 값이 참인 동안, 문장을 반복한다.
한번 반복이 끝날 때마다 증감식이 실행된다.

- 초기식은 루프를 초기화한다. 루프가 시작될 때 딱 한번 실행된다.
- 만약 조건식이 거짓으로 계산되면 루프는 종료하게 된다.
- 증감식은 한 번의 반복 뒤에 실행된다. 대개 증감식은 루프 제어 변수를 증가하거나 감소하게 된다. 루프 제어 변수란 루프를 제어할 목적으로만 사용하는 변수이다.

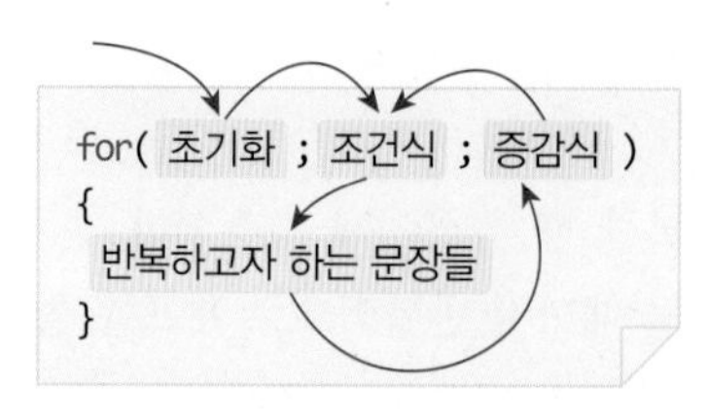

그림 6.7 for 문에서의 각 부분의 실행순서

예를 들어서 "Hello World!"라는 문자열을 10번 화면에 출력하는 문제를 생각하여 보자. 만약 반복문을 사용하지 않으면 printf() 문장을 귀찮게 10번을 써야 할 것이다. 그러나 for 문을 사용하면 다음과 같이 코드를 작성하면 된다.

```
int i;

for(i = 0; i < 10; i++)
   printf("Hello World!\n");
```

초기식, 조건식, 증감식이 실행되는 순서를 그려보면 그림 6.8과 같다.

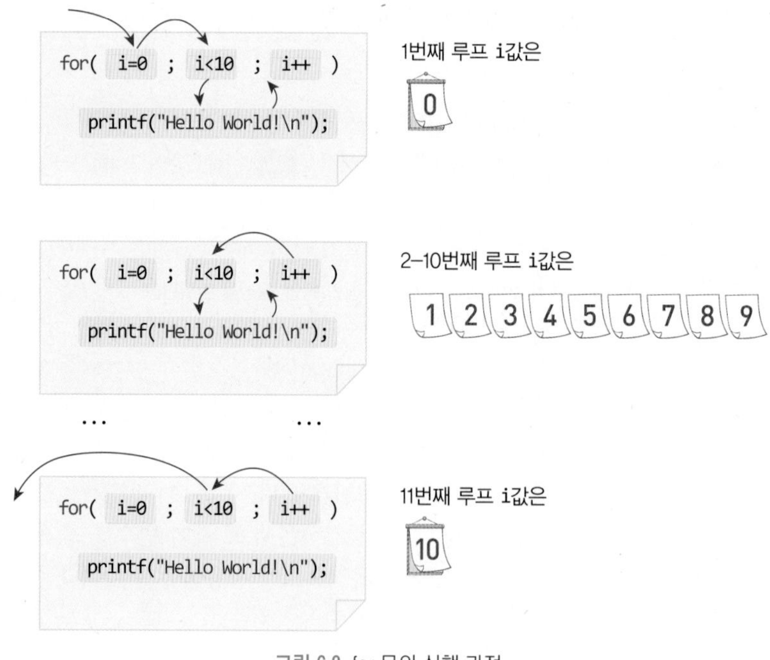

그림 6.8 for 문의 실행 과정

for 루프에서 초기식이나 조건식, 증감식은 생략이 가능하다.

예제 #1

간단한 예로 1부터 10까지의 정수를 더하여 합을 구하는 프로그램을 살펴보자.

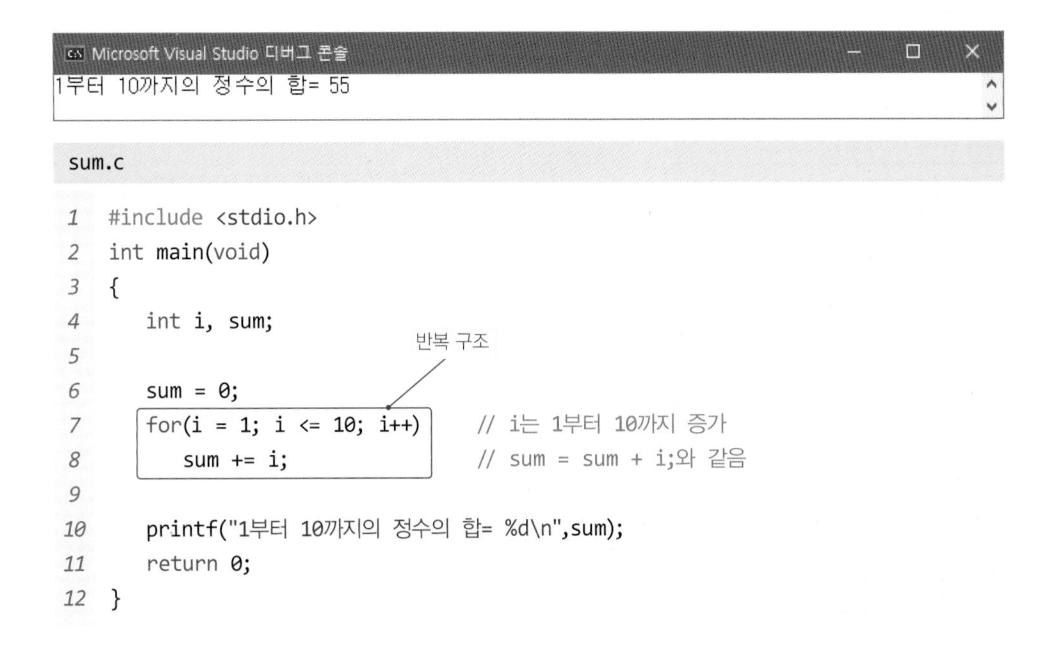


```
1  #include <stdio.h>
2  int main(void)
3  {
4     int i, sum;
5
6     sum = 0;
7     for(i = 1; i <= 10; i++)       // i는 1부터 10까지 증가
8        sum += i;                   // sum = sum + i;와 같음
9
10    printf("1부터 10까지의 정수의 합= %d\n",sum);
11    return 0;
12 }
```

프로그램 설명

이 프로그램에서는 두개의 정수 변수가 필요하다. sum은 정수들의 합을 저장한다. i는 for 문에서 필요한 변수로 for 문이 정해진 횟수만큼 실행할 수 있도록 지금까지의 실행 횟수를 저장하고 있는 변수가 된다.

for 문에서 첫 번째 단계인 초기화 문장은 i = 1이다. 즉 변수 i의 초기값을 1로 만드는 것이다. for 문의 두 번째 단계는 i <= 10이다. 이것은 변수 i가 10보다 작거나 같은지를 검사한다. i는 1로 초기화되어 있으므로 조건은 참이 되고 sum += i; 문장이 실행되어 sum에 1이 더해진다. 다시 증감 문장인 i++가 실행되고 i의 값은 2가 된다. 다시 조건 i<=10이 검사되고 참이므로 다시 sum += i; 문장이 실행되어 sum에 2가 더해진다.

for 문은 조건식이 거짓이 될 때까지 계속 실행되고 i가 11이 되면 조건식이 거짓이 된다. 조건식이 거짓이 되면 for 문이 끝나게 되고 for 문 아래에 있는 printf 문이 실행되어서 화면에 sum의 값이 출력된다.

예제 #2

화면에 * 글자를 이용하여 다음과 같은 네모를 그려보자. 만약 for 루프를 사용하지 않는다면 각 줄마다 printf()를 호출하여야 할 것이다.

draw_box.c

```
1  // 반복을 이용한 네모 그리기
2  #include <stdio.h>
3
4  int main(void)
5  {
6     int i;
7
8     printf("**********\n");
9
10    for(i = 0;i < 5; i++)
11       printf("*        *\n");
12
13    printf("**********\n");
14
15    return 0;
16 }
```

5번 반복

예제 #3

이번 예제에서는 팩토리얼 값을 계산하여 보자. 팩토리얼이란 다음과 같이 정의된다.

$$n! = 1 \times 2 \times 3 \times \ldots \times n$$

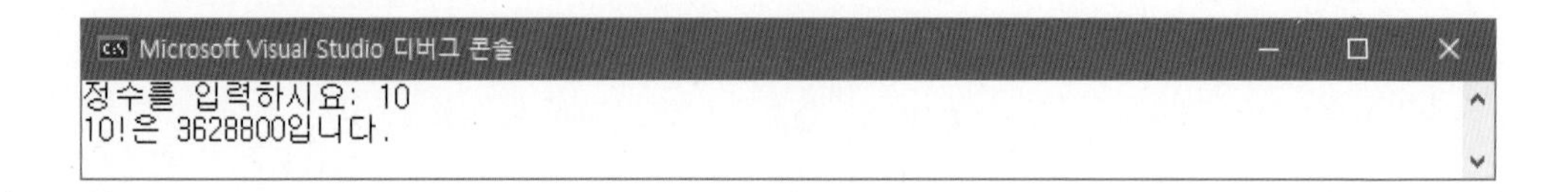

factorial.c

```
1  #define _CRT_SECURE_NO_WARNINGS
2  #include <stdio.h>
3
4  int main(void)
5  {
6     int fact = 1;
7     int i, n;
8
9     printf("정수를 입력하시요: ");
10    scanf("%d", &n);
11
12    for(i = 1;i <= n; i++)          // 1에서 n까지 반복
13       fact = fact * i;
14
15    printf("%d!은 %d입니다.\n",n,fact);
16
17    return 0;
18 }
```

프로그램 설명

먼저 변수 fact를 int형으로 정의한다. 팩토리얼의 값은 생각보다 아주 커질 수 있다. 여기서 fact의 초기값은 반드시 1이어야 한다. 0이면 안 된다. 왜냐하면 팩토리얼은 정수를 전부 곱해서 계산하는 것이므로 초기값이 0이면 결과는 0이 되어 버린다. 따라서 반드시 1로 초기화를 시켜야 한다.

사용자로부터 정수를 하나 입력받는다. 입력받은 정수는 변수 n에 저장된다. for 루프를 사용하여 fact에 i의 값을 곱한 결과값을 다시 fact에 저장한다. i의 초기값도 0이 아닌 1이어야 한다. n까지 곱해져야 하므로 for 루프가 끝나는 값도 n이 된다. 다음 표에서 n이 5라고 가정하고 각 반복에서 i와 fact의 값을 나타내었다.

	i의 값	i<=5	반복여부	fact의 값
1번째 반복	1	1<=5(참)	반복	1*1
2번째 반복	2	2<=5(참)	반복	1*1*2
3번째 반복	3	3<=5(참)	반복	1*1*2*3
4번째 반복	4	4<=5(참)	반복	1*1*2*3*4
5번째 반복	5	5<=5(참)	반복	1*1*2*3*4*5
6번째 반복	6	6<=5(거짓)	중단	

for 문에서 주의할 점

- 조건식에는 참, 거짓을 판별할 수 있는 수식이면 어떤 것이던지 가능하다. 다음과 같이 논리 연산자를 이용하여 여러 가지 조건을 결합할 수도 있다.

```
for (i = 0; i < 100 && sum < 2000; i++ )
    sum += i;
```

위의 반복문은 i가 100보다 적고 sum이 2000보다 적으면 반복을 계속하게 된다.

- 앞에서 for 문은 3부분으로 구성된다고 했는데 3부분 중에서 어떤 부분은 비어 있을 수도 있다. 만약 이들 3부분이 전부 비어 있으면 루프가 무한히 반복된다.

```
for( ; ; ) {
    printf("Hello World!\n");
}
```

위의 반복문을 실행하면, 화면에 Hello World!가 무한히 출력된다. 이것을 중지하려면 Ctrl-C를 눌러야 한다.

- 증감식에서는 주로 증가 수식이 많이 이용되지만 때에 따라서는 감소 수식도 사용된다.

```
for (i = 10; i > 0; i-- )
    printf("Hello World!\n");
```

위의 반복문은 i에 10이 대입되고 한번 반복할 때마다 1씩 감소되어서 i가 0이 되면 반복을 중지한다.

● 반복되는 문장이 2줄 이상이면 중괄호를 사용하여 묶어준다.

참고: for 루프에서 변수 선언

최신의 C 규격에서는 C++ 언어처럼 다음과 같이 for 루프 안에서 변수를 선언하여 사용할 수 있다.

```
for(int i=0;i<10; i++){ … }
```

하지만 임베디드 시스템의 경우, 여러 가지 이유로 예전 버전의 C 컴파일러를 사용하는 경우도 무척 흔하다. 따라서 이 책에서는 가급적 for 루프 안에서는 변수를 선언하지 않았다.

Q 3가지의 반복문 for, while, do-while 중에서 어떤 것을 사용해야 하는가?

A 부분적으로는 개인적인 취향의 문제이다. 일반적인 선택 기준은 루프의 반복 횟수를 아는 경우에는 for 루프가 while 루프에 비하여 약간 더 편리하다고 할 수 있다. 즉 루프 제어 변수를 증가하는 것을 잊어버린다거나 하는 일이 while 루프에 비하여 덜 발생한다. 만약 조건만 존재하고 정확한 반복 회수는 모르는 경우에는 while 구조가 좋다. 만약 반드시 한번은 수행되어야 하는 문장들이 있다면 do-while 구조가 제격이다.
또한 while과 for는 반복하기 전에 조건을 검사하는 구조이고 do-while은 먼저 실행한 후에 반복 조건을 검사한다. 특별한 경우가 아닌 일반적인 경우에는 반복을 하기 전에 조건 검사를 하는 것이 좋다. 뭐든지 실행하기 전에 면밀하게 사전 조사를 하는 것이 좋은 것과 마찬가지이다.

중간점검

1. 다음 코드의 출력을 쓰시오.

```
for(i = 1; i < 5; i++)
    printf("%d ", 2 * i);
```

2. 다음 코드의 출력을 쓰시오.

```
for(i = 10; i > 0; i = i - 2)
    printf("Student%d\n", i);
```

Lab 복리의 무서움

| 난이도 ★★ 주제 for 루프 |

여러분이라면 1억원을 일시불로 받을 것인가? 아니면 첫날 1원을 받지만, 2일째 날부터 30일째 날까지, 전날보다 두 배씩 받는 것을 선택할 것인가? 아마 여러분들은 복리의 무서움(또는 괴력)을 느끼게 될 것이다. 프로그램으로 시뮬레이션해보자. 지수 함수나 로그 함수는 사용하지 않는다고 가정하자.

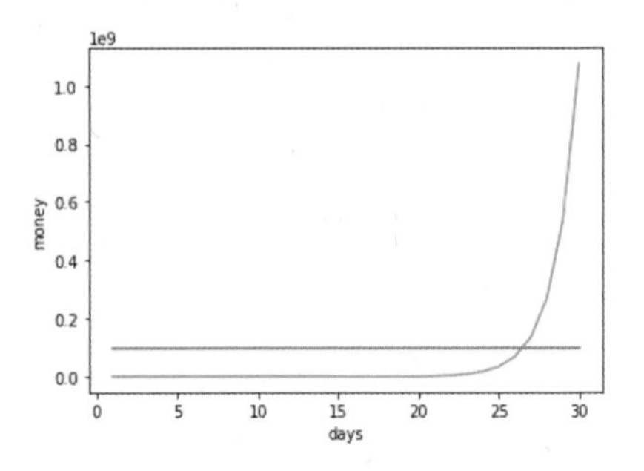


```
Microsoft Visual Studio 디버그 콘솔
23일날 현재 금액=4194304.000000
24일날 현재 금액=8388608.000000
25일날 현재 금액=16777216.000000
26일날 현재 금액=33554432.000000
27일날 현재 금액=67108864.000000
28일날 현재 금액=134217728.000000
29일날 현재 금액=268435456.000000
30일날 현재 금액=536870912.000000
```

interest.c

```c
1  #include <stdio.h>
2
3  int main(void) {
4     double money = 1.0;
5
6     for (int i = 2; i <= 30; i++) {
7        money *= 2.0;
8        printf("%d일날 현재 금액=%lf\n", i, money);
9     }
10    return 0;
11 }
```

도전문제

이율과 기간을 사용자로부터 받아서 최종 금액을 계산하는 프로그램으로 변경해보자.

Lab 약수 구하기

| 난이도 ★★ 주제 for 반복문 이해 |

반복문을 이용하여서 주어진 정수의 약수를 모두 구해보자. 정수 num이 주어지면 1부터 num까지 루프 제어 변수 i를 하나씩 증가시키면서 num%i==0 이면 i가 num의 약수가 된다.

Microsoft Visual Studio 디버그 콘솔
정수를 입력하시오:36
1 2 3 4 6 9 12 18 36

divisor.c

```
1  #define _CRT_SECURE_NO_WARNINGS
2  #include <stdio.h>
3
4  int main(void) {
5     int num, i = 1;
6     printf("정수를 입력하시오:");
7     scanf("%d", &num);
8
9     while (i <= num) {
10       if (num % i == 0)         // i로 나누어떨어지면 약수
11          printf("%d ", i);
12       i++;
13    }
14    printf("\n\n");
15    return 0;
16 }
```

도전문제

위의 프로그램을 참조하여서 두 수의 최대 공약수를 구하는 프로그램을 작성해보자. 일반적인 방법도 있고 유클리드의 방법도 있다. 인터넷에서 조사해보자.

Lab 조화 수열 계산하기

| 난이도 ★★ 주제 for 반복문 이해 |

사용자로부터 n을 입력받아서 조화 수열의 합을 표시하는 프로그램을 C로 작성해보자. 조화 수열은 각 항의 역수가 등차 수열을 이루는 수열로서 각 항은 점차 작아져서 0에 한없이 가까워지지만, 합은 무한대가 된다고 알려져 있다. 사실일까? 컴퓨터로 천만개까지 계산해보자.

$$1 + \frac{1}{2} + \frac{1}{3} + \frac{1}{4} + \frac{1}{5} + \cdots = \infty$$

```
Microsoft Visual Studio 디버그 콘솔
항의 개수: 10000000
수열의 합=16.695311
```

harmony.c

```c
1  #define _CRT_SECURE_NO_WARNINGS
2  #include <stdio.h>
3  
4  int main(void) {
5     int i, n;
6     double sum = 0.0;
7  
8     printf("항의 개수: ");
9     scanf("%d", &n);
10 
11    for (i = 1; i <= n; i++)
12       sum += 1.0 / (double)i;
13 
14    printf("수열의 합=%lf \n\n", sum);
15    return 0;
16 }
```

도전문제

왜 무한대가 된다는 것일까? 예를 들어서 항의 개수를 더 늘려보자. 수열의 합이 증가되는가?

6. 중첩 반복문

반복문은 중첩되어 사용될 수 있다. 즉 반복문 안에 다른 반복문이 실행될 수 있다. 이러한 형태를 중첩 반복문(nested loop)이라고 한다. 외부에 위치하는 반복문을 바깥쪽 반복문(outer loop)이라고 하고 내부의 반복문을 안쪽 반복문(inner loop)라고 한다. 안쪽 반복문은 바깥쪽 반복문이 한번 반복할 때마다 새로 실행된다.

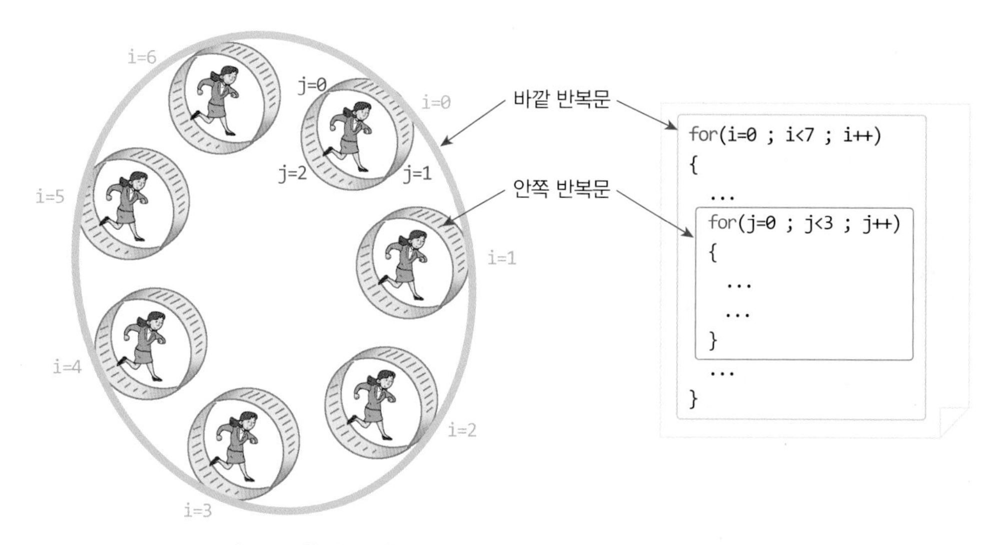

그림 6.9 중첩 반복문은 반복 루프 안에 또 다른 반복 루프가 있는 것이다.

중첩 반복문에서 가장 주의할 점은 각각의 반복문을 제어하는 변수가 달라야 한다는 점이다. 그림 6.9에서도 바깥쪽 반복문을 제어하는 변수는 i이고 안쪽 반복문을 제어하는 변수는 j로 서로 다르다. 만약 같은 변수가 사용되면 논리적인 오류가 발생할 가능성이 높다.

예제 #1

중첩 반복문은 실제 프로그래밍에서 많이 나오는 형태로 특히 사각형과 비슷한 데이터를 처리하는데 유용하다. 다음 예제는 *기호를 사각형 모양으로 출력한다.

여기서는 반복문으로 for 루프를 사용하여 보자. 주의할 점은 외부의 for 루프가 반복시키는 문장이 2개 이상이기 때문이 반드시 이들을 중괄호로 묶어서 블록으로 만들어 주어야 한다. 그렇지 않으면 외부 for 문은 바로 아래에 위치한 문장만 반복할 것이다.

nested_loop2.c

```
1  // 중첩 for 문을 이용하여 *기호를 사각형 모양으로 출력하는 프로그램
2  #include <stdio.h>
3
4  int main(void)
5  {
6      int x, y;
7
8      for(y = 0;y < 5; y++)                // 바깥 반복문
9      {
10         for(x = 0;x < 10; x++)           // 안쪽 반복문
11             printf("*");
12
13         printf("\n");                    // 안쪽 반복문이 종료될 때마다 실행
14     }
15
16     return 0;
17 }
```

프로그램 설명

위의 프로그램을 실행하면 50개의 *가 화면에 의 정사각형 모양으로 출력된다. *를 출력하는 문장의 외부에는 두개의 for 루프가 중첩되어 있다. 외부의 for 루프는 변수 y를 0에서 4까지 증가시키면서 내부의 for 루프를 실행시킨다. 내부의 for 루프는 변수 x를 0에서 9까지 증가시키면서 print() 메소드를 호출한다. 내부 for 루프가 한번 실행될 때마다 화면에는 한 줄의 *가 그려진다. 내부 for 루프가 한 번씩 종료될 때마다 줄바꿈 문자가 화면에 출력되어 다음 줄로 넘어가게 된다.

중간점검

1. 다음 코드의 출력을 쓰시오.

```
for(i = 1; i < 3; i++)
    for(j = 3; j >= 1; j--)
        printf("%d 곱하기 %d은 %d\n", i, j, i*j);
```

Lab 구구단 출력

| 난이도 ★ 주제 중첩 반복문 이해 |

중첩 반복 루프를 이용하여 전체 구구단을 출력해보자.

```
Microsoft Visual Studio 디버그 콘솔
1 X 1 = 1
1 X 2 = 2
1 X 3 = 3
1 X 4 = 4
1 X 5 = 5
1 X 6 = 6
1 X 7 = 7
1 X 8 = 8
1 X 9 = 9
2 X 1 = 2
```

gugu_tot.c

```c
1  #include <stdio.h>
2
3  int main(void)
4  {
5     int i, k;
6
7     for (i = 1; i <= 9; i++) {
8        for (k = 1; k <= 9; k++) {
9           printf("%d X %d = %d \n", i, k, i * k);
10       }
11    }
12    return 0;
13 }
```

도전문제

각 단의 사이에 빈칸이나 "========================="을 출력해보자.

7. break와 continue

break 문

break 문은 반복 루프를 벗어나기 위하여 사용한다. 반복 루프 안에서 break 문이 실행되면 반복 루프는 즉시 중단되고 반복 루프 다음에 있는 문장이 실행된다.

그림 6.10 break 문은 반복 루프를 벗어나기 위한 문장이다.

예를 들어 다음의 반복 루프는 사용자로부터 10개의 실수를 받아서 합계를 출력한다. 하지만 사용자가 중간에 음수를 입력하면 반복 루프를 조기에 종료시킨다.

```
1  #define _CRT_SECURE_NO_WARNINGS
2  # include <stdio.h>
3
4  int main(void)
5  {
6     int i;
7     double number, sum = 0.0;
8
9     for (i = 1; i <= 10; i++)
10    {
11       printf("%d번째 실수를 입력하시오: ", i);
12       scanf("%lf", &number); // double형 실수는 %lf를 사용한다.
13
14       // 사용자가 음수를 입력하면 반복 루프가 종료된다.
15       if (number < 0.0)
16          break;
17       sum += number;
18    }
19
```

```
20      printf("합계 = %f", sum);
21      return 0;
22  }
```

```
Microsoft Visual Studio 디버그 콘솔
1번째 실수를 입력하시오: 10.0
2번째 실수를 입력하시오: 20.0
3번째 실수를 입력하시오: 30.0
4번째 실수를 입력하시오: -1
합계 = 60.000000
```

break 문은 원하는 만큼 얼마든지 둘 수 있다. 그러나 break 문을 너무 많이 사용하게 되면 코드가 난해해진다. 따라서 특수하게 반복 루프를 중단할 경우에만 break 문을 사용하는 것이 좋다.

continue 문

continue 문은 현재 수행하고 있는 반복 과정의 나머지를 건너뛰고 다음 반복을 시작하게 만든다. 반복 루프에서 continue 문을 만나게 되면 continue 문 다음에 있는 후속 코드들은 실행되지 않는다. 0부터 10까지의 정수 중에서 짝수만을 출력하는 예제를 가지고 설명하여 보자. 0부터 10까지의 정수를 하나씩 조사하다가 현재 정수가 짝수이면 화면에 출력하고 현재 정수가 홀수이면 다음 반복을 시작한다.

```
1   #include <stdio.h>
2   int main(void)
3   {
4       int i;
5       for (i = 0; i < 10; i++) {
6           if (i % 2 == 1)
7               continue;
8           printf("정수: %d \n", i);
9       }
10      return 0;
11  }
```

```
선택 Microsoft Visual Studio 디버그 콘솔
정수: 0
정수: 2
정수: 4
정수: 6
정수: 8
```

중간점검

1. ________ 문이 반복문에서 실행되면 현재의 반복을 중단하고 다음번 반복 처리가 시작된다.
2. ________ 문이 반복문에서 실행되면 반복문을 빠져 나온다.
3. 다음 코드의 출력을 쓰시오.

```
int i;
for(i = 1; i < 10; i++) {
    if( i % 3 == 0 ) break;
    printf("%d\n", i);
}
```

4. 3번 문제에서 break를 continue로 변경하면 어떻게 되는가?

Lab 산수 문제 자동 출제

| 난이도 ★★★ 주제 중첩 반복문 이해, break 사용 |

초등학교 학생들을 위한 산수 문제를 자동으로 출제하는 프로그램을 작성해보자. 덧셈 문제들을 자동으로 생성하여야 한다. 피연산자는 0에서 99 사이의 난수로 하자. 한 번이라도 맞으면 종료한다.

```
Microsoft Visual Studio 디버그 콘솔
산수 문제를 자동으로 출제합니다.
41 + 67 = 109
틀렸습니다.
34 + 0 = 34
맞았습니다.
```

난수는 어떻게 만들까? 난수는 rand() 함수를 호출하면 된다. rand()는 0부터 32767 사이의 난수를 우리에게 반환한다. 이것을 0부터 99 사이의 난수로 변환하려면 다음과 같이 나머지 연산자 %를 사용한다.

```
1  #include <stdio.h>
2  #include <stdlib.h>          // 이 헤더파일을 반드시 포함시킨다.
3
4  int main(void)
5  {
6     int x = rand() % 100;     // 0부터 99 사이의 난수가 생성된다.
7     int y = rand() % 100;
8     ...
9  }
```

무한 루프는 다음과 같이 생성한다. 사용자의 답도 체크하여야 한다.

```
while(1) {
   ...
}
```

Soultion 산수 문제 자동 출제

math.c

```
1  #define _CRT_SECURE_NO_WARNINGS
2  #include <stdio.h>
3  #include <stdlib.h>
4
5  int main(void)
6  {
7      int i, ans;
8      printf("산수 문제를 자동으로 출제합니다. \n");
9
10     while(1) {
11         int x = rand() % 100;
12         int y = rand() % 100;
13
14         printf("%d + %d = ", x, y);
15         scanf("%d", &ans);
16
17         if (x + y == ans) {
18             printf("맞았습니다.\n");
19             break;
20         }
21         else
22             printf("틀렸습니다.\n");
23     }
24     return 0;
25 }
```

도전문제

(1) 뺄셈이나 곱셈, 나눗셈 문제도 출제할 수 있는가?
(2) 난수 발생기의 씨드를 현재 시간으로 초기화하는 srand(time(NULL))을 호출한 후에 난수를 발생시켜보자.
(3) 1번이 아니고 10번 맞추면 종료하도록 소스를 변경해보자.

Lab 1부터 n까지의 모든 소수를 찾아보자

| 난이도 ★★★ 주제 중첩 반복문 |

반복 구조를 사용하여 1에서 n 사이의 모든 소수를 출력하는 프로그램을 작성한다.

```
Microsoft Visual Studio 디버그 콘솔
어디까지 찾을까요? : 50
2, 3, 5, 7, 11, 13, 17, 19, 23, 29, 31, 37, 41, 43, 47,
```

get_prime.c

```
1   #define _CRT_SECURE_NO_WARNINGS
2   #include <stdio.h>
3
4   int main()
5   {
6       int n, is_prime;
7
8       printf("어디까지 찾을까요? : ");
9       scanf("%d", &n);
10
11      for (int i = 2; i <= n; i++)  {
12          is_prime = 1;
13          for (int k = 2; k < i; k++) {
14              if (i % k == 0)  {
15                  is_prime = 0;
16                  break;
17              }
18          }
19          if (is_prime == 1)
20              printf("%d, ", i);
21      }
22      printf("\n\n");
23      return 0;
24  }
```

소수 여부를 나타내는 변수

일단 소수라고 가정한다.

k로 나누어서 떨어지면 소수가 아니다.

Lab 파이를 계산해보자

| 난이도 ★★★ 주제 for 반복문 |

몬테카를로 시뮬레이션을 이용하여 파이의 값을 계산하여 보자. 몬테카를로 시뮬레이션은 난수를 이용하여 수학적인 문제나 물리학적인 문제를 해결하는 기법이다. 아래와 같이 사각형과 원을 그리고 난수를 생성하여서 그림 위에 표시한다(프로그램에서 실제로 그림을 그리는 것은 아니다). 원의 반지름은 1이라고 하자. 그러면 원의 면적은 π이고 사각형의 면적은 4이다. 따라서 점이 원 내부에 찍힐 확률은 (원의 면적)/(사각형의 면적)=$\pi/4$가 된다.

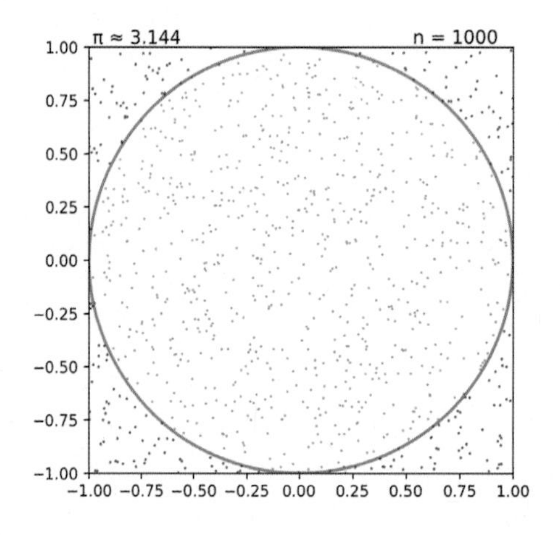

따라서 점을 1000000개 정도 찍은 후에, 원안에 있는 점들의 개수를 세어보면 우리는 파이의 값을 꽤 정확하게 추정할 수 있다.

```
반복횟수:   1000000
파이 = 3.143064
```

calc_pi.c

```
1  #define _CRT_SECURE_NO_WARNINGS
2  #include <stdio.h>
3  #include <math.h>
4  #include <stdlib.h>
5
6  int main(void) {
7
8      srand(time(NULL));
9      int niter, inside_dots = 0;
10     double x, y, z, pi;
11
12     printf("반복횟수:  ");
13     scanf("%d", &niter);
14
15     inside_dots = 0;
16
17     for (int i = 0; i < niter; i++) {
18         x = (double)rand() / RAND_MAX;   // 0에서 1까지의 난수가 생성된다.
19         y = (double)rand() / RAND_MAX;
20         z = x * x + y * y;
21         if (z <= 1) inside_dots++;   // 원 안에 있는 점이면 제곱합이 1보다 적다.
22     }
23     pi = (double)inside_dots / niter * 4;
24     printf("파이 = %lf\n\n", pi);
25     return(0);
26 }
```

Mini Project NIM 게임

| 난이도 ★★ 주제 반복문, break 문 |

이번 실습에서는 NIM 게임을 구현하여 보자. 스틱들의 뭉치를 가정한다. 사용자와 컴퓨터는 번갈아서 스틱 뭉치에서 0개에서 3개 사이로 스틱을 가져갈 수 있다. 마지막 스틱을 가져가는 사람이 지는 게임이다. 스틱의 초기 개수는 12개라고 하자.

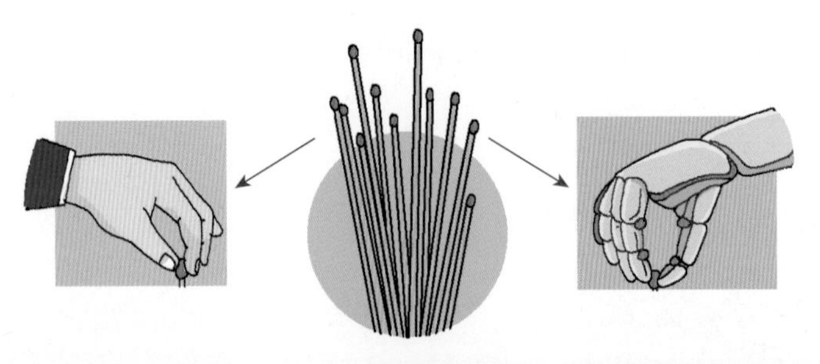

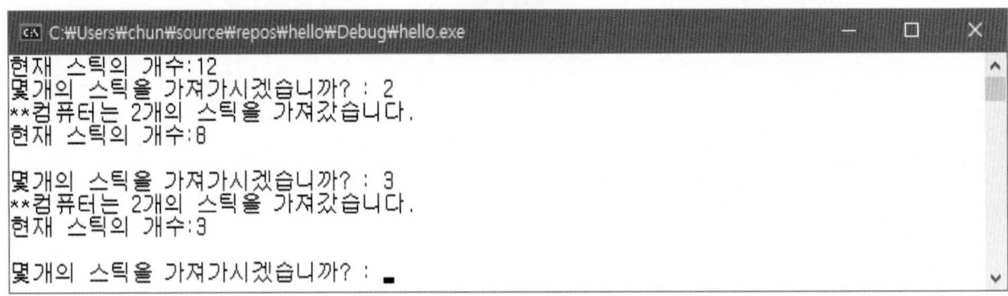

```
C:\Users\chun\source\repos\hello\Debug\hello.exe
현재 스틱의 개수:12
몇개의 스틱을 가져가시겠습니까? : 2
**컴퓨터는 2개의 스틱을 가져갔습니다.
현재 스틱의 개수:8

몇개의 스틱을 가져가시겠습니까? : 3
**컴퓨터는 2개의 스틱을 가져갔습니다.
현재 스틱의 개수:3

몇개의 스틱을 가져가시겠습니까? :
```

NIM 게임에서는 전략이 있으나 여기서는 전략은 전혀 고려하지 않는다. 컴퓨터는 무조건 0부터 3 사이의 난수를 발생시켜서 스틱을 가져간다. 발생된 난수가 현재 스틱 개수보다 크면 스틱 개수로 제한한다.

연습문제

1 int x; for(x=0; x〈10; x++) { }이 종료되었을 때 x의 최종값은?

① 10 ② 9 ③ 0 ④ 1

2 while(x〈100) y++;에서 y++은 언제 실행되는가?

① x가 100보다 작을 때 ② x가 100보다 클 때

③ x가 100과 같을 때 ④ 항상

3 코드 'for(;;)' 은 무한 루프를 나타낸다. 무한 루프는 다음 중 어떤 것에 의하여 종료될 수 있는가?

① break ② exit(0) ③ abort() ④ 종료될 수 없다.

4 다음의 반복문은 몇 번이나 반복되는가?

(a) for(i = 0; i 〈 10; i++)

(b) for(i = 1; i 〈= 10; i++)

(c) for(i = 0; i 〈= 10; i++)

5 다음의 중첩 반복문은 몇 번이나 반복되는가?

```
for(i = 0; i < 10; i++)
   for(k = 1; k <= 3; k++)
```

6 do-while 반복 구조는 최소한 몇 번 반복하는가?

① 0 ② 1 ③ 무한정 ④ 가변적

7 다음 코드의 실행결과를 써라.

```
short i;
for (i = 1; i >= 0; i++)
   printf("%d\n", i);
```

8 다음 코드의 실행결과를 써라.

```
int i = -2;
while (++i) {
   printf("하이 \n");
}
```

9 다음 while 루프는 for 루프로, for 루프는 while 루프로 변경하라.

(a)

```
int i = 0;
while(i < 10)
{
   printf("%d\n", i);
   i++;
}
```

(b)

```
int i;
for(i = 1;i <= 10; i++)
        printf("%d\n", i);
```

10 다음 프로그램의 결과를 써라.

```
int i = 0;
for (; ; )
{
   i++;
   if (i > 7)
      break;
   if (i < 3)
      continue;
   printf("%d \n", i);
}
```

Programming

| 난이도 ★　주제 횟수 제어 반복문 |

1 간단한 카운트 다운 프로그램을 작성하여 보자. 60초부터 0초까지 숫자를 출력하고 0초가 되면 "발사"를 출력한다.

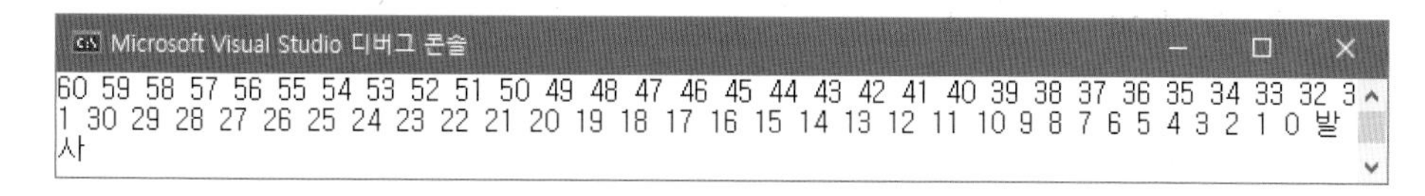
Microsoft Visual Studio 디버그 콘솔
60 59 58 57 56 55 54 53 52 51 50 49 48 47 46 45 44 43 42 41 40 39 38 37 36 35 34 33 32 31 30 29 28 27 26 25 24 23 22 21 20 19 18 17 16 15 14 13 12 11 10 9 8 7 6 5 4 3 2 1 0 발사

| 난이도 ★　주제 횟수 제어 반복문 |

2 사용자로부터 반복 횟수를 받아서 그 수만큼 "안녕하세요"를 출력하는 프로그램을 작성해보자.

Microsoft Visual Studio 디버그 콘솔
몇 번이나 반복할까요?: 3
안녕하세요?
안녕하세요?
안녕하세요?

| 난이도 ★　주제 중첩 반복문 |

3 다음과 같은 출력을 생성하는 프로그램을 작성하여 보자.

Microsoft Visual Studio 디버그 콘솔
1******
12*****
123****
1234***
12345**
123456*
1234567

| 난이도 ★　주제 조건 제어 반복문 |

4 사용자로부터 정수를 입력받아서 계속 더하는 프로그램을 작성해보자. 사용자가 0을 입력하면 지금까지 입력된 모든 정수의 합계를 출력하고 종료한다.

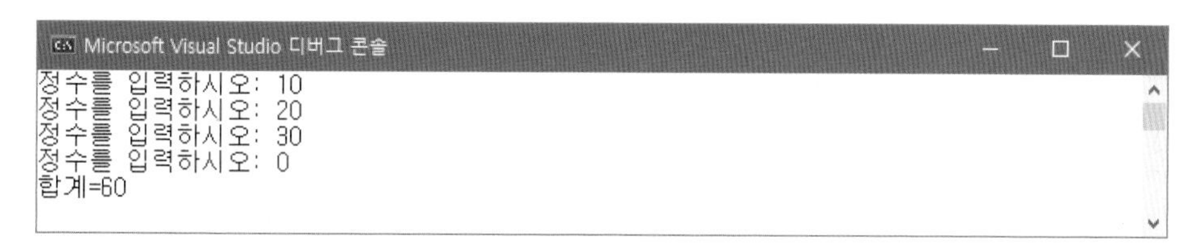
Microsoft Visual Studio 디버그 콘솔
정수를 입력하시오: 10
정수를 입력하시오: 20
정수를 입력하시오: 30
정수를 입력하시오: 0
합계=60

| 난이도 ★ 주제 횟수 제어 반복문 |

5 1부터 100까지의 자연수 중에서 3의 배수를 출력하여 보자.

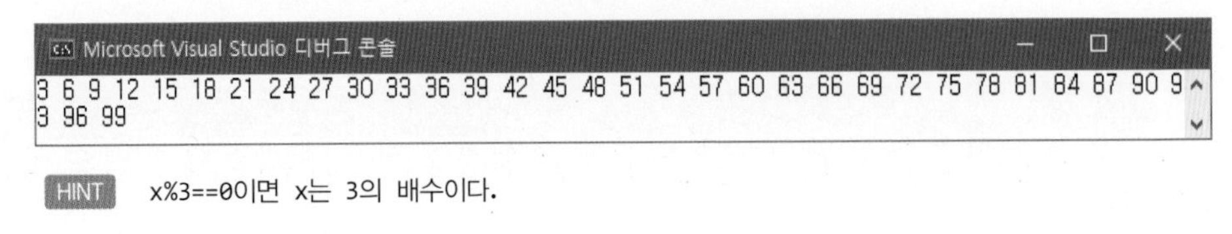

HINT x%3==0이면 x는 3의 배수이다.

| 난이도 ★ 주제 횟수 제어 반복문 |

6 1부터 100까지의 자연수 중에서 3의 배수이면서 동시에 5의 배수인 숫자를 출력하여 보자.

HINT x%3==0 && x%==5이면 x는 3과 5의 배수이다.

| 난이도 ★ 주제 횟수 제어 반복문 |

7 사용자로부터 정수 x, y를 입력받아서 x에서 y까지의 합을 구하는 프로그램을 작성하라.

HINT for 루프를 사용해보자.

| 난이도 ★ 주제 횟수 제어 반복문, 문자 실습 |

8 아스키 코드 표를 출력하는 프로그램을 작성해보자.

| 난이도 ★★ 주제 조건 제어 반복문, 문자 실습 |

9 반복적으로 사용자에게서 문자를 받아서 'a'가 나오면 카운터를 하나씩 증가한다. 사용자가 '.'을 입력하면 반복을 종료하고 입력한 'a'의 총 개수를 출력한다. 문자를 입력받을 때는 getchar() 함수를 사용한다.

```
문자를 입력하시오: (종료 .)a
문자를 입력하시오: (종료 .)a
문자를 입력하시오: (종료 .)b
문자를 입력하시오: (종료 .).
a의 개수 = 2
```

HINT c = getchar(); 문장으로 문자를 입력받는다.

| 난이도 ★ 주제 횟수 제어 반복문 |

10 반복문을 이용하여 화씨 온도 0도부터 100까지의 구간에 대하여 10도 간격으로 섭씨 온도로 환산하는 표를 작성하라.

```
======================
화씨온도        섭씨온도
======================
0       -17
10       -12
20       -6
30       -1
40       4
50       10
60       15
```

HINT C = (f-32.0)*5.0/9.0

| 난이도 ★★ 주제 중첩 반복문 |

11 중첩 반복문을 사용하여서 다음과 같이 출력하는 프로그램을 작성하여 보자.

```
정수를 입력하시오: 5
1
1 2
1 2 3
1 2 3 4
1 2 3 4 5
```

HINT printf()로 정수를 3칸에 출력하려면 "%3d"를 사용한다.

| 난이도 ★★ 주제 중첩 반복문 |

12 컴퓨터는 막대 그래프를 그리는 데도 사용된다. 사용자로부터 1부터 50사이의 숫자 10개를 입력받아서 숫자만큼의 별표를 출력하는 프로그램을 작성하라. 막대는 세로로 그려지게 된다.

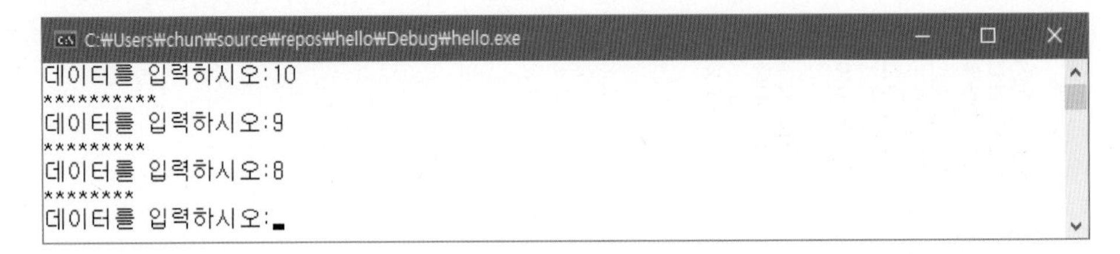

```
데이터를 입력하시오:10
**********
데이터를 입력하시오:9
*********
데이터를 입력하시오:8
********
데이터를 입력하시오:
```

| 난이도 ★★★ 주제 횟수 제어 반복문 |

13 피보나치 수열을 계산하는 프로그램을 작성해보자. 피보나치 수열은 0과 1부터 시작하며 앞의 두 수를 더하여 뒤 수를 만든다.

```
0, 1, 2, 3, 5, 8, 13, 21, 34, ...
```

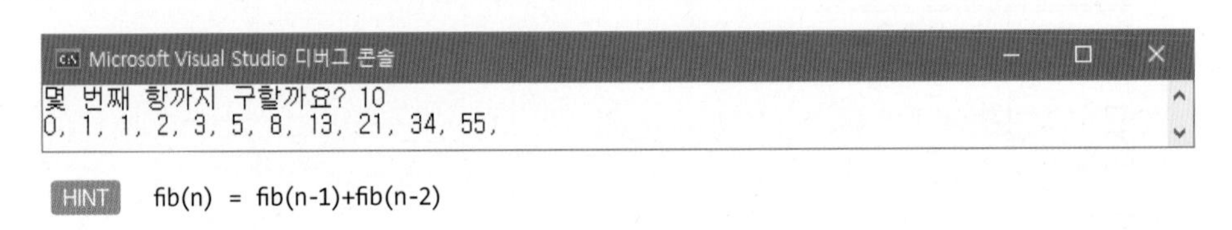

```
몇 번째 항까지 구할까요? 10
0, 1, 1, 2, 3, 5, 8, 13, 21, 34, 55,
```

HINT fib(n) = fib(n-1)+fib(n-2)

| 난이도 ★ 주제 횟수 제어 반복문 |

14 $1^2+2^2+3^2+\ ...\ +n^2$의 값을 계산하여 출력하여 보자.

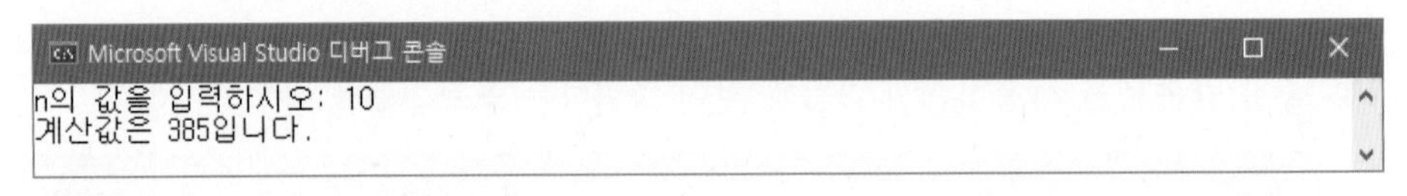

```
n의 값을 입력하시오: 10
계산값은 385입니다.
```

HINT i를 1부터 n까지 증가시키면서 result에 i*i를 더한다. result의 초기값은 0이어야 한다.

| 난이도 ★★ 주제 조건 제어 반복문, break 문 |

15 자동차의 연로 탱크 프로그램을 시뮬레이션하여 보자. 초기값이 1000리터이고 사용자가 주행을 하면 연료가 줄어든다. 반복문을 사용하여서 사용자로부터 충전 또는 사용한 연료를 입력받아서 연로 탱크에 남아 있는 연료가 10% 미만이면 경고를 출력한다.

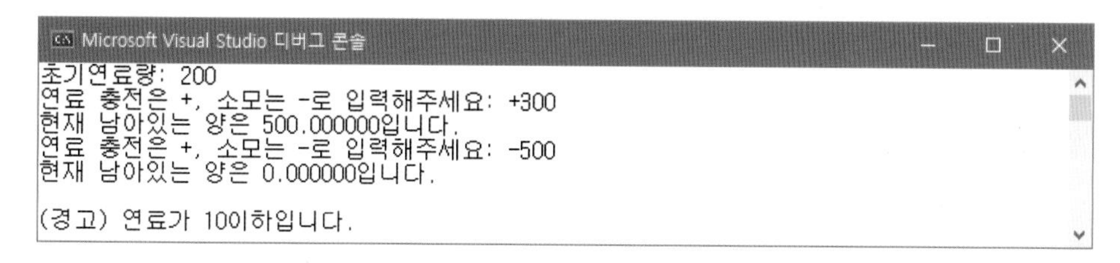
Microsoft Visual Studio 디버그 콘솔
초기연료량: 200
연료 충전은 +, 소모는 -로 입력해주세요: +300
현재 남아있는 양은 500.000000입니다.
연료 충전은 +, 소모는 -로 입력해주세요: -500
현재 남아있는 양은 0.000000입니다.
(경고) 연료가 10이하입니다.

| 난이도 ★★ 주제 중첩 반복문 |

16 사용자가 입력한 수가 소수인지 아닌지를 출력하는 프로그램을 작성하라. 소수는 1과 자기 자신이외에는 약수를 가지지 않아야 한다.약수는 % 연산자를 이용하여서 검사할 수 있다. 즉 i가 5의 약수라면 i%5가 0이 된다.

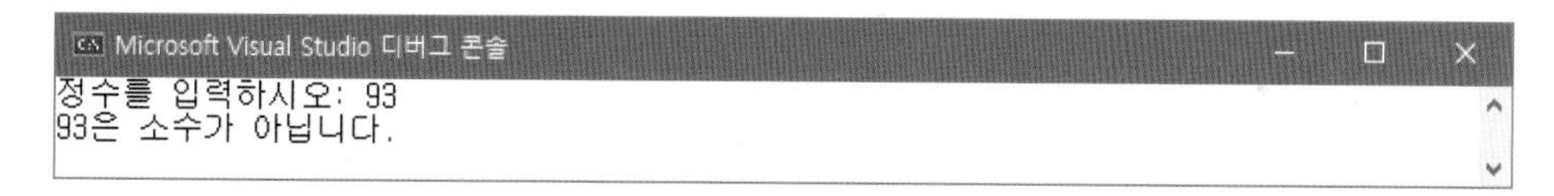
Microsoft Visual Studio 디버그 콘솔
정수를 입력하시오: 93
93은 소수가 아닙니다.

| 난이도 ★★ 주제 중첩 반복문 |

17 피타고라스의 정리는 직각 삼각형에서 직각을 낀 두 변의 길이를 a, b라고 하고, 빗변의 길이를 c라고 하면 $a^2+b^2=c^2$의 수식이 성립한다는 것이다. 각 변의 길이가 100보다 작은 삼각형 중에서 피타고라스의 정리가 성립하는 직각 삼각형은 몇 개나 있을까? 3중 반복문을 이용하여 피타고라스의 정리를 만족하는 3개의 정수를 찾도록 한다.

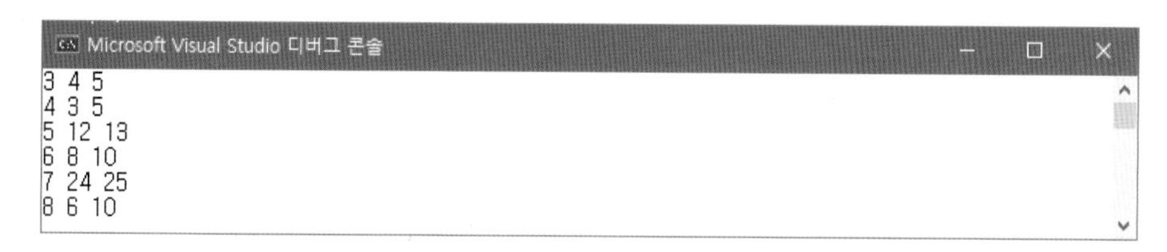
Microsoft Visual Studio 디버그 콘솔
3 4 5
4 3 5
5 12 13
6 8 10
7 24 25
8 6 10

| 난이도 ★★★ 주제 조건 제어 반복문, 횟수 제어 반복문, 중첩 반복문 |

18 라스베가스에서 50달러를 가지고 도박을 하는 사람이 있다. 한 번의 도박에 1달러를 건다고 가정하자. 돈을 따거나 잃을 확률은 0.5로 동일하다고 가정하자. 도박사는 가진 돈을 다 잃거나 목표 금액인 250달러에 도달하면 도박을 중지한다. 도박사가 목표 금액에 도달하는 확률이 얼마나 되는지를 계산해보자.

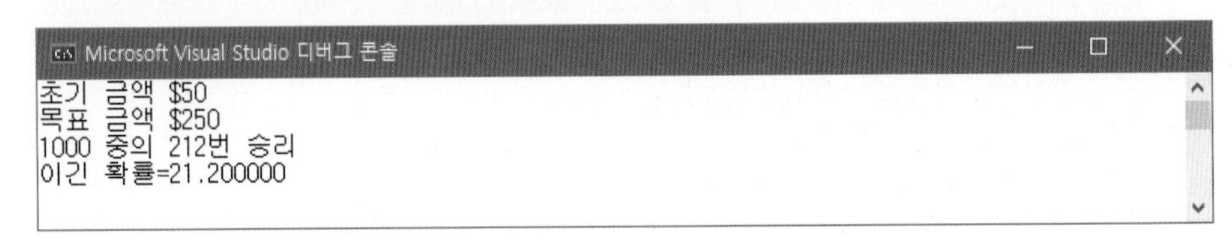
Microsoft Visual Studio 디버그 콘솔
초기 금액 $50
목표 금액 $250
1000 중의 212번 승리
이긴 확률=21.200000

HINT rand()를 호출하여서 난수를 발생시킨다. 난수의 값이 0.5보다 작으면 이긴 것으로 한다. 다음의 코드를 참조한다.

```
bets++;        // 배팅 횟수 증가
if ((double)rand()/RAND_MAX < 0.5) cash++; // $1을 딴다.
else cash--;   // $1을 잃는다.
```

| 난이도 ★★★ 주제 횟수 제어 반복문 |

19 파이(π)는 원에서 원주와 반지름의 비율을 나타내는 상수이다. 파이를 계산하는 것은 무척 시간이 많이 걸리는 작업으로 주로 수퍼 컴퓨터의 성능을 시험하는 용도로 사용된다. 지금은 컴퓨터의 도움으로 10조개의 자리수까지 계산할 수 있다. 파이를 계산하는 가장 고전적인 방법은 Gregory-Leibniz 무한 수열을 이용하는 것이다.

$$\pi = \frac{4}{1} - \frac{4}{3} + \frac{4}{5} - \frac{4}{7} + \frac{4}{9} - \frac{4}{11} + \cdots$$

위의 수열은 간단하기 하지만 수렴은 상당히 늦다고 알려져 있다. 약 70자리까지는 계산할 수 있다. 사용자가 입력한 반복 횟수까지 위의 무한 수열을 계산하는 프로그램을 작성하여 보라.

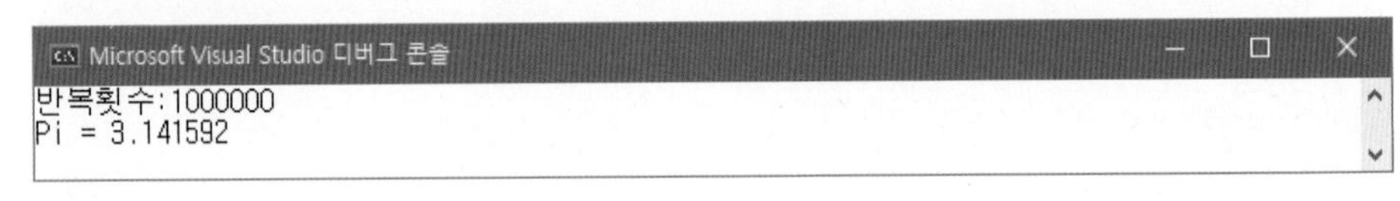
Microsoft Visual Studio 디버그 콘솔
반복횟수:1000000
Pi = 3.141592

HINT 사용자로부터 반복 횟수를 입력받는다. while 루프나 for 루프를 이용하여서 반복 횟수만큼 반복시키면 된다.

7
CHAPTER

배열

배열을 사용하세요. 배열은 변
수들을 묶어서 하나로
취급할 수 있습니다.
변수 1,000개가 필요한데요.
방법이 있나요?

학습목표

- 배열의 개념
- 배열의 선언과 초기화
- 일차원 배열
- 배열과 문자열
- 다차원 배열

7 배열

1. 이번 장에서 만들 프로그램

이번 장에서는 배열에 대하여 알아본다. 배열은 여러 개의 변수를 하나로 묶는 것이다. 배열을 사용하면 대용량의 데이터를 쉽게 처리할 수 있다.

(1) 배열에 값들을 저장하고 최소값을 찾아보자.

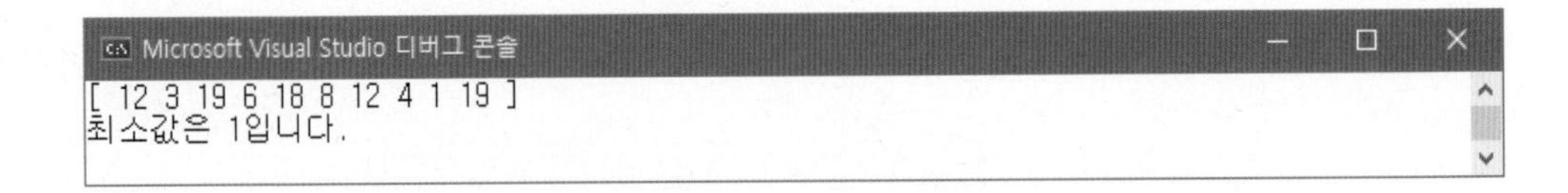
Microsoft Visual Studio 디버그 콘솔
[12 3 19 6 18 8 12 4 1 19]
최소값은 1입니다.

(2) 틱택토 게임을 구현해보자.

```
C:\WINDOWS\system32\cmd.exe
(x, y) 좌표: 0 0
---|---|---
 X |   |
---|---|---
   |   |
---|---|---
   |   |
---|---|---
(x, y) 좌표:
```

2. 배열이란?

지금까지 학습하였던 변수는 오직 하나의 값만을 저장할 수 있었다. 하지만 복잡한 응용 프로그램에서는 많은 값을 한꺼번에 저장할 수 있는 저장 장소가 필요하다. 배열은 이런 목적으로 만들어진 자료형이다. 배열을 사용하면 한 번에 여러 개의 변수를 생성할 수 있다. 10개의 정수를 저장할 수 있는 배열은 다음과 같이 선언한다. 다음 문장에서 s는 배열의 이름이고, 10은 배열의 크기이다.

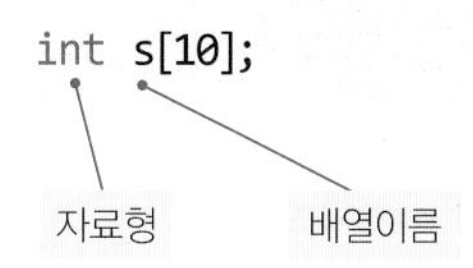

변수 선언이 단독 주택이라면 배열은 아파트 단지라고 할 수 있다. 단독 주택에는 한 가구만 살지만 아파트 단지에는 여러 가구가 동시에 거주할 수 있다. 배열에는 여러 개의 변수가 들어 있다. 배열의 이름은 아파트 단지 이름으로 생각할 수 있고 배열의 크기는 아파트 단지의 크기라고 할 수 있다.

변수

아파트

왜 배열이 필요한가?

우리는 이제까지 변수로만 잘 해왔는데 왜 배열이 필요할까? 예를 들어서 학생이 10명이 있고 이들의 성적의 평균을 계산한다고 가정하자. 평균을 계산하려면 먼저 각 학생들의 성적을 읽어서 어딘가에 저장하여야 한다. 학생이 10명이므로 10개의 변수가 필요하다.

```
int s0, s1, s2, s3, s4, s5, s6, s7, s8, s9;
```

만약 학생이 30명이라면 어떻게 해야 할까? 위의 방법대로라면 30개의 정수 변수를 다 선언하여야 한다. 만약 100명이라면, 아니 10,000명이라면 어떻게 할 것인가? 이런 식으로 변수를 일일이 선언하다가는 프로그래머의 생활이 아주 힘들어질 것이다. 따라서 다른 방법이 필요하다. 보다 손쉽게 대량의 데이터를 저장할 수 있는 공간을 만들 수 있어야 하고 이들 데이터들을 손쉽게 처리할 수 있는 방법이 필요하다. 그래서 탄생하게 된 것이 배열이다. 배열을 사용하면 같은 종류의 많은 데이터를 효율적이고 간편하게 처리할 수 있다.

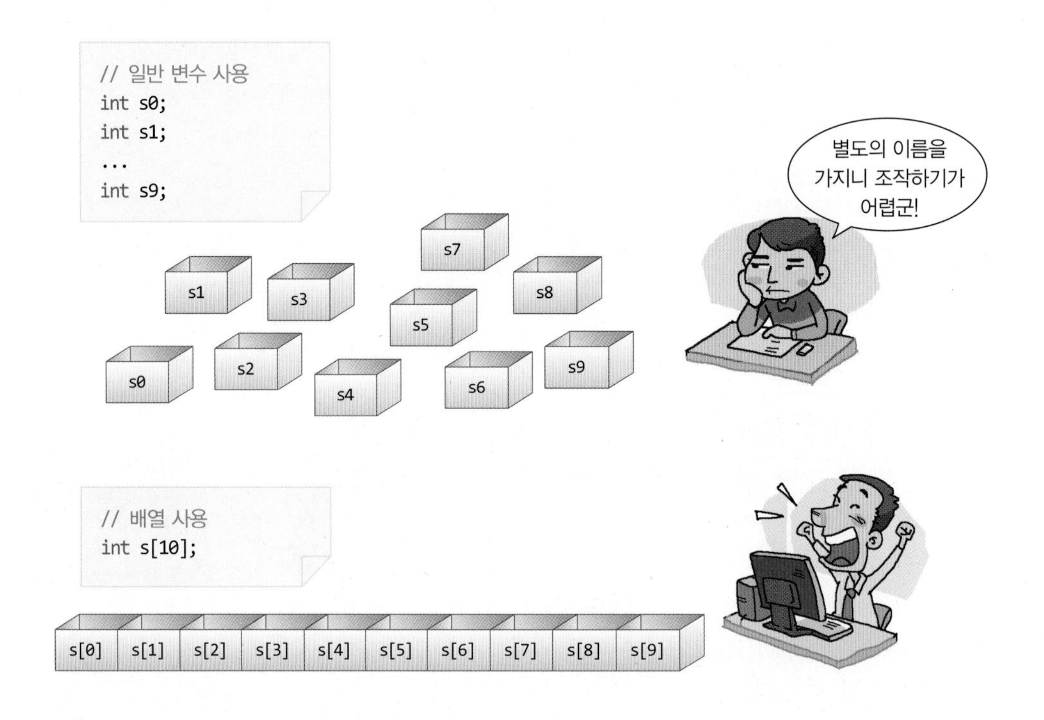

배열(array)은 동일한 타입의 데이터가 여러 개 저장되어 있는 데이터 저장 장소이다. 배열 안에 들어있는 각각의 데이터들은 번호에 의하여 식별된다. 이 번호를 인덱스(index)라고 한다. 배열에 저장된 데이터를 배열 요소(array element)라고 한다. 배열에서는 인덱스를 이용하여 배열 요소에 접근한다. 예를 들어서 배열에 들어 있는 첫 번째 요소는 s[0]이고 두 번째 요소는 s[1]이다. 마지막 요소는 s[9]가 된다. 만약 배열을 아파트라고 생각한다면 인덱스는 아파트의 각 집에 붙어 있는 번호이다. s아파트의 3호라면 "s아파트"가 배열의 이름이고 "3"이 인덱스라고 할 수 있다. 배열은 메모리의 연속적인 공간에 저장된다. 예를 들어서 배열 요소 s[0]과 s[1]은 실제 메모리에서도 서로 인접해 있다.

배열을 이용하면 여러 개의 값을 하나의 이름으로 처리할 수 있다. 만약 서로 관련된 데이터가 서로 다른 이름을 사용하고 있다면 이들 이름을 일일이 기억해야 할 것이다. 그러나 하나의 이름을 공유하고 단지 번호만 다를 뿐이라면 아주 쉽게 기억할 수 있고 사용할 수 있다. 예를 들어서 택배 사원이 10명에게 택배를 전달해야한다고 하자. 만약 10명이 동일한 아파트 동에 거주하고 있는 경우와 10명이 별도의 단독 주택에 거주하고 있는 경우, 어떤 경우가 더 쉽겠는가?

배열의 선언

배열을 사용하려면 먼저 배열을 선언하여야 한다. 배열 선언을 통하여 컴파일러에게 배열 요소의 개수가 몇 개이고 각 요소의 자료형이 무엇인지를 알려야 한다. 배열을 선언하려면 먼저 자료형을 지정하여야 한다. 다음으로 배열의 이름이 나오고 대괄호를 붙인 다음에 대괄호 안에 배열의 크기를 적어주면 된다.

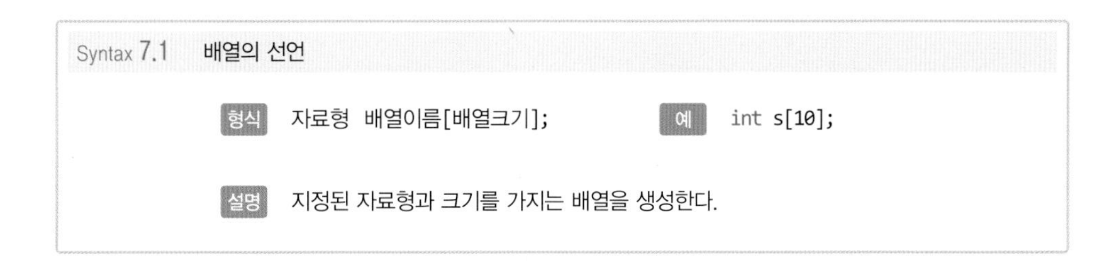

하나의 예를 들어보면 다음과 같다.

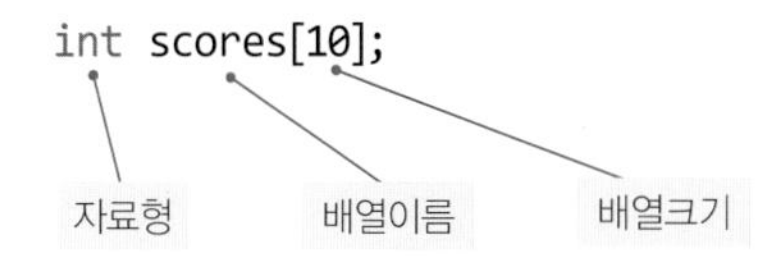

int는 배열의 자료형이다. scores가 배열의 이름이다. 10은 배열의 크기이다. 배열 요소는 scores[0], scores[1], scores[2]와 같이 표시된다. 요소들의 번호는 0부터 시작한다. 즉 첫 번째 요소는 scores[0]이고 마지막 요소는 scores[9]이다. scores[10]은 존재하지 않는다.

그림 7.1 배열의 크기가 10이면 배열 요소는 0에서 9까지이다.

배열 선언의 예를 더 들어보자.

```
int prices[60];         // 60개의 int형 값을 가지는 배열 prices
double costs[12];       // 12개의 float형 값을 가지는 배열 costs
char names[50];         // 50개의 char형 값을 가지는 배열 names
```

참고

배열의 크기를 나타낼 때는 항상 정수 상수를 사용하여야 한다. 변수를 배열의 크기로 사용하면 컴파일 오류가 된다. 또한 배열의 크기를 음수나 0, 실수로 하면 모두 컴파일 오류이다.

```
int scores[size]; // 컴파일 오류
int scores[-2];    // 배열의 크기가 음수이면 안 됨
int scores[6.7];   // 배열의 크기가 실수이면 안 됨
```

참고

보통 배열을 선언할 때는 배열의 크기를 **#define** 지시자로 만들어진 기호 상수로 지정한다. 예를 들면 다음과 같다.

```
#define SIZE 10
int scores[SIZE];
```

#define을 이용한 기호 상수로 배열의 크기를 지정하게 되면 배열의 크기를 변경하기가 쉬워진다. 즉 프로그램의 다른 부분을 수정하지 않고 단지 기호 상수의 정의만 바꾸면 된다.

배열 요소 접근

배열의 요소에 접근하려면 scores[5]와 같이 대괄호 안에 요소의 인덱스(번호)를 적어주면 된다.

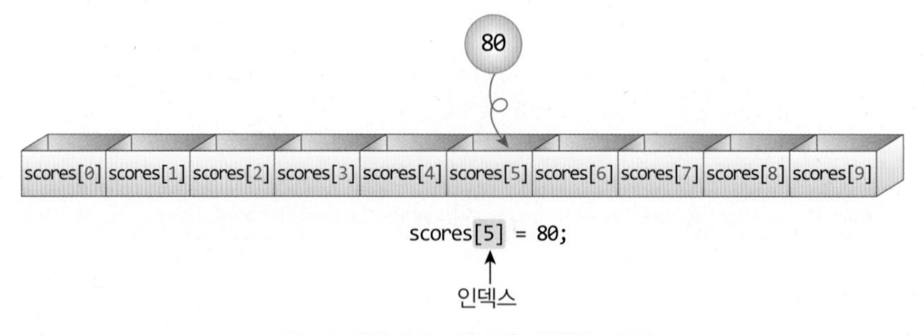

그림 7.2 배열의 요소에 80을 대입하는 문장

유효한 인덱스의 범위는 0에서 (배열 크기-1)까지이다. scores라는 배열에서 첫 번째 배열 요소는 scores[0]이다. 두 번째 배열 요소는 scores[1]이다. 마지막 배열 요소는 scores[9]가 된다. 배열 요소는 변수와 100% 동일하다. 따라서 값을 배열 요소에 저장할 수 있고 배열 요소에 저장된 값을 꺼낼 수도 있다.

```
scores[0] = 80;          // 0번째 요소에 80을 저장한다.
scores[3] = scores[2];   // 2번째 요소를 3번째 요소로 복사한다.
scores[k] = 100;         // k번째 요소에 100을 저장한다.
```

예제 #1

성적을 저장하는 scores 배열을 선언하고 배열 요소에 10, 20, 30, 40, 50이라는 값을 저장해보자. 요소를 차례대로 처리할 때 유용하게 사용되는 것이 for 반복문이다.

score1.c

```
1  #include <stdio.h>
2  #define SIZE 5          // 배열의 크기를 기호 상수로 정의한다.
3
4  int main(void)
5  {
6      int i;
7      int scores[SIZE];   // 크기가 10인 정수형 배열을 정의한다.
8      scores[0] = 10;
9      scores[1] = 20;
10     scores[2] = 30;
11     scores[3] = 40;
12     scores[4] = 50;
13
14     for (i = 0; i < SIZE; i++)
15         printf("scores[%d]=%d\n", i, scores[i]);   // for 루프로 배열 요소를 하나씩 꺼내서 출력한다.
16
17     return 0;
18 }
```

Microsoft Visual Studio 디버그 콘솔
scores[0]=10
scores[1]=20
scores[2]=30
scores[3]=40
scores[4]=50

프로그램 설명

- 7 각 학생들의 성적을 저장할 크기가 5인 배열을 선언한다.
- 8-12 배열의 요소에 값을 대입한다.
- 14-15 배열의 요소를 반복문을 이용하여서 화면에 출력한다. 다음과 같이 5개의 문장을 사용하는 것보다 효율적이다.

```
printf("scores[0]=%d\n", scores[0]);
printf("scores[1]=%d\n", scores[1]);
printf("scores[2]=%d\n", scores[2]);
printf("scores[3]=%d\n", scores[3]);
printf("scores[4]=%d\n", scores[4]);
```

또한 인덱스로 변수를 사용할 수 있다는 점에 유의하자.

예제 #2

문자형 배열도 만들 수 있다. 예를 들어서 'a'부터 'z'까지의 문자를 저장하고 있는 문자형 배열 codes[]를 생성해서 'a', 'b', ... 'z'를 저장하고 다시 꺼내서 화면에 출력해보자.

code.c

```
1  #include <stdio.h>
2  #define SIZE 26
3
4  int main(void)
5  {
6     int i;
7     char codes[SIZE];
8
9     for (i = 0; i < SIZE; i++)
10       codes[i] = 'a' + i;        // 'a'에 1을 더하면 'b'가 된다.
11
12    for (i = 0; i < SIZE; i++)
13       printf("%c ", codes[i]);
14    printf("\n");
15
16    return 0;
17 }
```

문자형 배열 codes[]를 정의한다.

Microsoft Visual Studio 디버그 콘솔

```
a b c d e f g h i j k l m n o p q r s t u v w x y z
```

예제 #3

선생님으로부터 학생들의 성적을 받아서 배열에 저장하고 평균을 계산하여 출력해보자. scanf()를 사용할 때는 변수와 마찬가지로 배열 요소에 & 연산자를 사용하여서 배열 요소의 주소를 보내주어야 한다.

score2.c

```
1  #define _CRT_SECURE_NO_WARNINGS
2  #include <stdio.h>
3
4  #define STUDENTS 5                         기호 상수: 배열의 크기를 나타낸다.
5
6  int main(void)
7  {
8     int scores[STUDENTS];                   배열 정의
9     int sum = 0;
10    int i, average;
11
12    for(i = 0; i < STUDENTS; i++)           학생들의 성적을
13    {                                       키보드로부터 받는다.
14       printf("학생들의 성적을 입력하시오: ");
15       scanf("%d", &scores[i]);
16    }
17
18    for(i = 0; i < STUDENTS; i++)           성적의 합계를 구한다.
19       sum += scores[i];
20
21    average = sum / STUDENTS;               평균을 구하고 출력한다.
22    printf("성적 평균= %d\n", average);
23
24    return 0;
25 }
```

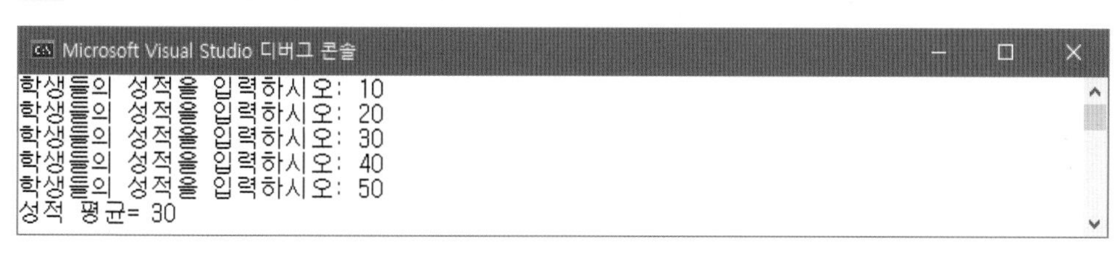

Microsoft Visual Studio 디버그 콘솔
학생들의 성적을 입력하시오: 10
학생들의 성적을 입력하시오: 20
학생들의 성적을 입력하시오: 30
학생들의 성적을 입력하시오: 40
학생들의 성적을 입력하시오: 50
성적 평균= 30

프로그램 설명

4 기호 상수를 사용하여 학생들의 수를 나타내었다. 차후에 학생들의 수를 변경하려면 이 기호 상수의 정의만 변경하면 된다.

8 각 학생들의 성적을 저장할 크기가 5인 정수형 배열을 선언한다.

9 성적의 합계를 저장할 변수 sum을 선언한다. sum에는 성적들이 계속 더해지므로 초기값은 0이어야 한다.

12-16 for 루프를 반복하면서 사용자로부터 학생들의 성적을 입력받는다. 안내 메시지를 출력하고 한 학생의 성적을 입력받은 뒤 다시 안내 메시지가 출력된다. scanf() 함수 호출시에 성적을 받아서 배열의 요소에 저장한다. scores[i]는 배열 score의 i번째 요소이다. 배열의 요소도 하나의 변수이므로 배열의 요소에 &연산자

를 붙여서 &scores[i]가 되었다. &연산자는 주소 연산자로서 변수의 주소를 계산한다. scanf()가 변수에 값을 저장하려면 변수의 주소가 필요하다.

18-19 for 루프를 반복하면서 성적들을 전부 합하여 성적들의 합계를 구한다. 한 번의 반복마다 i번째 학생의 성적인 scores[i]가 sum에 더해진다.

21-22 sum을 값을 5로 나누어서 성적의 평균을 구하여 출력한다. sum이 정수이므로 정수 나눗셈이 되고 따라서 소수점 이하는 계산되지 않는다. 평균을 소수점까지 구하려면 부동 소수점 연산을 하여야 한다.

경고: 배열 인덱스의 범위

배열을 사용할 때 조심하여야 하는 부분이 배열 인덱스의 범위이다. 인덱스가 배열의 크기를 벗어나게 되면 프로그램에 치명적인 오류를 발생시킨다. 컴파일러는 프로그래머가 유효 범위 안에 있는 인덱스를 사용하고 있는지를 확인하여 주지 않는다. C에서는 프로그래머가 인덱스가 범위를 벗어나지 않았는지를 확인하고 책임을 져야 한다. 예를 들어서 다음의 배열 선언이 있다고 하자.

```
int scores[10];
```

위의 배열에서 사용할 수 있는 인덱스의 범위는 0에서 9까지이다. 다음과 같은 문장은 오류이다. 배열의 인덱스는 0부터 시작한다.

```
scores[10] = 98;
```

중간점검

1. n개의 요소를 가지는 배열의 경우, 첫 번째 요소의 번호는 무엇인가?
2. n개의 요소를 가지는 배열의 경우, 마지막 요소의 번호는 무엇인가?
3. 범위를 벗어나는 인덱스를 사용하면 어떻게 되는가? 즉 int a[10];과 같이 선언된 배열이 있는 경우, a[10]에 6을 대입하면 어떻게 되는가?

3. 배열의 초기화

우리는 변수들을 어떻게 초기화하는지는 알고 있다. 그렇다면 배열은 어떻게 초기화를 할까? 배열은 여러 개의 변수가 모인 것이다. 따라서 초기값도 하나가 아니고 배열 요소의 개수만큼이 필요하다. 배열을 초기화하려면 값들의 리스트를 콤마로 분리하여 중괄호 { }로 감싼 후에 이것을 배열을 선언할 때 대입해주면 된다. 즉 배열은 선언하면서 동시에 초기화할 수 있다.

```
int scores[5] = { 10, 20, 30, 40, 50 };
```

위의 문장에서는 5개의 요소로 된 배열 scores를 선언한다. 첫 번째 요소 scores[0]는 10으로 초기화되며 scores[1]의 초기값은 20이다. 나머지 요소들도 차례로 값이 대입된다. 만약 초기값의 개수가 배열 요소의 개수보다 많은 경우에는 컴파일 오류가 된다.

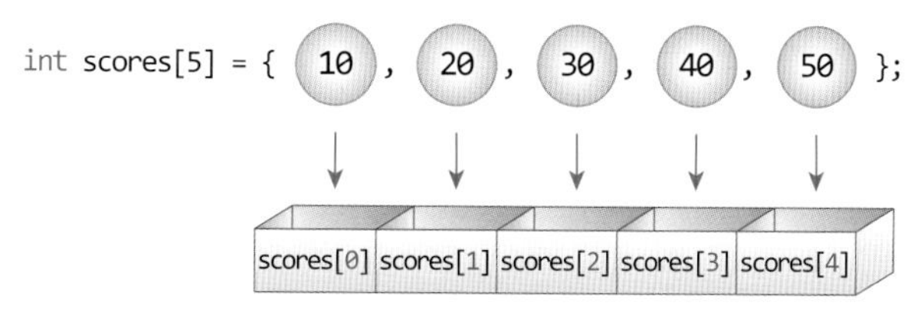

그림 7.3 기본적인 배열의 초기화

만약 초기값의 개수가 요소들의 개수보다 적은 경우에는 앞에 있는 요소들만 초기화된다. 그렇다면 나머지 배열 요소들은 어떻게 되는가? 나머지 배열 요소가 0으로 초기화된다.

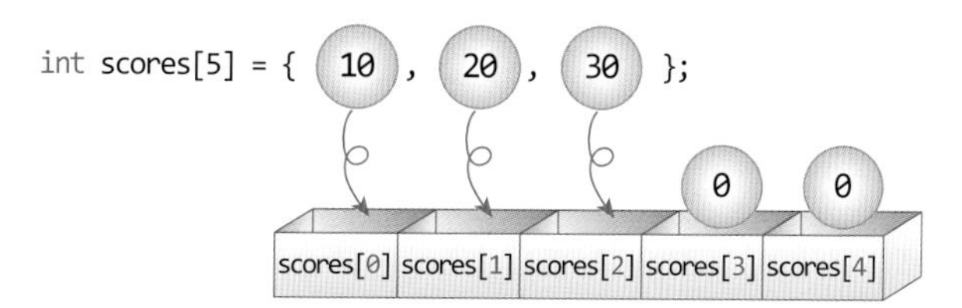

그림 7.4 일부만 초기값이 주어진 경우에는 나머지 요소들의 값은 0이 된다.

초기화만 하고 배열의 크기를 비워놓으면 컴파일러가 자동으로 초기값들의 개수만큼의 배열 크기를 잡는다. 그림 7.5의 예제에서는 초기값이 5개이므로 크기가 5인 score 배열이 만들어진다.

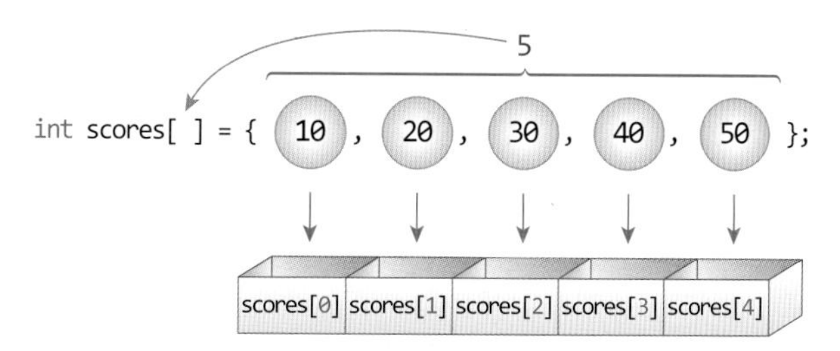

그림 7.5 배열의 크기가 주어지지 않은 경우는 초기값의 개수가 배열의 크기가 된다.

만약 초기값이 주어지지 않는다면 일반 변수와 마찬가지로 아무 의미없는 쓰레기 값이 들어가게 된다.

```
int main(void) {
    int scores[5];
}
```

?	?	?	?	?
scores[0]	scores[1]	scores[2]	scores[3]	scores[4]

그림 7.6 초기화시키지 않으면 쓰레기 값이 들어간다.

예제 #1

성적을 나타내는 배열을 정의하고 초기값을 이용하여 배열 요소의 값들을 { 31, 63, 62, 87, 14 }로 초기화한 후에 배열 요소들을 화면에 출력한다.

score5.c

```c
#include <stdio.h>
#define SIZE 5

int main(void)
{
    int scores[SIZE] = { 31, 63, 62, 87, 14 };
    int i;

    for (i = 0; i < SIZE; i++)
        printf("scores[%d] = %d\n", i, scores[i]);

    return 0;
}
```

Microsoft Visual Studio 디버그 콘솔

```
scores[0] = 31
scores[1] = 63
scores[2] = 62
scores[3] = 87
scores[4] = 14
```

Tip: 배열 요소의 개수를 계산하는 방법

배열에 들어있는 자료를 처리하려면 항상 배열의 처음부터 끝까지 반복하여야 하는 경우가 많다. 따라서 배열의 크기는 꼭 알아야 하는 정보이다. 만약 배열의 크기를 명시적으로 지정하지 않고 주어진 초기값의 개수로 결정하는 경우, 초기값의 개수를 매번 세어보아야 한다. 예를 들면 아래의 문장에서 `scores[]`의 크기는 비교적 쉽게 알 수 있지만 만약 초기값의 개수가 많아지게 되면 정확한 개수를 센다는 것이 어려울 수 있다.

```
int scores[] = { 10, 9, 5, 4, 1, 11, 21, 33, 98, 35, 63, 71 };
```

배열 안에 들어 있는 요소의 개수를 자동적으로 계산하는 방법이 있다. 바로 **sizeof** 연산자를 사용하는 것이다. 우리가 알다시피 **sizeof** 연산자는 자료형이나 변수의 크기를 바이트 단위로 계산하는 연산자이다. **sizeof** 연산자를 이용하여 배열 전체의 크기를 구하고 이것을 배열 요소의 크기로 나누게 되면 배열 요소가 몇 개나 있는지 쉽게 계산할 수 있다.

```
size = sizeof(scores) / sizeof(scores[0]);
```

중간점검

1. 배열 a[6]의 요소를 1, 2, 3, 4, 5, 6으로 초기화하는 문장을 작성하라.
2. 배열의 초기화에서 초기값이 개수가 배열 요소의 개수보다 적은 경우에는 어떻게 되는가? 또 반대로 많은 경우에는 어떻게 되는가?
3. 배열의 크기를 주지 않고 초기값의 개수로 배열의 크기를 결정할 수 있는가?

Lab 배열에 출석 기록하기

| 난이도 ★★ 주제 배열요소 접근 |

최근에 학교에서 전자 출석부가 많이 사용되고 있다. 간단한 전자 출석부를 배열을 이용하여 구현해보자. 강의는 한 학기에 16번 있다고 하자. 사용자에게 각 강의마다 출석인지 결석인지를 질문하여서 크기가 16인 1차원 배열에 저장한다. 일반적으로 한 학기에 30% 이상 결석하면 학점이 나가지 않는다. 학점을 받을 수 있는지도 체크하여 화면에 출력해보자.

```
Microsoft Visual Studio 디버그 콘솔
1번째 강의에 출석하셨나요(출석은 1, 결석은 0): 1
2번째 강의에 출석하셨나요(출석은 1, 결석은 0): 1
3번째 강의에 출석하셨나요(출석은 1, 결석은 0): 1
4번째 강의에 출석하셨나요(출석은 1, 결석은 0): 1
5번째 강의에 출석하셨나요(출석은 1, 결석은 0): 1
6번째 강의에 출석하셨나요(출석은 1, 결석은 0): 1
7번째 강의에 출석하셨나요(출석은 1, 결석은 0): 0
8번째 강의에 출석하셨나요(출석은 1, 결석은 0): 0
9번째 강의에 출석하셨나요(출석은 1, 결석은 0): 0
10번째 강의에 출석하셨나요(출석은 1, 결석은 0): 0
11번째 강의에 출석하셨나요(출석은 1, 결석은 0): 0
12번째 강의에 출석하셨나요(출석은 1, 결석은 0): 0
13번째 강의에 출석하셨나요(출석은 1, 결석은 0): 0
14번째 강의에 출석하셨나요(출석은 1, 결석은 0): 0
15번째 강의에 출석하셨나요(출석은 1, 결석은 0): 0
16번째 강의에 출석하셨나요(출석은 1, 결석은 0): 0
수업 일수 부족입니다(62.500000%).
```

0과 1을 저장할 수 있는 정수형 배열을 정의하여 사용한다.

```
#define SIZE 16
int att_book[SIZE] = { 0 };
```

사용자로부터 결석 정보를 입력받아서 배열에 저장한다. 이때 for 루프가 사용된다.

```
for (i = 0; i < SIZE; i++) {
    printf("%d번째 강의에 출석하셨나요(출석은 1, 결석은 0): ", i+1);
    scanf("%d", &att_book[i]);
}
```

scanf()에 배열 요소를 보낼 때는 변수와 마찬가지로 &를 붙인다.

Soultion 배열에 출석 기록하기

att_book.c

```
1  #define _CRT_SECURE_NO_WARNINGS
2  #include <stdio.h>
3  #define SIZE 16
4
5  int main(void)
6  {
7     int att_book[SIZE] = { 0 };
8     int i, count=0;
9
10    // 사용자로부터 출석인지 결석인지를 받아서 배열에 저장한다.
11    for (i = 0; i < SIZE; i++) {
12       printf("%d번째 강의에 출석하셨나요(출석은 1, 결석은 0): ", i+1);
13       scanf("%d", &att_book[i]);
14    }
15
16    // 배열을 검사하여서 결석한 횟수를 계산한다.
17    for (i = 0; i < SIZE; i++) {
18       if (att_book[i] == 0)
19          count++;
20    }
21
22    // 이번 학기 결석률을 계산한다.
23    double ratio = count / 16.0;
24    if (ratio > 0.3)
25       printf("수업 일수 부족입니다(%f%%). \n", ratio*100.0);
26
27    return 0;
28 }
```

첫 번째 요소를 0으로 초기화하지만 나머지 요소들도 규칙에 의하여 0이 된다.

scanf()에 배열 요소를 보낼 때는 변수와 마찬가지로 &를 붙인다.

도전문제

배열의 초기화 방법을 사용하여 결석 정보를 입력해보자.

Lab 가장 싼 물건 찾기

| 난이도 ★★ 주제 최소값 알고리즘 |

우리는 인터넷에서 스마트폰과 같은 상품을 살 때, 가격 비교 사이트를 통하여 가장 싼 곳을 검색한다. 인터넷 쇼핑몰 10곳에 판매되는 스마트폰의 가격을 조사하여 배열에 저장하였다고 하자. 배열에 저장된 가격 중에서 가장 낮은 가격을 찾아보자. 이러한 종류의 문제는 자주 등장하는 문제로서 일반적으로 배열에 들어 있는 정수 중에서 최소값을 찾는 문제와 같다. 물론 최대값을 찾는 문제도 거의 유사한 구조를 가진다.

Microsoft Visual Studio 디버그 콘솔
[12 3 19 6 18 8 12 4 1 19]
최소값은 1입니다.

스마트폰의 가격은 1차원 배열 prices[]에 저장하면 된다. 최소값을 구할 때는 일단 배열의 첫 번째 요소를 최소값으로 가정한다. 배열의 두 번째 요소부터 마지막 요소까지 이 최소값과 비교한다. 만약 배열의 요소가 현재의 최소값보다 작다면 이것을 새로운 최소값으로 변경하면 된다.

배열 prices[]에 초기값을 저장한다.
일단 첫 번째 요소를 최소값 minium이라고 가정한다.

```
for(i=1; i<배열의 크기; i++)
    if ( prices[i] < minimum )
        minimum = prices[i];
```

반복이 종료되면 minimum에 최소값이 저장된다.

Soultion 가장 싼 물건 찾기

get_min.c

```
1  #include <stdio.h>
2  #define SIZE 10
3
4  int main(void)
5  {
6     int prices[SIZE] = { 12, 3, 19, 6, 18, 8, 12, 4, 1, 19 };
7     int i, minimum;
8
9     printf("[ ");
10    for (i = 0; i < SIZE; i++) {
11       printf("%d ", prices[i]);
12    }
13    printf("]\n");
14
15    minimum = prices[0];          // 첫 번째 배열 요소를 최소값으로 가정
16
17    for (i = 1; i < SIZE; i++)
18    {
19       if (prices[i] < minimum)   // 현재의 최소값보다 배열 요소가 작으면,
20          minimum = prices[i];    // 배열 요소를 최소값으로 복사한다.
21    }
22
23    printf("최소값은 %d입니다.\n", minimum);
24    return 0;
25 }
```

참고 사항

최소값을 찾는 반복 루프가 1부터 시작했음을 유의하자. 0번째 요소는 검사할 필요가 없다.

도전문제

위의 프로그램에서 최대값을 구하도록 코드를 수정해보자. 어디만 수정하면 되는가?

Lab 배열에서 특정한 값 탐색하기

| 난이도 ★★ 주제 탐색 알고리즘 |

여기서는 정수들이 배열에 저장되어 있고 여기에서 사용자가 특정한 정수를 찾는다고 가정한다. 이러한 문제를 탐색이라고 한다. 사용자가 원하는 값을 입력받아서 배열의 요소와 하나씩 비교하면 된다. 만약 일치하면 그때의 인덱스를 화면에 출력한다.

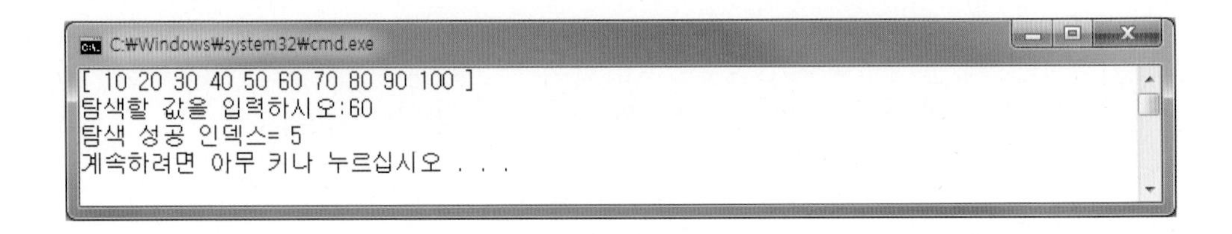

C:\Windows\system32\cmd.exe
[10 20 30 40 50 60 70 80 90 100]
탐색할 값을 입력하시오:60
탐색 성공 인덱스= 5
계속하려면 아무 키나 누르십시오 . . .

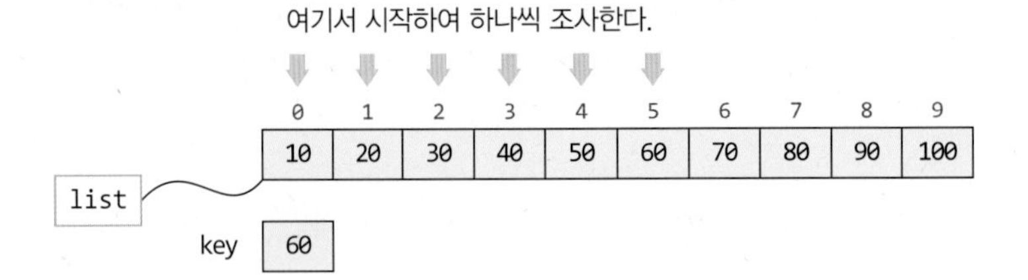

Soultion 배열에서 특정한 값 탐색하기

search.c

```
1  #define _CRT_SECURE_NO_WARNINGS
2  #include <stdio.h>
3  #define SIZE 10
4
5  int main(void)
6  {
7     int key, i;
8     int list[SIZE] = { 10, 20, 30, 40, 50, 60, 70, 80, 90, 100 };
9
10    printf("[ ");
11    for (i = 0; i < SIZE; i++) {
12       printf("%d ", list[i]);
13    }
14    printf("]\n");
15
16    printf("탐색할 값을 입력하시오:");
17    scanf("%d", &key);
18
19    for (i = 0; i < SIZE; i++) {
20       if (list[i] == key) {
21          printf("탐색 성공 인덱스= %d\n", i);
22          break;
23       }
24 }
25
26    return 0;
27 }
```

사용자로부터 탐색할 값을 입력받는다.

배열의 요소와 탐색할 값을 비교한다.

도전문제

배열에 정렬된 숫자가 들어 있다면 더 효율적인 탐색 알고리즘을 사용할 수 있을까?

4. 버블 정렬

배열과 관련된 매우 흥미로운 문제가 정렬이다. 정렬(sorting)은 물건을 크기순으로 나열하는 것을 의미한다. 예를 들어 책들은 제목순이나 저자순, 또는 발간연도순으로 정렬이 가능하다. 사람도 나이나 키, 이름 등을 이용하여 정렬할 수 있다.

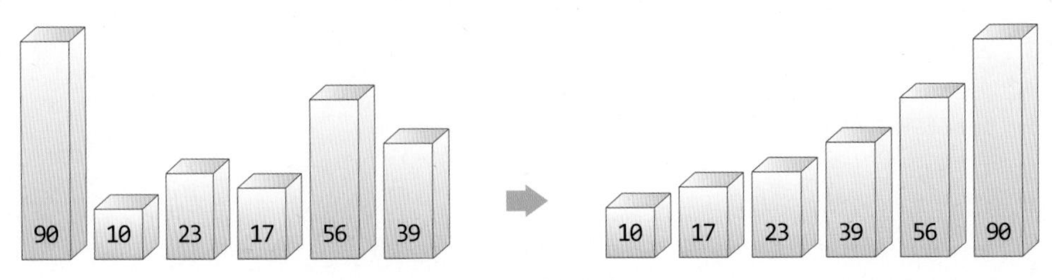

그림 7.7 정렬의 예

정렬은 컴퓨터 공학 분야에서 가장 기본적이고 중요한 알고리즘 중의 하나로 일상생활에서 많이 사용된다. 여러분이 오픈 마켓에서 물건을 구입할 때는 최저가 검색을 할 것이다. 정렬에는 많은 방법이 존재한다. 우리는 이중에서 가장 간단한 버블정렬을 살펴보자. 버블 정렬은 가장 효율적인 정렬 방법은 아니지만 가장 이해하기 쉽다. 아래 그림과 같이 블록들을 크기순으로 정렬한다고 하자.

(1) 인접한 블록 2개를 비교하여서 순서대로 되어 있지 않으면 위치를 바꾼다.

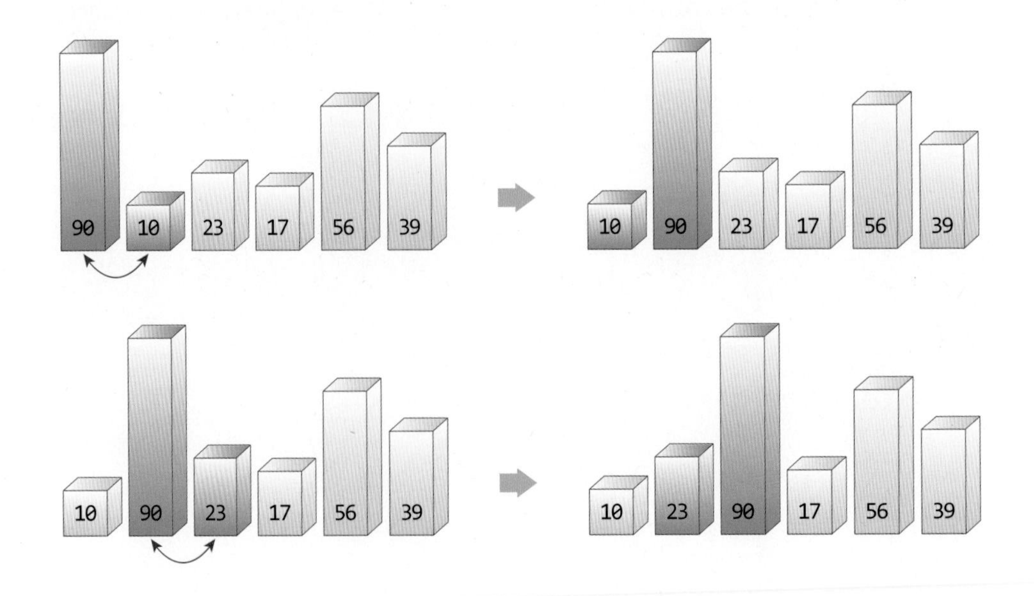

이 과정을 리스트의 마지막 블록까지 되풀이 한다. 이것을 하나의 패스라고 하자. 첫 번째 패스가 종료되면 다음과 같은 모양이 된다. 가장 큰 값은 제 위치에 있다.

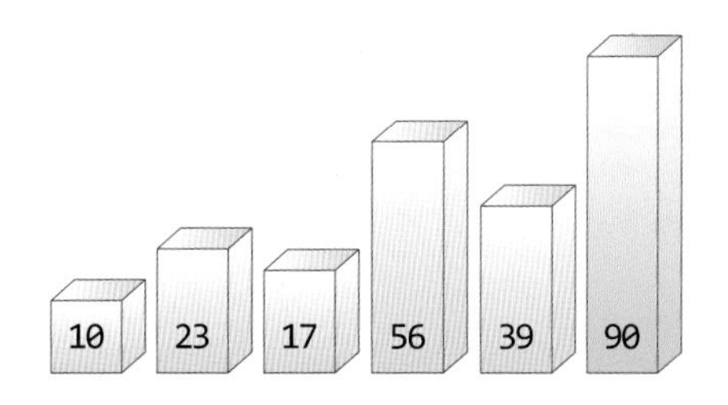

(2) 다시 인접한 블록 2개를 비교하여서 순서대로 되어 있지 않으면 위치를 바꾼다. 두 번째 패스가 끝나면 다음과 같은 모양이 된다.

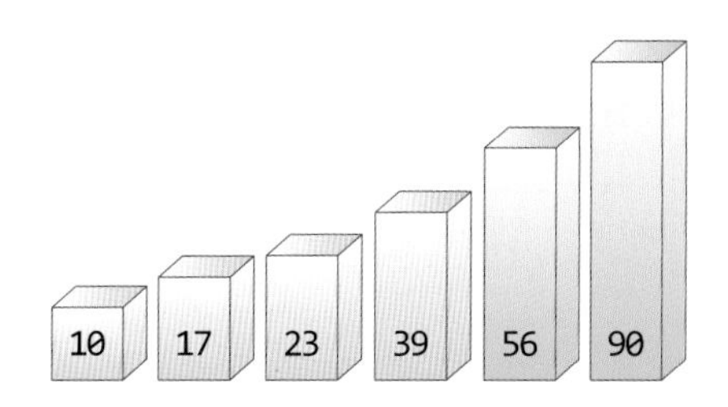

(3) 위의 과정을 블록의 개수만큼 되풀이하면 모든 블록이 크기순으로 정렬된다.

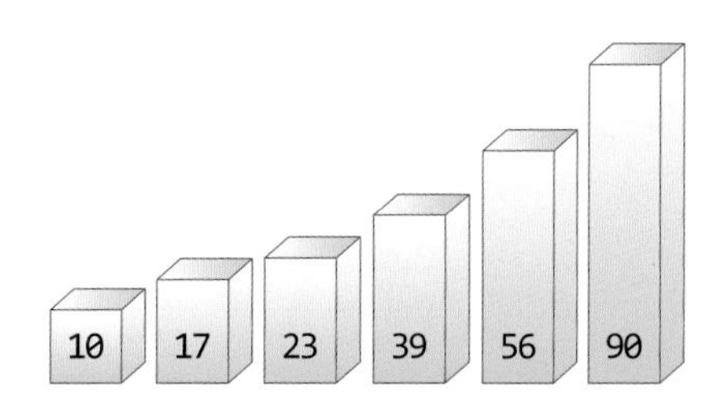

이것을 코드로 작성해보자. 먼저 다음과 같이 크기가 5인 정수형 배열을 생성하고 { 16, 7, 9, 1, 3 }으로 초기화한다.

```
int list[5] = { 16, 7, 9, 1, 3 };
```

인접한 요소들을 비교해서 순서대로 돼 있지 않으면 교환하자.

```
int i;
for (i = 0; i < 5; i++) {
    if (list[i] > list[i + 1]) {
        // list[i]와 list[i+1]을 교환하는 코드를 여기에
    }
}
```

위의 코드에는 중요한 오류가 있다. 혹시 눈치챘을 수도 있다. i의 값이 증가하여서 4가 되면 if문에 있는 (i+1)은 5가 되는데 인덱스 5는 잘못된 인덱스이다. 배열의 크기가 5라면 올바른 인덱스의 범위는 0에서 4까지이다. 따라서 다음과 같이 반복 횟수를 하나 줄여야 한다.

```
int i;
for (i = 0; i < 4; i++) {
    if (list[i] > list[i + 1]) {
        // list[i]와 list[i+1]을 교환하는 코드를 여기에
    }
}
```

i번째 요소와 (i+1) 번째 요소를 서로 교환하려면 어떻게 해야 하는가? 명백히 다음과 같이 하면 안 된다.

```
list[i] = list[i+1];     // list[i]의 값이 사라진다.
list[i+1] = list[i];
```

따라서 임시 변수 tmp를 사용하여서 다음과 같이 해주어야 한다.

```
int tmp;
tmp = list[i];
list[i] = list[i+1];
list[i+1] = tmp;
```

이제 이 코드를 원래의 반복 루프에 넣어보자.

```
    int i;
    for (i = 0; i < 4; i++) {
        if (list[i] > list[i + 1]) {
            int tmp;
            tmp = list[i];
            list[i] = list[i + 1];
            list[i + 1] = tmp;
        }
    }
```

이러한 과정을 얼마나 되풀이해야 할까? 하나의 반복이 종료되면 제일 큰 값은 올바른 위치를 찾는다. 하지만 다른 값들은 아직도 정렬된 상태가 아니다. 따라서 배열 요소의 개수만큼 반복하면 된다. 따라서 다음과 같은 이중 루프가 된다.

```
int i, k;

for (k = 0; k < 5; k++) {
    for (i = 0; i < 4; i++) {
        if (list[i] > list[i + 1]) {
            int tmp;
            tmp = list[i];
            list[i] = list[i + 1];
            list[i + 1] = tmp;
        }
    }
}
```

이 반복 횟수는 더 줄일 수 있다. 다음 페이지의 "도전문제"를 참고하자.

전체 소스는 다음과 같다. 배열의 크기를 SIZE라는 기호 상수로 표시하였다.

```
1  #include <stdio.h>
2  #define SIZE 5
3
4  int main(void)
5  {
6      int i, k;
7      int list[SIZE] = { 16, 7, 9, 1, 3 };
8
9      // 배열의 요소를 정렬한다.
```

```
10      for (k = 0; k < SIZE; k++) {
11          for (i = 0; i < SIZE-1; i++) {
12              if (list[i] > list[i + 1]) { // 크기순이 아니면
13                  // 서로 교환한다.
14                  int tmp = list[i];
15                  list[i] = list[i + 1];
16                  list[i + 1] = tmp;
17              }
18          }
19      }
20
21      // 배열의 요소를 출력한다.
22      for (i = 0; i < SIZE; i++) {
23          printf("%d ", list[i]);
24      }
25      return 0;
26  }
```

```
Microsoft Visual Studio 디버그 콘솔
1 3 7 9 16
```

도전문제

본문에서는 버블 정렬을 쉽게 설명하기 위하여 안쪽 for 루프를 (SIZE-1)번 반복하였다. 하지만 자료 구조와 알고리즘 책에서는 안쪽 for 루프가 다음과 같이 기술된다. 이것이 가능한 이유는 무엇인가?

```
for (k = 0; k < SIZE; k++) {
    for (i = 0; i < SIZE-k-1; i++) {
        if (list[i] > list[i + 1]) {
            int tmp = list[i]; list[i] = list[i + 1]; list[i + 1] = tmp;
        }
    }
}
```

도전문제

버블 정렬의 하나의 패스에서 한 번도 교환이 없으면 정렬이 완료된 것으로 볼 수 있다. 이 부분을 본문의 코드에 추가하여 코드를 업그레이드 해보자.

Lab 버블 정렬을 그림으로 표시하기

| 난이도 ★★★ 주제 정렬 알고리즘 |

다음과 같이 버블 정렬의 과정을 그림으로 보여주는 프로그램을 작성해보자.

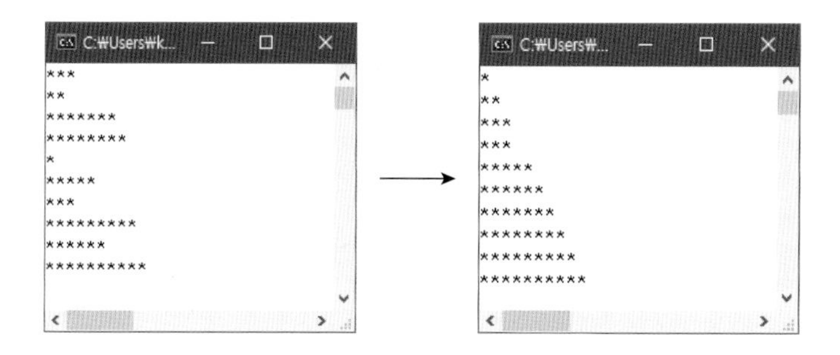

버블 정렬은 본문에서 살펴보았고 배열 요소의 값을 하나씩 꺼내서 사각형의 높이로 하여 세로로 그리면 될 것이다.

draw_bubble.c

```
1  #include <windows.h>
2  #include <stdio.h>
3  #define SIZE 10
4
5  int main(void) {
6     int list[SIZE] = { 100, 30, 20, 78, 89, 12, 56, 38, 99, 66 };
7
8     for (int k = 0; k < SIZE; k++) {
9        system("cls");       // 화면을 지운다.
10       for (int i = 0; i < SIZE - 1; i++) {  // 버블 정렬
11          if (list[i] > list[i + 1]) {
12             int tmp = list[i]; list[i] = list[i + 1]; list[i + 1] = tmp;
13          }
14       }
15       for (int i = 0; i < SIZE; i++) {
16          for (int m = 0; m < list[i] / 10; m++) // 세로로 막대를 그린다.
17             printf("*");
18          printf("\n");
19       }
20       _getch(); // 사용자로부터 하나의 문자를 받을 때까지 기다린다.
21    }
22    return 0;
23 }
```

5. 다차원 배열

1차원 배열은 배열 요소들이 1차원적으로 배열되어 있다. 다차원 배열은 배열 요소를 다차원으로 가질 수 있다. 다차원 배열에는 2차원 배열, 3차원 배열 등 일반적으로는 n차원 배열이 가능하다. 그러나 다차원이 되면 필요한 메모리 공간이 급격하게 늘어나게 되므로 주의하여야 한다. 보통 특별한 경우를 제외하고는 3차원 이상의 다차원 배열은 피하는 것이 좋다.

```
int s[10];          // 1차원 배열
int s[3][10];       // 2차원 배열
int s[5][3][10];    // 3차원 배열
```

2차원 배열

이 책에서는 2차원 배열만 살펴보자. 2차원 배열은 배열 요소들이 2차원으로 배열되어 있다. 따라서 2차원 배열은 행과 열을 나타내는 2개의 인덱스를 가진다. 만약 예를 들어 어떤 학교에 학급이 3학급이 있고 각 학급의 학생 수가 5명이라고 가정해보자. 학생들의 성적을 간편하게 나타내려면 2차원 배열을 사용하여야 한다. 크기가 3×5인 2차원 배열은 다음과 같이 선언한다.

```
int s[3][5];
```

	열 #0	열 #1	열 #2	열 #3	열 #4
행 #0	s[0][0]	s[0][1]	s[0][2]	s[0][3]	s[0][4]
행 #1	s[1][0]	s[1][1]	s[1][2]	s[1][3]	s[1][4]
행 #2	s[2][0]	s[2][1]	s[2][2]	s[2][3]	s[2][4]

위의 배열은 s[0][0], s[0][1], s[0][2], ... , s[2][3], s[2][4]까지의 모두 15개의 요소를 가진다. 행(row)과 열(column)로 이야기를 하면 배열 s는 3개의 행으로 이루어졌고 각 행에는 5개의 요소가 있다고 할 수 있다. s[i][j]는 배열 s의 i번째 행과 j번째 열의 요소이다. 2차원 배열에서도 인덱스는 0부터 시작한다.

2차원 배열의 초기화

2차원 배열도 1차원과 마찬가지로 선언과 동시에 초기화할 수 있다. 다만 같은 행에 속하는 초기값들을 중괄호 { }로 따로 묶어주어야 한다.

```
int s[3][5] = {
    { 0, 1, 2, 3, 4 },          // 첫 번째 행의 요소들의 초기값
    { 10, 11, 12, 13, 14 },     // 두 번째 행의 요소들의 초기값
    { 20, 21, 22, 23, 24 }      // 세 번째 행의 요소들의 초기값
};
```

	열 #0	열 #1	열 #2	열 #3	열 #4
행 #0	0	1	2	3	4
행 #1	10	11	12	13	14
행 #2	20	21	22	23	24

같은 행에 속하는 초기값들은 하나의 집합으로 중괄호로 묶여진다. 전체 배열에 대한 초기값은 이들 집합 모두를 중괄호로 한 번 더 묶으면 된다. 각 초기값들은 쉼표로 구분된다.

예제 #1

간단한 2차원 배열을 선언하고 다음과 같이 초기화 한 후에 각 배열 요소를 출력해보자.

	열 #0	열 #1	열 #2	열 #3	열 #4
행 #0	0	1	2	3	4
행 #1	0	1	2	3	4
행 #2	0	1	2	3	4

```
1  #include <stdio.h>
2
3  int main(void)
4  {
5      int i, j;
6      // 3행과 5열을 가지는 2차원 배열 선언
7      int a[3][5] = { { 0, 1, 2, 3, 4 }, { 0, 1, 2, 3, 4 }, { 0, 1, 2, 3, 4 } };
8
```

```
9       // 각 배열 요소의 값을 출력한다.
10      for (i = 0; i < 3; i++) {
11          for (j = 0; j < 5; j++) {
12              printf("a[%d][%d] = %d ", i, j, a[i][j]);
13          }
14          printf("\n");
15      }
16      return 0;
17  }
```

Microsoft Visual Studio 디버그 콘솔

```
a[0][0] = 0 a[0][1] = 1 a[0][2] = 2 a[0][3] = 3 a[0][4] = 4
a[1][0] = 0 a[1][1] = 1 a[1][2] = 2 a[1][3] = 3 a[1][4] = 4
a[2][0] = 0 a[2][1] = 1 a[2][2] = 2 a[2][3] = 3 a[2][4] = 4
```

중간점검

1. 다차원 배열 `int a[3][2]`에는 몇 개의 요소가 존재하는가?
2. 다차원 배열 `int a[3][2]`의 모든 요소를 `0`으로 초기화하는 문장을 작성하시오.

Lab 행렬의 덧셈

| 난이도 ★★ 주제 2차원 배열 |

행렬(matrix)은 자연과학에서 많은 문제를 해결하는데 사용된다. 일반적인 행렬의 모습은 다음과 같다.

$$A = \begin{bmatrix} A_{11} & A_{12} & \cdots & A_{1n} \\ A_{21} & & & A_{2n} \\ \vdots & & & \vdots \\ A_{n1} & A_{n2} & \cdots & A_{nn} \end{bmatrix}$$

행렬을 어떻게 표현할 것인지를 생각해보자. 일반적으로 행렬을 표현하는 자연스러운 방법은 2차원 배열을 사용하는 것이다. 이 예제에서는 크기가 3×3인 두 개의 행렬을 더하는 프로그램을 작성해보자.

$$A = \begin{bmatrix} 1 & 0 & 0 \\ 0 & 1 & 0 \\ 0 & 0 & 1 \end{bmatrix} \quad B = \begin{bmatrix} 1 & 0 & 0 \\ 0 & 1 & 0 \\ 0 & 0 & 1 \end{bmatrix}$$

행렬은 다음과 같이 초기값을 주어서 초기화하자.

```
int A[ROWS][COLS] = { { 1,0,0 }, { 0,1,0 }, { 0,0,1 } };
```

Soultion 행렬의 덧셈

matrix.c

```
1  #include <stdio.h>
2  #define ROWS 3
3  #define COLS 3
4
5  int main(void)
6  {
7     int r, c;
8
9     int A[ROWS][COLS] = { { 1,0,0 }, { 0,1,0 }, { 0,0,1 } };
10    int B[ROWS][COLS] = { { 1,0,0 }, { 0,1,0 }, { 0,0,1 } };
11    int C[ROWS][COLS];
12
13    // 두 개의 행렬을 더한다.
14    for (r = 0; r < ROWS; r++) {
15       for (c = 0; c < COLS; c++) {
16          C[r][c] = A[r][c] + B[r][c];
17          printf("%d ", C[r][c]);
18       }
19       printf("\n");
20    }
21
22    return 0;
23 }
```

프로그램 설명

9, 10, 11 크기가 ROWS × COLS인 2차원 정수 배열 A[][], B[][], C[][]를 선언하였다. A[][]와 B[][]는 초기값이 주어져 있다.

7 행렬 요소들의 인덱스로 사용될 변수 r과 c를 선언한다. 행렬에서는 보통 행(row), 열(column)이라는 용어를 사용한다. r과 c는 이것들의 약자이다.

14 중첩 for 루프를 이용하여 행렬 A의 각 요소들과 행렬의 B의 각 요소들을 서로 더하여 행렬 C에 대입한다.

Mini Project Tic-Tac-Toe 게임

| 난이도 ★★★ 주제 2차원 배열 |

최근에 알파고(alphago)라는 인공지능 컴퓨터가 우리를 깜짝 놀라게 하고 있다. 우리는 바둑과 약간 유사한 Tic-Tac-Toe 게임을 구현하여 보자. Tic-Tac-Toe 게임은 2명의 경기자가 오른쪽과 같은 보드를 이용하여서 번갈아가며 O와 X를 놓는 게임이다. 오목이 아닌 삼목이라고 할 수 있다. 같은 글자가 가로, 세로, 혹은 대각선 상에 놓이면 이기게 된다. 물론 최근의 블리자드와 같은 게임과 비교하면 아주 고전적인 게임이지만 한번 구현해보기로 하자. 우리가 만들 게임은 사람과 사람이 대결하는 게임이다. 하지만 컴퓨터와 사람이 대결하는 프로그램도 "도전 문제"로 시도하여 보자. 한 경기자씩 보드의 좌표를 입력한다.

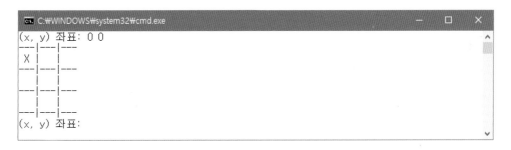

보드 게임에서는 보드를 board[][]라는 2차원 배열을 이용하여 표현하자. 의사 코드는 다음과 같다.

```
보드를 나타내는 2차원 배열 board[3][3]를 정의한다.
보드를 초기화한다.

for(k=0;k<9;k++) {
    사용자로부터 좌표 x, y를 받는다.
    보드를 화면에 출력한다.
    if( 현재 경기자가 'X'이면 )
        board[x][y] = 'X'
    else
        board[x][y] = 'O'
}
```

(1) 한번 놓은 곳에는 놓지 못하게 하라.

(2) 컴퓨터와 인간의 게임으로 업그레이드해보자. 컴퓨터가 다음 수를 결정하도록 프로그램을 변경하라. 가장 간단한 알고리즘을 사용한다. 예를 들면 비어 있는 첫 번째 위치에 놓는다.

연습문제

1 배열이 10개의 원소를 가진다면 첫 번째 원소의 배열 번호는?

① −1　　② 0　　③ 1　　④ 0 또는 1

2 배열 char a[5][6]은 총 몇 개의 원소를 가지는가?

① 20　　② 24　　③ 30　　④ 42

3 배열 int a[10]의 마지막 요소의 인덱스는?

① 8　　② 9　　③ 10　　④ 11

4 int a[100] = { 10 };으로 선언된 배열에서 a[99]의 초기값은 무엇인가?

① 0

② 알 수 없다.

③ 전역 변수이면 0, 지역 변수이면 알 수 없다.

④ 99

5 int a[2][2] = { 1, 2, 3, 4 }에서 a[1][1]의 값은?

① 1　　② 2　　③ 3　　④ 4

6 다음 중 잘못 초기화된 배열을 모두 선택하라.

① int a[] = { 1, 2, 3, 4, 5 };

② int a[100] = { 1, 2, 3, 4, 5 };

③ int a[100] = { x, y, z };　　// x, y, z는 변수

④ int a[100] = { 0, 0 };

7 int a[10]과 같이 선언된 배열를 a[20]과 같이 경계를 넘어가는 인덱스를 사용하면 어떤 일이 발생하는가?

① 컴파일 오류로 보고된다.

② 실행 파일을 만드는 단계에서 문제가 발생한다.

③ 컴파일은 되지만 실행이 중지될 수도 있다.

④ 아무런 일도 발생하지 않는다.

8 다음 프로그램의 오류를 전부 수정하라.

```
#define MAX_SIZE 3
int main(void)
{
   int a[MAX_SIZE] = { 0, 1, 2, 3 };
   int b[3.0];

   for(i=0;i<=MAX_SIZE; i++)
      b[i]=a[i];
   return 0;
}
```

9 다음 코드의 실행 결과는 무엇인가?

```
int a[] = { 1, 2, 3, 4, 5, 6, 7, 8, 9, 10 };
int i;
for ( i = 0 ; i < 5 ; i++ )
   printf("%d ", a[i]);
```

① 1 2 3 4

② 1 2 3 4 5

③ 1 2 3 4 5 6

④ 1 2 3 4 5 6 7 8 9 10

10 배열 요소들을 거꾸로 출력하기 위한 코드를 작성하여 본다. 빈칸을 채워라.

```
int a[] = { 1, 2, 3, 4, 5, 6, 7, 8, 9, 10 };
int i;
for ( i = _________ ; ______________ ; _______________ )
   printf("%d ", a[i]);
```

11 다음 코드가 출력하는 것은 무엇인가?

```
int a[] = { 1, 2, 3, 4, 5, 6, 7, 8, 9, 10 };
int value = 0;
int i;
for ( i = 0; i < 10; i++ ) {
   value = value + a[i];
}
printf( "%d \n", value );
```

Programming

| 난이도 ★ 주제 배열 초기화 |

1 배열 days[]를 아래와 같이 초기화하고 배열 원소의 값을 다음과 같이 출력하는 프로그램을 작성하라.

31, 29, 31, 30, 31, 30, 31, 31, 30, 31, 30, 31

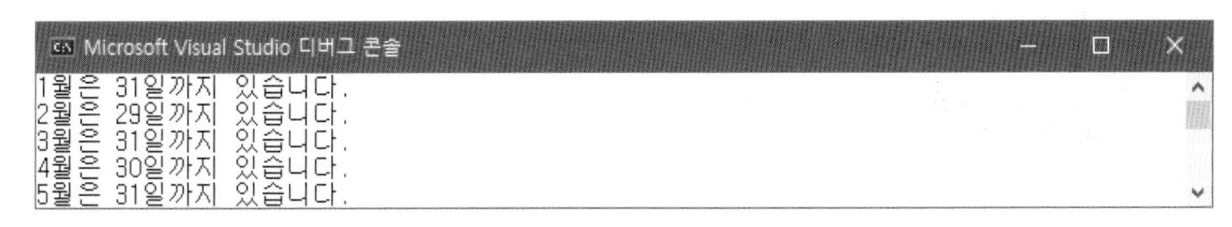

HINT 배열은 `int a[3] = { 1, 2, 3 };`와 같이 초기화할 수 있다.

| 난이도 ★ 주제 배열 요소 접근 |

2 사용자로부터 n개의 정수값을 읽어서 배열에 저장하고, 다시 역순으로 출력하는 프로그램을 작성하라.

HINT `scanf("%d", &a[i]);`를 사용하면 배열 요소에 정수를 저장할 수 있다.

| 난이도 ★ 주제 배열 요소 접근 |

3 사용자로부터 n개의 정수값을 읽어서 배열에 저장하고, 배열의 모든 요소의 합을 계산하여 출력하는 프로그램을 작성하라.

| 난이도 ★　주제 최소값 알고리즘 이해 |

4 사용자로부터 5개의 정수를 입력받아서 1차원 배열에 저장한다. 1차원 배열에서 최대값과 최소값을 계산하여서 출력해보자.

Microsoft Visual Studio 디버그 콘솔
정수를 입력하시오: 10
정수를 입력하시오: 20
정수를 입력하시오: 30
정수를 입력하시오: 40
정수를 입력하시오: 50
최대값=50 최소값=10

HINT　배열의 요소로 입력받을 때는 scanf("%d", &a[1])과 같은 문장을 사용한다.

| 난이도 ★★　주제 2차원 배열 |

5 학생들의 시험 점수를 통계 처리하는 프로그램을 작성하여 보라. 각 학생들은 3번의 시험을 치른다.

학번	시험 #1	시험 #2	시험 #3
1	30	10	11
2	40	90	32
3	70	65	56

(a) 위의 표를 2차원 배열에 저장하라.

(b) 각 학생마다 평균 점수를 출력하도록 하라.

| 난이도 ★★　주제 2차원 배열 요소 접근 |

6 1단부터 9단까지의 구구단을 2차원 배열에 저장한다. 사용자로부터 구구단 중의 하나를 받아서 2차원 배열에서 찾는다. 찾은 결과를 화면에 출력하는 프로그램을 작성한다.

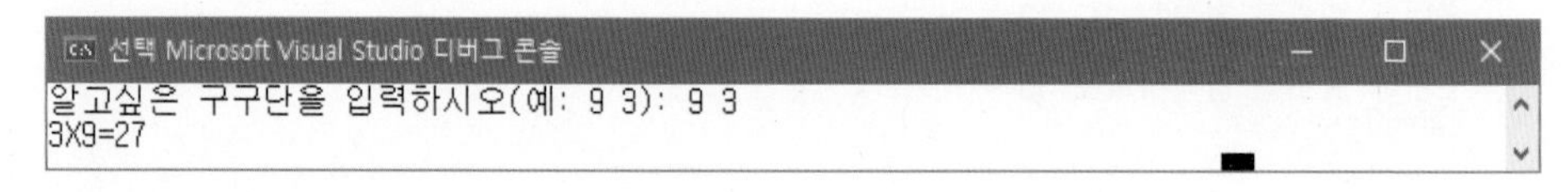
선택 Microsoft Visual Studio 디버그 콘솔
알고싶은 구구단을 입력하시오(예: 9 3): 9 3
3X9=27

HINT　1단부터 9단까지의 구구단을 저장하려면 배열의 크기를 10X10으로 하는 것이 좋다.

| 난이도 ★★ 주제 2차원 배열 요소 접근 |

7 두 개의 행렬을 곱하는 프로그램을 작성하라.

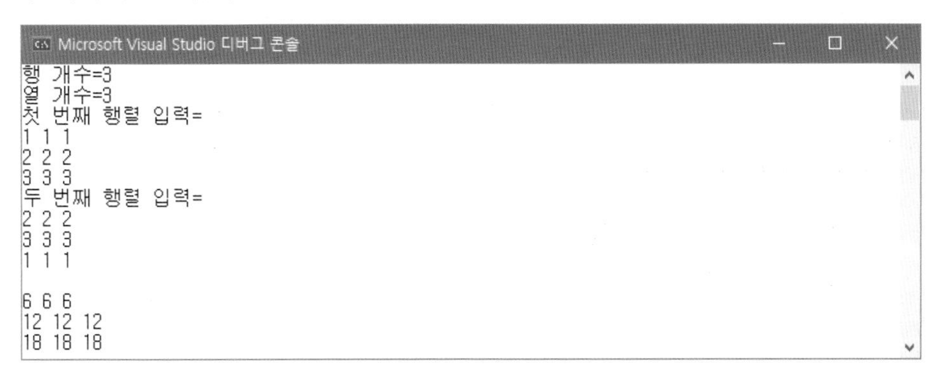

HINT 행렬은 2차원 배열로 나타낼 수 있다.

| 난이도 ★★ 주제 2차원 배열 요소 접근 |

8 주어진 행렬의 전치 행렬을 계산하는 프로그램을 작성하라.

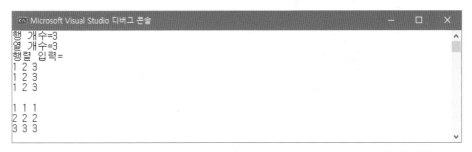

HINT 전치 행렬은 행과 열이 바뀐 행렬이다.

| 난이도 ★★ 주제 빈도 계산 알고리즘 |

9 0부터 9까지의 난수를 100번 생성하여 가장 많이 생성된 수를 출력하는 프로그램을 작성하시오. 난수는 rand() 함수를 사용하여 생성하라. 배열을 사용해보자.

HINT 배열 a[10];을 생성하여 난수가 생성되면 해당되는 배열 요소를 하나씩 증가시킨다.

| 난이도 ★★ 주제 빈도 계산 알고리즘 |

10 주사위를 60000번 던져서 그 결과를 배열로 요약하여 보자. 잘 만들어진 주사위라면 하나의 면이 나올 확률은 약 1/6이 되어야 한다. 컴퓨터에서 주사위 던지기는 난수 발생 함수 rand()를 통하여 구현하라.

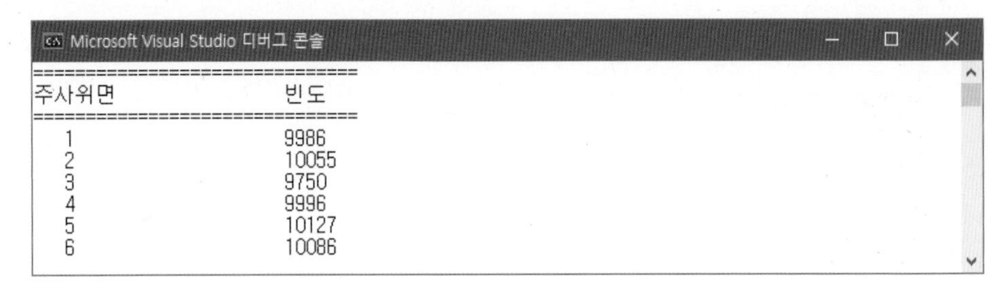

| 난이도 ★★★ 주제 1차원 배열 빈도 계산 |

11 1차원 배열에서 각 요소의 빈도를 계산하는 프로그램을 작성하라.

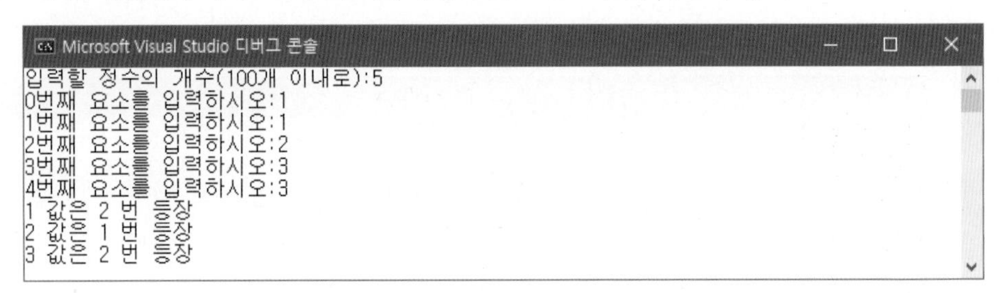

| 난이도 ★★★ 주제 배열 요소 조작 |

12 배열에서 사용자가 원하는 위치에 있는 요소를 삭제하는 프로그램을 작성하라. 요소를 삭제한 후에, 뒤에 있는 요소들을 한 칸씩 앞으로 이동하여야 한다.

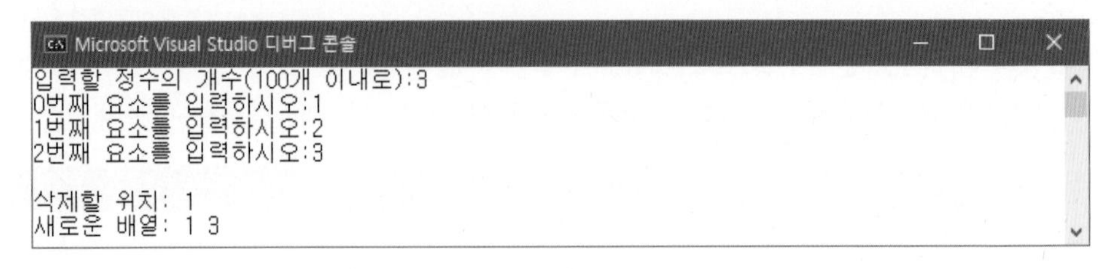

HINT 지정된 위치에서 시작하여 배열의 끝까지 하나씩 앞으로 이동시킨다.

| 난이도 ★★★ 주제 배열 응용 |

13 배열을 이용하여 간단한 극장 예약 시스템을 작성하여 보자. 아주 작은 극장이라서 좌석이 10개밖에 안 된다. 사용자가 예약을 하려고 하면 먼저 좌석 배치표를 보여준다. 즉 예약이 끝난 좌석은 1로, 예약이 안 된 좌석은 0으로 나타낸다.

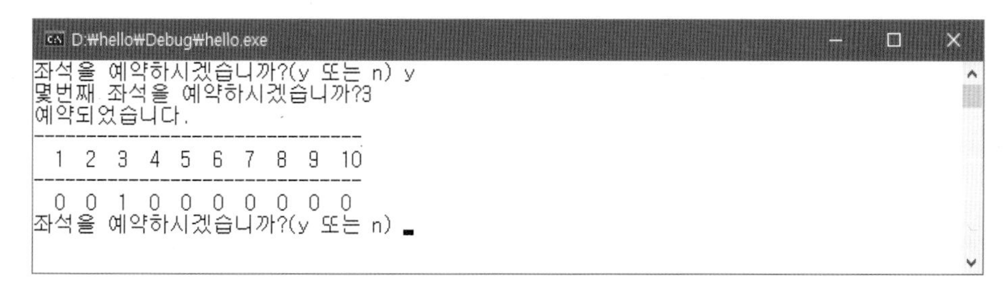

| 난이도 ★★★ 주제 배열을 이용한 통계 계산 |

14 사용자로부터 5개의 실수 자료를 읽어서 평균과 표준 편차를 계산하는 프로그램을 작성하라. 사용자로부터 받은 자료들은 배열에 저장하라. 평균이란 n개의 실수가 주어져 있을 때, 다음과 같이 계산된다.

$$m = \frac{1}{n}\sum_{i=1}^{n} x_i$$

표준 편차는 분산의 양의 제곱근으로 분산은 다음과 같이 계산된다. 표준 편차는 자료가 평균값 주위에 어느 정도의 넓이로 분포하고 있는가를 나타내는 하나의 척도이다.

$$v = \frac{1}{n}\sum_{i=1}^{n}(x_i - m)^2$$

HINT 먼저 평균을 계산하고, 평균을 이용하여 표준 편차를 계산한다.

| 난이도 ★★★ 주제 배열을 이용한 시뮬레이션 |

15 수학에서의 "random walk"라 불리는 문제를 배열을 이용하여 프로그래밍하여 보자. 문제는 다음과 같다. 술에 취한 딱정벌레가 10개의 1차원 타일 위를 걸어다닌다. 딱정벌레는 랜덤한 방향으로 이동한다. 현재의 위치에서 좌우의 2개의 타일로 걸어가는 확률은 동일하다고 가정하자. 딱정벌레가 지나간 길을 표시하는 프로그램을 작성하여 보자.

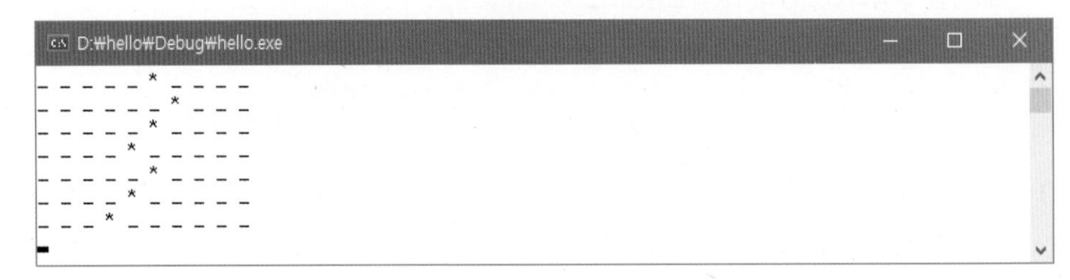

HINT 방 전체를 1차원 배열 tile[10]로 모델링을 하고 처음에는 딱정벌레가 배열의 중앙에 있다고 가정하라. tile[]의 초기값은 '_'이다. 딱정벌레가 타일을 지나갈 때마다 배열 요소의 값을 '*'로 만들어서 딱정벌레가 지나갔음을 나타낸다. 0부터 1사이의 랜덤한 숫자를 생성하여 다음과 같이 움직인다. 즉 0이면 왼쪽으로 이동하고 1이면 오른쪽으로 이동한다. 0부터 1사이의 랜덤한 숫자는 다음과 같이 생성할 수 있다.

```
int direction = rand()%2;
```

_getch() 함수를 사용하면 사용자가 어떤 키를 누를 때까지 프로그램을 정지시킬 수 있다.

함수

main() 함수가 점점 길어
지네요! 방법이 없나요?

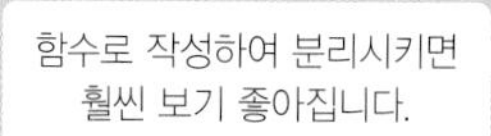

함수로 작성하여 분리시키면
훨씬 보기 좋아집니다.

학습목표

- 함수의 개념을 이해한다.
- 함수를 작성할 수 있다.
- 함수의 반환 값과 매개 변수를 이해한다.
- 전역 변수와 지역 변수를 이해한다.
- 순환 호출을 이해하고 사용할 수 있다.

8 함수

1. 이번 장에서 만들 프로그램

이번 장에서는 함수에 대하여 알아본다. 함수(function)는 특정한 기능을 수행하는 코드의 묶음에 이름을 붙인 것이다. 우리는 이미 많은 함수들을 사용하였는데 이번 장에서는 우리가 직접 함수를 작성해 볼 것이다.

(1) 온도를 변환하는 함수를 정의하고 사용해본다.

Microsoft Visual Studio 디버그 콘솔
화씨온도 32.000000은 섭씨온도 0.000000에 해당한다.

(2) ATM(현금입출력기)을 구현해본다. 각 기능을 하나의 함수로 구현해본다.

```
D:\hello\Debug\hello.exe
**********Welcome to 콘서트 ATM***********
****하나를 선택하시오****
<1>  잔고 확인
<2>  입금
<3>  인출
<4>  종료
2
****입금 금액을 입력하시오
10000

새로운 잔고는 20000입니다.
```

2. 함수는 왜 필요한가?

"청소하기"나 "세탁하기"처럼 우리가 일상생활에서 되풀이해야 하는 작업이 있다. 만약 청소나 세탁과 같이 귀찮은 작업을 대신해주는 사람(아니면 인공지능로봇)이 있다면 얼마나 좋을까?

일상생활에서도 되풀이되는 귀찮은 작업이 있듯이 프로그램에서도 되풀이되는 작업이 있다. 예를 들어서 발송하는 이메일마다 자신의 이름을 멋있게 추가하고 싶다고 하자. 이 작업은 다음과 같은 코드로 작성할 수 있다.

```
printf("*****************************\n");
printf("한국대학교 컴퓨터 공학과 \n");
printf("홍길동 \n");
printf("*****************************\n");
```

만약 위와 같은 작업이 프로그램 안에서 여러 번 필요하다면 아래와 같이 동일한 코드를 복사하여서 프로그램의 여기저기에 배치하여야 할 것이다.

```
1  #include <stdio.h>
2
3  int main(void)
4  {
5
```

```
 6      printf("****************************\n");        자신의 이름을 추가하는 코드
 7      printf("한국대학교 컴퓨터 공학과 \n");
 8      printf("홍길동 \n");
 9      printf("****************************\n");
10
11      printf("****************************\n");
12      printf("한국대학교 컴퓨터 공학과 \n");
13      printf("홍길동 \n");
14      printf("****************************\n");
15
16      return 0;
17  }
```

동일한 작업이 필요할 때마다 동일한 코드를 복사하는 것은 상당히 비효율적이고 유지관리가 힘들다. 이 문제를 해결하기 위하여 함수(function)라는 개념이 준비되어 있다. 함수는 특정한 작업을 수행하는 코드를 하나로 모은 것이다. 함수는 한 번만 작성되면 필요할 때마다 호출하여서 사용할 수 있다. 아래 코드는 함수를 이용하여서 위의 코드를 다시 작성한 것이다. 아직 자세한 사항을 학습하지 않았으므로 개념적으로만 이해하도록 하자.

```
 1  #include <stdio.h>
 2
 3  void print_name()
 4  {
 5      printf("****************************\n");
 6      printf("한국대학교 컴퓨터 공학과 \n");
 7      printf("홍길동 \n");
 8      printf("****************************\n");
 9  }
10
11  int main(void)
12  {
13      print_name();
14      print_name();
15
16      return 0;
17  }
```

함수란 특정 작업을 수행하는 문장들을 모아 놓은 것이다. 함수는 입력 데이터를 받아서 처리한 후에 결과값을 반환한다. 각각의 함수에는 이름이 붙어 있으며 이름을 사용하여 함수를 호출하여 사용할 수 있다. 다른 언어에서는 프로시저(procedure)로 부르기도 한다.

그림 8.1 함수는 이름으로 호출되며 입력과 출력을 가진다.

함수는 코드를 반복하지 않기 위하여 고안된 것이지만 현대적인 프로그래밍에서는 그 이상의 의미를 지닌다. 함수를 사용하면 많은 장점들이 있다. 함수는 프로그램을 구성하는 기본적인 구성 요소라고 할 수 있다. 하나의 프로그램은 여러 함수들이 모여서 이루어진다. 함수는 레고 블록과 같은 역할을 하는 것이다. 함수는 프로그램을 이루는 부품으로 생각하면 이해하기 쉽다. 부품들을 조립하여서 자동차를 제작하듯이, 함수들을 조립하여서 프로그램을 작성하게 된다.

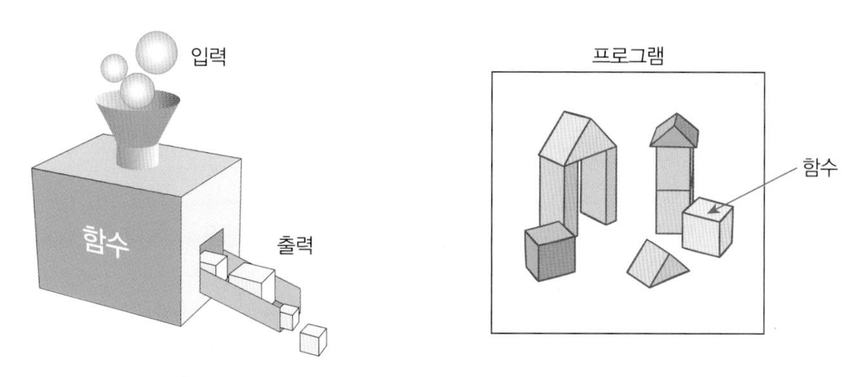

그림 8.2 함수는 프로그램을 이루는 빌딩 블록이라고 생각할 수 있다..

프로그램의 전체 설계가 끝나고 각 함수들의 사양만 결정되면 각 함수들은 독자적으로 개발될 수 있다. 함수를 사용하게 되면 각 함수들을 독립적으로 업그레이드할 수 있어서 유지 보수가 쉬워지며 타 프로그램들에서 이 함수들을 재사용할 수 있다. 결론적으로 함수를 사용하게 되면 코드의 재활용, 가독성, 유지 관리의 측면에서 많은 장점이 있다.

중간점검

1. 함수가 필요한 이유는 무엇인가?
2. 함수와 프로그램의 관계는?

3. 함수의 정의

지금부터는 함수를 어떻게 정의하는지 살펴보자. 함수의 이름, 입력, 출력, 작업에 필요한 문장들이 정의되어야 한다. 예를 들어서 2개의 정수를 받아서 합을 계산하여 반환하는 함수를 정의해보자.

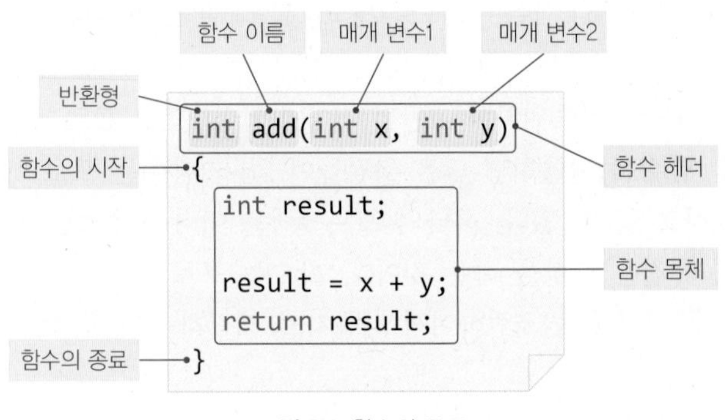

그림 8.3 함수의 구조

가장 먼저 함수가 반환하는 값의 자료형을 먼저 쓰게 되어 있다. 이것을 함수의 반환형(return type)이라고 한다. 이어서 함수의 이름, 매개 변수(parameter)들을 차례대로 적어주면 된다. 이것을 합쳐서 함수 헤더(function header)라고 한다. 함수의 몸체는 중괄호로 둘러싸인 부분으로, 함수가 수행하는 작업이 여기에 기술된다. 하나씩 자세히 살펴보자.

반환형

함수의 반환형은 함수가 처리를 종료한 후에 호출한 곳으로 반환하는 데이터의 유형을 말한다. 반환형은 C언어가 지원하는 자료형인 char, int, long, double 등이 될 수 있다. 만약 값을 반환하지 않는다면 void라고 표시한다. 값을 반환하려면 return 문장을 사용하면 된다. return 다음에 수식을 써주면 이 수식의 값이 반환된다. 예를 들어서 return 0;하면 0 값이 반환된다.

함수 이름

함수 이름은 변수의 이름과 동일한 규칙으로 만들 수 있다. 규칙만 따른다면 어떤 이름이라도 가능하다. 다만 소스 코드를 읽기 쉽게 하기 위하여, 함수의 기능을 암시하는 이름을 부여하는 것이 좋다. 일반적으로 함수의 목적을 설명하는 동사 또는 동사+명사를 사용하면 좋다. 다음은 함수 이름의 예이다.

```
square()            // 정수를 제곱하는 함수
compute_average()   // 평균을 구하는 함수
get_integer()       // 정수를 받아들이는 함수
```

매개 변수

함수를 호출할 때는 작업에 필요한 데이터들을 보낼 수 있다. 매개 변수(parameter)는 함수가 받는 데이터를 함수 몸체로 전달해주는 변수이다. 매개 변수는 여러 개가 될 수 있으며 각 매개 변수는 쉼표로 분리된다. add() 함수의 매개 변수는 int x와 int y이다.

함수 몸체

함수 몸체는 중괄호 { }로 둘러싸여 있다. 함수 몸체에는 함수가 수행하는 작업에 필요한 문장들이 들어간다. 여기가 실제적인 작업이 이루어지는 곳이다. 이 문장들은 함수가 호출되면 처음부터 순차적으로 하나씩 실행되며 return 문장을 만나게 되면 함수의 실행이 종료되고 호출한 곳으로 되돌아간다.

참고

함수에는 얼마든지 많은 문장들을 넣을 수 있지만 함수의 길이가 지나치게 길어지면 좋지 않다. 기본적으로 하나의 함수는 하나의 작업만을 수행하여야 한다. 일반적으로 하나의 함수는 30행을 넘지 않도록 하는 것이 좋다.

참고

만약 함수의 반환형을 명시하지 않으면 C 컴파일러는 `int` 형을 가정한다. 그러나 특별한 경우가 아니면 반환형을 생략하면 안 된다. 반환형이 `int`일지라도 항상 반환형을 명시하는 것이 좋다. 또한 반환 값이 있는 함수에서 값을 반환하지 않으면 예측 불가능한 값이 전달될 수 있다. 또 반대로 반환 값이 `void`로 지정된 함수에서 값을 반환하면 문법적인 오류가 발생한다.

4. 함수부터 만들어 보자

함수는 사용하기 전에 미리 만들어져 있어야 한다. 함수는 블랙박스(blackbox)와 같다. 즉 외부에서는 함수의 이름과 입력, 출력만 보인다. 함수의 구체적인 코드는 보이지 않는다. 내부에서도 마찬가지이다. 외부 상황을 신경 쓰지 말고 입력을 받아서 작업(처리)을 한 후에 그 결과를 내보내면 된다. 함수를 프로그램을 이루는 부품이라고 생각하고, 완제품에 앞서서 부품을 만든다고 가정하자.

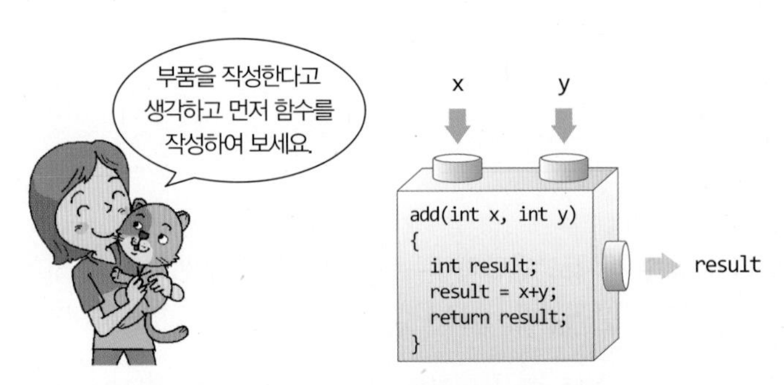

그림 8.4 사용자 정의 함수를 작성하여 보자.

예제 #1

첫 번째로 사용자로부터 정수를 받아서 반환해주는 함수를 작성해보자. 왜냐하면 입문자들은 scanf()를 사용하기가 매우 어렵기 때문이다. 호출만 하면 사용자로부터 정수를 받아서 반환해주는 함수가 있다면 편하지 않을까? 함수 이름은 get_integer()라고 하자. 반환 값은 int형이어야 한다. 매개 변수는 없다. 지금까지 결정한 것을 적어보자.

- 반환 값: int
- 함수 이름: get_integer
- 매개 변수: 없음

함수 몸체는 중괄호를 먼저 적고 그 안에 문장들을 넣으면 된다. 어떤 문장을 넣어야 할까? 정수 변수를 하나 만들고 사용자한테 정수를 입력하라는 메시지를 출력한다. 정수를 scanf()로 받아서 반환하면 된다.

```
int get_integer()
{
    int value;
    printf("정수를 입력하시오 : ");
    scanf("%d", &value);
    return value;
}
```

예제 #2

두 개의 정수가 주어지면 두수 중에서 더 큰 수를 찾아서 이것을 반환하는 함수를 만들어 보자. 함수이름은 get_max이라고 하자. 반환되는 값은 역시 정수형이다. 이번에는 매개 변수가 두 개가 된다. 각각 x, y라고 하자. 지금까지 결정한 것을 적어보자.

- 반환 값: int
- 함수 이름: get_max
- 매개 변수: int x, int y

이제 함수를 정의할 수 있다. 반환형을 먼저 쓰고 함수 이름, 매개 변수 순으로 쓰면 된다. 다음은 함수 몸체인데 중괄호를 먼저 적고 그 안에 문장들을 넣으면 된다. 어떤 문장을 넣어야 할까? 두 수 중에서 더 큰 수를 찾으려면 if문을 사용하여 두 수를 비교해서 더 큰 값을 반환하면 된다. return 문이 두 번 사용된 것에 유의해야 한다. 그리고 수식 "x 〉 y"가 참이면 x가 최대값이 되고 그렇지 않으면 당연히 y가 최대값이 된다. return 다음에는 괄호가 나와도 된다.

```
int get_max(int x, int y)
{
    if (x > y) return(x);
    else return(y);
}
```

예제 #3

이번에는 정수 x의 거듭제곱 값 x^y을 계산하여 반환하는 함수를 작성하여 보자. 함수의 이름은 power라고 하자. 함수의 매개 변수는 x, y로 하고 함수의 반환형은 정수형으로 하면 될 것이다.

- 반환 값: int
- 함수 이름: power
- 매개 변수: int x, int y

거듭 제곱 값은 어떻게 계산해야 할 것인가? 반복문을 사용하면 될 것이다. x^y는 x를 y번 곱한다는 의미이므로 반복문을 사용하여 y번 반복하면서 x를 곱하면 된다.

```
int power(int x, int y)
{
    int i, result = 1;

    for (i = 0; i < y; i++)       // y번 반복
        result *= x;    // result = result * x

    return result;
}
```

여기서는 result의 초기값이 1인 것에 유의하여야 한다. 만약 초기값이 0이면 아무리 다른 수를 곱해도 결과는 0일 것이다.

중간점검

1. 함수 이름 앞에 void가 있다면 무슨 의미인가?
2. 함수가 작업을 수행하는데 필요한 데이터로서 외부에서 주어지는 것을 무엇이라고 하는가?
3. 함수 몸체는 어떤 기호로 둘러싸여 있는가?
4. 함수의 몸체 안에서 정의되는 변수를 무엇이라고 하는가?

5. 함수를 호출하여 보자

함수를 사용하기 위해서는 함수를 호출(call)하여야 한다. 함수를 호출하려면 함수의 이름을 써주고 함수가 필요로 하는 데이터를 나열한 다음, 세미콜론을 붙이면 된다.

```
n = get_integer();
```

함수를 호출하게 되면 현재 실행하고 있던 코드는 잠시 중단된다. 호출된 함수 안에 있는 문장들이 순차적으로 실행되며 문장들의 실행이 끝나면 호출한 위치로 되돌아간다. 이것은 일상생활에서 일을 하다가 중간에 전화가 오면 전화를 받고 통화가 끝나면 다시 이전의 일로 돌아가는 것과 같다. 예를 들어서 main() 함수에서 get_integer()와 get_max() 함수를 호출한다고 하면 다음과 같은 순서로 프로그램이 실행된다.

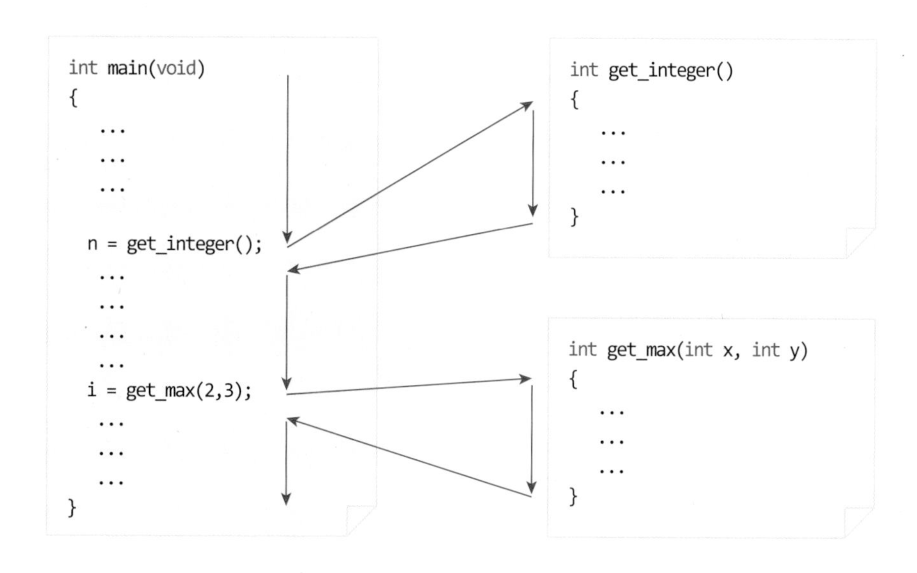

int main(void)
{
...
...
...
n = get_integer();
...
...
...
...
i = get_max(2,3);
...
...
...
}
int get_integer()
{
...
...
...
}
int get_max(int x, int y)
{
...
...
...
}

인수와 매개 변수

인수와 매개 변수는 함수 호출 시에 데이터를 주고받기 위하여 필요하다. 인수(argument)는 호출 프로그램에 의하여 함수에 실제로 전달되는 값이다. 함수가 호출될 때마다 인수는 함수의 매개 변수로 전달된다. 인수와 매개 변수는 책마다 용어가 약간씩 다르다. 인수를 실제 매개 변수라고도 하고 매개 변수는 형식 매개 변수라고 부르기도 한다.

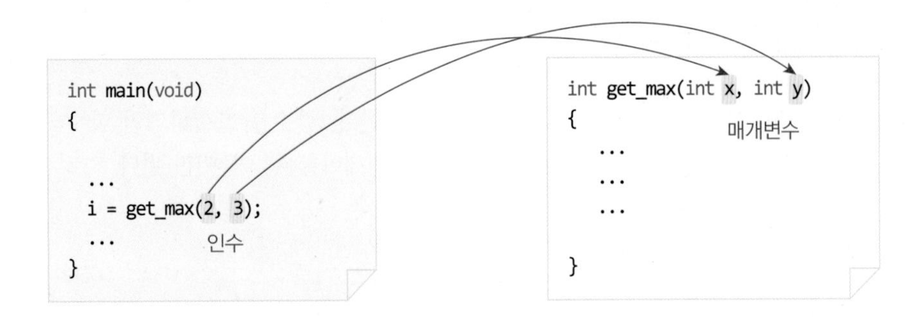
int main(void)
{
...
i = get_max(2, 3);
...
인수
}
int get_max(int x, int y)
{
매개변수
...
...
...
}

함수가 호출될 때마다 인수는 달라질 수 있다. 여기서 주의할 점은 매개 변수의 개수와 인자의 개수는 정확히 일치하여야 한다는 점이다. 즉 매개 변수가 두 개이면 인수도 두 개를 전달하여야 한다. 매개 변수의 개수와 인수의 개수가 일치하지 않으면 아주 찾기 어려운 오류가 발생하게 된다. 또한 인수와 매개 변수의 타입은 서로 일치하여야 한다. 예를 들어서 매개 변수는 int형으로 정의되었는데 float형의 데이터를 전달하면 오류가 발생한다. 다음은 잘못된 함수 호출의 예이다.

```
get_max(10);          // 인수가 두 개이어야 한다.
get_max(0.1, 0.2);    // get_max() 인수의 타입은 정수이어야 한다.
get_max( );           // 인수가 두 개이어야 한다.
```

반환 값

반환 값(return value)은 함수가 반환하는 결과값이다. 인수는 여러 개가 있을 수 있으나 반환 값은 하나만 가능하다.

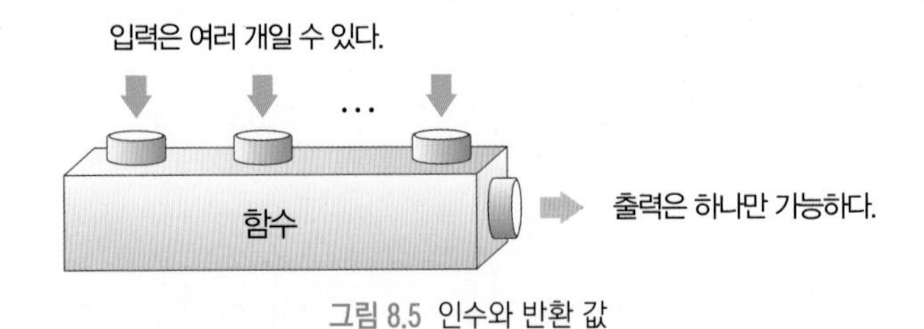
입력은 여러 개일 수 있다.
...
함수
출력은 하나만 가능하다.

그림 8.5 인수와 반환 값

호출한 곳으로 값을 반환하려면 return 문장을 적어주고, 이어서 반환하고자 하는 수식을 넣어야 한다. 함수의 반환 값은 결국 return 문장 뒤에 있는 수식의 계산 값이 된다. return 뒤에 나오는 수식은 C언어에서 유효한 수식이면 무엇이든 가능하다. 다음은 모두 가능한 return 문장이다.

```
return 0;
return (x);
return x+y;
```

만약 반환되는 값이 없다면 어떻게 해야 하는가? 이 경우에는 return 키워드 다음에 아무것도 써주지 않으면 된다.

```
return;
```

또 한 가지 방법은 아예 return 문장을 사용하지 않는 것이다. 이 경우, 함수 안에 들어 있는 문장이 전부 실행되고 종료를 나타내는 중괄호 }를 만나게 되면 함수는 값을 반환하지 않고 종료한다.

참고

함수가 여러 개의 값을 반환하기 위해서는 "포인터"나 "구조체"라는 개념을 사용해야 한다. 10장과 11장을 참조한다.

예제 #1

앞에서 작성하였던 함수 get_integer()를 호출하여 사용자가 입력하는 두 수의 합을 계산해보자.

func1.c

```
1  #define _CRT_SECURE_NO_WARNINGS
2  #include <stdio.h>
3
4  // 함수를 정의한다.
5  int get_integer()
6  {
7      int value;
8      printf("정수를 입력하시오 : ");
9      scanf("%d", &value);
10     return value;
11 }
12
```

```
13 int main(void)
14 {
15     int x, y;
16     x = get_integer(); // 함수를 호출한다.
17     y = get_integer(); // 함수를 호출한다.
18     int result = x + y;
19     printf("두수의 합 = %d \n", result);
20
21     return 0;
22 }
```

```
Microsoft Visual Studio 디버그 콘솔
정수를 입력하시오 : 10
정수를 입력하시오 : 20
두수의 합 = 30
```

예제 #2

앞에서 작성하였던 함수 get_max()를 호출하여 사용자가 입력한 정수 중에서 큰 수를 찾아보자. 이때 예제 #1에서 정의하였던 함수 get_integer()도 사용해보자. 편리하지 않은가?

get_max.c

```
1  #define _CRT_SECURE_NO_WARNINGS
2  #include <stdio.h>
3
4  // 함수를 정의한다.
5  int get_integer()
6  {
7      int value;
8      printf("정수를 입력하시오 : ");
9      scanf("%d", &value);
10     return value;
11 }
12
13 // 함수를 정의한다.
14 int get_max(int x, int y)
15 {
16     if (x > y) return(x);
17     else return(y);
18 }
19
```

```
20  int main(void)
21  {
22      int a, b;
23      a = get_integer();     // 함수 호출
24      b = get_integer();     // 함수 호출
25
26      printf("두수 중에서 큰 수는 %d입니다.\n", get_max(a, b));  // 함수 호출
27      return 0;
28  }
```

```
Microsoft Visual Studio 디버그 콘솔
정수를 입력하시오 : 10
정수를 입력하시오 : 20
두수 중에서 큰 수는 20입니다.
```

프로그램 설명

5 get_max() 함수가 정의된다. 매개 변수 x와 y를 통하여 외부 데이터를 전달받는다. if 문을 이용하여 수식 x > y가 참이면 x가 더 큰 수이므로 x의 값을 return 문을 이용하여 반환하고 수식이 거짓이면 y가 더 큰 수이므로 y의 값을 return 문을 이용하여 반환한다.

25 printf 문안에서 get_max() 함수가 호출된다. get_max() 함수의 인수는 변수 a와 b이다. printf()는 get_max()가 반환하는 값을 화면에 출력한다.

예제 #3

앞에서 작성하였던 함수 power()를 호출하여 x의 y승을 계산해보자. 이때 예제 #1에서 정의하였던 함수 get_integer()도 사용해보자. 한번 만들어두면 편리하게 사용할 수 있다.

power.c

```
1   #define _CRT_SECURE_NO_WARNINGS
2   #include <stdio.h>
3
4   // 함수를 정의한다.
5   int get_integer()
6   {
7       int value;
8       printf("정수를 입력하시오 : ");
9       scanf("%d", &value);
10      return value;
11  }
12
13  // 함수를 정의한다.
```

```
14  int power(int x, int y)
15  {
16      int i, result = 1;
17
18      for (i = 0; i < y; i++)
19          result *= x;    // result = result * x
20
21      return result;
22  }
23
24  int main(void)
25  {
26      int x, y;
27      x = get_integer(); // 함수를 호출한다.
28      y = get_integer(); // 함수를 호출한다.
29      int result = power(x, y);
30      printf("%d의 %d승 = %d \n", x, y, result);
31
32      return 0;
33  }
```

```
정수를 입력하시오 : 10
정수를 입력하시오 : 2
10의 2승 = 100
```

중간점검

1. 인수와 매개 변수는 어떤 관계가 있는가?
2. 사용자로부터 실수를 받아서 반환하는 함수 `get_real()`을 작성하고 테스트하라.
3. 함수 정의의 첫 번째 줄에는 어떤 정보들이 포함되는가? 이것을 무엇이라고 부르는가?
4. 함수가 반환할 수 있는 값의 개수는?
5. 함수가 값을 반환하지 않는다면 반환형은 어떻게 정의되어야 하는가?

6. 함수 원형 선언

일반적으로 함수를 사용할 때는 미리 컴파일러에게 함수에 대한 정보를 알려야 한다. 이것을 함수 원형(function prototype)이라고 한다. 함수 원형은 함수가 사용되기 전에 선언되어야 한다.

```
1  #include <stdio.h>
2  int compute_sum(int n);        함수 원형 선언
3
4  int main(void)
5  {
6     int sum;
7     sum = compute_sum(100);
8     printf("1부터 100까지의 합 = %d \n", sum);
9     return 0;
10 }
11
12 int compute_sum(int n)
13 {
14    int i, result = 0;
15
16    for (i = 1; i <= n; i++)
17       result += i;
18
19    return result;
20 }
```

함수 원형 선언은 함수의 이름, 매개변수, 반환형을 함수가 정의되기 전에 미리 한번 써주는 것이다. 함수 원형은 함수 헤더에 세미콜론(;)만을 추가한 것과 똑같다. 다만 함수 원형에서는 매개 변수의 이름은 적지 않아도 된다. 매개 변수의 자료형만 적으면 된다. 예를 들면 다음과 같다.

```
int compute_sum(int n);
int compute_sum(int);
int get_integer();
```

함수 원형은 왜 필요한 것일까? 함수 원형은 컴파일러에게 미리 함수에 대한 정보를 주어서 함수의 매개 변수 검사, 반환형 검사 등을 하게 하기 위한 것이다. 만약 함수 원형이 없다면 컴파일러는 함수 compute_sum()이 어떤 매개 변수를 가지는 함수인지 반환형은 무엇인지를 전혀 알 수가 없다. 따라서 컴파일러가 하여야 할 중요한 검사를 할 수가 없게 된다.

참고

함수 원형을 사용하지 않는 방법도 있다. 함수 원형이란 근본적으로 컴파일러에게 함수에 대한 정보를 주기 위하여 만들어진 것이다. 따라서 사용하려는 함수의 정의가 먼저 등장한다면 구태여 함수 원형을 표시할 필요가 없다. 하지만 함수 호출이 서로 물고 물리는 경우에는 이 방법이 불가능하다. 따라서 대부분의 경우에 먼저 함수 원형을 적어 주는 것이 권장된다.

중간점검

1. 함수 정의와 함수 원형 선언의 차이점은 무엇인가?
2. 함수 원형에 반드시 필요한 것은 아니지만 대개 매개 변수들의 이름을 추가하는 이유는 무엇인가?
3. 다음과 같은 함수 원형을 보고 우리가 알 수 있는 정보는 어떤 것들인가?

```
double pow(double, double);
```

Lab 온도 변환 함수

| 난이도 ★ 주제 함수 정의 |

섭씨 온도를 화씨 온도로 변환하여 반환하는 함수 FtoC()를 작성하고 테스트하라. 다음과 같은 함수 원형을 가지는 함수를 구현하도록 한다.

```
Microsoft Visual Studio 디버그 콘솔
화씨온도 32.000000은 섭씨온도 0.000000에 해당한다.
```

temp.c

```c
1  #include <stdio.h>
2  double FtoC(double temp_f); // 함수 원형 정의
3
4  int main(void)
5  {
6     double c, f;
7     f = 32.0;
8     c = FtoC(f);        // 함수 호출
9     printf("화씨온도 %lf은 섭씨온도 %lf에 해당한다. \n", f, c);
10    return 0;
11 }
12
13 double FtoC(double temp_f)  // 함수 정의
14 {
15    double temp_c;
16    temp_c = (5.0 * (temp_f - 32.0)) / 9.0;
17    return temp_c;
18 }
```

Lab 소수 검사 함수 작성

| 난이도 ★★ 주제 함수 작성 및 호출 |

정수를 전달받아서 소수인지 아닌지를 반환하는 함수를 작성하고 테스트해보자.

Microsoft Visual Studio 디버그 콘솔
정수를 입력하시오: 29
소수입니다.

소수라면 2부터 n-1까지의 정수로 나누었을 때, 나누어지지 않아야 한다. 만약 나누어진다면 소수가 아니다. 나누어떨어지는 것은 n % I == 0으로 알 수 있다.

check_prime.c

```
1  #define _CRT_SECURE_NO_WARNINGS
2  #include <stdio.h>
3  int check_prime(int);
4
5  int main(void)
6  {
7     int k;
8     printf("정수를 입력하시오: ");
9     scanf("%d", &k);
10    if( check_prime(k) == 1 ) printf("소수입니다. \n");
11    else printf("소수가 아닙니다. \n");
12    return 0;
13 }
14 int check_prime(int n) {
15    int is_prime = 1;      // 일단 소수라고 가정한다.
16    for (int i = 2; i < n; ++i) {
17       if (n % i == 0) {
18          is_prime = 0;
19          break;
20       }
21    }
22    return is_prime;
23 }
```

7. 지역 변수와 전역 변수

함수와 밀접하게 관련이 있는 것이 변수이다. 이제까지 우리는 함수 안에서만 변수를 정의하였지만 함수 외부에서도 변수를 정의할 수 있다. 함수 안에서 정의되는 변수는 지역 변수라고 불리고 해당 함수 안에서만 사용이 가능하다. 함수의 외부에서 선언되는 변수는 전역 변수라고 불린다. 전역 변수는 소스 파일 어디에서나 사용이 가능하다.

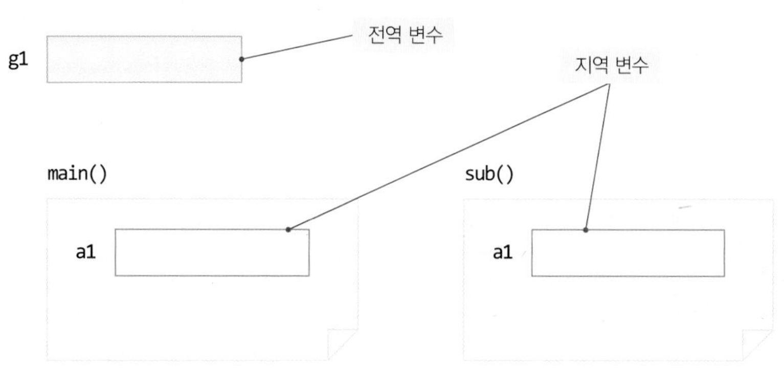

그림 8.6 지역 변수와 전역 변수

지역 변수

지역 변수(local variable)는 함수 안에 선언되는 변수이다. 정확하게 말하자면 블록 안에 선언되는 변수이다. 블록(block)이란 중괄호로 둘러싸인 영역이다. 함수의 몸체도 블록에 속한다. 지역 변수는 변수가 선언된 블록 안에서만 접근과 사용이 가능하다. 우리가 지금까지 사용한 변수들은 모두 지역 변수였다. 앞에 등장하였던 compute_sum() 함수를 살펴보자. i, result 등이 모두 지역 변수이다.

```
1  #include <stdio.h>
2  int compute_sum(int n);
3
4  int main(void)
5  {
6     int sum;          지역 변수
7     sum = compute_sum(100);
8     printf("1부터 100까지의 합=%d \n", sum);
9     return 0;
10 }                           지역 변수
11 int compute_sum(int n)
12 {
```

```
13    int i;              지역 변수
14    int result = 0;
15
16    for (i = 1; i <= n; i++)
17       result += i;
18    return result;
19 }
```

```
Microsoft Visual Studio 디버그 콘솔
1부터 100까지의 합=5050
```

지역 변수는 정의된 함수 안에서만 사용이 가능하다. 위의 코드에서 변수 i와 result는 함수 compute_sum() 안에서만 사용이 가능하다. main()에서 i나 result를 사용하려고 하면 컴파일 오류가 발생한다. 지역 변수는 함수가 호출되어 시작될 때에 생성되고 함수 호출이 종료되면 자동으로 소멸된다.

지역 변수는 초기화시키지 않으면 쓰레기 값을 가지게 된다. 따라서 지역 변수를 사용할 때는 반드시 초기화시켜야 한다. 만약 위의 코드에서 result를 0으로 초기화하지 않았다면 어떻게 될까? 쓰레기 값에 변수 i의 값이 더해지게 된다. 비주얼 스튜디오에서는 초기화되지 않은 변수를 사용하는 경우에 다음과 같은 오류가 발생한다.

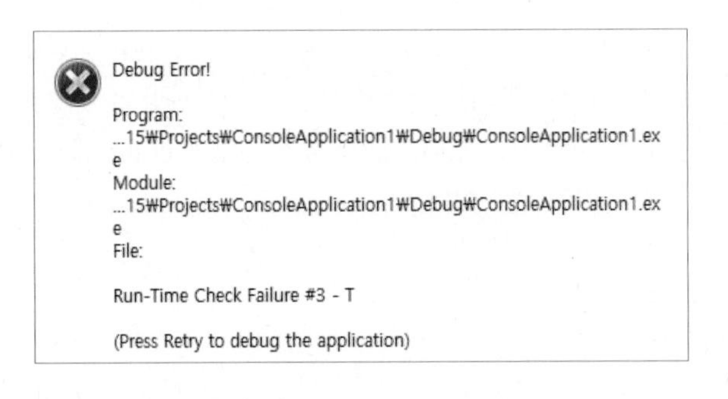

Debug Error!
Program:
...15₩Projects₩ConsoleApplication1₩Debug₩ConsoleApplication1.ex
e
Module:
...15₩Projects₩ConsoleApplication1₩Debug₩ConsoleApplication1.ex
e
File:
Run-Time Check Failure #3 - T
(Press Retry to debug the application)

참고: 블록에서도 지역 변수를 선언할 수 있다.

블록은 중괄호 {}을 사용하여 만드는 구간이다. 여기서도 지역 변수를 선언할 수 있다. 블록이 종료되면 지역 변수도 같이 사라진다.

```
while(1) {
    int x; // 블록 안에서 선언된 지역 변수
    ...
}       // 변수 x는 여기서 사라진다.
```

참고: 함수의 매개 변수

함수의 헤더 부분에 정의되어 있는 매개 변수도 일종의 지역 변수이다. 즉 지역 변수가 지니는 모든 특징을 가지고 있다. 지역 변수와 다른 점은 함수를 호출할 때 넣어주는 인수 값으로 초기화되어 있다는 점이다.

```
int inc(int counter) // counter도 지역 변수의 일종이라고 생각할 수 있다.
{
    counter++; // 지역 변수처럼 사용할 수 있다.
    return counter;
}
```

참고: 함수만 다르면 같은 이름의 지역 변수를 선언할 수 있다.

지역이라는 의미는 변수가 특정 지역 안에서만 유효하다는 뜻으로 만약 다른 지역 안에 동일한 이름의 변수가 있어도 컴파일 오류가 아니다. 이름은 같지만 다른 지역에서 정의되었으므로 전혀 별개로 취급된다. 프로그램의 `sub1()` 함수 안에 변수 `x`가 선언되어 있고 `sub2()`에도 똑같은 이름의 변수 `x`가 선언되어도 아무런 문제가 없다.

전역 변수

전역 변수(global variable)는 함수 외부에서 선언되는 변수이다. 전역 변수는 지금까지는 사용한 적이 없을 것이다. 지역 변수의 범위가 함수나 블록으로 제한되는 반면, 전역 변수의 범위는 소스 파일 전체이다. 즉 전역 변수는 소스 파일 안의 모든 함수에서 사용이 가능한 변수이다.

```
1  #include <stdio.h>
2
3  int global = 123;                       ← 전역 변수
4
5  void sub1()
6  {                                        전역 변수는 어디서나 사용이 가능하다.
7     printf("global=%d\n", global);
8  }
9
10 void sub2()
11 {
12    printf("global=%d\n", global);
13 }
14
15 int main(void)
```

```
16 {
17     sub1();
18     sub2();
19     return 0;
20 }
```

```
Microsoft Visual Studio 디버그 콘솔
global=123
global=123
```

프로그래머가 전역 변수를 초기화하지 않으면 컴파일러에 의하여 0으로 초기화된다. 그렇다면 전역 변수의 생존 기간은 어떻게 되는가? 전역 변수는 프로그램 시작과 동시에 생성되어 프로그램이 종료되기 전까지 메모리에 존재한다. 따라서 프로그램 시작과 동시에 접근이 가능하며 종료되기 전까지 전체 영역에서 접근이 가능하다.

전역 변수는 상당히 편리할 것처럼 생각되지만 전문가들은 사용을 권하지 않는다. 그 이유는 어디서나 접근이 가능하다는 장점이 도리어 단점이 될 수 있기 때문이다. 프로그램이 복잡해지다 보면 전역 변수를 도대체 어떤 부분에서 변경하고 있는지를 잘 모르는 경우가 허다하다. 이처럼 전역 변수들로 인하여 코드가 꼬이는 현상을 스파게티 코드(spaghetti code)라고 한다. 마치 스파게티처럼 복잡하게 꼬여 있다는 의미이다. 하지만 경우에 따라서는 전역 변수를 사용하는 것이 프로그램을 효율적으로 한다.

같은 이름의 전역 변수와 지역 변수

만약 전역 변수와 이름이 같은 지역 변수를 선언하면 어떻게 될까? 만약 전역 변수와 지역 변수가 이름이 같다면 지역 변수가 전역 변수보다 우선시된다. 이것을 지역 변수가 전역 변수를 가린다고 한다. 아래 예제에서 살펴보기로 하자. 아래 예제에서는 동일한 이름 sum을 가지는 전역 변수와 지역 변수가 선언되었다. main()에서 sum의 값을 출력한다면 어떤 변수의 값이 출력될까?

```c
#include <stdio.h>

int sum = 123;

int main(void)
{

    int sum = 321;
    printf("sum=%d \n", sum);
    return 0;
}
```

전역 변수

지역 변수

전역 변수와 지역 변수가 이름이 같은 경우, 지역 변수가 사용된다.

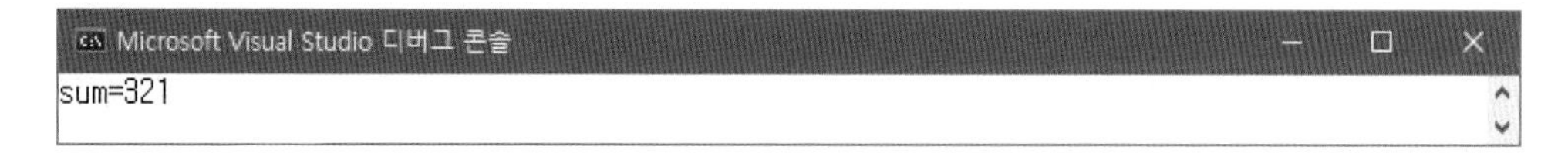
Microsoft Visual Studio 디버그 콘솔
sum=321

중간점검

1. 변수의 범위에는 몇 가지의 종류가 있는가?
2. 블록 범위를 가지는 변수를 무엇이라고 하는가?
3. 지역 변수를 블록의 중간에서 정의할 수 있는가?
4. 똑같은 이름의 지역 변수가 서로 다른 함수 안에 정의될 수 있는가?
5. 지역 변수가 선언된 블록이 종료되면 지역 변수는 어떻게 되는가?
6. 지역 변수의 초기값은 얼마인가?
7. 전역 변수는 어디에 선언되는가?
8. 전역 변수의 생존 기간과 초기값은?
9. 똑같은 이름의 전역 변수와 지역 변수가 동시에 존재하면 어떻게 되는가?

Lab 소수의 합 찾기

| 난이도 ★★★ 주제 함수 작성 및 사용 |

어떤 정수가 소수 2개의 합으로 표시될 수 있는지를 검사하는 프로그램을 작성해보자.

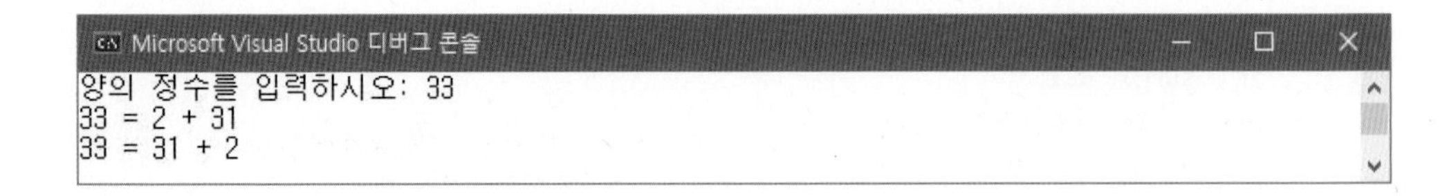
Microsoft Visual Studio 디버그 콘솔
양의 정수를 입력하시오: 33
33 = 2 + 31
33 = 31 + 2

이 예제는 함수를 사용하지 않으면 구현하기가 상당히 어렵다. 컴퓨터는 반복을 굉장히 쉽게 한다는 것을 이용한다. 정수라면 반복 횟수가 제한되기 때문에 모든 경우의 수를 다 검사할 수 있다. 앞의 Lab에서 작성한 check_prime() 함수를 사용한다.

prime_sum.c

```
1   #include <stdio.h>
2   int check_prime(int n);
3
4   int main(void) {
5      int n, flag = 0;
6      printf("양의 정수를 입력하시오: ");
7      scanf("%d", &n);
8
9      for (int i = 2; i < n; i++) {
10         if (check_prime(i) == 1) {
11            if (check_prime(n - i) == 1) {
12               printf("%d = %d + %d\n", n, i, n - i);
13               flag = 1;
14            }
15         }
16      }
17      if (flag == 0)
18         printf("%d은 소수들의 합으로 표시될 수 없습니다.\n", n);
19      return 0;
20   }
21   ...
```

8. 정적 지역 변수

지역 변수처럼 블록에서만 사용되지만 블록을 벗어나도 자동으로 삭제되지 않는 변수를 만들 수 있을까? 지역 변수를 정적 지역 변수(static local variable)로 만들면 이것이 가능하다.

정적 지역 변수는 키워드 static을 앞에 붙여서 만든다. 정적 지역 변수는 전역 변수와 같이 프로그램이 시작할 때 생성되고 프로그램이 실행을 종료하면 삭제된다.

static.c

```
1  #include <stdio.h>
2
3  void sub(void)
4  {
5     int auto_count = 0;          // 지역 변수
6     static int static_count = 0; // 정적 지역 변수
7
8     auto_count++;
9     static_count++;
10    printf("auto_count=%d\n", auto_count);
11    printf("static_count=%d\n", static_count);
12 }
13
14 int main(void)
15 {
16    sub();
17    sub();
18    sub();
19    return 0;
20 }
```

Microsoft Visual Studio 디버그 콘솔
auto_count=1
static_count=1
auto_count=1
static_count=2
auto_count=1
static_count=3

위의 예제에서 sub()에서는 자동 지역 변수 auto_count와 정적 지역 변수 static_count를 선언하고 호출될 때마다 이들 변수를 증가한다. auto_count는 지역 변수이기 때문에 sub()이 호출되면 생성되고 sub()의 호출이 끝나면 삭제된다. 따라서 지역 변수는 이전 값을 기억할 수 없다. 또 지역 변수는 호출 때마다 다시 초기화되기 때문에 항상 1이 출력된

다. static_count는 정적 변수로 선언된다. 정적 변수는 한번 생성되면 함수의 호출이 끝났어도 소멸되지 않는다. 따라서 이전 값을 유지할 수 있다. 정적 변수는 호출 때마다 1씩 증가함을 알 수 있다. 따라서 우리는 sub()가 몇 번이나 호출되었는지를 static_count의 값을 이용하여 알 수 있다.

참고: 정적 전역 변수

정적 변수에는 정적 전역 변수도 있다. 정적 전역 변수는 선언된 소스 파일 안에서만 사용이 가능하다. 다른 소스 파일에서는 접근할 수 없다. **14**장을 참조하자.

9. 순환 호출

함수는 자기 자신을 호출할 수도 있다. 이것을 순환(recursion)라고 부른다. 순환은 함수가 자기 자신을 호출하여 문제를 해결하는 프로그래밍 기법이다. 이것은 처음에는 상당히 이상하게 보이지만 사실 순환은 가장 흥미롭고 또 효과적인 프로그래밍 기법 중의 하나이다. 순환은 많은 문제들을 해결하는데 독특한 개념적인 프레임 워크를 제공한다. 예를 들어 정수의 팩토리얼은 다음과 같이 정의된다.

$$n! = \begin{cases} 1 & n=0 \\ n*(n-1)! & n\geq 1 \end{cases}$$

위의 정의에서는 팩토리얼 $n!$을 정의하는데 다시 팩토리얼 $(n-1)!$이 사용되었다. 이러한 정의를 순환적이라 한다. 위의 정의에 따라 $n!$을 구하는 함수 factorial(n)을 제작하여 보자. $n!$을 계산하려면 먼저 $(n-1)!$을 구하여 여기에 n을 곱하여 주면 $n!$ 값을 계산할 수 있다. 그러면 $(n-1)!$은 어떻게 계산할 것인가? 현재 작성하고 있는 함수가 $n!$ 값을 계산하는 함수이므로 함수의 인자를 $n-1$로 변경하여 호출하여 주면 구할 수 있을 것이다.

factorial.c

```
1  #define _CRT_SECURE_NO_WARNINGS
2  #include <stdio.h>
3  int factorial(int n);
4
5  int main(void)
6  {
7     int x = 0, result;
8
```

```
9      printf("정수를 입력하시오:");
10     scanf("%d", &x);
11 
12     result = factorial(x);
13     printf("%d!은 %d입니다.\n", x, result);
14 
15     return 0;
16 }
17 
18 int factorial(int n)
19 {
20     printf("factorial(%d)\n", n);
21 
22     if (n <= 1) return 1;
23     else return n * factorial(n - 1);
24 }
```

```
정수를 입력하시오:5
factorial(5)
factorial(4)
factorial(3)
factorial(2)
factorial(1)
5!은 120입니다.
```

위의 프로그램은 팩토리얼의 순환적인 정의에 따라 이것을 C언어로 옮긴 것이다. 과연 위의 프로그램이 오류 없이 동작할 것인가? 순환을 사용해보지 않은 사람들에게는 놀라운 일이겠지만 위의 프로그램은 문제없이 동작한다.

그림 8.7 factorial(3)에서의 순환호출

만약 우리가 factorial(5)이라고 호출하였을 경우에 위의 프로그램에서 함수가 호출되는 순서를 자세히 살펴보자.

```
factorial(5)    = 5 * factorial(4)
                = 5 * 4 * factorial(3))
                = 5 * 4 * 3 * factorial(2)
                = 5 * 4 * 3 * 2 * factorial(1)
                = 5 * 4 * 3 * 2 * 1
                = 120
```

factorial(5)이 호출되면 매개 변수 n이 5가 된다. 22번째 줄의 if 문에서 n이 1보다 작거나 같지 않으므로 return 1은 수행되지 않는다. 23번째 줄의 n * factorial(n – 1)이 수행된다. 현재 n의 값이 5이므로 5 * factorial(4)이 수행되고 따라서 factorial(4)이 호출된다.

factorial(4)이 호출되면 다시 위와 같은 과정을 거쳐서 factorial(3), factorial(2), factorial(1)이 차례대로 호출된다. factorial(1)이 호출되면 22번째 줄의 if 문에서 n이 1보다 같으므로 조건이 참이 되고 따라서 return 문이 수행되어서 더 이상 순환 호출을 하지 않는다.

문제의 정의가 순환적으로 되어 있는 경우에는 순환 형태의 코드가 좀 더 이해하기 쉽다. 따라서 이런 경우에는 프로그램의 가독성이 증대되고 코딩도 더 간단하다. 그러나 순환적인 코드의 약점은 수행 시간이다. 함수를 빈번하게 호출해야 하기 때문에 실행 시간이 더 걸리는 경우가 많다. 그러나 순환을 사용하지 않으면 너무 복잡해서, 도저히 프로그램을 작성할 수 없는 경우가 종종 있다. 자료 구조에서 이진 트리 방문이 그렇다. 따라서 순환은 반드시 익혀두어야 하는 중요한 프로그래밍 기법이다.

중간점검

1. `factorial()` 함수를 순환을 사용하지 않고 반복문으로 다시 작성하여 보자.
2. `factorial()` 함수 안에 `if( n <= 1 ) return;`이라는 문장이 없으면 어떻게 될까?

Lab 피보나치 수열 계산(순환 버전)

| 난이도 ★★ 주제 순환 호출 응용 |

순환 호출을 사용하여 피보나치 수열을 출력하는 프로그램을 작성해보자. 피보나치 수열이란 다음과 같이 정의되는 수열이다.

$$fib(n)\begin{cases}0 & n=0\\1 & n=1\\fib(n-2)+fib(n-1) & otherwise\end{cases}$$

피보나치 수열에서는 앞의 두 개의 숫자를 더해서 뒤의 숫자를 만든다. 정의에 따라 수열을 만들어 보면 다음과 같다.

0, 1, 1, 2, 3, 5, 8, 13, 21, 34, 55, 89, 144, ...

Microsoft Visual Studio 디버그 콘솔
0 1 1 2 3 5 8 13 21 34

fib_recur.c

```c
1  #include <stdio.h>
2
3  int fibbonacci(int n) {
4     if (n == 0) {
5        return 0;
6     }
7     else if (n == 1) {
8        return 1;
9     }
10    else {
11       return (fibbonacci(n - 1) + fibbonacci(n - 2));
12    }
13 }
14
15 int main(void)
16 {
17    for (int i = 0; i < 10; i++) {
18       printf("%d ", fibbonacci(i));
19    }
20 }
```

10. 라이브러리 함수

라이브러리 함수는 컴파일러에서 우리에게 기본적으로 제공하는 함수로서 많은 분야에 걸쳐서 상당한 개수의 함수들을 제공한다. 라이브러리 함수를 사용하려면 먼저 함수 원형을 포함시켜야 한다. 일반적으로 라이브러리 함수의 원형이 들어 있는 헤더 파일을 포함시키면 된다. 예를 들어서 sqrt()와 같은 함수들을 사용하려면 math.h 파일을 포함하면 된다.

함수	설명	사용예	반환 값
double sin(double x)	사인값 계산	sin(3.14/2.0)	1.0
double cos(double x)	코사인값 계산	cos(3.14/2.0)	0.0
double tan(double x)	탄젠트값 계산	tan(0.5)	0.546302
double exp(double x)	e^x	exp(10.0)	22026.5
double log(double x)	$\log_e x$	log(10.0)	2.30259
double log10(double x)	$\log_{10} x$	log10(100.0)	2.0
double ceil(double x)	x보다 작지 않은 가장 작은 정수	ceil(3.8)	4.0
double floor(double x)	x보다 크지 않은 가장 큰 정수	floor(3.8)	3.0
double fabs(double x)	x의 절대값	fabs(-3.67)	3.67
double pow(double x, double y)	x^y	pow(3.0,2.0)	9.0
double sqrt(double x)	$\sqrt{x}$	sqrt(4.0)	2.0

거의 모든 함수들이 double형의 인수를 받아서 double형의 값을 반환한다. sin()이나 cos() 함수는 라디안 단위의 각도를 받는다.

난수 생성 함수

난수(random number)는 규칙성이 없이 임의로 생성되는 수이다. 난수는 프로그래밍에서 아주 중요하게 사용된다. 특히 난수는 암호학이나 시뮬레이션, 게임 등에서 필수적이다. 주사위 게임을 비롯한 거의 모든 게임 프로그램은 난수를 사용하고 있다. 몬테카를로 시뮬레이션 방법은 난수를 이용하여서 물리학이나 수학 문제를 해결하는 기법을 말한다.

C언어에서 난수를 생성하는 함수는 rand()이다. rand()는 의사 난수(pseudo random

number)를 생성하는 함수이다. 의사 난수란 다음에 뭐가 나올지 모르는 진짜 난수가 아니라 초기값에 따라서 나오는 순서가 어느 정도 결정되어 있는 난수를 말한다. rand()의 원형은 stdlib.h에 정의되어 있다. rand()는 0부터 RAND_MAX까지의 정수를 생성한다. RAND_MAX는 rand()가 생성할 수 있는 최대 난수로 비주얼 스튜디오에서는 32767으로 정의되어 있다.

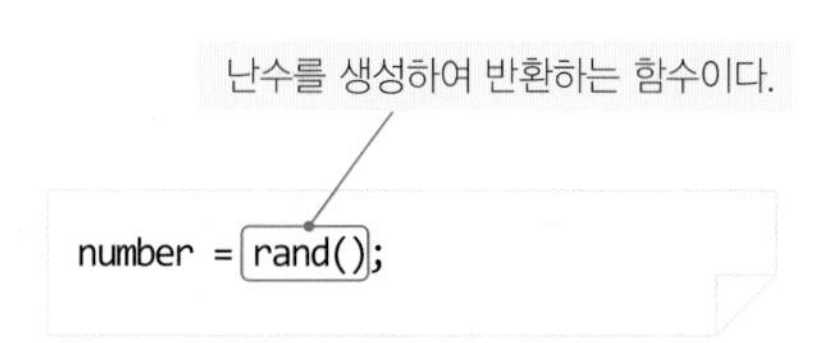
난수를 생성하여 반환하는 함수이다.
number = rand();

다음과 같이 프로그램을 작성해서 실행하면 난수 4개가 출력된다.

```
printf("%d ", rand());
printf("%d ", rand());
printf("%d ", rand());
printf("%d ", rand());
```

```
41 18467 6334 26500
```

난수의 값을 어떤 범위로 한정하려면 어떻게 해야 할까? % 연산자를 사용한다. 예를 들어서 1부터 45까지로 한정시키려면 다음과 같이 하면 된다.

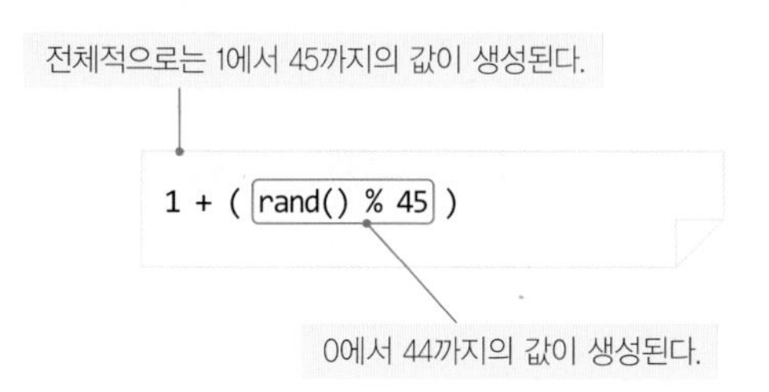
전체적으로는 1에서 45까지의 값이 생성된다.
1 + (rand() % 45)
0에서 44까지의 값이 생성된다.

하지만 위의 코드는 실행할때마다 동일한 난수만을 생성한다.

난수 시드

프로그램을 실행할 때마다 다른 난수가 생성되게 하려면 어떻게 해야 할까? 매번 난수를 다르게 생성하려면 시드(seed)라는 개념을 사용한다. 시드란 "씨앗"이라는 의미로, 시드는 난수 생성시에 씨앗값이 된다. 시드값이 달라지면 이후 생성되는 모든 난수값이 달라진다.

어떠한 값도 시드값이 될 수 있으나 많이 사용하는 값은 예측이 불가능하면서 상황에 따라 변경되는 값이다. 어떠한 값이 가장 좋은 후보일까? 많은 사람들이 사용하는 값은 현재 시각이다. 왜냐하면 프로그램이 실행되는 시간은 다를 가능성이 많기 때문이다.

현재 시각은 어떻게 얻을까? 표준 라이브러리에서는 보통 time()을 사용한다. time()을 호출하면 1970년 1월 1일로부터 현재까지 경과된 시간을 초단위로 반환한다. 이것을 srand()라는 함수를 이용하여서 시드값으로 설정하면 된다.

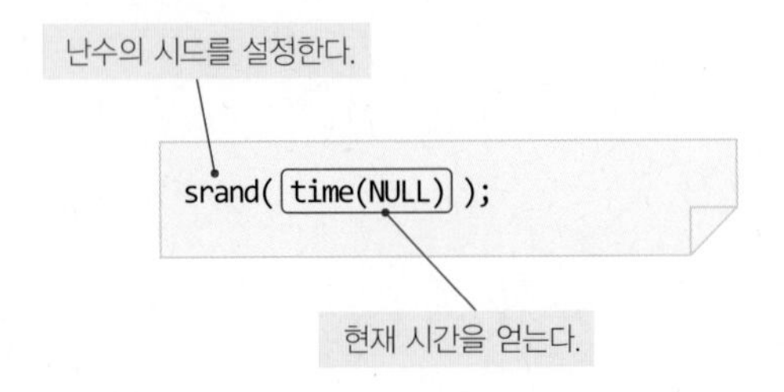
난수의 시드를 설정한다.
srand(time(NULL));
현재 시간을 얻는다.

Lab 로또 프로그램

| 난이도 ★★★ 주제 난수 발생 함수 사용 |

하나의 예제로 로또 번호를 생성하는 프로그램을 작성하여 보자. 로또 번호는 1부터 45까지의 숫자 6개로 이루어진다. 따라서 6개의 난수를 생성하여야 한다. 번호는 중복되면 안 된다. 배열을 이용하여 중복 검사까지 하여 보자

```
Microsoft Visual Studio 디버그 콘솔
43 29 16 6 27 21
```

lotto.c

```
1   #include <stdlib.h>
2   #include <stdio.h>
3   #include <time.h>
4   #define MAX 45
5
6   int main(void)
7   {
8      int i, k, lotto[6] = { 0 };
9      int dup_check[MAX + 1] = { 0 };
10     srand(time(NULL));
11     for (i = 0; i < 6; i++)
12     {
13        k = 1 + (rand() % MAX);
14        while (dup_check[k] == 1)
15           k = 1 + (rand() % MAX);
16        lotto[i] = k;
17        dup_check[k] = 1;
18        printf("%d ", lotto[i]);
19     }
20     return 0;
21  }
```

time() 함수를 위하여 필요하다.

dup_check[] 배열은 중복 검사를 위한 배열이다. 번호 k가 생성되면 dup_check[k]이 1이 된다. 따라서 생성된 번호의 dup_check[k] 값이 1이면 이미 생성된 적이 있는 숫자라는 의미가 된다. 이때는 다른 숫자가 나올 때까지 반복한다.

Lab 테일러 급수 계산하기

| 난이도 ★★ 주제 함수를 사용하여 프로그램 작성하기 |

지수 함수 e^x에 대한 테일러 급수는 다음과 같다.

$$e^x = \sum_{n=0}^{\infty} \frac{x^n}{n!} = \frac{x^0}{0!} + \frac{x^1}{1!} + \frac{x^2}{2!} + \cdots$$

이 식을 프로그램하여서 지수 함수의 근사값을 계산해보자. 우리가 앞에서 작성한 power() 함수와 fact() 함수를 이용해보자.

Microsoft Visual Studio 디버그 콘솔
x와 n의 값을 입력하시오: 2 100
e^2 = 7.389

여기서 주의해야 할 점이 있다. power()와 factorial()은 정수를 반환할 수도 있지만, 값이 매우 커질 수 있으므로 다음과 같이 double형을 반환하도록 작성하는 것이 좋다.

```
double power(int x, int y);
double factorial(int n);
```

또 우리가 계산한 값을 수학 라이브러리 함수 exp()를 이용하여 계산한 값과 비교해보자.

Microsoft Visual Studio 디버그 콘솔
exp(2.0)= 7.389

Soultion 테일러 급수 계산하기

taylor_series.c

```
1  #define _CRT_SECURE_NO_WARNINGS
2  #include <stdlib.h>
3  #include <stdio.h>
4
5  double power(int x, int y) {
6     double result = 1.0;
7     for (int i = 0; i < y; i++)
8        result *= x;
9     return result;
10 }
11
12 double factorial(int n) {
13    double result = 1.0;
14    if (n <= 1) return 1;
15    for (int i = 1; i <= n; i++)
16       result *= i;
17    return result;
18 }
19
20 int main(void) {
21    double sum = 0.0;
22    int x, n;
23    printf("x와 n의 값을 입력하시오: ");
24    scanf("%d %d", &x, &n);
25    for (int i = 0; i <= n; i++)
26       sum += power(x, i) / factorial(i);
27
28    printf("e^%d = %.3lf\n", x, sum);
29    return 0;
30 }
```

Mini Project ATM 만들기

| 난이도 ★★★ 주제 함수를 사용하여 프로그램 작성하기 |

은행에 설치되어 있는 ATM을 프로그램으로 구현해보자.

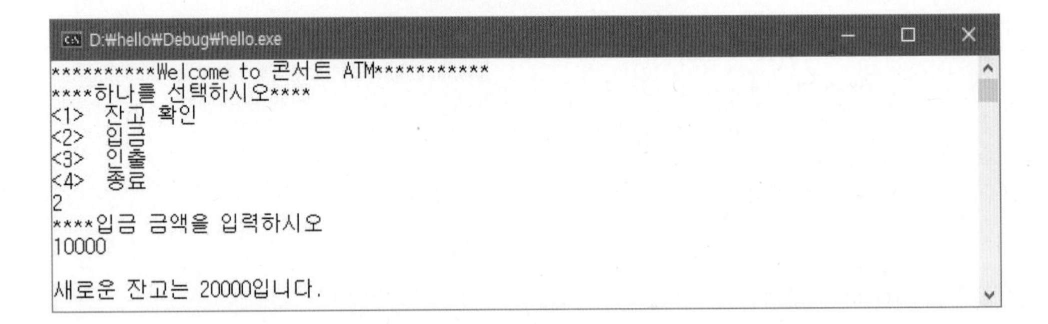

가능하다면 소스의 많은 부분을 함수로 구현해본다. 현재 계좌의 잔고는 전역 변수로 해보자(전역 변수도 사용해봐야 한다). 메뉴를 표시하는 코드도 별도의 함수로 독립시킨다.

연습문제

1 다음 중 올바른 함수 원형 정의가 아닌 것은?

① int funct(char x, char y);　　② double funct(char x)

③ void funct();　　④ char x();

2 "int func(char x, float v, double t);"와 같은 원형을 가지는 함수 func()의 반환 값은?

① char　　② int　　③ float　　④ double

3 다음 중 올바른 함수 호출은?

① func;　　② func x, y;　　③ func();　　④ int func();

4 다음 중 함수 전체를 올바르게 구현한 것은?

① int func();

② int func(int x) {return x=x+1;}

③ void func(int) {printf("Hello")};

④ void func(x) {printf("Hello");}

5 왼쪽 박스의 함수 원형 정의에 적합한 return 문을 오른쪽 박스에서 찾아서 서로 연결하시오.

• int f(void); • void g(int, int); • double h(double, int);	• return; • return 'a' + 1.0; • return 10 + 20;

6 다음 수식의 반환 값의 범위는?

```
rand()%5 + 2
```

연습문제

7 다음의 수학식을 C언어에서 계산하려면 어떤 문장으로 변환하여야 하는가?

$$y = \sin(x) + \sqrt{x^2 - 2a} + 2^{10}$$

8 다음 프로그램의 출력은?

```
#include <stdio.h>
int x=10;
int main(void){
    int x=20;
    printf("%d \n",x);
    return 0;
}
```

9 다음 프로그램의 출력을 써라.

```
#include <stdio.h>
int f(int x, int y);

int main(void)
{
    printf("%d\n", f(12, 3));
    return 0;
}
int f(int x, int y)
{
    if( (x % y) == 0 ) return 1;
    else return 0;
}
```

10 다음의 프로그램에서 붉은 색으로 표시된 부분을 함수로 작성하여 프로그램을 수정하시오. 함수는 인수와 반환 값을 갖도록 설계하라.

```
#include <stdio.h>

int main(void)
{
    int i, n, sum = 0;

    printf("정수를 입력하시오: ");
    scanf("%d", &n);

    for(i = 0;i <= n; i++)
        sum += i;

    printf("0부터 %d까지의 합은 %d입니다.\n", n, sum);
    return 0;
}
```

이 부분을 함수로 작성

11 다음 함수를 asterisk(5)를 호출할 때 화면에 출력되는 내용을 써라.

```
void asterisk(int i)
{
    if( i > 1 ){
        asterisk(i/2);
        asterisk(i/2);
    }
    printf("*");
}
```

Programming

| 난이도 ★ 주제 함수 작성 연습 |

1 f(x, y) = 1.5*x+3.0*y를 계산하는 함수를 작성하고 테스트하여 본다.

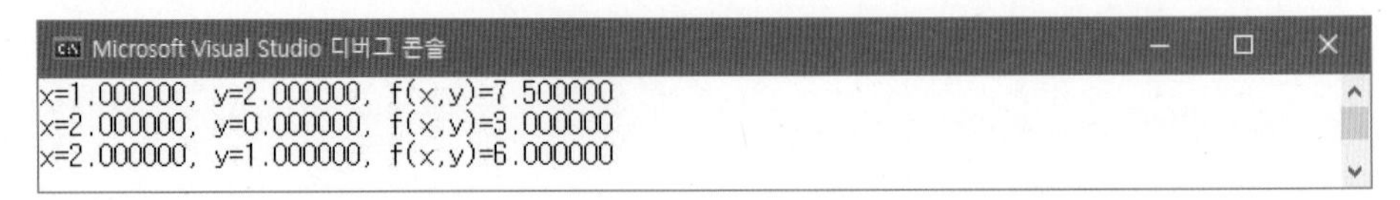
Microsoft Visual Studio 디버그 콘솔
x=1.000000, y=2.000000, f(x,y)=7.500000
x=2.000000, y=0.000000, f(x,y)=3.000000
x=2.000000, y=1.000000, f(x,y)=6.000000

| 난이도 ★ 주제 함수 작성 연습 |

2 두 수 중에서 더 큰 수를 반환하는 함수 get_bigger()를 다음과 같이 작성하고 이것을 이용해서 사용자로부터 받은 실수 두 개 중에서 더 큰 수를 출력하는 프로그램을 작성하여 본다.

Microsoft Visual Studio 디버그 콘솔
실수를 입력하시오: 1.5
실수를 입력하시오: 2.5
더 큰수는 2.500000입니다.

| 난이도 ★ 주제 함수 작성 연습 |

3 다음과 같이 화면에 *****************를 출력하는 함수를 작성하고 이것을 호출하여서 다음과 같은 출력을 만들어 보자.

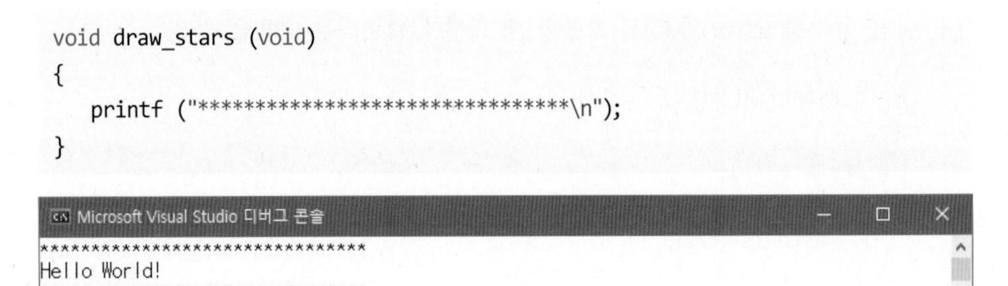
void draw_stars (void)
{
printf ("********************************\n");
}
Microsoft Visual Studio 디버그 콘솔
****
Hello World!
****

| 난이도 ★ 주제 함수 작성 연습 |

4 주어진 정수의 약수를 모두 찾아내는 함수 get_divisor()를 작성하여 보라. 만약 8이 주어지면 1, 2, 4, 8을 화면에 출력하여야 한다. 이 함수를 테스트하기 위한 main()를 작성하라.

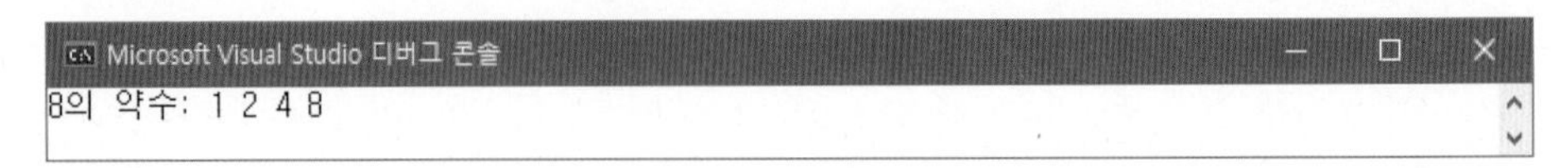
Microsoft Visual Studio 디버그 콘솔
8의 약수: 1 2 4 8

Programming

| 난이도 ★ 주제 함수 사용 |

5 본문에 등장한 소수(prime number)인지를 검사하는 함수 check_prime()를 사용하여 1부터 100 사이에 존재하는 소수들을 모두 출력하는 프로그램을 작성한다.

Microsoft Visual Studio 디버그 콘솔
2 3 5 7 11 13 17 19 23 29 31 37 41 43 47 53 59 61 67 71 73 79 83 89 97

| 난이도 ★ 주제 함수 사용 |

6 본문에 등장한 거듭제곱 계산 함수 power()를 호출하여 3^0부터 3^{10}까지의 값을 출력하는 프로그램을 작성하라.

Microsoft Visual Studio 디버그 콘솔
1 3 9 27 81 243 729 2187 6561 19683 59049

| 난이도 ★★ 주제 라이브러리 함수 사용 |

7 두 점사이의 거리를 계산하는 함수를 작성하여 보자. 2차원 공간에서 두 점 (x_1, y_1)와 (x_2, y_2) 사이의 거리를 계산하는 dist_2d()를 작성하시오. 다음과 같은 두 점 사이의 거리를 계산하는 공식을 사용하라.

$$d = \sqrt{(x_1 - x_2)^2 + (y_1 - y_2)^2}$$

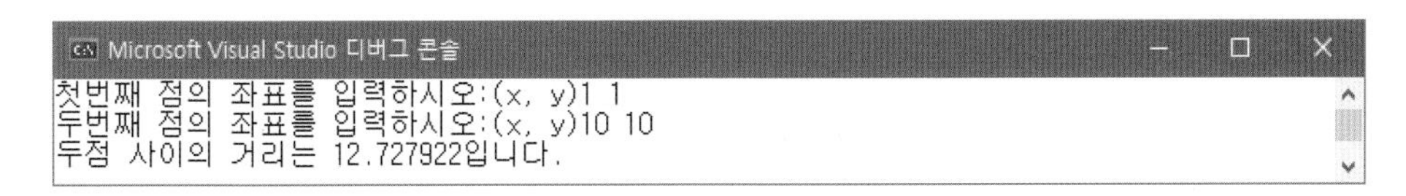
Microsoft Visual Studio 디버그 콘솔
첫번째 점의 좌표를 입력하시오:(x, y)1 1
두번째 점의 좌표를 입력하시오:(x, y)10 10
두점 사이의 거리는 12.727922입니다.

| 난이도 ★★★ 주제 라이브러리 함수 사용 및 함수 작성 |

8 2차 방정식의 근을 계산하는 함수 quad_eqn()를 작성하라. quad_eqn() 함수는 a, b, c를 나타내는 double형의 3개의 인수를 받는다. 판별식이 양수인 경우에만 근을 출력하라. 만약 판별식의 값이 음수이면 근이 없다는 메시지를 출력하라.

$$ax^2 + bx + c = 0$$

```
Microsoft Visual Studio 디버그 콘솔
2차 방정식의 계수를 입력하시오:
a: 1
b: -5
c: 6
첫 번째 근=3.000000
두 번째 근=2.000000
```

| 난이도 ★★ 주제 rand() 함수 연습 |

9 난수 생성 함수를 이용하여 컴퓨터로 여러 가지 문제를 시뮬레이션하는 것을 흔히 몬테 까를로(Monte Carlo) 시뮬레이션이라고 한다. 간단한 동전 던지기 게임을 시뮬레이션하여 보자. 컴퓨터가 동전을 던지고 사용자는 앞뒤를 말한다. 컴퓨터는 난수 생성 함수를 이용하여 난수를 생성한 후에 난수가 짝수이면 동전의 앞면으로 간주하고 홀수이면 동전의 뒷면으로 간주한다. 이것을 여러 번 반복하여 승패를 기록한다.

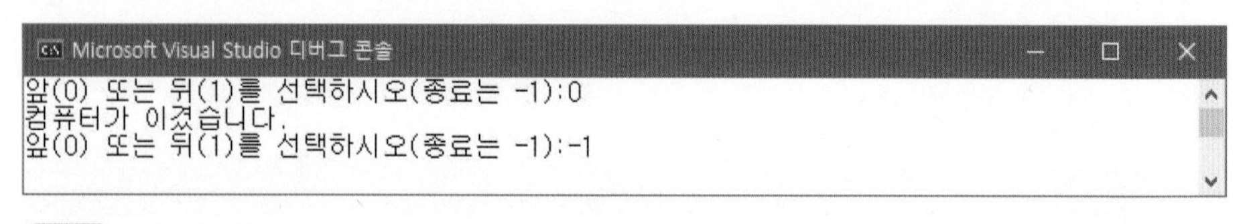
```
앞(0) 또는 뒤(1)를 선택하시오(종료는 -1):0
컴퓨터가 이겼습니다.
앞(0) 또는 뒤(1)를 선택하시오(종료는 -1):-1
```

HINT 동전을 한번 던지는 동작을 함수로 작성해보자.

| 난이도 ★★ 주제 rand() 함수 연습 |

10 사용자와 컴퓨터가 주사위 게임을 한다고 하자. 주사위를 각 3번씩 굴려서 주사위 점수를 합한다. 합친 점수가 높은 쪽이 이긴다고 하자.

```
사용자 주사위=(3, 5, 5)=13
컴퓨터 주사위=(1, 4, 1)=6
사용자 승리
```

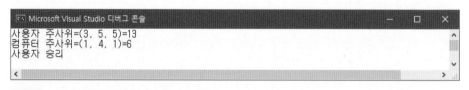

HINT 주사위를 한번 굴리는 동작을 함수로 작성해보자.

| 난이도 ★★ 주제 정적, 지역 함수 연습 |

11 덧셈, 뺄셈, 곱셈, 나눗셈을 지원하는 계산기 프로그램을 작성하여 보자. 이번에는 각 연산들이 몇 번씩 계산되었는지를 기억하게 하자. 각 연산을 지원하는 함수들은 자신이 호출된 횟수를 화면에 출력한다.

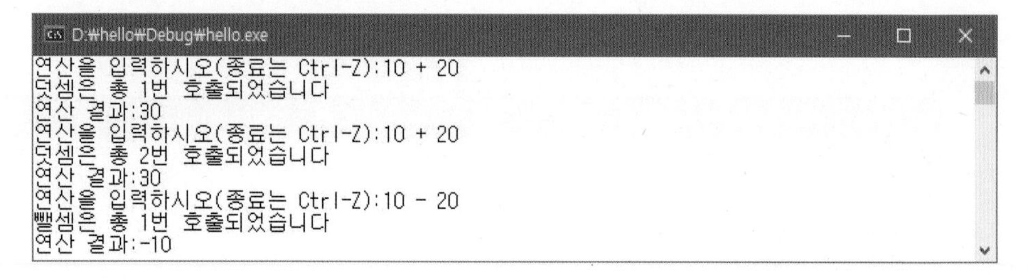
```
연산을 입력하시오(종료는 Ctrl-Z):10 + 20
덧셈은 총 1번 호출되었습니다
연산 결과:30
연산을 입력하시오(종료는 Ctrl-Z):10 + 20
덧셈은 총 2번 호출되었습니다
연산 결과:30
연산을 입력하시오(종료는 Ctrl-Z):10 - 20
뺄셈은 총 1번 호출되었습니다
연산 결과:-10
```

(a) 정적 지역 변수를 사용하여 프로그램을 작성하라.

(b) 전역 변수를 사용하여 프로그램을 작성하라.

HINT 정적 변수는 static을 사용해서 정의한다.

| 난이도 ★ 주제 정적, 지역 함수 연습 |

12 돈만 생기면 저금하는 사람을 가정하자. 이 사람을 위한 함수 save(int amount)를 작성하여 보자. 이 함수는 저금할 금액을 나타내는 하나의 인수 amount만을 받으며 save(100)과 같이 호출된다. save()는 현재까지 저축된 총액을 기억하고 있으며 한번 호출될 때마다 총 저축액을 화면에 출력한다.

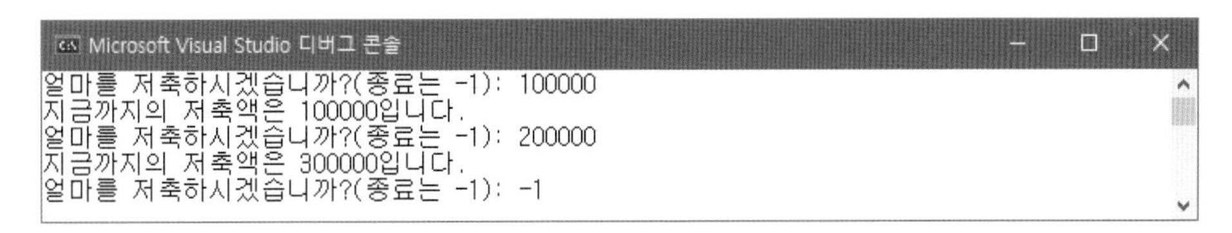

(a) 전역 변수를 사용하여 구현하라.

(b) 정적 지역 변수를 사용하여 구현하라.

(c) 예금 인출을 나타내는 함수 draw(int amount)도 작성하여 보자. save()와 draw()를 동시에 사용하려면 저금액은 어떤 종류의 변수로 표현하여야 하는가?

HINT 정적 변수를 만들려면 변수 선언 앞에 static을 붙인다.

| 난이도 ★★ 주제 순환 호출 |

13 순환 호출을 이용하여 정수의 각 자리수를 출력하는 함수 show_digit(int x)를 작성하고 테스트하라. 즉 정수가 1234이면 화면에 1 2 3 4와 같이 출력한다. 함수는 일의 자리를 출력하고 나머지 부분을 대상으로 다시 같은 함수를 재귀 호출한다. 예를 들어서 1234의 4를 출력하고 나머지 123을 가지고 다시 같은 함수를 재귀 호출한다. 1234를 10으로 나누면 123이 되고 4는 1234를 10으로 나눈 나머지이다.

HINT 정수 나눗셈과 나머지 연산을 활용한다.

| 난이도 ★★ 주제 순환 호출 |

14 다음을 계산하는 순환적인 프로그램을 작성하라.

$$1^3+2^3+3^3+ \ ... \ +n^3$$

Microsoft Visual Studio 디버그 콘솔
정수를 입력하시오: 10
3025

HINT 수식을 순환적인 형태로 변형하고 순환 호출로 구현해보자.

포인터

네, 포인터는 메모리 주소를 가지고 있는 변수입니다. 이것 때문에 C언어로 운영체제를 작성할 수 있는 것입니다.
포인터는 무엇을 가리킨다는 의미인가요?

■ 학습목표

- 프로그램을 이루는 구성요소들을 이해할 수 있다.
- 주석의 개념을 이해한다.
- 화면으로 출력할 수 있다.
- 사용자로부터 입력받을 수 있다.

9 포인터

1. 이번 장에서 만들 프로그램

이번 장에서는 포인터에 대하여 알아본다. 포인터는 메모리 주소를 가지고 있는 변수이다. 메모리의 주소만 있으면 메모리의 내용을 참조하거나 변경할 수 있다. 포인터는 위험하면서도 편리한 양날의 검과 같은 도구이다. 이번 장에서는 다음과 같은 프로그램을 작성해본다.

(1) 변수의 주소를 계산하는 프로그램을 작성해보자.

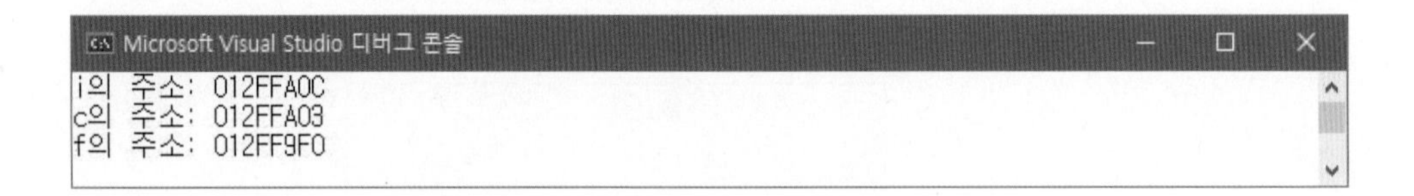

Microsoft Visual Studio 디버그 콘솔
i의 주소: 012FFA0C
c의 주소: 012FFA03
f의 주소: 012FF9F0

(2) 변수 a와 b의 내용을 서로 바꾸는 함수 swap()을 작성해보자.

Microsoft Visual Studio 디버그 콘솔
swap() 호출전 a=100 b=200
swap() 호출후 a=200 b=100

(3) 배열을 처리하는 함수들을 정의해서 사용해보자.

Microsoft Visual Studio 디버그 콘솔
[10 20 30 40 50]
get_array_avg() 호출
배열 원소들의 평균 = 30.000000

2. 포인터란?

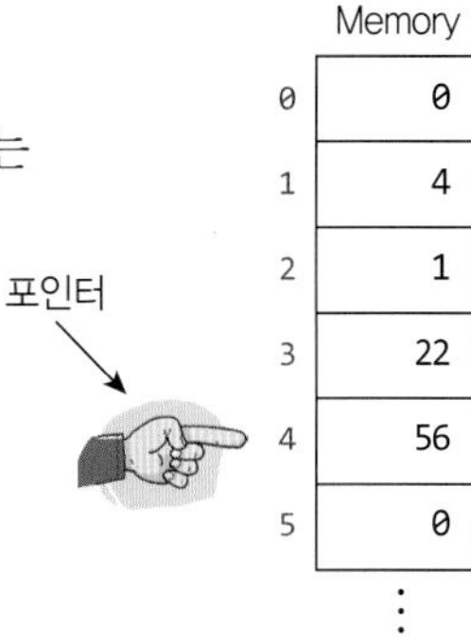

포인터(pointer)는 메모리의 주소를 가지고 있는 변수이다. 포인터는 변수가 저장되는 주소와 깊은 관계가 있다. 먼저 변수의 주소에 대하여 살펴보자.

변수는 컴퓨터 메모리에 만들어진다.

이제까지 우리는 변수를 만들어서 사용하였다. 이들 변수는 어디에 만들어지는 것일까? 변수가 자료들을 저장하는 역할을 하므로 메모리(memory)에 만들어지는 것이 확실하다.

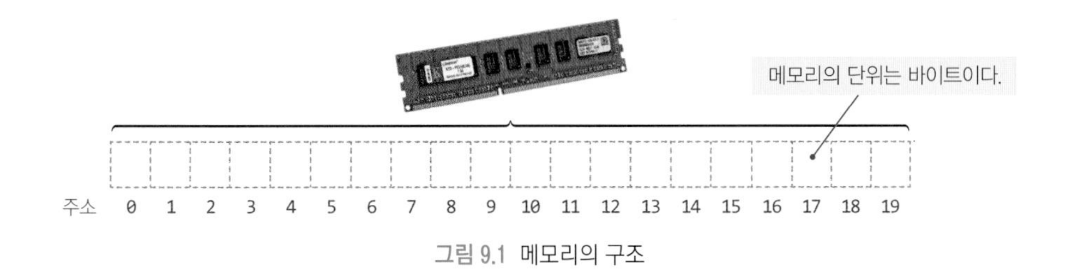

그림 9.1 메모리의 구조

메모리는 어떤 식으로 액세스되는 것일까? 메모리는 바이트로 구성되고 각 바이트마다 고유한 주소를 가지고 있다. 예를 들어서 컴퓨터가 20바이트 크기의 메모리를 가지고 있다면 첫 번째 바이트의 주소는 0, 두 번째 바이트의 주소는 1, 세 번째 바이트의 주소는 2, 마지막 바이트의 주소는 19가 된다.

프로그램에서 변수를 만들면 이들 변수는 컴파일러에 의하여 메모리 공간에 배치된다. 변수가 메모리에 배치될 때 변수의 크기에 따라서 차지하는 메모리 공간의 크기가 달라진다. 일반적인 PC 환경에서 char형 변수는 1바이트, int형 변수는 4바이트, float형 변수는 4바이트를 차지한다. 다음의 프로그램을 살펴보자.

```
int main(void)
{
   int i = 10;
   char c = 69;
   float f = 12.3;
   return 0;
}
```

위와 같이 변수들을 생성하면 메모리상에는 다음과 같이 변수들이 배치될 수 있다. 물론 절대적인 주소 값은 시스템에 따라 달라진다. 아래의 그림은 가능한 한 가지 예이다.

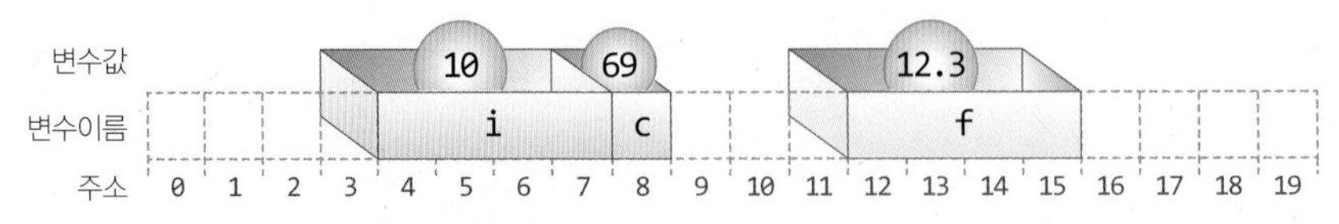

그림 9.2 변수의 종류에 따라서 메모리에서 차지하는 공간이 달라진다.

변수의 주소

그렇다면 우리는 어떻게 변수의 주소를 알 수 있을까? C언어에는 변수의 주소를 계산하는 연산자 &가 있다. 주소 연산자 &는 변수의 이름을 받아서 변수의 주소를 반환한다. 예를 들어 int i;라고 변수를 정의했으면 변수 i의 주소는 &i하면 알 수 있다.

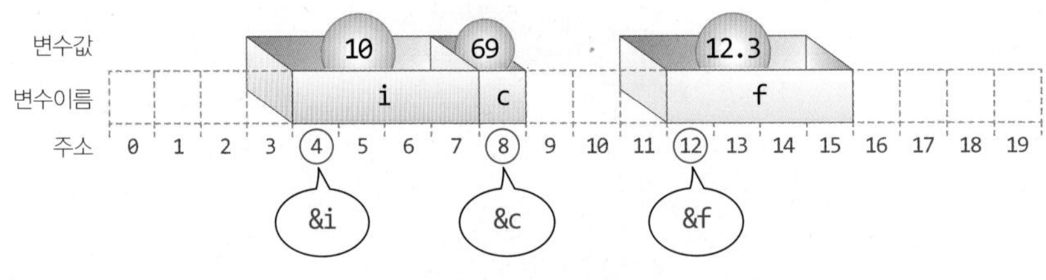

그림 9.3 주소 연산자 &

정수형 변수 i, 문자형 변수 c, 실수형 변수 f의 주소를 알아내서 화면에 출력하는 프로그램을 작성해보자. 주소를 출력하는 형식 지정자는 "%p"로서 16진수로 주소를 출력한다.

address_of.c

```
1  #include <stdio.h>
2
3  int main(void)
4  {
5     int i = 10;
6     char c = 69;
7     double f = 12.3;
8
9     printf("i의 주소: %p\n", &i);     // 변수 i의 주소출력
10    printf("c의 주소: %p\n", &c);     // 변수 c의 주소출력
11    printf("f의 주소: %p\n", &f);     // 변수 f의 주소출력
12
13    return 0;
14 }
```

실제로 출력되는 주소를 보면 우리의 예상과는 상당히 다르다(주소들이 인접해있지 않다). 메모리 공간에 변수를 배치하는 것은 컴파일러의 권한이라서 우리가 마음대로 할 수 없다.

포인터란?

포인터(pointer)는 가리킨다는 뜻의 동사 point에 er을 붙인 것이다. 따라서 가리키는 것이라는 뜻이다. 포인터는 변수의 주소를 가지고 있는 변수이다. 포인터가 저장하고 있는 것이 값이 아니라 변수의 주소이다. 정수를 가리키는 포인터는 다음과 같이 정의된다.

```
int *p;        // 정수를 가리키는 포인터
```

p는 정수를 가리키는 포인터이다. 포인터도 변수이다. 따라서 포인터도 사용하기 전에 선언되어야 한다. 포인터를 선언하려면 포인터가 가리키는 자료형을 쓰고 *를 붙인 다음, 변수의 이름을 쓴다. *는 수식에서는 곱셈 기호이지만 여기서는 곱셈과는 아무런 상관이 없다.

위의 문장에서는 포인터를 선언만 하고 아직 초기화하지 않았으므로 포인터가 현재 가지고 있는 값은 아무 의미 없는 값이다. 지금까지 진행된 모습을 그림으로 보면 그림 9.4과 같다.

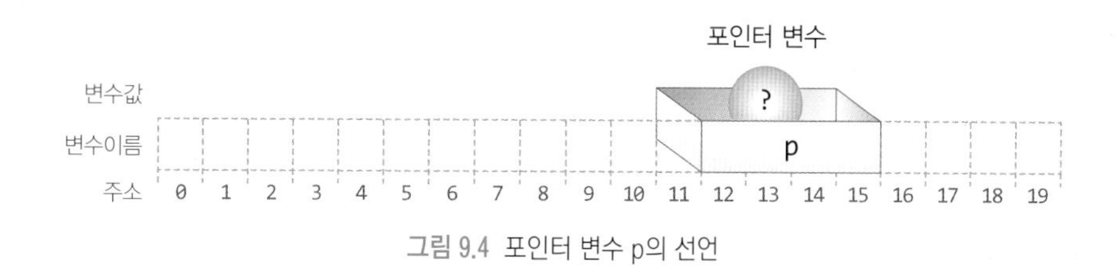

그림 9.4 포인터 변수 p의 선언

포인터는 사용하기 전에 반드시 초기화를 하여야 한다. 포인터에는 변수의 주소가 저장되어야 하므로 & 연산자를 이용하여 변수의 주소를 계산하여 포인터에 대입하여 주면 된다.

```
int number = 10;  // 정수형 변수 number 선언
int *p;           // 포인터 p의 선언
p = &number;      // 변수 number의 주소가 포인터 p로 대입
```

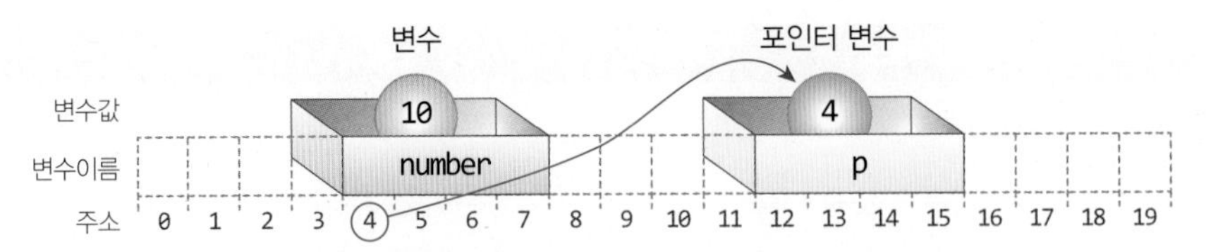

그림 9.5 p = &number 문장이 실행되면 변수 number의 주소인 4가 p에 대입된다.
포인터 p는 변수 number의 주소를 가지고 있는 변수이다.

그림 9.4에서 p가 포인터이다. 변수 number의 주소가 4이었다고 가정하고 p = &number의 연산을 실행하면 변수 number의 주소인 4가 p에 저장되어 그림 9.5과 같이 된다. 위와 같은 상황을 보통 "포인터 p가 변수 number를 가리킨다."라고 한다. 그리고 보통 p에서 number를 가리키는 화살표로 나타낸다.

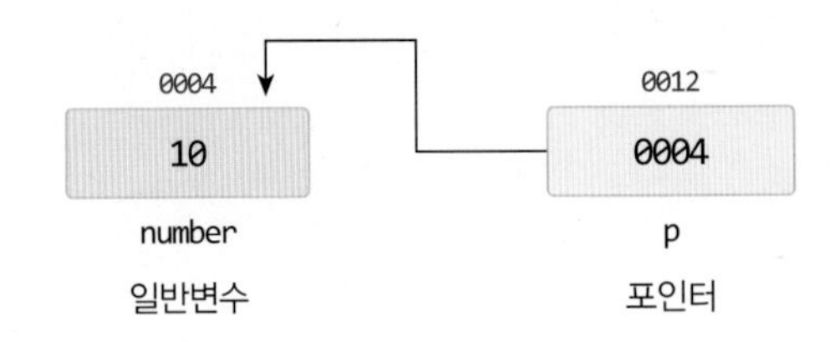

포인터는 지정된 자료형의 변수만을 가리킬 수 있다. 즉 int형 포인터는 오직 int형의 변수만을 가리킬 수 있고 char형 포인터는 char형의 변수만을 가리킬 수 있다. int형 포인터로 char형 변수를 가리키면 안 된다. 즉 포인터에도 자료형이 있다고 생각하면 된다.

간접 참조 연산자 *

포인터가 단순히 메모리의 주소만 저장할 수 있는 것이라면 별로 유용하지 않을 것이다. 포인터가 유용한 이유는 포인터를 통하여 포인터가 가리키는 위치의 값을 읽어오거나 변경할 수 있기 때문이다. 포인터 p가 가리키는 위치에 저장된 내용을 가져오려면 p앞에 * 기호를 붙여서 *p하면 된다. 이것을 포인터를 통하여 간접 참조(dereferencing, indirection)한다고 한다.

여기서도 * 기호는 곱셈하고는 아무런 상관이 없다. 여기서는 * 연산자는 단항 연산자로서 포인터가 가리키는 위치의 내용을 추출하는 간접 참조 연산자이다. * 연산자는 단항 연산자로서 괄호 다음으로 높은 우선순위를 가진다. 따라서 다른 연산자들보다 먼저 실행된다.

```
int number = 10;
int *p;
p = &number;

printf("%d\n", *p);     // 10이 출력된다.
```

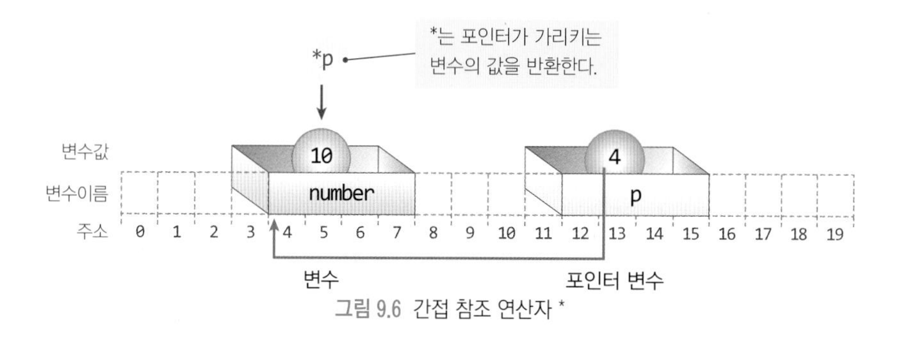

그림 9.6 간접 참조 연산자 *

정리해보자. 포인터와 관련된 2개의 연산자가 있다. 첫 번째는 주소 연산자인 &이다. 두 번째는 간접 참조 연산자인 *이다.

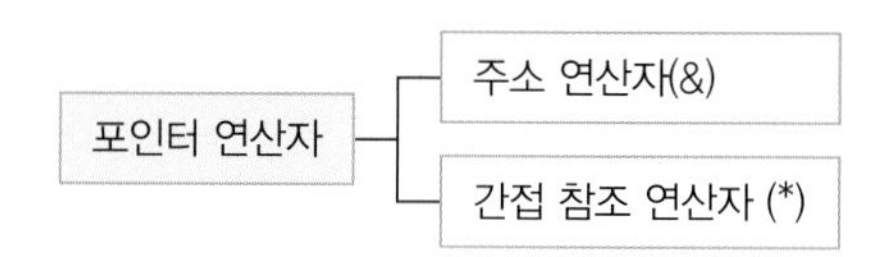

예제 #1

가장 기본적인 예제로 변수와 포인터를 연결한 후에 변수의 주소와 포인터의 값을 출력해보자. 또한 변수의 값과 포인터가 가리키는 값을 출력하여 비교해보자. 설명은 주석을 참조하라.

pointer1.c

```
1  #include <stdio.h>
2
3  int main(void)
4  {
5     int number = 10;
6     int *p;
7
8     p = &number;
```

```
9
10      printf("변수 number의 주소 = %p\n", &number); // 변수의 주소 출력
11      printf("포인터의 값 = %p\n", p);              // 포인터의 값 출력
12      printf("변수 number의 값 = %d\n", number);    // 변수의 값 출력
13      printf("포인터가 가리키는 값 = %d\n", *p);     // 포인터를 통한 간접 참조 값 출력
14
15      return 0;
16  }
```

```
Microsoft Visual Studio 디버그 콘솔
변수 number의 주소 = 006FFB90
포인터의 값 = 006FFB90
변수 number의 값 = 10
포인터가 가리키는 값 = 10
```

예제 #2

간접 참조 연산자 *을 이용하여서 포인터가 가리키는 변수의 값을 변경할 수 있다. 예를 들어서 *p = 20은 포인터 p가 가리키는 위치에 20을 저장한다. 앞 예제에서 변수 number와 포인터 p가 연결되었다. 포인터 p를 통하여 변수 number의 값을 20으로 변경해보자.

pointer2.c

```
1   #include <stdio.h>
2
3   int main(void)
4   {
5       int number = 10;
6       int *p;
7
8       p = &number;
9       printf("변수 number의 값 = %d\n", number);
10
11      *p = 20;
12      printf("변수 number의 값 = %d\n", number);
13
14      return 0;
15  }
```

```
Microsoft Visual Studio 디버그 콘솔
변수 number의 값 = 10
변수 number의 값 = 20
```

중간점검

1. 메모리는 어떤 단위를 기준으로 주소가 매겨지는가?
2. 포인터도 변수인가?
3. 변수의 주소를 추출하는데 사용되는 연산자는 무엇인가?
4. 변수 x의 주소를 추출하여 변수 p에 대입하는 문장을 쓰시오.
5. 정수형 포인터 p가 가리키는 위치에 25를 저장하는 문장을 쓰시오.

3. 포인터 연산

포인터에 대해서는 덧셈과 뺄셈 연산만 가능하다. 포인터 p의 값이 1000이라고 하자. 즉 포인터 p는 1000번지를 가리키고 있다. 만약 p를 하나 증가시키면 p의 값은 어떻게 될까? 즉 p++하면 p의 값은 무엇이 되는가? 일반적으로는 1001이 될 것 같지만 p가 어떤 자료형을 가리키는 포인터인가에 따라 그럴 수도 있고 아닐 수도 있다.

포인터 변수에 대한 연산은 일반적인 변수에 대한 연산과는 조금 다르다. 포인터에 증가연산인 ++를 적용하였을 경우, 증가되는 값은 포인터가 가리키는 객체의 크기이다. 따라서 char형 포인터를 증가시키면 char형의 크기인 1바이트만큼 증가한다. int형 포인터를 증가시키면 int형의 크기인 4바이트만큼 증가한다. double형 포인터를 증가시키면 double형의 크기인 8바이트만큼 포인터의 값이 증가한다. -- 연산자를 사용하여 감소시킬 때도 마찬가지이다.

표 9.1 포인터의 증감 연산시 증가되는 값

포인터 타입	++연산후 증가되는값
char	1
short	2
int	4
float	4
double	8

pointer_arith1.c

```
1  #include <stdio.h>
2
3  int main(void)
4  {
5      char *pc;
6      int *pi;
7      double *pd;
8
9      pc = (char *)10000;
10     pi = (int *)10000;
11     pd = (double *)10000;
12     printf("증가 전 pc = %d, pi = %d, pd = %d\n", pc, pi, pd);
13
14     pc++;
15     pi++;
16     pd++;
17     printf("증가 후 pc = %d, pi = %d, pd = %d\n", pc, pi, pd);
18
19     return 0;
20 }
```

Microsoft Visual Studio 디버그 콘솔

```
증가 전 pc = 10000,  pi = 10000,  pd = 10000
증가 후 pc = 10001,  pi = 10004,  pd = 10008
```

프로그램 설명

5-7 char형 포인터 pc, int형 포인터 pi, double형 포인터 pd를 선언한다.

9-11 pc, pi, pd에 절대 주소 10000을 대입한다. 절대 주소는 사용하지 않는 것이 좋지만 여기서는 보다 명확한 설명을 위하여 사용하였다.

12 pc, pi, pd의 현재 값을 출력한다. 형식 지정자 %d를 이용하여 10진수로 출력하였다.

14-16 pc, pi, pd의 값을 증가 연산자 ++를 이용하여 증가시킨다.

17 pc, pi, pd의 증가된 값을 출력한다. 각 포인터가 가리키는 대상의 크기에 따라 서로 다르게 증가됨을 알 수 있다.

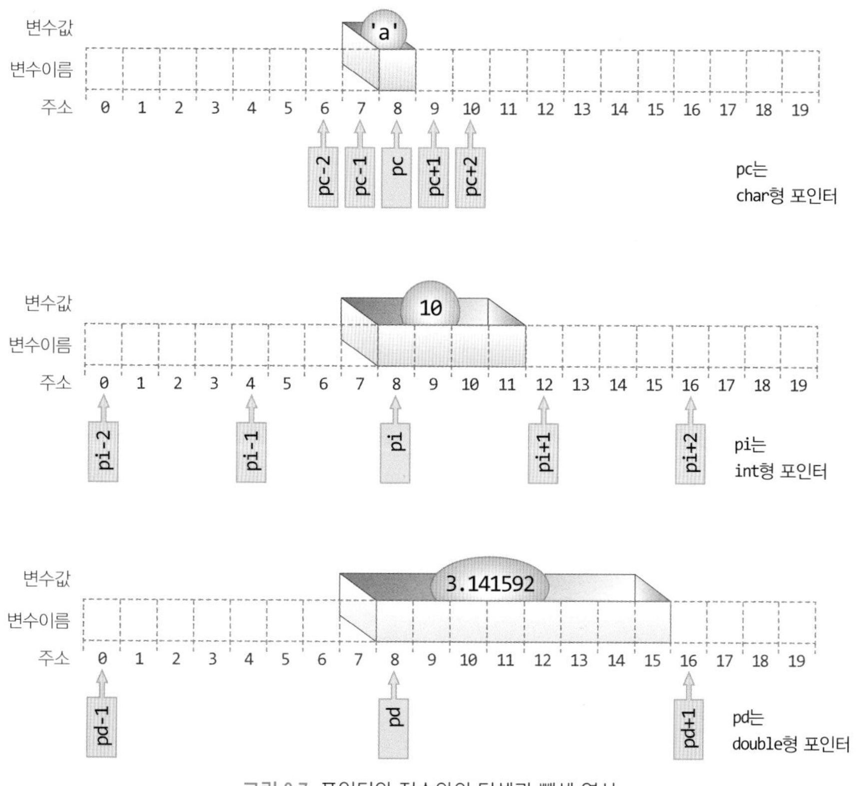

그림 9.7 포인터와 정수와의 덧셈과 뺄셈 연산

4. 함수와 포인터

도대체 포인터는 어디에 사용되는 것일까? 다른 사람에게 넘겨주어야 하는 정보가 상당히 방대하다고 하자. 이런 경우에는 전체를 복사해서 주는 것보다는 페이지 번호만 알려주는 편이 간결할 수 있다. 백과사전 전체를 복사해서 넘겨주는 것은 의미 없는 일이다. 차라리 백과사전의 p.300을 보라고 알려주는 편이 좋은 것이다.

프로그램에서도 동일한 일이 발생할 수 있다. 데이터를 전부 복사해서 함수로 넘기는 것보다 데이터가 있는 위치를 포인터로 알려주는 편이 효율적이다.

일반적인 프로그래밍 언어에서 함수가 외부로부터 데이터를 받는 방법에는 2가지가 있다.

- 값에 의한 호출(call-by-value): 함수가 호출될 때 복사본이 함수로 전달되는 호출이다. 함수 안에서 매개 변수를 변경하여도 원본에는 영향을 주지 않는다.
- 참조에 의한 호출(call-by-reference): 만약 함수가 호출될 때 원본을 함수로 전달하는 방법이다. 함수 안에서 매개변수를 변경하면 원본 변수가 변경된다.

C언어에서는 기본적으로 "값에 의한 호출"만 가능하다. 즉 함수 안에서 매개 변수를 변경하더라도 원본 변수는 변경되지 않는다. 하지만 포인터를 함수에 전달하면 "참조에 의한 호출"을 흉내 낼 수 있다.

여러분이 서류를 가지고 있다고 하자. 서류를 함수 sign()으로 넘겼다고 하자. 만약 "값에 의한 호출"이라면 서류가 복사되어서 sign()으로 전달되므로 sign()에서 서류에 서명을 추가하더라도 원본 서류가 변경되지 않는다.

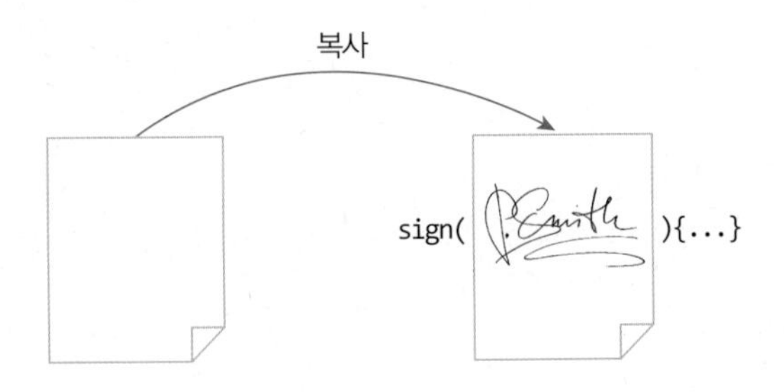

하지만 "참조에 의한 호출"이라면 원본 서류도 변경된다.

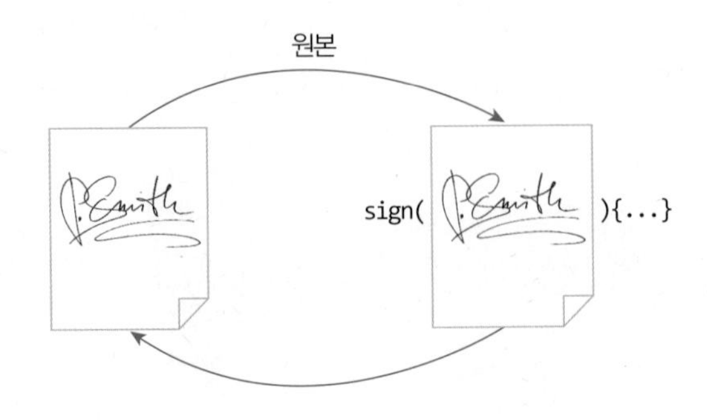

값에 의한 호출

다음과 같은 간단한 프로그램을 작성하여 "값에 의한 호출"을 알아보자.

```
1   #include <stdio.h>
2
3   void modify(int value)
4   {
5      value = 99;      // 매개 변수를 변경한다.
6   }
7
8   int main(void)
9   {
10     int number = 1;
11
12     modify(number);
13     printf("number = %d\n", number);
14
15  return 0;
16  }
```

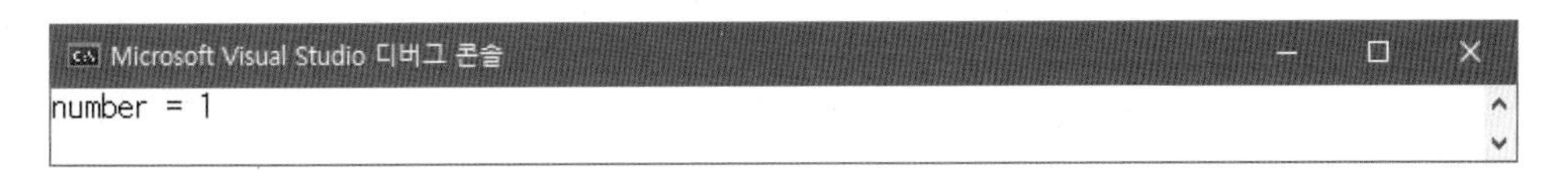

Microsoft Visual Studio 디버그 콘솔
number = 1

modify()에서 매개 변수 value의 값을 99로 변경하였다. main()에서 modify()를 호출할 때, 변수 number를 전달한다. 함수 호출 후에 변수 number의 값이 변경될까? C언어에서는 "값에 의한 호출"이 원칙이기 때문에 실행 결과에서 보듯이 number의 값을 변경되지 않았다.

참조에 의한 호출

"값에 의한 호출" 방법은 버그를 막을 수 있는 좋은 정책이다. 하지만 경우에 따라서는 원본을 그대로 보내는 것이 필요한 경우도 있다. 하나의 예로 백과사전을 함수에 전달하여야 한다고 하자. 백과사전을 전부 복사하는 것은 현명한 행동은 아니다(시간이 많이 걸린다). 이때는 백과사전의 주소만을 보내서 함수가 필요한 부분을 찾게 하는 편이 효율적이다. 이때 포인터를 사용할 수 있다. 함수가 원본을 변경할 필요가 있을 때도 포인터를 사용할 수 있다. 간단한 예제로 포인터를 이용한 "참조에 의한 호출" 흉내내기를 살펴보자.

```
1  #include <stdio.h>
2
3  void modify(int *ptr)
4  {
5      *ptr = 99;            // 매개 변수를 통하여 원본을 변경한다.
6  }
7
8  int main(void)
9  {
10     int number = 1;
11
12     modify(&number);    // 주소를 계산해서 보낸다.
13     printf("number = %d\n", number);
14
15     return 0;
16 }
```

```
Microsoft Visual Studio 디버그 콘솔
number = 99
```

modify() 함수를 호출할 때 number 변수의 주소를 계산하여 전달하였다. modify() 함수에서는 이 주소를 포인터 ptr에 저장한다. ptr이 가리키는 위치의 값을 99로 변경하고 있다. 변수의 주소를 전달하였기 때문에 modify() 함수에서 주소를 이용하여 원본 변수의 값을 변경할 수 있었다. 우리가 집 주소를 택배 회사에 알려주면 택배가 집으로 올 수 있는 것과 마찬가지이다.

swap()은 주어진 변수의 값을 교환하는 함수이다. swap(a, b)와 같이 호출하면 변수 a와 변수 b의 값이 교환되어야 한다. 즉 변수 a의 값이 변수 b로 가고 b의 값은 a로 간다. swap() 함수를 다음과 같이 구현하면 안 된다.

```
1  #include <stdio.h>
2  void swap(int x, int y)
3  {
4      int tmp;
5
6      tmp = x;
7      x = y;
```

```
8       y = tmp;
9   }
10
11  int main(void)
12  {
13      int a = 10, b = 20;
14
15      swap(a, b);
16      printf("swap() 호출후 a=%d b=%d\n", a, b);
17      return 0;
18  }
```

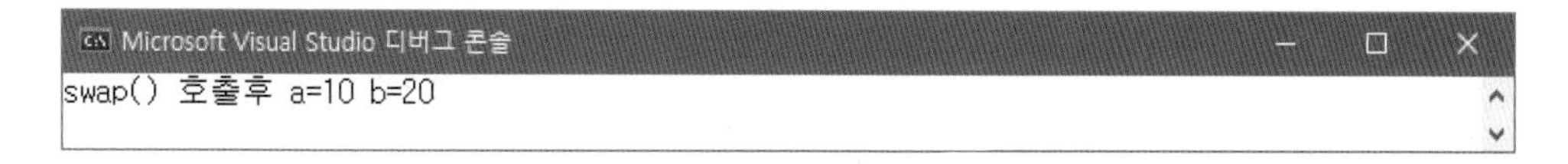
Microsoft Visual Studio 디버그 콘솔
swap() 호출후 a=10 b=20

C에서는 함수 호출이 기본적으로 "값에 의한 호출"이기 때문에 매개 변수인 x, y를 교환했다고 해서 원본 변수 a, b가 교환되지 않는다. 어떻게 해야 원본 변수의 값을 변경할 수 있을까? Lab을 보기 전에 생각해 보자.

Lab swap() 함수 작성하기

| 난이도 ★★ 주제 참조에 의한 호출 흉내내기 |

변수의 주소를 함수에 넘겨주면 호출된 함수에서는 이 포인터를 이용하여 원본 변수의 값을 수정할 수 있다.

swap2.c

```
1  #include <stdio.h>
2  void swap(int *px, int *py);
3
4  int main(void)
5  {
6     int a = 100, b = 200;
7
8     printf("swap() 호출전 a=%d b=%d\n", a, b);
9     swap(&a, &b);
10    printf("swap() 호출후 a=%d b=%d\n", a, b);
11
12    return 0;
13 }
14
15 void swap(int *px, int *py)
16 {
17    int tmp;
18
19    tmp = *px;
20    *px = *py;
21    *py = tmp;
22 }
```

Microsoft Visual Studio 디버그 콘솔
swap() 호출전 a=100 b=200
swap() 호출후 a=200 b=100

위의 실행 결과를 보면 두개의 변수의 값이 제대로 교환된 것을 알 수 있다. 먼저 main()에서는 다음과 같이 swap()을 호출하였다.

Soultion swap() 함수 작성하기

```
swap(&a, &b);
```

함수 호출시 인수가 a, b가 아니고 &a, &b인 것에 유의하여야 한다. 즉 변수의 값을 전달하는 것이 아니라 변수의 주소를 전달한다. swap()에서는 매개 변수 px, py가 전달된 변수의 주소를 받아야 한다. 주소를 받을 수 있는 자료형은 포인터이다. 따라서 swap()은 다음과 같이 정의되어야 한다.

```
void swap(int *px, int *py)
```

swap()안에서는 tmp라는 임시 변수에 a의 값을 저장하여야 한다. a의 값은 포인터 px을 통하여 얻을 수 있다. px은 &a의 값을 가지고 있고 따라서 *px은 a의 값이 된다.

```
tmp = *px;      // 결과적으로 tmp = a;와 같은 의미이다.
```

다음으로 포인터를 통하여 b의 값을 a에 저장하는 것이 필요하다. px과 py가 a과 b를 가리키고 있으므로 다음 문장이 b의 값을 a에 대입한다.

```
*px = *py;      // 결과적으로 a = b;와 같은 의미이다.
```

마지막으로 tmp에 저장되었던 값을 b에 대입하면 된다.

```
*py = tmp;      // 결과적으로 b = tmp;와 같은 의미이다.
```

결론적으로 C에서도 포인터를 이용하여 참조에 의한 호출을 흉내낼 수 있다.

Q 값에 의한 호출과 참조에 의한 호출은 어떤 경우에 사용해야 하는가?

A 일반적으로 값에 의한 호출을 사용하여야 한다. 반면 함수가 외부에서 선언된 변수의 값을 변경할 필요가 있다면 포인터를 이용하여 "참조에 의한 호출" 효과를 낼 수 있다.

5. 포인터 사용시 주의할 점

초기화하지 않고 사용하기

포인터는 강력한 도구이지만 프로그램에서 오류를 발생시키는 원천이기도 하다. 가장 흔한 오류는 초기화가 안 된 포인터를 사용하지 않는 것이다. 만약 포인터가 선언만 되고 초기화되지 않았다면 포인터는 임의의 주소를 가리키게 된다. 따라서 이런 상태에서 포인터를 이용하여 메모리의 내용을 변경한다면 문제가 발생할 수 있다. 예를 들어 다음과 같은 코드는 포인터 p를 초기화시키지 않고 포인터 p가 가리키는 곳에 값 100을 대입하고 있어 위험한 코드이다. 만약 우연히 p가 중요한 영역을 가리키고 있었다면 중요한 정보를 덮어 쓸 수도 있으며 따라서 전체 시스템을 다운시킬 수도 있다. 보통의 경우에는 운영체제가 이러한 잘못된 메모리의 접근을 차단하게 되지만 이러한 코드는 사용하지 않는 것이 좋다.

```
int main(void)
{
    int *p;         // 포인터 p는 초기화가 안 되어 있음

    *p = 100;       아주 위험한 코드!!
    return 0;
}
```

그림 9.8 초기화가 안 된 상태에서 포인터를 사용하는 것은 위험하다.

널 포인터의 사용

포인터가 아무것도 가리키고 있지 않을 때는 NULL(0)로 설정하는 것이 바람직하다. NULL은 stdio.h에 정수 0으로 정의되어 있다.

```
int *p = NULL;
```

왜냐하면 주소 0을 액세스하려고 하면 시스템에서 자동적으로 오류를 감지하고 이것을 해결할 수 있기 때문이다. 주소 0에서 보통 CPU가 사용하는 영역이어서 일반 프로그램은 주소 0에 접근할 수 없다. 그리고 포인터를 사용하기 전에 NULL인지 아닌지를 체크하는 것도 안전한 코드를 만드는데 도움이 된다.

포인터 자료형과 변수의 자료형은 일치하여야 한다

포인터에는 가리키는 자료형에 따라 여러 가지 종류가 존재한다. 즉 int형 포인터는 int형만을 가리킬 수 있다. 마찬가지로 double형 포인터는 double형만을 가리킬 수 있다. 포인터는 메모리의 어디든지 가리킬 수 있지만 포인터에 의하여 참조되는 객체가 얼마만큼의 크기이고 무엇이 어떤 형식으로 저장되어 있는 지를 결정하는 것은 포인터의 자료형이다. 다음의 코드를 살펴보자.

```
1  #include <stdio.h>
2
3  int main(void)
4  {
5      int i;
6      double *pd;
7
8      pd = &i;      // 오류! double형 포인터에 int형 변수의 주소를 대입
9      *pd = 36.5;
10
11     return 0;
12 }
```

위의 코드를 실행하였을 경우, 어떤 일이 발생하는가? 위의 코드는 문법적으로 잘못되지는 않았지만 심각한 실행 오류가 있다. double형 포인터 pd에 int형 변수의 주소가 대입되었다. 이어서 pd가 가리키는 곳에 double형 상수인 36.5가 대입되었다. 보통은 int가 double보다 작기 때문에 따라서 36.5를 변수 i의 주소에 쓰게 되면 변수 i의 범위를 넘어가서 이웃 바이트들을 덮어쓰게 된다. 일반적인 경우에 int가 4바이트이고 double은 8바이트이므로 double을 int에 저장할 경우, 이웃 4바이트의 값이 변경된다. 따라서 특별한 경우가 아니면 포인터로 다른 타입의 데이터를 가리키게 하면 안 된다.

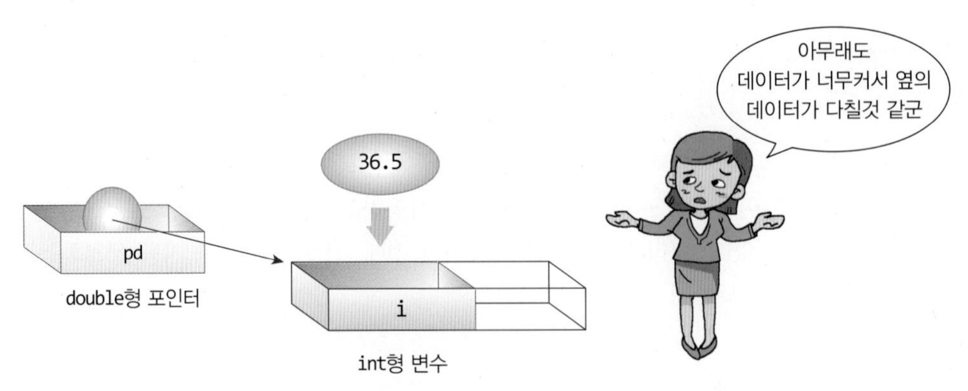

그림 9.9 포인터 자료형과 변수의 자료형이 다른 경우

6. 배열과 포인터

포인터를 학습하는 도중에 배열이 나오는 것에 대하여 의아하게 생각하는 사람도 있을 것이다. 배열과 포인터는 아주 밀접한 관계를 가지고 있다. 왜냐하면 배열 이름 그 자체가 포인터이기 때문이다. 배열 이름은 첫 번째 배열 원소의 주소와 같다.

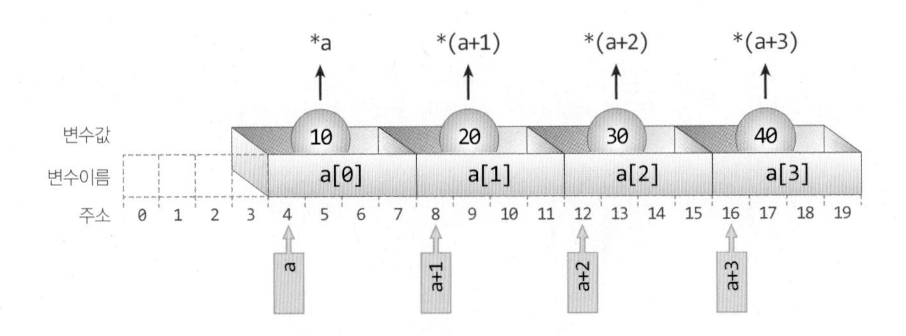

배열을 하나 선언하고 배열의 이름과 첫 번째 원소의 주소를 나란히 출력해보자.

p_array1.c

```
1  #include <stdio.h>
2
3  int main(void)
4  {
```

```
5      int a[] = { 10, 20, 30, 40, 50 };
6
7      printf("배열의 이름 = %u\n", a);
8      printf("첫 번째 원소의 주소 = %u\n", &a[0]);
9
10     return 0;
11  }
```

```
Microsoft Visual Studio 디버그 콘솔
배열의 이름 = 10877424
첫 번째 원소의 주소 = 10877424
```

프로그램 설명

8 배열 이름을 부호없는 정수값으로 출력하였다. 첫 번째 원소의 주소값과 완전히 동일함을 알 수 있다.

9 배열의 첫 번째 원소는 `a[0]`이다. 이 첫 번째 원소의 주소는 `&a[0]`가 된다. 같은 식으로 두 번째 원소의 주소값은 `&a[1]`이다. 이 주소을 부호없는 정수값으로 출력하였다.

위의 프로그램에서 알게 된 몇 가지 사실을 정리해보자. 배열 요소들은 메모리에서 연속된 공간을 차지하고 있다. a가 int형 배열이므로 각 요소들이 차지하는 공간은 4바이트이다. 놀라운 사실은 배열의 이름을 정수 형식으로 출력하면 배열의 첫 번째 요소의 주소와 같다는 사실이다.

포인터를 배열처럼 사용

배열 이름이 포인터라면 역으로 포인터도 배열 이름처럼 사용할 수 있을까? 포인터도 배열 이름처럼 간주될 수 있고 배열과 똑같이 사용할 수 있다. 이것은 상당히 편리한 기능이다. 다음의 예제를 참조하라.

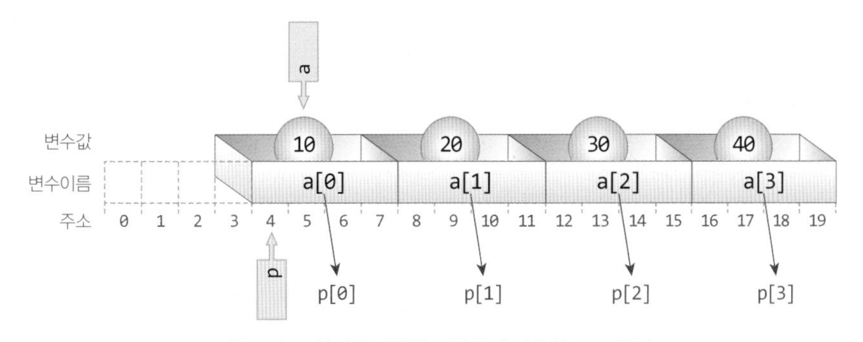

그림 9.10 포인터를 배열의 이름처럼 사용할 수도 있다.

정수형 배열을 하나 선언하자. 배열의 원소를 a[0], a[1], a[2]과 같이 출력해본다. 포인터 p를 하나 선언하여서 배열의 시작 주소를 가리키게 한다. p[0], p[1], p[2]을 출력해보자. 어떤 값이 출력되는가?

p_array2.c

```
1  #include <stdio.h>
2
3  int main(void)
4  {
5      int a[] = { 10, 20, 30, 40, 50 };
6      int *p;
7
8      p = a;
9      printf("a[0]=%d a[1]=%d a[2]=%d \n", a[0], a[1], a[2]);
10     printf("p[0]=%d p[1]=%d p[2]=%d \n\n", p[0], p[1], p[2]);
11
12     return 0;
13 }
```

Microsoft Visual Studio 디버그 콘솔

```
a[0]=10 a[1]=20 a[2]=30
p[0]=10 p[1]=20 p[2]=30
```

프로그램 설명

5 정수형 배열 a[]를 선언하였다. 초기값의 개수가 5이므로 배열의 크기는 5가 된다.

6 int형 포인터 변수 p 선언한다. p와 a가 다른 점은 a는 포인터 상수이므로 값을 변경할 수 없는데 반해 p는 포인터 변수이기 때문에 값을 변경할 수 있다는 점이다.

8 포인터 p에 배열의 이름 a을 대입하면 배열의 첫 번째 주소가 p에 대입되는 것과 똑같다. 이 문장이 끝나면 p와 a는 똑같은 곳을 가리키게 된다.

9-10 배열 이름을 사용하여 원소에 접근하는 것이나 포인터를 배열처럼 사용하여 원소에 접근하는 것은 똑같다.

중간점검

1. 배열 a[]에서 *a의 의미는 무엇인가?
2. 배열의 이름에 다른 변수의 주소를 대입할 수 있는가?
3. 포인터를 이용하여 배열의 원소들을 참조할 수 있는가?
4. 포인터를 배열의 이름처럼 사용할 수 있는가?

이것을 어디에 사용할까?

앞에서 우리는 배열의 이름은 배열의 주소이고 포인터를 배열처럼 사용할 수 있다는 것을 배웠다. 이것은 어디에 사용하면 좋을까? 대용량의 데이터가 필요한 함수가 있다고 하자. 데이터를 복사해서 주면 너무 시간이 많이 걸린다. 이런 경우에는 데이터가 있는 위치를 알려주고 필요한 부분만을 사용하도록 하면 좋을 것이다.

```
1   #include <stdio.h>
2
3   void sub(int *ptr)
4   {
5       printf("%d \n", ptr[10]);
6   }
7
8   int main(void)
9   {
10      int large_data[]={ 1, 2, 3, 4, 5, 6, 7, 8, 9, 10, 11, 12, 13, 14, 15, 16,
    17, 18, 19, 20 };
11
12      sub(large_data);
13      return 0;
14  }
```

위의 코드에서 large_data 배열이 대용량 데이터라고 생각하자. 이것을 함수로 복사해서 전달하면 너무 시간이 많이 걸린다. 따라서 배열의 이름은 전달하는데 배열의 이름은 배열을 가리키는 포인터이다. 따라서 배열의 주소가 sub()로 전달된다. 전달된 주소는 sub()의 매개 변수 ptr에 저장된다. sub()에서는 포인터를 배열처럼 사용하여서 인덱스가 10인 데이터를 출력하였다.

배열을 전달받을 때 매개 변수를 다음과 같이 선언하여도 된다. 배열을 복사되지 않고 배열의 주소가 전달된다(배열의 이름이 배열의 주소라서 그렇다).

```
void sub(int ptr[])
{
   printf("%d \n", ptr[10]);
}
```

중간점검

1. 함수에 매개 변수로 변수의 복사본이 전달되는 것을 ______________ 라고 한다.
2. 함수에 매개 변수로 변수의 원본이 전달되는 것을 ______________ 라고 한다.
3. 배열을 함수의 매개 변수로 지정하는 경우, 배열의 복사가 일어나는가?

Lab 유용한 배열 함수 작성

| 난이도 ★★ 주제 함수로 배열 전달 이해 |

정수 배열에 대하여 평균을 계산하고 배열을 출력하는 함수를 작성하고 사용해보자. 통상적으로 배열을 전달할 때는 배열의 크기도 함께 함수로 전달한다. 그래야만이 함수 안에서 배열의 크기를 알 수 있다.

2가지의 함수를 작성해보자.

- double get_array_avg(int values[], int n); 정수 배열을 받아서 배열 요소의 평균값을 계산하여 반환한다.
- void print_array(int values[], int n); 정수 배열을 받아서 배열 요소들을 출력한다. n은 배열의 크기이다.

위의 2가지 함수를 이용하여서 { 10, 20, 30, 40, 50 }을 가지고 있는 정수 배열을 이들 함수에 전달하여 다음과 같은 출력을 생성하는 프로그램을 작성한다.

Microsoft Visual Studio 디버그 콘솔
[10 20 30 40 50]
get_array_avg() 호출
배열 원소들의 평균 = 30.000000

함수를 다음과 같이 정의하여도 마찬가지이다.

- double get_array_avg(int *values, int n);
- void print_array(int *values, int n);

우리는 앞에서 배열 이름이나 포인터는 동일하게 취급할 수 있다고 배웠다. 함수의 매개 변수를 포인터로 선언하여도 똑같은 결과를 생성한다. 포인터도 배열처럼 사용할 수도 있다는 것을 기억하기 바란다.

Soultion 유용한 배열 함수 작성

p_func.c

```
1  #include <stdio.h>
2  #define SIZE 5
3  double get_array_avg(int values[], int n);
4  void print_array(int values[], int n);
5
6  int main(void)
7  {
8     int i;
9     int data[SIZE] = { 10, 20, 30, 40, 50 };
10    double result;
11
12    print_array(data, SIZE);
13    result = get_array_avg(data, SIZE);
14    printf("배열 원소들의 평균 = %f\n", result);
15    return 0;
16 }
17
18 // 배열 요소의 평균을 계산하는 함수
19 double get_array_avg(int values[], int n)
20 {
21    int i;
22    double sum = 0.0;
23    printf("get_array_avg() 호출\n");
24    for (i = 0; i < n; i++)
25       sum += values[i];
26    return sum / n;
27 }
28
29 // 배열 요소의 평균을 계산하는 함수
30 void print_array(int values[], int n)
31 {
32    int i;
33    printf("[ ");
34    for (i = 0; i < n; i++)
35       printf("%d ", values[i]);
36    printf("]\n");
37 }
```

Mini Project 어드벤처 게임 만들기

| 난이도 ★★ 주제 배열과 포인터 이용 |

간단한 텍스트 기반의 게임을 작성해보자. 주인공은 '#'로 표시되어 있다. 주인공이 금 'G'를 찾으면 게임이 종료된다. 중간에 몬스터 'M'가 있어서 금을 찾는 것을 방해한다. 주인공은 'w', 's', 'a', 'd' 키를 이용하여 상하좌우로 움직일 수 있다. 몬스터는 랜덤하게 움직이는 것으로 하라.

프로그램을 작성할 때, 배열을 전달받는 함수를 작성하여 사용해보자. 예를 들어서 승리를 판정하는 함수 check_win(int map[ ][ ])를 작성하여 사용할 수 있다. 2차원 배열도 동일하게 함수로 전달할 수 있다. 가능하다면 맵(map)을 배열 위에 그려도 된다. 즉 게임 캐릭터들이 움직일 수 없는 벽이나 강을 만들어보자. 이럴 경우에는 배열의 크기를 조금 크게 하여야 할 것이다.

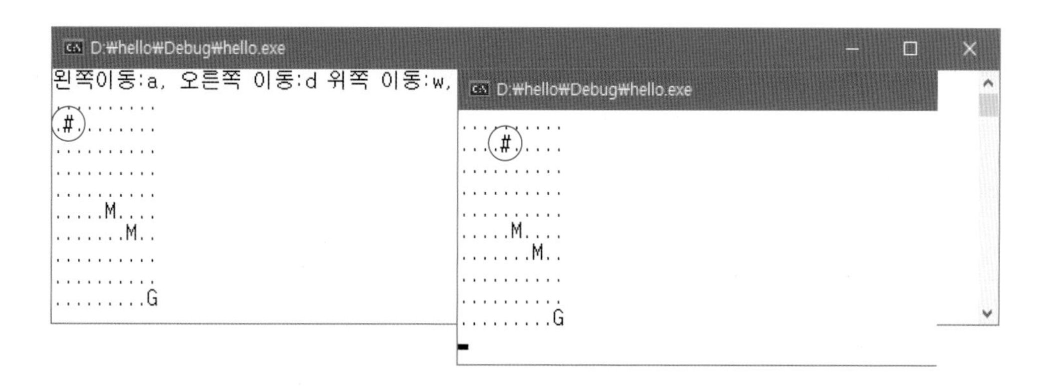

사용자로부터 실시간으로 키를 받으려면 _getch() 함수를 사용해야 한다. 몬스터들은 난수만큼 자동으로 이동하도록 하라. 최대한 게임을 재미있게 만들어보자. 화면을 지우려면 system("cls")을 실행한다.

연습문제

1 다음 중 올바른 포인터 선언은?

① int x;　　② int &x;　　③ ptr x;　　④ int *x;

2 다음 중 정수 변수 x의 메모리 주소를 계산하는 수식은?

① *x;　　② x;　　③ &x;　　④ address(x);

3 포인터 p가 가리키는 메모리의 내용을 계산하는 수식은?

① p;　　② *p;　　③ &p;　　④ address(p);

4 void 포인터는 몇 바이트인가?

① 0　　② 1　　③ 4　　④ 8

5 다음과 같이 선언되어 있다고 가정한다. 다음 수식의 값을 적어보라.

```
int A[] = {2, 6, 5, 1, 3};
int *p;
p=A;
```

(a) *p

(b) *p+2

(c) *(p+2)

6 다음 중 문자형 포인터를 정의하는 문장은?

① char p;　　② char &p;　　③ char *p;　　④ char ^p;

7 다음 프로그램의 출력은 무엇인가?

```
#include <stdio.h>
int main(void)
{
    int a[10] = { 1, 2, 3, 4, 5, 6 };
    int *p = a;
    int *q = a + 3;

    printf("%d\n", *(a+1));
    printf("%d\n", *(p+2));
    printf("%d\n", *(q+3));
    return 0;
}
```

8 크기가 100인 배열 array의 첫 번째 원소의 주소를 올바르게 계산한 수식은?

① array[0]; ② array; ③ &array; ④ &array[1];

9 int a[]={10, 20, 30, 40, 50}으로 정의되었다고 가정하자. *(a+2)의 값은?

① 10 ② 20 ③ 30 ④ 40 ⑤ 50

| 난이도 ★ 주제 배열과 포인터 이용 |

1 1차원 배열을 받아서 배열 요소들의 합을 계산하는 함수 int get_array_sum(int *A, int size)을 구현하고 int data[10] = { 1, 2, 3, 4, 5, 6, 7, 8, 9 };을 가지고 테스트하라.

Microsoft Visual Studio 디버그 콘솔
print_array()
1 2 3 4 5 6 7 8 9 0
배열 요소의 합=45

HINT 배열과 포인터를 유사하게 사용할 수 있다.

| 난이도 ★ 주제 배열과 포인터 이용 |

2 포인터를 이용하여서 크기가 5인 1차원 정수 배열에 저장된 값을 역순으로 출력하여 보자.

Microsoft Visual Studio 디버그 콘솔
5개의 정수를 입력하시오:1 2 3 4 5
역순: 5 4 3 2 1

HINT 포인터가 마지막 요소를 가리키게 하고 포인터를 하나씩 감소시킨다.

| 난이도 ★★ 주제 포인터를 이용한 값 반환 |

3 2차 방정식의 근을 계산하는 함수를 작성하고 이 함수를 호출하여서 2차 방정식의 근을 출력하는 프로그램을 작성하여 보자. 매개 변수로 포인터를 사용하면 함수가 2개 이상의 값을 반환할 수 있다. 다음과 같이 두개의 근을 모두 포인터를 이용하여서 반환하도록 한다.

$$x = \frac{-b \pm \sqrt{b^2 - 4ac}}{2a}$$

```
void quadratic (int a, int b, int c, double* xplus, double* xminus)
{
    *xminus  = (-b - sqrt (b * b - 4 * a * c))/ (2 * a);
    *xplus  = (-b + sqrt (b * b - 4 * a * c))/ (2 * a);
}
```

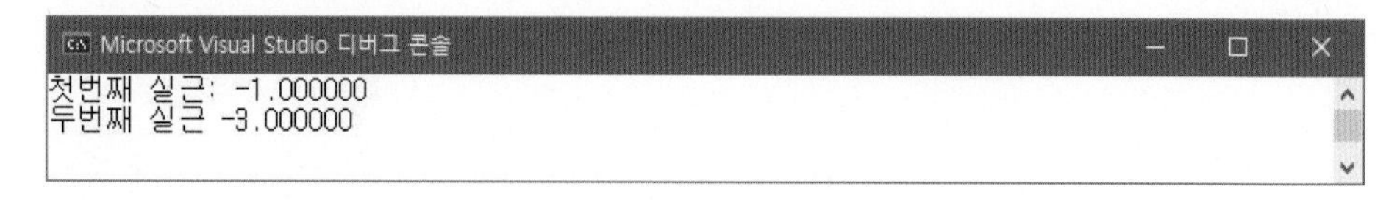
Microsoft Visual Studio 디버그 콘솔
첫번째 실근: -1.000000
두번째 실근 -3.000000

HINT 포인터는 함수가 2개 이상의 값을 반환할 때도 사용된다.

| 난이도 ★★ 주제 포인터를 이용한 값 반환 |

4 실수 3.14를 보내면 정수부 3과 소수부 0.14를 나누어서 보내주는 함수 void get(double value, int *i_part, double *f_part)을 구현해보자. 매개 변수로 포인터를 사용하면 함수가 2개 이상의 값을 반환할 수 있다.

Microsoft Visual Studio 디버그 콘솔
전달받은 실수=3.140000
정수부=3
소수부=0.140000

HINT 실수로부터 정수를 얻으려면 `i = (int)f;`와 같이 형변환을 이용한다.

| 난이도 ★★ 주제 배열을 포인터로 처리 |

5 간단한 영상 처리 프로그램을 작성하여 보자. 디지털 영상은 미세한 점들로 이루어져 있다 이러한 점을 픽셀(pixel)이라고 한다. 픽셀의 밝기 정보는 숫자로 표현된다. 예를 들어서 크기가 10×10인 디지털 영상의 한 예이다.

0	0	0	0	9	0	0	0	0	0
0	0	0	9	9	0	0	0	0	0
0	0	9	0	9	0	0	0	0	0
0	0	0	0	8	0	0	0	0	0
0	0	0	0	9	0	0	0	0	0
0	0	0	0	7	0	0	0	0	0
0	0	0	0	8	0	0	0	0	0
0	0	0	0	9	0	0	0	0	0
0	0	0	0	9	0	0	0	0	0
0	0	6	6	9	7	7	0	0	0

각 픽셀의 밝기는 0에서 9까지 변화할 수 있다고 가정하고 디지털 영상을 1차원 배열 char image[HEIGHT * WIDTH]; 로 표현하고 각 픽셀의 밝기를 1씩 줄이는 프로그램을 작성하여 보자. 포인터에 대한 이해를 높이기 위하여 영상의 밝기를 줄이는 함수 void brighten_image(char *p, int w, int h)를 작성하고 영상을 담고 있는 1차원 배열을 매개 변수로 전달하도록 하라.

HINT 함수 안에서 (x, y) 번째 픽셀을 참조하려면 `p[y*WIDTH+x]`하면 된다.

| 난이도 ★ 주제 배열을 포인터로 처리 |

6 5번 문제에서 영상의 밝기를 증가시키는 함수 void darken_image(char *p, int n)를 작성하고 영상을 담고 있는 1차원 배열을 매개 변수로 전달하도록 하라. darken_image()가 올바르게 동작하는지 테스트하라. 영상을 화면으로 출력하는 print_image(char *p, int w, int h)도 작성하여 사용하라.

문자열

C언어에서 문자열은 1차원
배열에 저장됩니다. 이번
장에서 자세히 학습해봅시다.
지금까지 숫자만 처리할려니
너무 삭막해요.
텍스트도 처리할 수 있나요?

■ 학습목표

- 문자열이 컴퓨터 내부에서 어떻게 표현되는지를 알 수 있다.
- 문자열 입출력 함수들을 사용할 수 있다.
- 문자열을 비교하고 복사할 수 있다.
- 여러 개의 문자열을 저장하고 처리할 수 있다.

10 문자열

1. 이번 장에서 만들 프로그램

이번 장에서는 문자열에 대하여 알아본다. 문자열은 문자들의 모임으로 정보를 저장하거나 교환할 때 많이 사용된다. 다음과 같은 프로그램을 작성해본다.

(1) "행맨" 게임을 작성해보자.

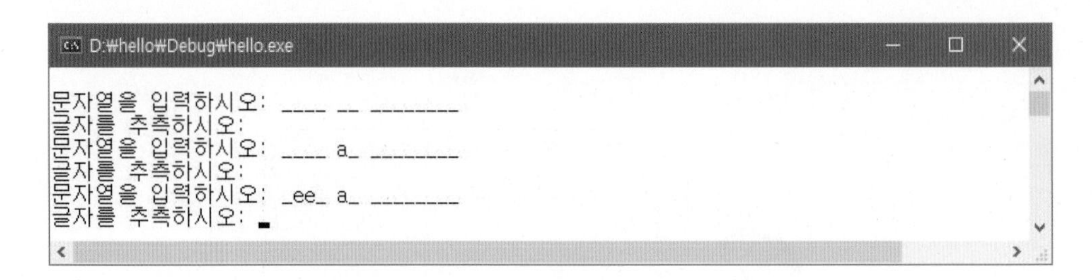

(2) 영어 단어 스크램블 게임을 작성해보자.

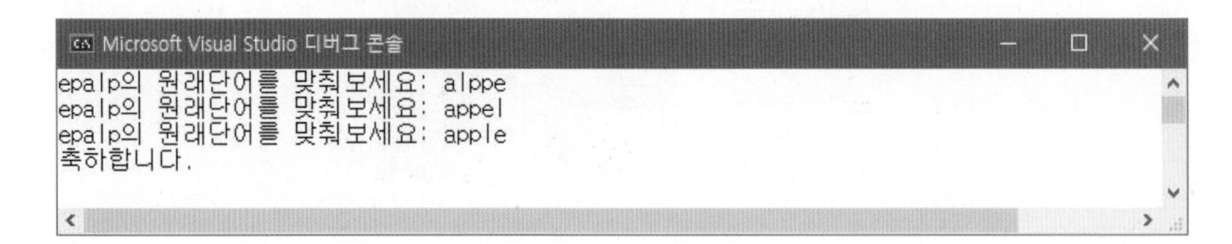

(3) 문자열을 암호화하는 프로그램을 만들어보자.

```
Microsoft Visual Studio 디버그 콘솔
암호화 전의 문자열=This is a house.
암호화 키=123456
암호화 후의 문자열=eZZG┴_B↕R¶]YDAV→義義|
```

2. 문자열

문자열(string)은 “Hello”와 같이 문자들의 모임이다. 문자열은 큰 따옴표를 이용하여 표현된다. 다음은 문자열의 예이다.

```
"A"
"Hello"
"Mr. Hong"
```

실제 프로그래밍에서는 문자열이 많이 사용된다. 예를 들어, 사람들의 이름과 주소는 모두 문자열로 저장된다. 큰 따옴표로 표시하는 문자열은 변경이 불가능하다. 즉 문자열 상수라고 할 수 있다.

문자열은 어디에 저장하면 좋을까? 문자형 변수는 하나의 문자만을 저장할 수 있다. 문자열은 문자들의 모임이니까 문자형 배열에 저장할 수 있지 않을까?

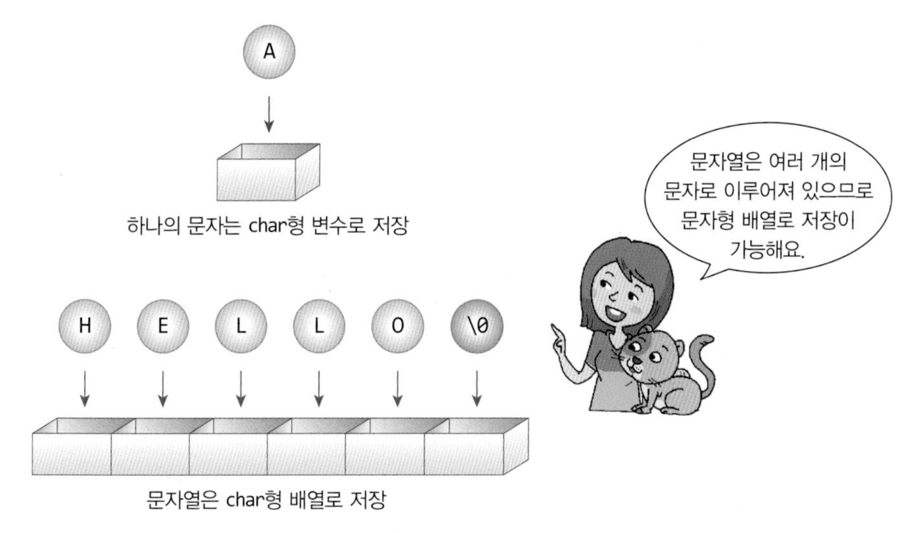
A
하나의 문자는 char형 변수로 저장
문자열은 여러 개의 문자로 이루어져 있으므로 문자형 배열로 저장이 가능해요.
H
E
L
L
O
\0
문자열은 char형 배열로 저장

그림 10.1 문자열의 저장

예를 들어, 문자열 “Hello”를 저장하려면 다음과 같이 문자형 배열을 선언하고 초기화한다.

```
char str[6] = "Hello";
```

각각의 문자는 배열 요소에 저장된다. 여기서 한 가지 의문은 "Hello"에는 5개의 문자만 있는데 왜 배열의 크기는 6일까? 그 이유는 C에서는 문자열의 끝이 반드시 NULL 문자(null character)라는 특수한 값으로 끝나야 하기 때문이다. NULL 문자는 아스키 코드값이 0이고 문자로는 '\0'으로 표현된다.

예를 들어, 문자열 "Hello"을 저장한다고 하면 문자 배열에는 'H', 'e', 'l', 'l', 'o' 등의 5개의 문자가 저장되고 맨 마지막에는 NULL 문자인 '\0'가 저장된다. 따라서 문자열을 저장하는 문자 배열은 문자열의 크기보다 항상 하나 더 커야 한다. 이것은 C에서 항상 많은 혼동을 가져오는 문제이니만큼, 확실하게 이해를 하여야 한다.

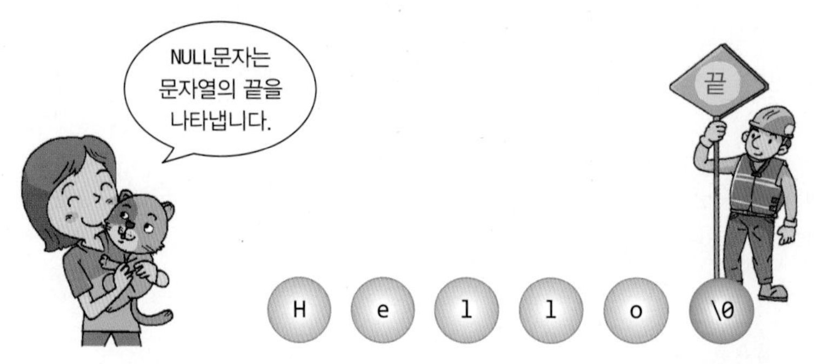

그림 10.2 문자열의 끝에는 항상 NULL 문자가 들어가야 한다.

왜 문자열의 끝은 반드시 표시를 해주어야 하는 것인가? 정수형 변수의 경우는 끝을 표시할 필요가 없었다. 정수형 변수에 사용되는 바이트의 개수는 항상 일정하기 때문이다. 정수형 변수의 경우 항상 4바이트가 할당된다. 하지만 문자열의 경우, 문자열을 저장하기 위하여 10바이트 크기의 문자 배열을 잡았다고 가정하자. 문자열 "Hello"를 이 문자 배열에 저장하면 10바이트 중에서 5바이트가 사용된다. 나머지 5바이트는 사용되지 않는다. 이 나머지 5바이트에는 아무런 의미가 없는 쓰레기 값이 들어 있을 수 있다.

그림 10.3 NULL 문자의 필요성: 정상적인 데이터와 쓰레기 값을 분리하기 위해서이다.

사람은 “Hello”만이 의미 있는 문자열이고 “#%?&$”은 쓰레기 문자라는 것을 알지만 컴퓨터는 어디서부터 어디까지가 의미 있는 문자열인지 알지 못한다. 왜냐하면 ‘#’나 ‘%’들도 당당한 하나의 문자이기 때문이다. 따라서 문자열의 경우, 문자열의 끝을 표시하여야만 어디까지가 의미 있는 문자열인지를 확실하게 할 수 있다.

문자형 배열의 초기화

문자형 배열을 초기화하는 방법을 살펴보자. 두 가지의 방법이 있다.

첫 번째 방법은 배열을 초기화하듯이 각 배열 요소 값들을 중괄호 안에 나열하는 방법이다. 이 경우 배열의 마지막 요소에는 반드시 NULL 문자를 넣어주어야 한다.

```
char str[6] = { 'H', 'e', 'l', 'l', 'o', '\0' };
```

두 번째 방법은 문자열을 사용하여 문자형 배열을 초기화하는 방법이다. 배열에는 문자열 안의 문자들이 자동으로 저장된다. 이 방법을 사용하면 컴파일러가 자동으로 배열의 끝에 NULL 문자를 추가한다. 문자형 배열의 크기는 문자열의 크기보다 커야 한다. 만약 문자형 배열의 크기가 초기화 문자열보다 크면 나머지는 NULL 문자로 채워진다. 반대로 작으면 NULL 문자가 저장되지 않을 수 있다.

```
char str[6] = "Hello";
```

만약 배열의 크기를 지정하지 않으면 컴파일러가 문자의 개수에 맞추어 자동으로 배열의 크기를 설정한다. 이 방법은 문자의 개수를 셀 필요가 없어서 편리하다.

```
char str[] = "Hello";  // 배열의 크기는 6이 된다.
```

예제 #1

문자열 “Seoul is the capital city of Korea.”을 다양한 방법으로 문자 배열에 저장하고 출력해보자.

string1.c

```
1  #include <stdio.h>
2
3  int main(void)
4  {
5     char str1[6] = "Seoul";
6     char str2[3] = { 'i', 's', '\0' };
7     char str3[ ] = "the capital city of Korea.";
8
9     printf("%s %s %s\n", str1, str2, str3);
10 }
```

Microsoft Visual Studio 디버그 콘솔
Seoul is the capital city of Korea.

프로그램 설명

5 문자 배열 str1을 선언하였다. str1의 초기값은 문자열 상수 "Seoul"이 된다. 문자열 "Seoul"의 각각의 문자들은 문자 배열 str1의 배열 요소에 하나씩 들어가게 된다. 여기서 주의할 점은 문자열의 끝을 나타내는 문자인 NULL 문자를 위한 공간이 필요하기 때문에 문자열의 길이는 5이지만 문자 배열의 크기는 6으로 잡아주었다는 점이다.

6 문자 배열 str2를 선언하였다. 이번에는 초기화 방법이 약간 다르다. 문자열 상수로 초기화를 하는 것이 아니라 전통적인 배열 초기화 방법인 각 배열 요소들의 초기값을 중괄호 안에 적어주는 방법으로 초기화되었다. NULL 문자는 컴파일러에 의하여 자동으로 문자 배열의 맨 끝에 삽입된다.

7 문자 배열 str3를 선언하였다. 이번에는 선언 시에 배열의 크기를 지정하지 않았다. 컴파일러는 자동으로 초기화 문자열의 크기에 맞추어 배열의 크기를 결정한다. 여기서는 초기화 문자열의 길이는 26이고 여기에다 NULL 문자를 위한 공간을 합치면 27이 되므로 문자 배열의 크기는 27이 된다. 초기화 문자열이 길어서 문자열의 크기가 얼마인지 계산하기 어려운 경우에 유용하다.

9 문자열을 출력하는 방법을 보여준다. 문자열을 출력하는 형식 지정자는 %s이고 문자 배열의 이름을 인수로 넘기면 된다.

예제 #2

"computer"를 저장하려고 했는데 잘못하여 "komputer"라고 초기화하였다. 첫 번째 문자를 'k'에서 'c'로 변경하는 프로그램을 작성해보자.

Microsoft Visual Studio 디버그 콘솔
komputer
computer

string2.c

```
1   #include <stdio.h>
2
3   int main(void)
4   {
5       char str[] = "komputer";
6
7       printf("%s\n", str);
8       str[0] = 'c';
9       printf("%s\n", str);
10
11      return 0;
12  }
```

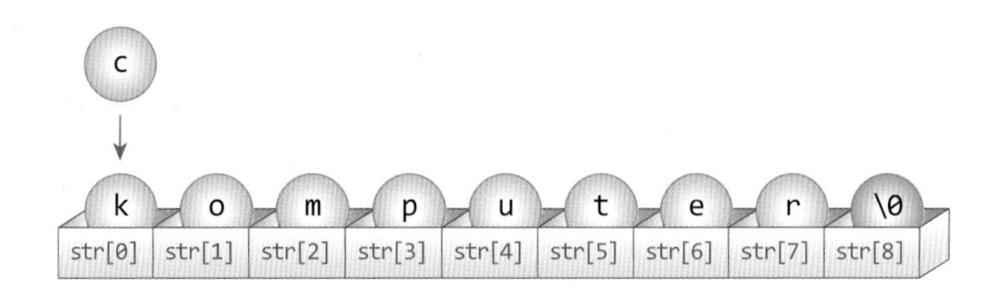

프로그램 설명

5 문자열 배열 `str`을 선언하였다. `str`의 초기값은 문자열 상수 `"komputer"`가 된다.

8 여기서는 문자배열 `str`에서 첫 번째 요소인 `str[0]`에 문자 `'c'`를 대입하였다. 원래 `str[0]`에 있었던 문자 `'k'`는 지워지게 되고 그 자리에 `'c'`가 저장된다.

예제 #3

주어진 문자열의 길이를 구하는 방법을 살펴보자. 문자열의 길이는 라이브러리 함수를 이용하면 쉽게 알 수 있으나 여기서는 직접 문자 배열을 처리하여 길이를 구해보자.

string3.c

```c
#include <stdio.h>

int main(void)
{
    char str[] = "A barking dog never bites";
    int i = 0;

    while (str[i] != 0)
        i++;
    printf("문자열 %s의 길이는 %d입니다.\n", str, i);

    return 0;
}
```

Microsoft Visual Studio 디버그 콘솔
문자열 A barking dog never bites의 길이는 25입니다.

프로그램 설명

5 위의 문장은 char형 배열을 선언하고 초기화하는 문장이다. 정확하게 초기화 문자열만큼 크기가 설정된다.

6 문자열의 길이가 계산되어 저장될 변수 i를 선언하고 0으로 초기화한다.

8-9 위의 반복 루프는 str배열의 i번째 문자가 0이 아니면 i를 증가시키는 연산을 반복하라는 의미이다. i번째 문자의 값이 0이라는 것은 i번째 문자가 NULL 문자임을 의미한다. 따라서 위의 반복 루프는 NULL 문자가 아니면 i값을 계속해서 증가시키라는 의미이다. NULL 문자는 문자열의 끝에 위치하므로 i값은 NULL 문자 앞에 위치한 문자들의 개수와 같게 된다. NULL 문자는 개수에 포함되지 않는다. 여기서 0대신 '\0'을 사용하여도 마찬가지이다. 그러나 통상적으로 위의 문장이 더 많이 사용된다.

10 문자열의 길이를 계산한 후에 문자열과 문자열의 길이를 출력한다. %s는 문자열을 출력하는 형식 지정자이다.

중간점검

1. C에서 문자열은 어떻게 정의되는가?
2. 문자열에서 NULL 문자의 역할은 무엇인가?
3. NULL 문자의 아스키 코드 값은 얼마인가?
4. NULL 문자로 끝나지 않는 문자열을 출력하면 어떻게 되는가?
5. B, 'B', "B"의 차이점을 설명하라.
6. 변경 가능한 문자열은 어디에 저장되는가?
7. 문자열의 크기보다 문자 배열의 크기를 하나 더 크게 하는 이유는 무엇인가?
8. 문자 배열을 문자열로 초기화하는 방법을 아는 대로 설명하라.

Lab 문자열 전처리하기

| 난이도 ★★ 주제 문자열 내의 개별 문자 처리 |

자연어 처리 분야에서는 문자열을 받아서 알파벳 문자만 남기고 특수 문자들은 다 제거하기도 한다. 알파벳 문자로 이루어진 단어가 제일 중요하기 때문이고, 현재 기술로는 단어만 처리하는 것도 힘에 벅차다. 사용자로부터 문자열을 받아서 특수 문자들을 제거하고 알파벳 문자만 남기는 프로그램을 작성해보자.

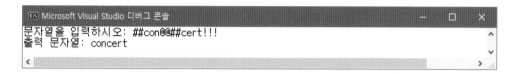

여러 가지 방법이 있겠지만 또 하나의 문자 배열을 생성하고 여기에 알파벳 문자만 이동시켜보자.

pre_string.c

```
1  #include <stdio.h>
2
3  int main(void) {
4      char line[100] = "";
5      char line2[100] = "";
6
7      printf("문자열을 입력하시오: ");
8      gets_s(line, sizeof(line));
9
10     int k = 0;
11     for (int i = 0; line[i] != '\0'; ++i) {
12         while (line[i] >= 'A' && line[i] <= 'z') {
13             line2[k++] = line[i++];
14         }
15     }
16     line2[k] = '\0';
17     printf("출력 문자열: %s\n", line2);
18     return 0;
19 }
```

사용자로부터 한 줄의 문자열을 입력받는 함수이다.

대문자 A부터 소문자 z까지만 line2 배열로 복사된다.

3. 문자 입출력

사용자로부터 문자를 입력받으려면 다음과 같은 함수를 사용할 수 있다.

함수	설명
getchar()	하나의 문자를 받아서 반환한다. 버퍼를 사용한다.
putchar()	하나의 문자를 받아서 출력한다.
_getch()	하나의 문자를 받아서 반환한다. 버퍼를 사용하지 않는다.
putch()	하나의 문자를 받아서 출력한다.

문자를 하나 입력받아서 출력하는 프로그램을 작성해보자.

```
1  #include <stdio.h>
2
3  int main(void)
4  {
5      int ch;              // 정수형에 주의
6      ch = getchar();      // 첫 번째 문자를 입력받는다.
7      putchar(ch);         // 문자를 출력한다.
8
9      return 0;
10 }
```

getchar()는 사용자가 엔터키를 누르기 전까지 글자들을 프로그램으로 보내지 않는다. getchar()는 버퍼를 사용하기 때문이다. 또 엔터키도 줄바꿈 문자 '\n'으로 프로그램에 전달된다. 따라서 필자는 getchar() 대신에 _getch()를 사용하라고 권장하고 싶다. _getch()는 버퍼를 사용하지 않으며 사용자가 키를 누르면 바로 프로그램으로 전달한다.

```c
1  #include <stdio.h>
2
3  int main(void)
4  {
5     int ch;          // 정수형에 주의
6     ch = _getch();   // 첫 번째 문자를 입력받는다.
7     putch(ch);       // 문자를 출력한다.
8
9     return 0;
10 }
```

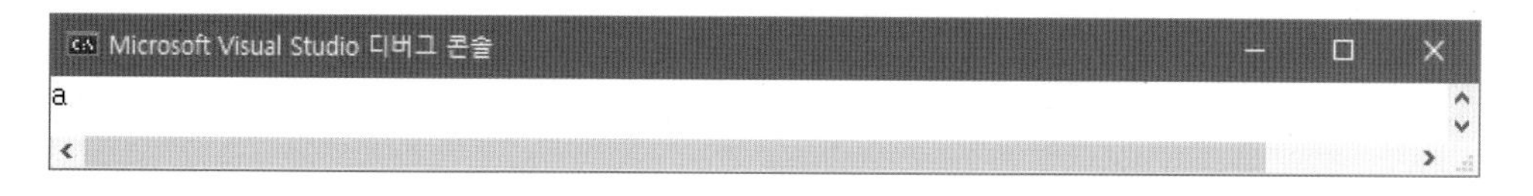

Lab 사용자로부터 패스워드 입력받기

| 난이도 ★★ 주제 문자 배열, 문자 입출력 함수 |

흔히 패스워드를 입력받을 때는 사용자가 입력한 문자 대신에 "*" 문자를 표시한다. _getch()를 이용하여 사용자가 입력한 문자를 비밀스럽게 입력받는 프로그램을 작성해보자. 패스워드는 8자리라고 가정하자.

Microsoft Visual Studio 디버그 콘솔
패스워드를 입력하시오: ********
입력된 패스워드는 다음과 같습니다: 12345678

password.c

```
1  #include <conio.h>
2  #include <stdio.h>
3  #include <stdlib.h>
4
5  int main(void)
6  {
7     char password[10];
8     int i;
9
10    system("cls");
11    printf("패스워드를 입력하시오: ");
12    for (i = 0; i < 8; i++) {
13       password[i] = _getch();
14       printf("*");
15    }
16    password[i] = '\0';
17    printf("\n");
18
19    printf("입력된 패스워드는 다음과 같습니다: ");
20    printf("%s\n", password);
21    _getch();
22    return 0;
23 }
```

Lab 화살표 키 입력받기

| 난이도 ★★★ 주제 문자 배열, 문자 입출력 함수 |

화살표 키를 _getch()로 입력받아서 주인공 @을 왼쪽 입구에서 오른쪽 출구로 이동시키는 게임을 작성해보자. 한 번이라도 벽에 닿으면 실패이다.

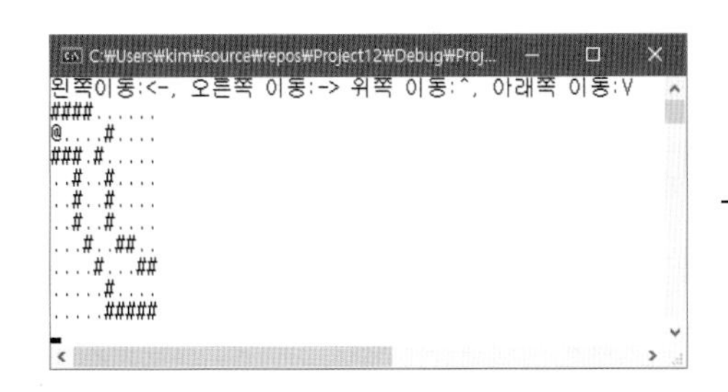

->

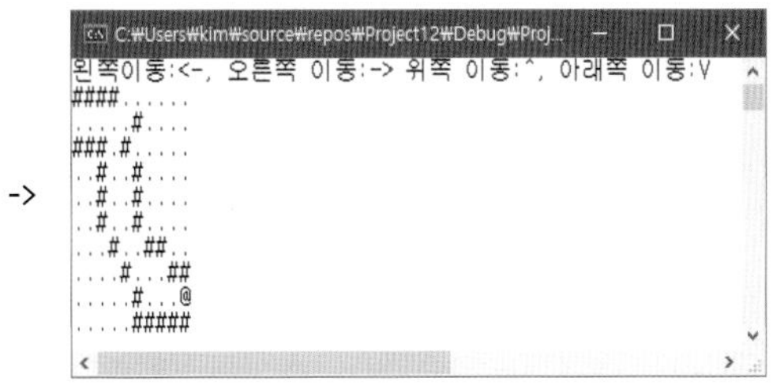

화살표 키는 다음과 같이 확장 코드가 먼저 나오고 이어서 화살표 키를 나타내는 숫자가 반환된다. 예를 들어서 왼쪽 화살표를 누르면 _getch()는 224, 75를 반환된다.

```
int ch = _getch();
if (ch == 224) {
        int ch2 = _getch();
        if (ch2 == 75) xpos--;
        else if (ch2 == 80) ypos++;
        else if (ch2 == 72) ypos--;
        else if (ch2 == 77) xpos++;
    }
```

도전문제

(1) 현재는 벽으로도 이동할 수 있다. 만약 이동 위치가 '#'이면 움직일 수 없도록 소스를 변경해보자.
(2) 주인공 캐릭터가 한 번이라도 벽에 닿으면 실패하는 게임으로 바꿔보자.
(3) 생명을 3개로 하여보자.

text_game1.c

```
1  #include <stdio.h>
2  #include <conio.h>
3
4  int main(void) {
5     char board[10][10] = { {'#', '#', '#', '#', '.', '.', '.', '.', '.', '.' },
6        {'.', '.', '.', '.', '.', '#', '.', '.', '.', '.' },
7        {'#', '#', '#', '.', '#', '.', '.', '.', '.', '.' },
8        {'.', '.', '#', '.', '.', '#', '.', '.', '.', '.' },
9        {'.', '.', '#', '.', '.', '#', '.', '.', '.', '.' },
10       {'.', '.', '#', '.', '.', '#', '.', '.', '.', '.' },
11       {'.', '.', '.', '#', '.', '.', '#', '#', '.', '.' },
12       {'.', '.', '.', '.', '#', '.', '.', '.', '#', '#' },
13       {'.', '.', '.', '.', '.', '#', '.', '.', '.', '.' },
14       {'.', '.', '.', '.', '.', '#', '#', '#', '#', '#' } };
15    int xpos = 0, ypos = 1;
16    board[ypos][xpos] = '@';
17
18    // 사용자로부터 위치를 받아서 보드에 표시한다.
19    while (1) {
20       system("cls");
21       printf("왼쪽이동:<-, 오른쪽 이동:-> 위쪽 이동:^, 아래쪽 이동:V\n");
22       for (int y = 0; y < 10; y++) {
23          for (int x = 0; x < 10; x++) printf("%c", board[y][x]);
24          printf("\n");
25       }
26       board[ypos][xpos] = '.';
27       int ch = _getch();
28       if (ch == 224) {
29          int ch2 = _getch();
30          if (ch2 == 75) xpos--;
31          else if (ch2 == 80) ypos++;
32          else if (ch2 == 72) ypos--;
33          else if (ch2 == 77) xpos++;
34       }
35       board[ypos][xpos] = '@';
36    }
37    return 0;
38 }
```

4. 문자열 입출력

문자열을 입력하거나 출력하려면 다음과 같은 함수들을 사용할 수 있다.

표 10.1 문자열 입출력 함수

입출력 함수	설명
scanf("%s", s)	문자열을 읽어서 배열 s[]에 저장
printf("%s", s)	배열 s[]에 저장되어 있는 문자열을 출력한다.
gets_s(char s[], int length)	한 줄의 문자열을 읽어서 배열 s[]에 저장한다.
puts(char s[])	배열 s[]에 저장되어 있는 한 줄의 문자열을 출력한다.

기본적인 방법은 scanf()와 printf()를 사용하는 것이다. printf()에서 형식 지정자 %s을 사용하면 문자열을 출력할 수 있다. scanf()에서 %s을 사용하면 문자열을 입력받을 수 있다.

예제 #1

사용자의 이름을 받아서 친근하게 대답하는 프로그램을 작성해보자.

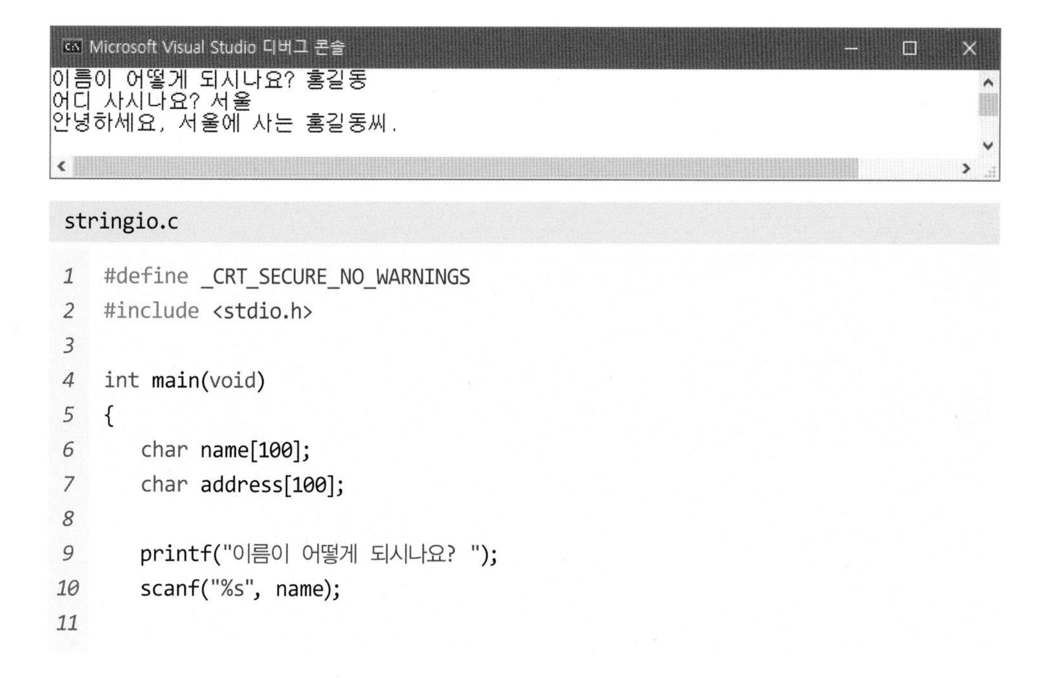

stringio.c

```
1  #define _CRT_SECURE_NO_WARNINGS
2  #include <stdio.h>
3
4  int main(void)
5  {
6     char name[100];
7     char address[100];
8
9     printf("이름이 어떻게 되시나요? ");
10    scanf("%s", name);
11
```

```
12      printf("어디 사시나요? ");
13      scanf("%s", address);
14
15      printf("안녕하세요, %s에 사는 %s씨.\n", address, name);
16      return 0;
17  }
```

위의 프로그램에서 주소를 "서울시 종로구 1번지"와 같이 입력한다면 "서울시"만 입력되고 나머지 단어들은 address에 저장되지 않는다. %s는 하나의 단어만을 입력받는다. 만약 한 줄 전체를 입력받고 싶으면 다음에 설명하는 gets_s()를 사용하여야 한다.

```
gets_s(char buffer[] , int size);
```

문자 배열 (char buffer[]) / 최대 문자 개수 (int size)

gets_s()는 표준 입력으로부터 엔터키, 즉 줄바꿈 문자('\n')가 나올 때까지 한 줄 전체를 입력받는다. 여기에 줄바꿈 문자('\n')는 포함되지 않으며 대신에 자동으로 NULL 문자('\0')를 추가한다. 입력받은 문자열은 buffer가 가리키는 주소에 저장된다. size는 입력 가능한 최대 문자 개수이다.

stringio2.c

```
1   #include <stdio.h>
2
3   int main(void)
4   {
5       char name[100];
6       char address[100];
7
8       printf("이름이 어떻게 되시나요? ");
9       gets_s(name, 99);
10
11      printf("어디 사시나요? ");
12      gets_s(address, 99);
13
14      printf("안녕하세요, %s에 사는 %s씨.\n", address, name);
15      return 0;
16  }
```

경고

이전에 사용하던 **gets()** 함수는 안전성 문제로 최근의 C언어 표준에서 완전히 금지되었다. 되도록 사용하지 않도록 하자.

중간점검

1. 한 줄의 텍스트를 입력받는 문장을 작성하라.
2. 사용자로부터 하나의 단어를 입력받는 문장을 작성하라.

5. 문자열 처리

문자열을 사용하다보면 두 개의 문자열을 붙이는 작업이나 두 개의 문자열을 서로 비교하는 작업들이 필요해진다. 이러한 문자열 처리 작업을 프로그래머가 직접 함수로 작성하여 사용하는 것도 물론 가능하다. 하지만 무척 시간이 많이 소모되는 작업이고 또한 작성된 함수에 오류가 있을 가능성도 있다. C에서는 이러한 문자열 조작을 처리해주는 많은 라이브러리 함수들을 제공하고 있다.

문자열 함수들은 string.h에 선언되어 있다. 따라서 이들 함수들을 사용하려면 string.h를 프로그램의 첫 부분에서 포함시켜야 한다.

```
#include <string.h>
```

문자열 처리를 위하여 상당히 많은 함수들이 지원된다. 여기서는 가장 많이 사용되는 몇 가지만 살펴볼 것이다.

표 10.2 문자열 라이브러리 함수

함수	설명
strlen(s)	문자열 s의 길이를 구한다.
strcpy(s1, s2)	s2를 s1에 복사한다.
strcat(s1, s2)	s2를 s1의 끝에 붙여넣는다.
strcmp(s1, s2)	s1과 s2를 비교한다.

문자열 길이

문자열의 길이를 계산하는 함수는 strlen()이다. 문자열 안에 있는 문자들의 개수를 반환한다. 이때 NULL 문자는 포함되지 않는다.

```
1  #include <stdio.h>
2  #include <string.h>
3
4  int main(void)
5  {
6     char s[] = "abcdefgh";
7     int len = strlen(s);
8     printf("문자열 %s의 길이=%d \n", s, len);
9     return 0;
10 }
```

Microsoft Visual Studio 디버그 콘솔
문자열 abcdefgh의 길이=8

문자열 복사

문자열을 복사하는 함수는 strcpy(dst, src)이다. dst와 src는 모두 문자 배열로 src를 dst로 복사한다. 방향에 주의하여야 한다.

```
1  #define _CRT_SECURE_NO_WARNINGS
2  #include <stdio.h>
3  #include <string.h>
4
5  int main(void)
6  {
7     char src[] = "Hello";
```

```
8       char dst[6];
9
10      strcpy(dst, src);
11      printf("복사된 문자열 = %s \n", dst);
12      return 0;
13  }
```

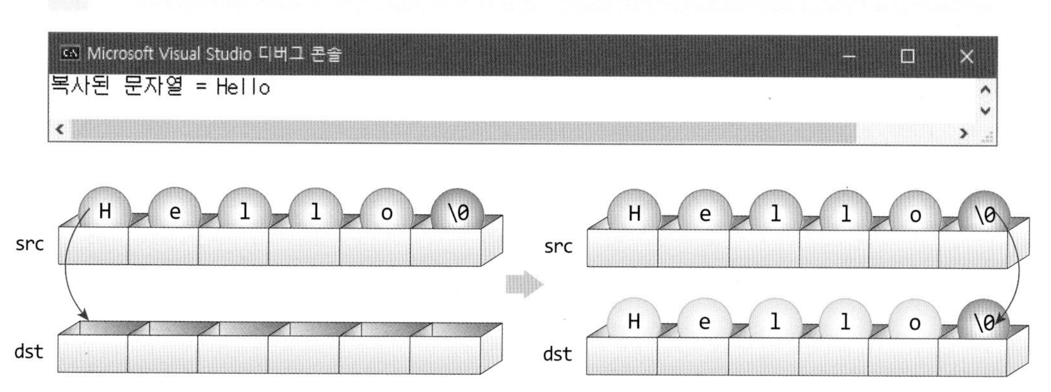

만약 복사할 문자의 개수를 제한하려면 strncpy()를 사용하면 된다. strncpy()는 복사되는 문자의 개수가 인수로 주어지는 n을 넘을 수 없다. 만약 src 문자열의 길이가 n보다 작으면 전체 src 문자열이 복사된다. strncpy()이 strcpy()보다 안전한 함수이다.

```
char src[] = "Hello";
char dst[6];

strncpy(dst, src, 6);
```

문자열 연결

두 개의 문자열이 있는 경우, 이 두 개의 문자열을 연결하여 하나의 문자열로 만들려면 어떻게 해야 할까? 구체적으로 문자열 뒤에 다른 문자열을 연결하려면 다음과 같이 strcat() 함수를 사용하면 된다.

```
1   #define _CRT_SECURE_NO_WARNINGS
2   #include <stdio.h>
3   #include <string.h>
4
5   int main(void)
6   {
```

```
7      char s[11] = "Hello";
8      strcat(s, "World");     // s에 문자열 "World"를 붙인다.
9      printf("%s \n", s);
10
11     return 0;
12  }
```

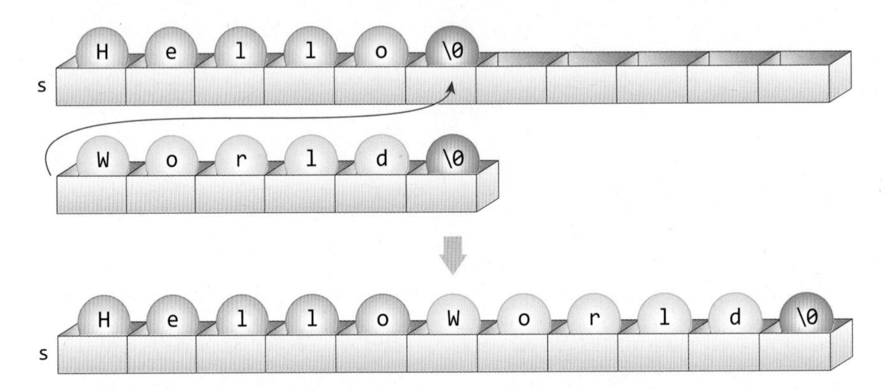

구체적으로 배열 s에 “Hello”가 저장되어 있는 경우, strcat(s, “World”)를 호출하면 위의 그림과 같이 “Hello” 끝에 “World”가 연결된다.

문자열 비교

strcmp()는 문자열 s1과 s2를 비교하여 사전적인(lexicographic) 순서에서 어떤 문자열이 앞에 있는지를 나타내는 숫자를 반환한다. s1이 s2 앞에 있으면 음수가 반환되고 s1과 s2가 같으면 0이, s1이 s2의 뒤에 있으면 양수가 반환된다. 여기서 사전적인 순서란 영어사전 같은 사전에서 문자열이 나타나는 순서이다.

```
int result = strcmp("dog", "dog");     // 0이 반환된다.
```

그림 10.4 사전적인 순서

사용자로부터 문자열 2개를 받아서 비교하는 프로그램을 작성해보자.

```
Microsoft Visual Studio 디버그 콘솔
첫번째 단어를 입력하시오:Hello
두번째 단어를 입력하시오:World
Hello가 World보다 앞에 있습니다.
```

```
1   #include <string.h>
2   #include <stdio.h>
3
4   int main(void)
5   {
6      char s1[80];     // 첫 번째 단어를 저장할 문자배열
7      char s2[80];     // 두 번째 단어를 저장할 문자배열
8      int result;
9
10     printf("첫 번째 단어를 입력하시오:");
11     scanf_s("%s", s1, sizeof(s1));
12     printf("두 번째 단어를 입력하시오:");
13     scanf_s("%s", s2, sizeof(s2));
14
15     result = strcmp(s1, s2);
16     if (result < 0)
17        printf("%s가 %s보다 앞에 있습니다.\n", s1, s2);
18     else if (result == 0)
19        printf("%s가 %s와 같습니다.\n", s1, s2);
20     else
21        printf("%s가 %s보다 뒤에 있습니다.\n", s1, s2);
22     return 0;
23  }
```

프로그램 설명

1 strcmp()를 사용하기 위해서는 string.h 헤더 파일이 필요하다.

6,7 첫 번째 단어와 두 번째 단어를 입력받아 저장하기 위한 문자 배열을 선언한다. 배열의 크기는 각각 80이다. 충분한 배열의 크기를 확보하는 것은 프로그래머의 책임이다. 공간이 충분하지 않으면 scanf() 함수가 다른 데이터를 덮어쓸 수도 있다. 주의하여야 한다.

10,11 사용자한테 단어를 입력하라는 메시지를 출력하고 scanf()를 이용하여 단어를 입력받는다. 여기서 배열 이름에 & 기호를 붙이지 않았음에 유의하여야 한다. 배열의 이름은 그 자체가 포인터이기 때문에 & 기호를 사용할 필요가 없다. 배열의 이름은 첫 번째 요소의 주소와 같다. 따라서 배열의 이름을 사용하기 싫다면 다음과 같이 명시적으로 주소를 지정할 수도 있다. s1과 &s1[0]는 완전히 같다.

```
scanf("%s", &s1[0]);
```

15 strcmp()를 이용하여 s1과 s2에 저장된 문자열을 비교한다. 만약 s1이 s2보다 앞서 있으면 음수가, 같으면 0이, s1이 뒤에 있으면 양수가 반환된다.

문자열 ↔ 수치로 변환

"100"과 100은 어떤 차이가 있을까? "100"은 문자열이고 100은 정수값이다. 컴퓨터 안에서는 완전히 다르게 취급한다. 문자열을 정수나 실수로 변환하려면 어떻게 해야 할까? 또 반대로 변수의 값을 문자열로 변환하려면 어떻게 해야 할까? 문자열을 정수값으로 변환하려면 atoi()을 사용하거나 sscanf()를 사용한다. 변수값을 문자열에 저장하려면 sprintf()를 사용한다.

atoi.c

```
1  #define _CRT_SECURE_NO_WARNINGS
2  #include <stdio.h>
3  #include <stdlib.h>
4  
5  int main(void)
6  {
7     const char s[] = "100";
8     char t[100] = "";
9     int i;
10 
11    printf("%d \n", atoi("100")); // atoi()는 문자열 "100"을 정수 100으로 바꾼다.
12    sscanf(s, "%d", &i);          // 문자열 "100"을 정수 100으로 i에 저장.
13    sprintf(t, "%d", 100);        // 정수 100을 문자열 "100"으로 t에 저장
14    return 0;
15 }
```

Q 문자열을 비교할 때 다음과 같이 하면 안되는지?

```
char *s;
if( s == "langauge" )
```

A C언어는 문자들의 배열로 문자열을 나타낸다. C에서는 배열을 다른 배열과 연산자로 비교할 수는 없다. 두 개의 문자열을 비교하려면 반드시 `strcmp()`를 사용하여야 한다.

```
if( strcmp(s, "language") == 0 )
```

Q 다음 문장이 오류를 발생하는 이유는 무엇인가?

```
char s[100] ;
s = "A friend in power is a friend lost.";
```

A C에서는 초기화 문장을 제외하고, 배열에 문자열을 직접 대입할 수는 없다. 반드시 `strcpy()` 함수를 사용하여야 한다.

```
strcpy(s, "A friend in power is a friend lost.");
```

중간점검

1. `sprintf()`에 대하여 더 조사해보자. 어떨 때 사용하는 함수인가?
2. `sscanf()`에 대하여 더 조사해보자. 어떨 때 사용하는 함수인가?

Lab 단답형 퀴즈 채점

| 난이도 ★★ 주제 문자열 처리 함수 |

단답형 문제를 채점하는 프로그램을 작성해보자. 사용자가 정답을 입력할 때까지 반복한다. 단답형 문제이기 때문에 문자열이 일치하는지를 검사한다.

do-while 루프를 사용하는 것이 좋을 거 같다. strcmp()를 이용하여 문자열이 일치하는지를 검사한다.

calc_quiz.c

```
1  #include <stdio.h>
2  #include <string.h>
3
4  int main()
5  {
6      char key[] = "C";
7      char buffer[80]="";
8
9      do {
10         printf("임베디드 장치에 가장 많이 사용되는 언어는? ");
11         gets_s(buffer, sizeof(buffer));
12     } while (strcmp(key, buffer) != 0);
13
14     printf("맞았습니다!");
15     return 0;
16 }
```

도전문제

(1) "C언어", "c언어" 등의 유사 문자열도 다 정답이 될 수 있다. 이들도 정답으로 인정하도록 위의 프로그램을 확장해보자.

(2) 여러 개의 문제를 출제하고 정답을 채점하도록 업그레이드해보자. 문제도 문자열로 문자 배열에 저장해보자. 점수도 출력한다.

(3) 사용자의 답안 앞뒤로 스페이스 문자가 있으면 어떻게 될까? 어떻게 이것을 해결할 수 있는가?

6. 문자열과 포인터

문자열을 저장할 때, 이제까지는 문자형 배열만을 사용하였다. 하지만 다른 방법도 있다. 문자 포인터를 선언하고 여기에 문자열의 주소를 저장하는 방법이다.

```
char s[] = "HelloWorld";      // ①
char *p = "HelloWorld";       // ②
```

①은 문자형 배열 s[]를 선언하는 문장이다. 다음과 같이 메모리에 문자형 배열이 생성되고 "HelloWorld"로 초기화된다.

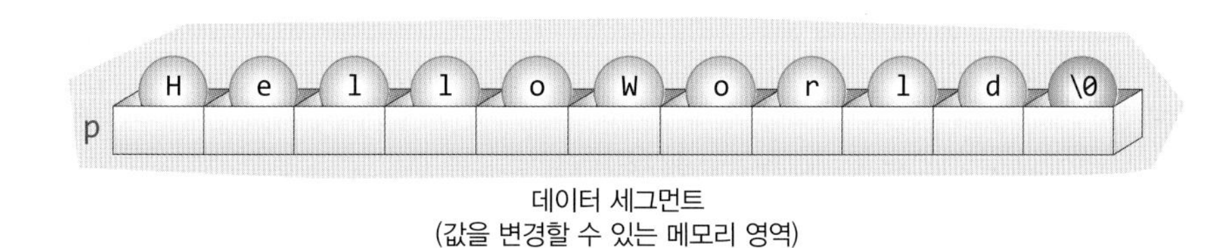

②는 기본적으로 문자형 포인터 p를 선언하는 문장이다. 문자열 상수 "HelloWorld"는 읽기전용 메모리에 저장되고 주소가 반환되어서 포인터 p에 저장된다.

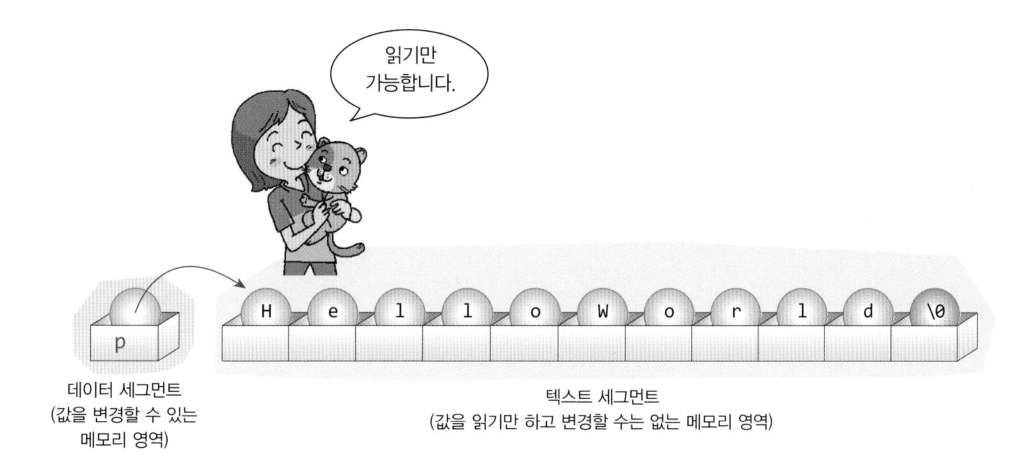

따라서 ②와 같은 방법은 변경되지 않는 문자열들을 저장할 때, 사용하면 좋다. 프로그램을 짜다 보면 변경되지 않는 문자열들도 무척 많다. 예를 들어, 프로그램의 메뉴는 여간하여 변경되지 않는다. 이런 경우에는 ②와 같은 방법을 사용하면 편리하면서도 메모리를 절약할 수 있다. ②의 장점은 변경하기가 쉽다는 점이다. 다음 코드를 참조하라.

```
char *p = "HelloWorld";
p = "Goodbye";
```

예제 #1

간단한 프로그램을 작성해보자.

```
1  #include <stdio.h>
2
3  int main(void)
4  {
5      char s[] = "HelloWorld";
6      char *p = "HelloWorld";
7
8      s[0] = 'h';   // 변경 가능하다.
9      // p[0] = 'h';    // 이 문장을 실행하면 프로그램의 작동이 중지된다.
10
11     printf("포인터가 가리키는 문자열 = %s \n", p);
12     p = "Goodbye";  // 이것은 가능하다. 큰 장점이다.
13     printf("포인터가 가리키는 문자열 = %s \n", p);
14     return 0;
15 }
```

```
Microsoft Visual Studio 디버그 콘솔
포인터가 가리키는 문자열 = HelloWorld
포인터가 가리키는 문자열 = Goodbye
```

Lab 행맨

| 난이도 ★★★ 주제 문자열 처리 |

행맨(hangman)과 같은 단어 게임을 제작하여 보자. 빈칸으로 구성된 문자열이 주어지고 사용자는 문자열에 들어갈 글자들을 하나씩 추측해서 맞추는 게임이다. 사용자가 문자열에 들어 있는 글자를 정확하게 입력했으면 화면에 그 글자를 출력한다. 일정한 횟수만 시도할 수 있게 하라.

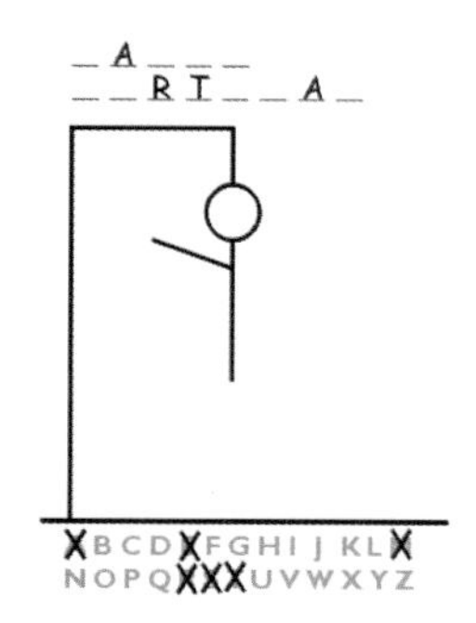

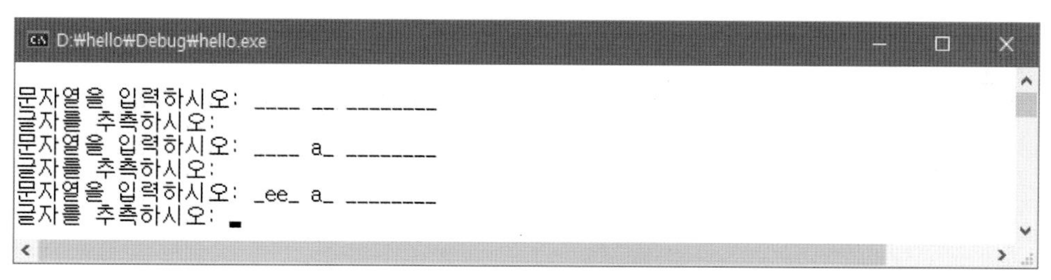

먼저 정답이 들어 있는 문자 배열 solution[]과 사용자가 입력하는 값들이 저장되는 문자 배열 answer[]를 생성한다. 사용자가 입력하는 문자는 getch()를 호출하여 받는다. 사용자가 입력한 문자가 정답에 있는지를 검사하는 반복 루프를 작성한다. 반복 루프에서는 정답이 들어 있는 배열과 현재까지 맞춘 문자 배열을 비교하여서 모두 일치하면 반복 루프를 탈출한다.

hangman.c

```
1   #define _CRT_SECURE_NO_WARNINGS
2   #include <stdio.h>
3
4   int main(void) {
5       char solution[100] = "meet at midnight"; // 정답이 들어 있는 문자 배열
6       char answer[100] = "____ __ ________";  // 현재까지 사용자가 맞춘 문자열
7       char ch;
8       int i;
9
10      while (1) {
11          printf("\n문자열을 입력하시오: %s \n", answer);
12          printf("글자를 추측하시오: ");
13          ch = _getch();
14
15          // 사용자가 입력한 문자를 answer[]에 넣어서 정답을 비교한다.
16          for (i = 0; solution[i] != NULL; i++) {
17
18              // 사용자가 맞추었으면 글자를 보이게 한다.
19              if (solution[i] == ch)
20                  answer[i] = ch;
21          }
22          if (strcmp(solution, answer) == 0) break;    // 정답과 일치하는지를 검사
23      }
24      return 0;
25  }
```

도전문제

(1) 여러 개의 문자열 중에서, 하나를 정답으로 선택하도록 위의 프로그램을 업그레이드하여 보자.
(2) solution 문자열에서 "__________" 문자열을 자동으로 생성해보자.

Lab 단어 애나그램 게임

| 난이도 ★★★ 주제 문자열 처리 |

단어 애나그램(anagram) 게임을 작성해보자. 영어 단어를 이루는 글자들이 뒤죽박죽 섞인 것을 받아서 순서대로 재배치하는 게임을 애나그램 게임이라고 한다.

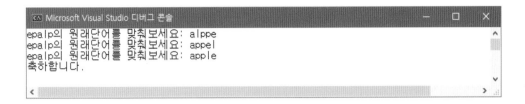

문자열 안의 글자들을 섞으려면 난수가 필요하다. 두 개의 난수를 발생시켜서 그 위치의 글자들을 서로 바꾸면 된다. 이것을 문자열의 길이만큼 반복한다. 물론 난수의 범위는 문자열 안이어야 한다.

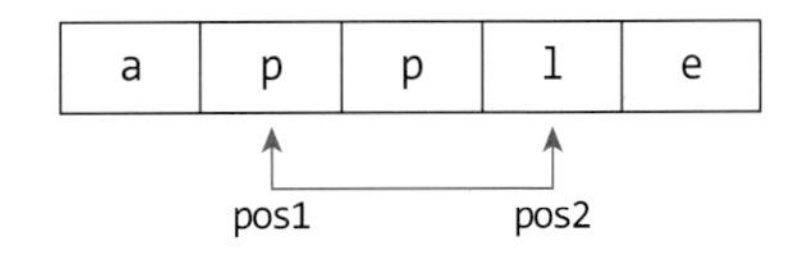


```
for (i = 0; i < len; i++) {
   int pos1 = rand() % len;
   int pos2 = rand() % len;
   char tmp = s[pos1];
   s[pos1] = s[pos2];
   s[pos2] = tmp;
}
```

anagram.c

```
1  #define _CRT_SECURE_NO_WARNINGS
2  #include <stdio.h>
3
4  #define SOL "apple"
5  int main(void)
6  {
7     char s[100] = SOL;
8     char ans[100];
9     int i, len;
10
11    len = strlen(s);
12    for (i = 0; i<len; i++) {
13       int pos1 = rand() % len;
14       int pos2 = rand() % len;
15       char tmp = s[pos1];
16       s[pos1] = s[pos2];
17       s[pos2] = tmp;
18    }
19
20    do {
21       printf("%s의 원래단어를 맞춰보세요: ", s);
22       scanf("%s", ans);
23    } while (strcmp(ans, SOL) != 0);
24
25    printf("축하합니다. \n");
26    return 0;
27 }
```

7. 문자열의 배열

문자열을 문자형 배열에 저장할 수 있다는 것은 앞에서 이야기하였다. 그렇다면 문자열이 여러 개 필요한 경우에는 어떤 구조를 사용하여 문자열들을 저장하면 좋을까? 여러 개의 1차원 문자형 배열을 사용하여도 되지만 2차원 문자형 배열을 사용하는 것이 여러모로 간편하다. 다음은 2차원 문자형 배열을 사용하여서 여러 개의 문자열을 저장하는 예이다.

```
char s[3][6] = {
    "init",
    "open",
    "close"
};
```

위와 같이 2차원 문자 배열을 문자열들로 초기화하면 2차원 배열의 각각의 행이 주어진 문자열로 초기화된다.

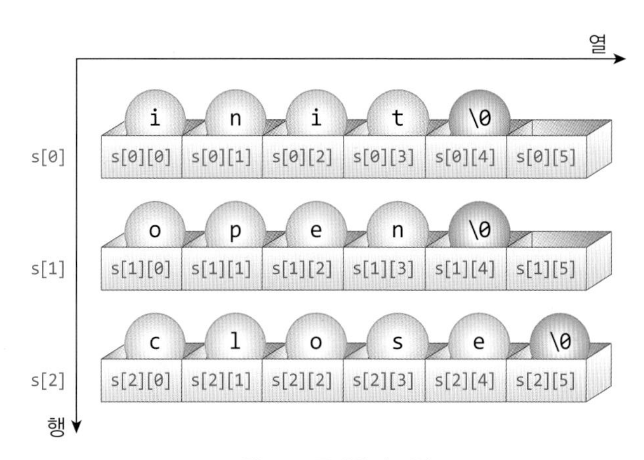

그림 10.5 문자열의 배열

위에서 2차원 배열에서 각각의 행은 s[0], s[1], s[2]와 같이 접근할 수 있다. 즉 s[0]은 s[ ][ ]의 첫 번째 행을 나타내며 여기에는 문자열 "init"가 저장되어 있다. 따라서 s[ ][ ]의 첫 번째 행에 저장된 문자열을 출력하려면 다음과 같이 하면 된다.

```
printf("%s", s[0]);     // "init"가 출력된다.
```

예제 #1

다음과 같은 메뉴를 2차원 문자 배열에 저장하고 화면에 출력하는 프로그램을 작성해보자.

```
Microsoft Visual Studio 디버그 콘솔
0 번째 메뉴: init
1 번째 메뉴: open
2 번째 메뉴: close
3 번째 메뉴: read
4 번째 메뉴: write
```

array_of_string.c

```c
1  #include <stdio.h>
2
3  int main(void)
4  {
5      int i;
6      char menu[5][10] = {
7          "init",
8          "open",
9          "close",
10         "read",
11         "write"
12     };
13
14     for (i = 0; i < 5; i++)
15         printf("%d 번째 메뉴: %s \n", i, menu[i]);
16
17     return 0;
18 }
```

프로그램 설명

2차원 문자 배열 menu[][]를 생성하고 5개의 문자열로 초기화한다. 반복 루프를 이용하여 각각의 문자열을 화면에 출력한다.

중간점검

1. "C", "JAVA", "C++", "BASIC" 등을 저장할 수 있는 방법을 가능한 한 많이 제시하라.
2. 2차원 문자 배열 s[][]에서 첫 번째 문자열을 printf()를 이용하여 화면에 출력하는 문장을 작성하라.

Lab (고급) 한영사전의 구현

| 난이도 ★★ 주제 3차원 문자열 배열 |

3차원 문자 배열을 이용하여 간단한 한영사전을 구현해보자. 영어 단어가 dic[i][0]에 저장된다. 한글 설명은 dic[i][1]에 저장된다. 사용자가 단어를 입력하면 strcmp()를 이용하여 일치하는 단어를 배열 dic에서 찾는다. 일치하는 단어가 있으면 화면에 출력하고 종료하고 만약 일치하는 단어가 없으면 오류 메시지를 출력하고 종료한다.

Microsoft Visual Studio 디버그 콘솔
단어를 입력하시오:rain
rain: 비

영한사전은 영어 단어와 한글 단어의 묶음을 여러 개 저장하여야 한다. 따라서 3차원 배열을 사용하는 것이 편리하다.

인덱스 0에 영어 단어, 인덱스 1이면 한글 단어 저장

단어의 개수

문자열의 최대 길이

```
char dic[WORDS][2][30] = {
   { "book", "책" },
   { "boy", "소년" },
   { "computer", "컴퓨터" },
   { "language", "언어" },
   { "rain", "비" },
};
```

dic.c

```
1  #define _CRT_SECURE_NO_WARNINGS
2  #include <stdio.h>
3  #include <string.h>
4
5  #define WORDS 5
6
7  int main(void)
8  {
9      int i;
10     char dic[WORDS][2][30] = {
11         { "book", "책" },
12         { "boy", "소년" },
13         { "computer", "컴퓨터" },
14         { "language", "언어" },
15         { "rain", "비" },
16     };
17     char word[30];
18
19     printf("단어를 입력하시오:");
20     scanf("%s", word);
21     for (i = 0; i < WORDS; i++)
22     {
23         if (strcmp(dic[i][0], word) == 0)
24         {
25             printf("%s: %s\n", word, dic[i][1]);
26             return 0;
27         }
28     }
29     printf("사전에서 발견되지 않았습니다.\n");
30
31     return 0;
32 }
```

단어의 개수

0이면 영어, 1이면 한글

문자열의 최대 길이

Lab 문자열들을 정렬해보자

| 난이도 ★★ 주제 문자열 정렬 |

우리는 7장에서 숫자들을 정렬시키는 버블 정렬을 학습하였다. 문자열들을 알파벳순으로 정렬할 수 있을까? 두 개의 문자열이 순서대로 되어 있는지를 비교하는 함수가 필요하다. strcmp() 함수는 두 개의 문자열을 가나다순으로 비교할 수 있다.

버블 정렬은 잊어버리지 않았을 것이다. 버블 정렬을 이용하되 숫자를 비교하는 코드를 strcmp()로 바꿔주면 된다.

```
for (k = 0; k < SIZE; k++) {
        for (i = 0; i < SIZE - 1; i++) {
            // 순서대로 되어 있지 않으면
            if (strcmp(fruits[i], fruits[i + 1]) > 0) {
                // 문자열을 교환한다.
            }
        }
}
```

2개의 문자열을 서로 교환하는 것은 다음과 같이 strcpy()를 이용한다.

```
char tmp[20];
strcpy(tmp, fruits[i]);                 // i번째를 저장한다.
strcpy(fruits[i], fruits[i + 1]);       // (i+1)번째->i번째
strcpy(fruits[i + 1], tmp);             // 저장했던 값을 (i+1)번째로 이동
```

Soultion 문자열들을 정렬해보자

str_sort.c

```
1  #define _CRT_SECURE_NO_WARNINGS
2  #include <stdio.h>
3  #define SIZE 6
4
5  int main(void)
6  {
7      int i, k;
8      char fruits[SIZE][20] = {
9          "pineapple",
10         "banana",
11         "apple",
12         "tomato",
13         "pear",
14         "avocado"
15     };
16
17     for (k = 0; k < SIZE; k++) {
18         for (i = 0; i < SIZE - 1; i++) {
19             if (strcmp(fruits[i], fruits[i + 1]) > 0) {
20                 char tmp[20];
21                 strcpy(tmp, fruits[i]);
22                 strcpy(fruits[i], fruits[i + 1]);
23                 strcpy(fruits[i + 1], tmp);
24             }
25         }
26     }
27     for (k = 0; k < SIZE; k++)
28         printf("%s \n", fruits[k]);
29     return 0;
30 }
```

Mini Project 텍스트 암호화

| 난이도 ★★★ 주제 문자열 처리 |

이번 미니 프로젝트에서는 주어진 텍스트를 암호화시켜보자. 사용자는 암호화 알고리즘을 마음대로 선택할 수 있다.

권장하는 암호화 방법은 XOR 암호화 방법이다. 이 알고리즘에서는 암호키와 문자열의 모든 문자에 대하여 비트 XOR 연산자를 적용하여 문자열을 암호화한다. 출력을 해독하려면 동일한 키를 사용하여 XOR 함수를 다시 적용하기 만하면 암호가 제거된다.

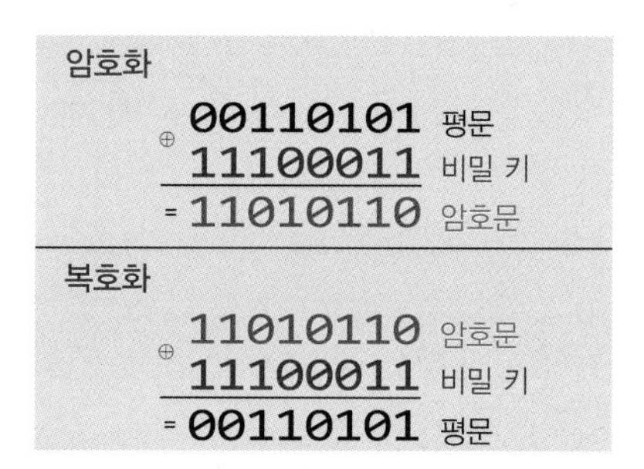

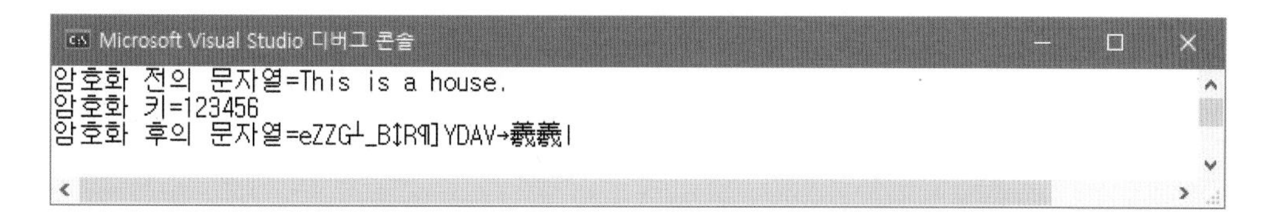

Mini Project 텍스트 압축

| 난이도 ★★★ 주제 텍스트 처리 |

간단한 텍스트 압축 프로그램을 작성해본다. 어떤 압축 방법을 선택해도 좋다. 텍스트는 사용자로부터 직접 입력된다. 알파벳 영문자로 한정한다.

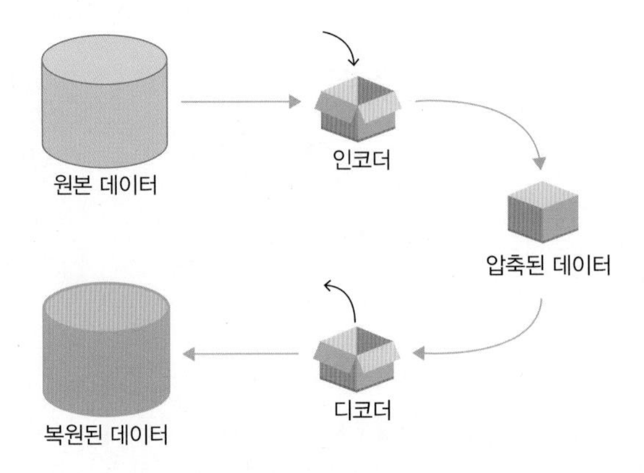

권장하는 방법은 런길이 엔코딩(run length encoding)이다. 런길이 부호화는 무손실 압축 방법 중 하나로서, 텍스트를 압축할 때 반복되는 문자가 있으면, 이것을 반복되는 개수와 반복되는 문자로 바꾸는 방법이다. 예를 들어서 “wwwsssssssssschh”는 “3w9s1c2h”로 압축하는 것이다. 전체 데이터 양이 줄어든 것을 알 수 있다. 동일한 문자가 반복되는 데이터를 압축할 때 유용하며, 이미지를 압축하는 용도로도 사용할 수 있다.

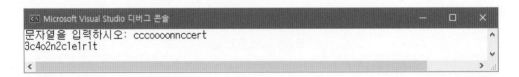

문자열의 각 위치에서 동일한 문자가 얼마나 반복되는지를 검사한다. 반복 루프를 사용해보자.

연습문제

1 다음의 문장의 오류 여부를 말하고 오류가 있는 경우, 그 이유를 써라.

(a) strcat(s, '?'); __________ ____________________

(b) if(s != "value") __________ ____________________

(c) char a[20]; __________ ____________________

a = "Hello World!";

2 문자열의 끝을 표시하는 특수문자는?

① '.' ② '\n' ③ '\0' ④ '\e'

3 문자열 "Hello, World"을 저장하려면 최소 몇 개의 바이트가 필요한가?

① 12 ② 13 ③ 14 ④ 15

4 다음 중 올바른 문자열 상수를 모두 선택하라.

① String ② "String" ③ 'String' ④ 'String"

5 2개의 문자열을 비교하는 함수는?

① compare() ② str_compare() ③ cmp() ④ strcmp()

6 하나의 문자열의 끝에 다른 문자열을 붙이는 함수는?

① append() ② add() ③ strcat() ④ strcpy()

7 다음 프로그램의 실행 결과는?

```
char s[11] = "Hello";
char t[10] = "World";
strcat(s, t);
printf("%s \n", s);
```

8 다음의 설명에 부합하는 함수를 아래 박스에서 선택하여 빈칸에 적어라.

〈보기〉

strcmp(), strtok(), strcat(), strcpy(), strlen(), sprintf(), gets_s()

(a) ______________ 함수는 하나의 문자열의 끝에 다른 문자열을 연결한다.

(b) ______________ 함수는 문자열을 복사한다.

(c) ______________ 함수는 표준 입력에서 하나의 문자열을 읽는다.

(d) ______________ 함수는 문자열을 이루는 문자의 개수를 반환한다.

9 다음 프로그램의 실행 결과는?

```
char s[] = "Hello, World";
char t[] = "Hello, World";
if (strcmp(s, t))
   printf("문자열이 동일합니다. \n");
else
   printf("문자열이 동일하지 않습니다. \n");
```

10 다음 중 두 개의 문자열이 동일한지를 검사하는 문장을 올바르게 작성한 것은?

① if(s1 == "Hello")

② if(strcmp(s1, "Hello"))

③ if(strcmp(s1, "Hello") 〈 0)

④ if(strcmp(s1, "Hello") == 0)

11 다음 프로그램의 실행 결과는?

```
char a[2][6] = {"hello", "world"};
printf("%s \n", a[0]);
printf("%s \n", a[1]);
```

Programming

| 난이도 ★ 주제 문자 배열처리 |

1 문자열 안에 포함된 문자들의 등장횟수를 계산하는 프로그램을 작성한다. 예를 들어서 문자열 "abc"라면 'a', 'b', 'c' 문자가 한 번씩 등장한다.

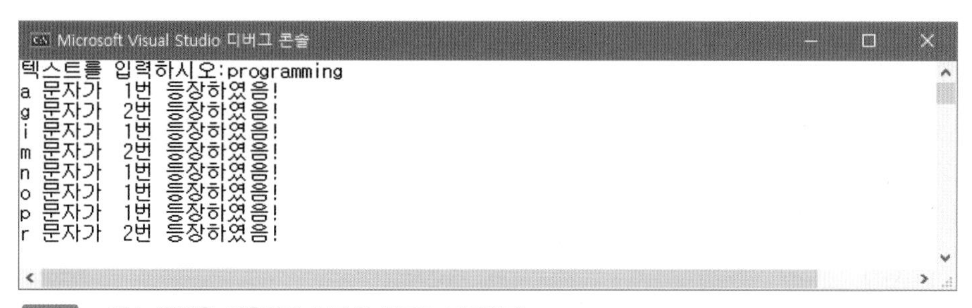

HINT 정수 배열을 이용하여 문자의 빈도를 저장한다.

| 난이도 ★ 주제 문자 배열처리 |

2 사용자로부터 텍스트를 입력받아서 텍스트를 모두 대문자로 출력하는 프로그램을 작성하여 보자. 어떤 라이브러리 함수를 사용하여도 좋다.

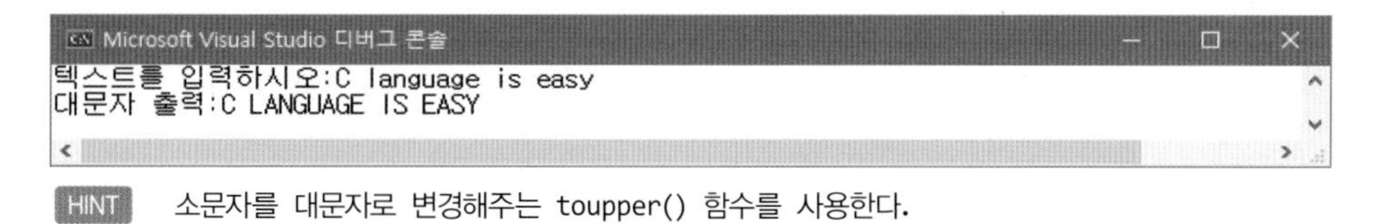

HINT 소문자를 대문자로 변경해주는 toupper() 함수를 사용한다.

| 난이도 ★ 주제 문자 배열처리 |

3 텍스트 안에 포함된 과도한 공백을 없애는 프로그램을 작성하여 보자.

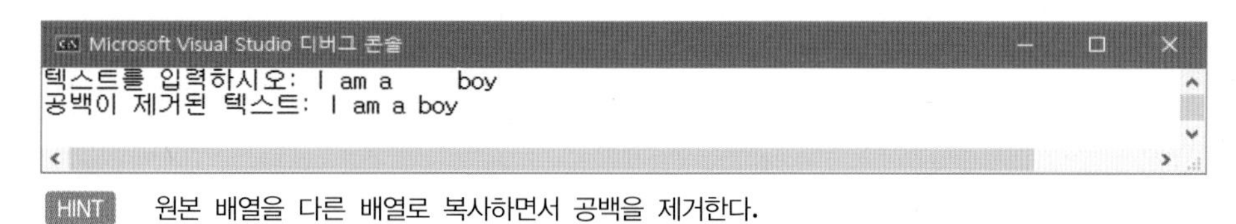

HINT 원본 배열을 다른 배열로 복사하면서 공백을 제거한다.

| 난이도 ★ 주제 문자 배열처리 |

4 텍스트 안의 모음을 전부 삭제하는 프로그램을 작성하여 본다.

HINT 원본 배열을 다른 배열로 복사하면서 모음을 삭제한다.

| 난이도 ★★ 주제 문자 배열처리 |

5 사용자로부터 암호를 입력받는다. 사용자의 암호가 해킹에 대하여 강인한지를 검사한다. 만약 암호 안에 대문자, 소문자, 숫자가 모두 들어있으면 강인한 암호로 간주한다. 만약 사용자의 암호가 3가지 종류의 문자를 다 가지고 있지 않으면 프로그램은 보안을 위하여 더 강한 암호를 고려하라고 제안한다.

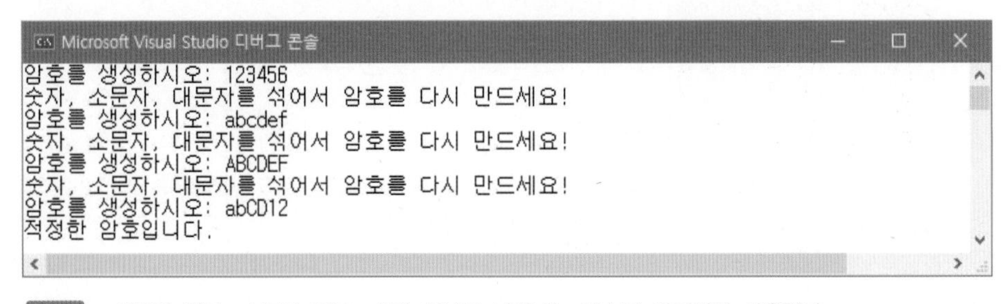
```
암호를 생성하시오: 123456
숫자, 소문자, 대문자를 섞어서 암호를 다시 만드세요!
암호를 생성하시오: abcdef
숫자, 소문자, 대문자를 섞어서 암호를 다시 만드세요!
암호를 생성하시오: ABCDEF
숫자, 소문자, 대문자를 섞어서 암호를 다시 만드세요!
암호를 생성하시오: abCD12
적정한 암호입니다.
```

HINT 대문자 여부, 소문자 여부, 숫자 여부를 나타내는 변수를 만들어서 사용한다.

| 난이도 ★★ 주제 문자 배열처리 |

6 간단한 철자 교정 프로그램을 작성하여 보자. 문장의 끝에 마침표가 존재하는지를 검사한다. 역시 마침표가 없으면 넣어준다. 또한 문자열의 첫 번째 문자가 대문자인지를 검사한다. 만약 대문자가 아니면 대문자로 변환한다. 즉 입력된 문자열이 "pointer is easy"라면 "Pointer is easy."로 변환하여 화면에 출력한다.

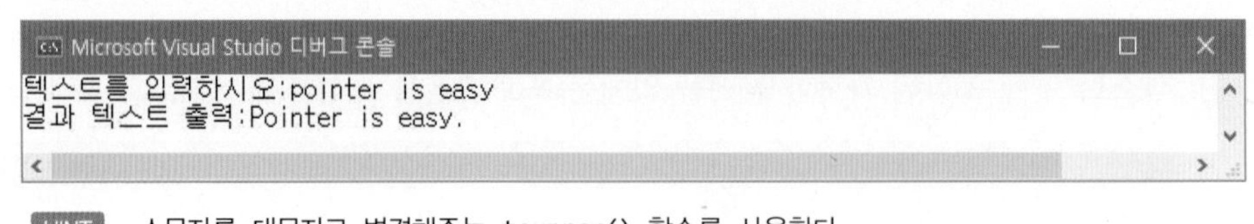
```
텍스트를 입력하시오:pointer is easy
결과 텍스트 출력:Pointer is easy.
```

HINT 소문자를 대문자로 변경해주는 toupper() 함수를 사용한다.

| 난이도 ★★ 주제 문자 배열처리 |

7 문자열의 오른쪽 끝에서 모든 공백 문자들을 제거하는 함수를 작성하라. 함수 원형은 다음과 같다.

```
void trim_right(char s[]);
```

HINT 문자 배열에서 NULL 문자의 위치만 변경하여도 된다.

| 난이도 ★★ 주제 문자 배열처리 |

8 문자열의 왼쪽 끝에서 모든 공백을 제거하는 함수를 작성하라. 함수 원형은 다음과 같다.

```
void trim_left(char s[]);
```

HINT 공백을 제거할 때마다 뒷부분의 문자들을 복사하여야 한다.

| 난이도 ★★ 주제 문자 배열처리 |

9 문자열의 첫 글자를 대문자로 변경하는 함수 capitalize()를 작성한다. toupper() 라이브러리 함수를 사용할 수 있다. toupper() 함수는 소문자를 대문자로 변경하는 라이브러리 함수이다. 함수 원형은 다음과 같다.

```
void capitalize(char s[]);
```

| 난이도 ★★ 주제 문자 배열처리 |

10 사용자로부터 받은 문자열이 회문(회문은 앞뒤로 동일한 단어이다. 예를 들어서 reviver)인지를 점검하는 프로그램을 작성하라.

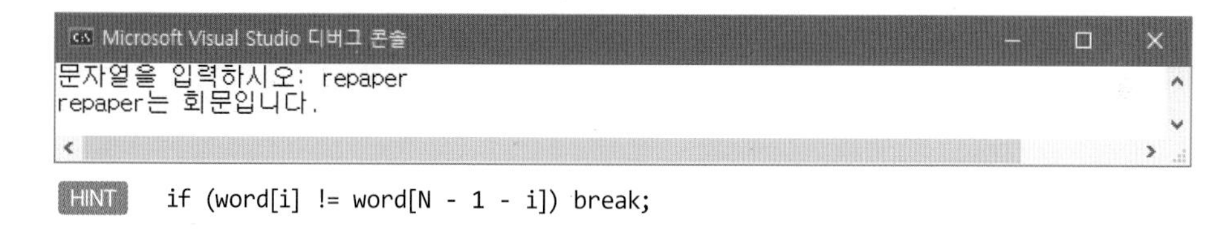

HINT `if (word[i] != word[N - 1 - i]) break;`

| 난이도 ★★ 주제 strcpy(), strcat() 사용 |

11 화면 캡처 프로그램에서 사용자가 지정한 이름에 ".png"를 붙여서 캡처된 이미지를 디스크에 저장하고자 한다. 파일 이름을 다르게 하려면 어떻게 하는 것이 좋은가? 5개의 파일 이름을 서로 다르게 생성하는 프로그램을 작성해보자. 라이브러리 함수들을 많이 사용해보자.

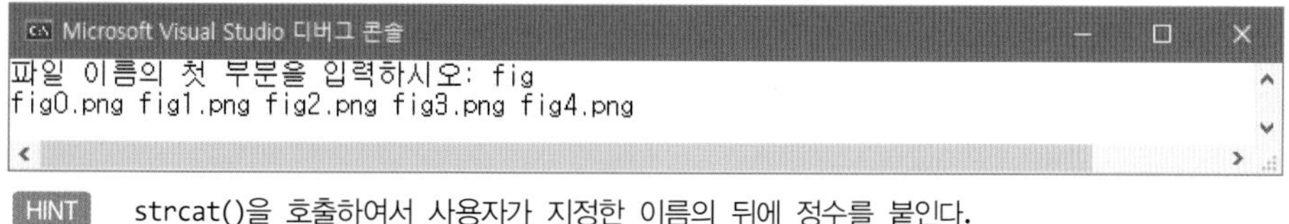

HINT strcat()을 호출하여서 사용자가 지정한 이름의 뒤에 정수를 붙인다.

| 난이도 ★★★ 주제 strcmp(), strcat() 사용 |

12 1960년대에 채팅봇의 원조라고 하는 ELIZA가 등장하였다. ELIZA는 상당한 기능을 가지고 있어서 상담하는 사람들이 진짜 인간이라고 믿었다고 한다. 우리는 아주 간단한 채팅 봇을 만들어보자. 사용자가 질문을 하면 그럴싸한 답변을 한다. 사용자의 이름도 물어봐서 저장해두었다가 사용해보자. 사용자가 한 이야기에 맞장구를 치는 것도 하나의 채팅 기법이다.

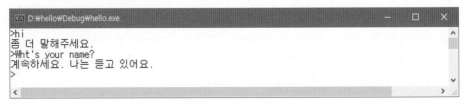

좀 더 말해주세요.
>Wht's your name?
계속하세요. 나는 듣고 있어요.

HINT 답변은 랜덤하거나 질문에 다른 문자열을 붙여서 한다. 이름은 저장해두었다가 사용한다.

11
CHAPTER

구조체, 공용체, 열거형

구조체는 객체지향
프로그래밍의 클래스와도
연결되는 중요한
개념입니다.
학생에 대한 데이터들을
하나로 묶고 싶은데 방법이
없나요?

■ 학습목표

- 구조체를 이해할 수 있다.
- 구조체의 선언과 초기화 방법을 이해할 수 있다.
- 구조체의 선언과 구조 변수 선언의 차이점을 알 수 있다.
- 구조체를 포인터로 가리킬 수 있다.
- 공용체를 이해하고 사용할 수 있다.
- typedef을 이용하여 사용자 정의 자료형를 만들 수 있다.

11 구조체, 공용체, 열거형

1. 이번 장에서 만들 프로그램

이번 장에서는 구조체에 대하여 알아본다. 구조체는 타입이 다른 변수들을 하나로 묶는 방법이다. 구조체를 사용하면 어떤 사물의 속성을 표현할 수 있다. 이번 장에서는 다음과 같은 프로그램을 작성해본다.

(1) 점을 구조체로 표현하고 점 사이의 거리를 계산해본다.

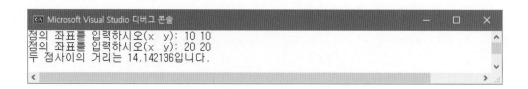

(2) 구조체의 배열을 이용하여 4지 선다 퀴즈 시스템을 작성해본다.

```
D:\hello\Debug\hello.exe
임베디드 장치에 가장 적합한 프로그래밍 언어는?
1. Python   2. Java   3. C   4. Javascript   3
맞았습니다.

서로 다른 자료형을 모을 수 있는 구조는?
1. 배열   2. 변수   3. 구조체   4. 포인터
```

2. 구조체란 무엇인가?

우리는 지금까지 동일한 종류의 데이터를 하나로 묶기 위하여 배열을 사용하였다. 그러나 만약 서로 다른 종류의 데이터들을 하나로 묶어야 된다면 어떻게 할 것인가? 예를 들어서 학생에 대한 데이터는 학번, 이름, 학점 등을 생각할 수 있는데 이들은 모두 타입이 다르다. 학번은 정수형, 이름은 문자열이며 학점은 실수형이다.

이러한 경우에 사용할 수 있는 방법이 구조체(structure)이다. 구조체는 프로그래머가 여러 개의 기초 자료형들을 묶어서 새로운 자료형을 정의할 수 있는 방법이다. 구조체는 객체지향 프로그래밍에서 말하는 클래스의 모체가 된다.

예를 들어서 학생들의 데이터를 표현해보자. 학생들의 데이터는 학번, 이름, 학점이라고 하자. 각 데이터마다 자료형이 다르다. 즉 학번은 정수이고 이름은 문자열, 학점은 실수이다.

```
int number;         // 학번
char name[10];      // 이름
double grade;       // 학점
```

위의 데이터들은 서로 묶여 있지 않으므로 다루기가 상당히 불편하다. 한 학생에 대한 데이터를 하나로 묶어서 취급할 수 있다면 편리할 것이다. 이런 경우에 다음과 같이 구조체를 사용한다.

```
struct student {
   int number;      // 학번
   char name[10];   // 이름
   double grade;    // 학점
};
```

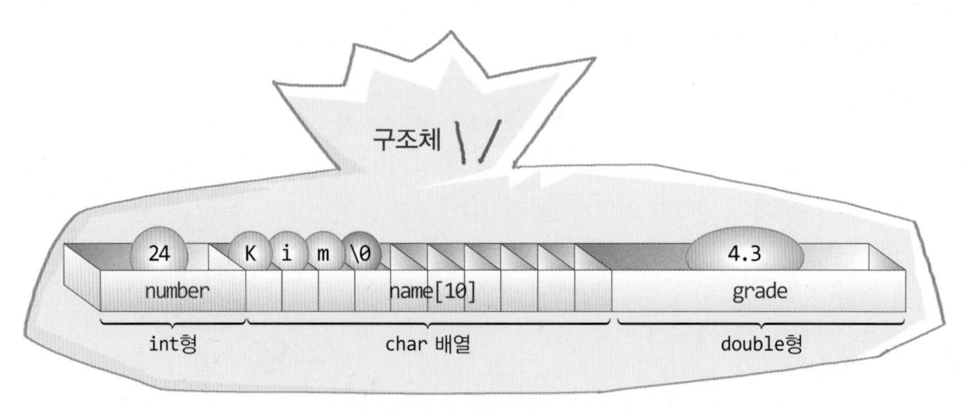

그림 11.1 구조체로 표현한 학생에 대한 데이터

중간점검

1. 구조체와 배열의 차이점을 이야기해보라.
2. 복소수, 날짜, 화면의 좌표, 사각형 등을 표현하는데 필요한 데이터를 나열해보라.

3. 구조체의 정의, 초기화, 사용

구조체 정의

구조체는 서로 다른 자료형의 변수들을 묶어서 새로운 자료형을 만드는 것이다. 구조체는 struct라는 키워드를 사용하여 정의한다. 간단한 구조체 정의의 예를 살펴보자. 학생에 대한 데이터는 다음과 같은 구조체로 표현할 수 있다.

struct는 구조체를 정의할 때 사용하는 키워드이다. 이어서 나오는 student는 구조체 태그(structure tag)라고 한다. 구조체 태그는 구조체와 구조체를 구별하기 위하여 구조체에 붙여지는 이름이다. 구조체 태그는 변수가 아니다. 태그 다음에 중괄호를 써주고 중괄호 사이에 원하는 변수들을 선언하면 된다. number, name, grade를 구조체 멤버(structure member)라고 한다. 구조체 멤버는 구조체에 포함되는 변수이다. 어떠한 자료형의 변수도 구조체의 멤버가 될 수 있다. 구조체 안에 선언되는 변수들은 모두 유일한 이름을 가져야 한다. 그리고 구조체의 정의가 끝나면 반드시 세미콜론을 붙여주어야 한다. 구조체를 정의하는 것도 하나의 문장에 해당하기 때문이다.

여기서 주의할 점은 위의 구조체 정의는 변수 선언이 아니라는 점이다. 구조체 정의는 구조체 안에 어떤 변수들이 들어간다는 것만 말해주는 것이다. 즉 위의 구조체 정의는 구조체의 형태(틀)만 정의한 것이다. 아직 구조체를 이용하여 변수는 하나도 만들지 않았다! 이는 마치 와플을 만드는 틀만을 만든 것이고 아직 와플(변수)은 하나도 만들지 않은 것과 같다. 즉 아직은 데이터를 저장할 수는 없다.

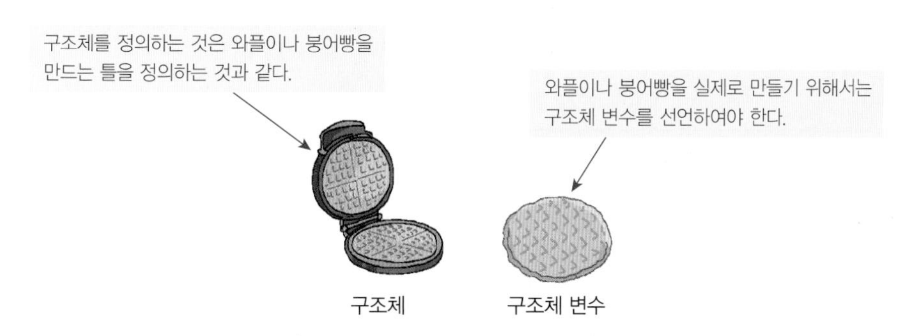
구조체를 정의하는 것은 와플이나 붕어빵을
만드는 틀을 정의하는 것과 같다.
와플이나 붕어빵을 실제로 만들기 위해서는
구조체 변수를 선언하여야 한다.
구조체
구조체 변수

그림 11.2 구조체 정의와 구조체 변수의 차이점

구조체 변수 생성

일단 구조체를 정의하였으면 이 구조체를 이용하여 구조체 변수를 생성해보자. 구조체 변수는 struct student를 앞에 붙여서 변수들을 생성하면 된다.

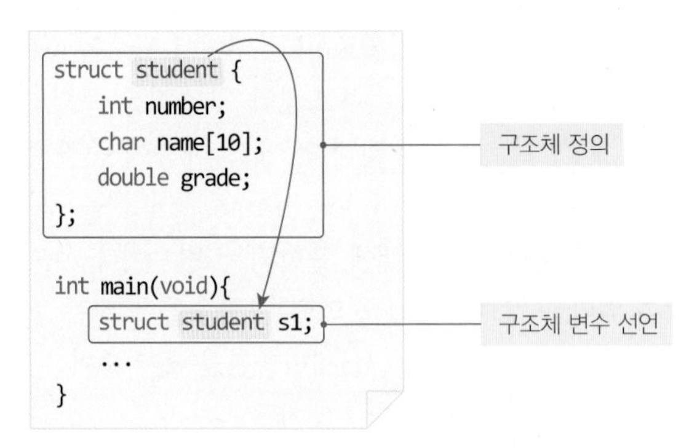

그림 11.3 구조체 변수의 선언

위의 문장은 student라는 구조체를 이용하여 s1이라는 구조체 변수를 만든 것이다. s1이라는 변수 안에는 구조체의 멤버인 number, name, grade가 들어 있다. s1에는 실제 메모리 공간이 할당되며 s1이 차지하는 메모리 공간의 크기는 각 멤버들의 크기를 합치면 알 수 있는데 대략 4+10+8=22바이트가 된다. 컴파일러는 액세스 속도를 빠르게 하기 위하여 더 많은 메모리를 할당하는 경우도 있으므로 sizeof 연산자를 이용하는 편이 정확하다.

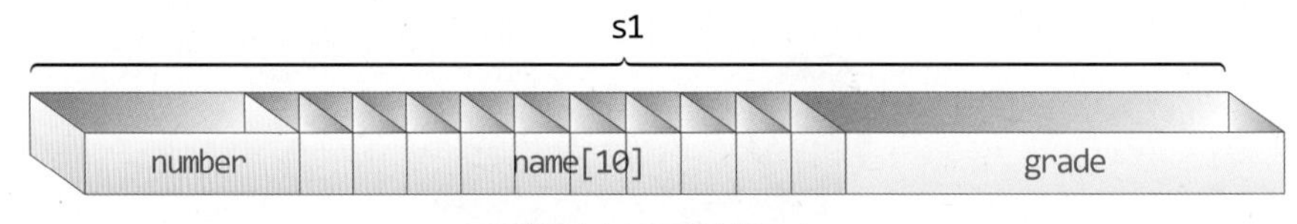

그림 11.4 구조체 변수 s1

구조체의 초기화

구조체 변수의 초기화는 배열과 비슷하다. 배열의 경우, 요소들의 초기값들을 중괄호 안에서 나열하였다. 구조체도 멤버들의 초기값을 중괄호 안에서 나열하면 된다. 아래 코드에서 중괄호 안에 있는 값 24, "Kim", 4.3은 차례대로 구조체 멤버인 number, name, grade에 할당된다.

```
struct student {
    int number;
    char name[10];
    double grade;
};
struct student s1 = { 24, "Kim", 4.3 };
```

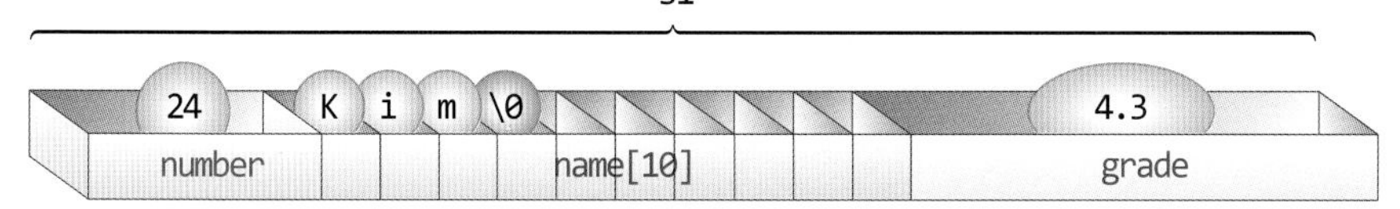

그림 11.5 구조체 변수 s1의 초기화

구조체 멤버 참조

지금까지 구조체를 정의하고 구조체 변수를 선언하는 방법을 살펴보았다. 그러나 구조체에서 정작 중요한 것은 멤버 변수들을 참조하는 것이다. 구조체 변수를 통하여 멤버들을 참조하려면 특별한 연산자가 필요하다. 구조체의 멤버는 멤버 연산자(.)를 이용하여 액세스할 수 있다. 구조체 변수 이름을 쓰고 멤버 연산자를 찍은 다음, 멤버 변수의 이름을 써주면 된다. 예를 들어 구조체 변수 s1의 멤버인 number에 20170001를 대입하는 문장은 다음과 같다.

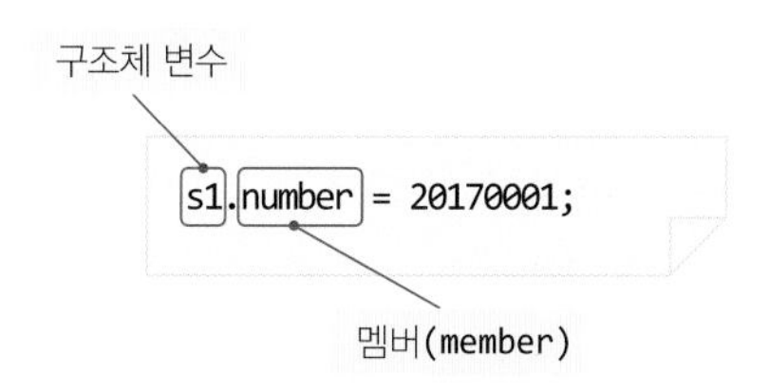

만약 멤버가 문자열이라면 멤버에 값을 대입할 때, strcpy()를 사용해야 한다.

```
strcpy(s1.name, "Kim");
s1.grade = 4.3;
```

예제 #1

본문에서 설명한 대로 student 구조체를 선언하고 구조체 변수를 정의해보자. 구조체 멤버에 값을 대입한 후에 멤버의 값들을 다시 참조하여 화면에 출력해보자.

student1.c

```
1  #include <stdio.h>
2  #include <stdlib.h>
3
4  struct student {                      구조체 정의
5     int number;
6     char name[10];
7     double grade;
8  };
9
10 int main(void)
11 {
12    struct student s;                  구조체 변수 정의
13
14    s.number = 20170001;               구조체 멤버 참조
15    strcpy(s.name, "홍길동");
16    s.grade = 4.3;
17
18    printf("학번: %d\n", s.number);
19    printf("이름: %s\n", s.name);
20    printf("학점: %f\n", s.grade);
21
22    return 0;
23 }
```

Microsoft Visual Studio 디버그 콘솔
학번: 20170001
이름: 홍길동
학점: 4.300000

프로그램 설명

4-8 구조체 student를 선언한다. student는 number, name, grade의 3개의 멤버로 정의된다. 아직 구조체 변수는 선언되지 않았다. 구조체를 함수의 외부에 선언하면 파일의 모든 함수에서 사용할 수 있다. 만약 구조체를 함수의 내부에서 선언하면 해당 함수 내부에서만 사용이 가능하다.

12 구조체 student의 변수 s가 선언된다. 선언되는 위치가 함수 내부이므로 지역 변수가 되고 따라서 초기값은 쓰레기 값이 된다.

14-16 구조체 변수 s의 멤버에 값들을 대입한다. number는 정수형이므로 정수를, name[]은 문자 배열이므로 문자열을, grade는 double 형이므로 실수를 대입한다. 문자 배열 name[]의 경우, 다음과 같은 문장은 허용되지 않는다. 따라서 strcpy() 함수를 사용하여야 한다.

```
name = "홍길동";          // 허용되지 않음!!
```

18-20 구조체 변수 s에 저장된 값들을 printf()를 이용하여 화면에 출력하였다. 멤버 연산자(.)는 구조체의 멤버를 참조하는 연산자이다.

새로운 초기화 방법

C언어의 최신 버전에서는 새로운 구조체 초기화 방법이 추가되었다. 예제를 보면서 설명해 보자. 먼저 2차원 공간의 점을 구조체로 나타내었다. 구조체의 멤버로는 x좌표와 y좌표가 있다.

struct_init.c

```
1   #include <stdio.h>
2
3   // 2차원 공간의 점을 구조체로 나타낸다.
4   struct point {
5      int x;
6      int y;
7   };
8
9   int main(void)
10  {
11
12     struct point p = { 1, 2 };            // ①
13     struct point q = { .y = 2, .x = 1 }; // ②
14     struct point r = p;                   // ③
15     r = (struct point) { 1, 2 };          // ④ C99 버전
16
17     printf("p=(%d, %d) \n", p.x, p.y);
18     printf("q=(%d, %d) \n", q.x, q.y);
19     printf("r=(%d, %d) \n", r.x, r.y);
20     return 0;
21  }
```

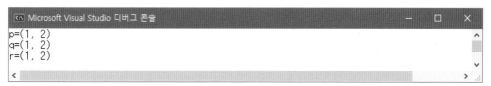

①은 가장 고전적인 방법이다. 앞에서 학습하였다.

②는 구조체의 멤버 이름을 이용하여서 초기화하는 방법이다. .y는 구조체 멤버 y를 나타낸다.

③은 다른 구조체의 내용을 복사하여서 새로운 구조체를 초기화하는 방법이다. 구조체 변

수 r은 p와 동일한 값을 가지게 된다. 예전부터 있었던 방법이다. 구조체 끼리는 복사가 가능하다.

④는 C99에서 새롭게 추가된 방법으로 중요한 기법이다. 왜냐하면 구조체 변수 선언이 종료된 후에도 { 1, 2 }을 사용하여 초기화할 수 있기 때문이다.

중간점검

1. 구조체 안에 선언된 각각의 변수들을 ________ 이라고 한다.
2. 구조체의 선언에 사용하는 키워드는 ________ 이다.
3. 구조체의 태그는 왜 필요하며, 태그를 사용하는 경우과 사용하지 않은 경우가 어떻게 다른가?
4. 구조체의 선언만으로 변수가 만들어지는가?
5. 구조체의 멤버를 참조하는 연산자는 무엇인가?

Lab 점을 구조체로 표현하자

| 난이도 ★★ 주제 구조체 정의 |

사용자로부터 두 점의 좌표를 입력받아서 두 점 사이의 거리를 계산해보자. 점의 좌표를 구조체로 표현한다. 두 점 사이의 거리는 $\sqrt{(x_1-x_2)^2+(y_1-y_2)^2}$ 으로 계산한다.

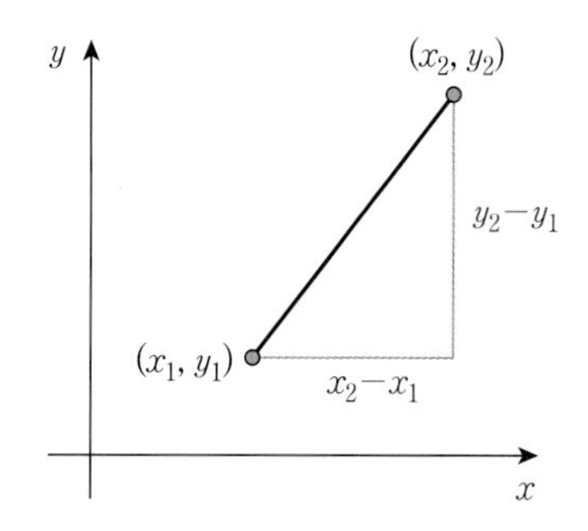


```
점의 좌표를 입력하시오(x y): 10 10
점의 좌표를 입력하시오(x y): 20 20
두 점사이의 거리는 14.142136입니다.
```

2차원 공간 상의 점은 다음과 같은 구조체로 표현할 수 있다.

```
struct point {
    int x;
    int y;
};
```

점 사이의 거리를 계산하려면 제곱근 계산이 필요하다. 다음과 같이 sqrt() 함수를 사용하여 제곱근을 계산할 수 있다.

```
#include <math.h>

int main(void)
{
    double value = sqrt(9.0);
}
```

point.c

```
1  #include <stdio.h>
2  #include <math.h>
3
4  struct point {
5     int x;
6     int y;
7  };
8
9  int main(void)
10 {
11    struct point p1, p2;
12    int xdiff, ydiff;
13    double dist;
14
15    printf("점의 좌표를 입력하시오(x y): ");
16    scanf("%d %d", &p1.x, &p1.y);
17
18    printf("점의 좌표를 입력하시오(x y): ");
19    scanf("%d %d", &p2.x, &p2.y);
20
21    xdiff = p1.x - p2.x;
22    ydiff = p1.y - p2.y;
23
24    dist = sqrt(xdiff * xdiff + ydiff * ydiff);
25
26    printf("두 점 사이의 거리는 %f입니다.\n", dist);
27
28    return 0;
29 }
```

프로그램 설명

11 구조체 student의 변수 p1과 p2가 선언된다. 선언되는 위치가 함수 내부이므로 자동 변수가 되고 따라서 초기값은 쓰레기 값이 된다.

15-19 사용자에게 점의 좌표를 입력받아서 구조체 변수에 저장한다.

21-22 x 좌푯값의 차이와 y 좌푯값의 차이를 계산한다. 이 값들은 음수가 될 수도 있다. 하지만 제곱하는 과정에서 양수로 바뀌므로 걱정할 것은 없다.

24 제곱근을 계산하는 함수 sqrt()를 호출하여 $\sqrt{(x_1-x_2)^2+(y_1-y_2)^2}$ 값을 계산한다. sqrt()는 double형을 받아서 double형을 반환한다.

4. 구조체 변수의 대입과 비교

구조체 변수에 허용되는 연산은 어떤 것들이 있을까? 다른 자료형의 변수들은 대입 연산, 비교 연산들을 할 수 있다. 구조체 변수들은 어떨까?

구조체 변수를 다른 구조체 변수에 대입하는 것은 가능하다. 즉 하나의 구조체 변수에 들어 있는 자료들을 다른 구조체 변수로 복사할 수 있다. 이것이 개별 변수들을 사용하는 것보다 구조체를 사용하는 것이 편리한 이유이다. 예를 들어 보자. 2차원 공간에서 점의 위치를 나타내는 구조체가 다음과 같이 선언되었다고 하자.

```
struct point {
   int x;
   int y;
};
struct point p1 = {10, 20};
struct point p2 = {30, 40};
```

여기서 다음과 같이 p2에 p1을 대입하는 연산이 가능하다. 아래의 문장을 실행하면 p1과 p2의 좌표값이 (10, 20)으로 같아진다.

```
p2 = p1;
```

위의 문장은 다음의 문장과 동일하다. 구조체 대입 연산을 사용하면 많은 시간을 절약할 수 있다.

```
p2.x = p1.x;
p2.y = p1.y;
```

그러나 구조체 변수와 구조체 변수를 서로 비교하는 것은 허용되지 않는다.

```
if( p1 == p2 )     // 컴파일 오류
{
   printf("p1와 p2이 같습니다.")
}
```

구조체 변수를 비교하려면 멤버마다 별도의 비교 수식을 적어주어야 한다.

```
if( (p1.x == p2.x) && (p1.y == p2.y) )
{
    printf("p1와 p2이 같습니다.")
}
```

중간점검

1. 구조체의 변수끼리 허용되는 연산에는 어떤 것들이 있는가?
2. 구조체 태그와 구조체 변수의 차이점은 무엇인가?
3. 구조체 멤버로 구조체를 넣을 수 있는가?
4. 구조체는 배열을 멤버로 가질 수 있는가?

5. 구조체의 배열

우리가 예로 살펴보았던 student 구조체 변수는 학생 한명의 데이터만을 저장할 수 있다. 그러나 보통은 많은 학생들의 데이터를 처리하게 된다. 따라서 여러 개의 구조체가 필요하게 된다. 이런 경우에는 통상적으로 구조체의 배열을 사용하게 된다. 구조체의 배열이란 배열 원소가 구조체인 것을 말한다. 즉 구조체가 여러 개 모인 것이다.

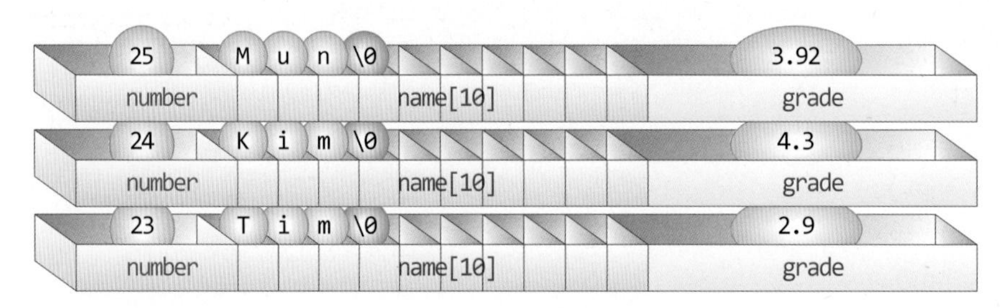

그림 11.6 구조체의 배열

구조체 배열의 선언

구조체의 배열은 int나 char 배열을 선언하는 것과 비슷하다. 다만 앞에 struct가 붙는 것이 다를 뿐이다.

```
struct student {
    int number;
    char name[20];
    double grade;
};

struct student list[100];    // 구조체 배열 선언
```

위에서는 student 구조체의 배열을 list[]란 이름으로 선언하였다. 이 배열은 100명의 학생의 데이터를 저장할 수 있다. 각 학생들의 데이터는 구조체로 표현되어 있다. 배열의 첫 번째 요소에 값을 저장해보자. 배열의 인덱스는 0부터 시작됨을 잊어서는 안 된다.

```
list[0].number = 1;
strcpy(list[0].name, "Park");
list[0].grade = 3.42;
```

구조체 배열의 초기화

구조체의 배열도 초기화가 가능하다. 다만 배열 초기화 안에 구조체 초기화가 들어가야 하므로 중괄호 안에 또 중괄호가 필요하게 된다.

```
struct student list[3] = {
    { 1, "Park", 3.42 },
    { 2, "Kim", 4.31 },
    { 3, "Lee", 2.98 }
};
```

여기서 주의할 점은 각 요소들의 초기화 값 사이에는 콤마가 있어야 한다. 다만 맨 마지막 원소 다음에는 콤마를 붙이지 않는다.

예제 #1

다음 예제는 구조체의 배열을 사용하는 예를 보여준다. 학생들의 데이터를 반복 구조를 사용하여 입력받는다. 데이터들은 구조체의 배열에 저장된다.

```
Microsoft Visual Studio 디버그 콘솔
학번을 입력하시오: 20220001
이름을 입력하시오: Park
학점을 입력하시오(실수): 3.42

학번을 입력하시오: 20220002
이름을 입력하시오: Kim
학점을 입력하시오(실수): 4.3

학번을 입력하시오: 20220003
이름을 입력하시오: Lee
학점을 입력하시오(실수): 3.9


================================================
학번: 20220001, 이름: Park,  학점: 3.420000
학번: 20220002, 이름: Kim,  학점: 4.300000
학번: 20220003, 이름: Lee,  학점: 3.900000
================================================
```

array_of_struct.c

```c
1  #define _CRT_SECURE_NO_WARNINGS
2  #include <stdio.h>
3  #define SIZE 3
4
5  struct student {
6     int number;
7     char name[20];
8     double grade;
9  };
10
11 int main(void)
12 {
13    struct student list[SIZE];
14    int i;
15
16    for (i = 0; i < SIZE; i++)
17    {
18       printf("학번을 입력하시오: ");
19       scanf("%d", &list[i].number);
20       printf("이름을 입력하시오: ");
21       scanf("%s", list[i].name);
```

```
22          printf("학점을 입력하시오(실수): ");
23          scanf("%lf", &list[i].grade);
24          printf("\n");
25      }
26
27      printf("\n=================================================\n");
28      for (i = 0; i < SIZE; i++)
29          printf("학번: %d, 이름: %s, 학점: %f\n", list[i].number, list[i].name, list[i].grade);
30      printf("=================================================\n");
31      return 0;
32  }
```

프로그램 설명

5-9 구조체 student를 선언한다. student는 number, name, grade의 3개의 멤버로 정의된다. 아직 구조체 변수는 선언되지 않았다. 구조체를 함수의 외부에 선언하면 파일의 모든 함수에서 사용할 수 있다. 만약 구조체를 함수의 내부에서 선언하면 해당 함수 내부에서만 사용이 가능하다.

13 구조체 student의 배열 list[]가 선언된다. 역시 선언되는 위치가 함수 내부이므로 자동 변수가 되고 따라서 배열 원소의 초기값은 쓰레기 값이 된다.

16-24 반복 루프를 이용하여 사용자로부터 값을 입력받아 배열 원소들에 대입한다. name[]은 문자 배열이므로 scanf()에서 주소 연산자 &을 사용하지 않았다. 배열의 이름은 그 자체로 포인터이다. &list[i].name은 연산자의 우선 순위에 의하여 &((list[i]).name)이나 마찬가지이다.

28-29 반복 루프를 이용하여 배열 list[]에 저장된 값들을 화면에 출력한다.

중간점검

1. 상품 5개의 정보를 저장할 수 있는 구조체의 배열을 정의해보라. 상품은 번호와 이름, 가격을 멤버로 가진다.

Lab 4지 선다 퀴즈 시스템 만들기

| 난이도 ★★★ 주제 구조체 배열의 사용 |

여러 개의 4지 선다형 문제를 저장하고 있다가 사용자에게 출력하고 사용자로부터 입력을 받아서 정답 여부를 출력해주는 프로그램을 작성해보자. 문제와 항목, 정답은 구조체에 저장할 수 있다. 문제가 여러 개이므로 구조체의 배열을 사용한다.

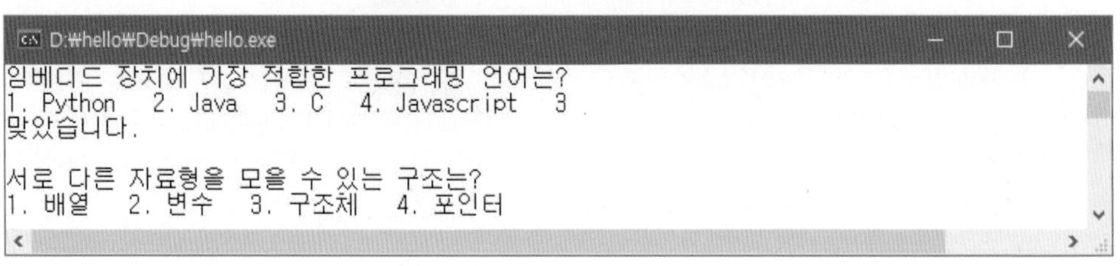

다음과 같은 구조체를 고려해본다.

```
struct QUESTION {
    char question[SIZE];
    char item1[SIZE];
    char item2[SIZE];
    char item3[SIZE];
    char item4[SIZE];
    int solution;
};
```

도전문제

(1) 문제를 10 문제 정도 추가해보라.
(2) 위의 프로그램에서 전체 문제 중에서 몇 문제를 맞추었는지를 표시하는 기능을 추가하라.
(3) 문제가 랜덤하게 제시되도록 프로그램을 수정해보자. 한 번 제시한 문제가 다시 나오면 안 된다.

Soultion 4지 선다 퀴즈 시스템 만들기

multiple_choice.c

```
1  #define _CRT_SECURE_NO_WARNINGS
2  #include<stdio.h>
3  #include<stdlib.h>
4  #define SIZE 100
5
6  struct QUESTION {
7     char question[SIZE];
8     char item1[SIZE];
9     char item2[SIZE];
10    char item3[SIZE];
11    char item4[SIZE];
12    int solution;
13 };
14
15 struct QUESTION bank[100] = {
16    {"임베디드 장치에 가장 적합한 프로그래밍 언어는?", "1. Python", "2. Java",  "3.
17 C",  "4. Javascript", 3 },
18    {"서로 다른 자료형을 모을 수 있는 구조는?", "1. 배열", "2. 변수",  "3. 구조체",
19 "4. 포인터", 3 },
20 };
21
22 int main(void)
23 {
24    int select, i;
25    for (i = 0; i < 2; i++) {
26       printf("%s\n", bank[i].question);
27       printf("%s   ", bank[i].item1);
28       printf("%s   ", bank[i].item2);
29       printf("%s   ", bank[i].item3);
30       printf("%s   ", bank[i].item4);
31       scanf("%d", &select);
32       if (select == bank[i].solution)
33          printf("맞았습니다.\n\n");
34       else
35          printf("틀렸습니다.\n\n");
36    }
37    return 0;
38 }
```

6. 구조체와 함수

함수의 인수로 구조체를 넘기면 어떻게 될까? 또 함수에서 반환값으로 구조체를 반환할 수 있을까? 결론부터 말하자면 구조체는 함수의 인수로도 사용이 가능하고 함수에서 반환값으로 반환될 수 있다. 구조체가 인수나 반환값으로 사용될 때는 "값에 의한 호출" 원칙이 적용된다. 즉 구조체 변수의 모든 내용이 복사되어 함수로 전달되고 반환된다. 따라서 함수에는 구조체의 복사본이 인수로 전달되므로 함수 안에서 구조체를 변경되더라도 원본 구조체에 영향을 주지 않는다. 단점으로 만약 구조체의 크기가 클 경우에는 상당한 시간이 소요된다.

구조체를 함수의 인수로 넘기는 방법

구조체를 함수의 인수로 넘기는 경우, 다른 기본 자료형을 넘길 때와 별반 다르지 않다. 즉 구조체의 복사본이 함수로 전달되게 된다. 따라서 만약 구조체의 크기가 크면 그만큼 시간과 메모리가 소요된다. 예를 들어 학생 두 명의 데이터를 받아서 이름이 같은지를 검사하는 함수를 작성해보자.

```
int equal(struct student s1, struct student s2)
{
    if( strcmp(s1.name, s2.name) == 0 )
        return 1;
    else
        return 0;
}
```

이 함수의 인수는 두 개이며 모두 구조체이다. 두 개의 구조체 s1, s2를 받아서 멤버인 name가 같은지를 검사한다. 만약 name가 같으면 1을 반환하고 다르면 0를 반환한다. name은 문자형 배열이므로 strcmp() 함수를 사용하여 같은 지를 검사하여야 한다. strcmp() 함수가 0을 반환하면 두 개의 문자열이 같다는 의미이다.

구조체를 함수의 반환값으로 넘기는 방법

지금까지는 정수나 실수 등의 기본 자료형을 반환값으로 넘기는 예제만을 다루었다. 그렇다면 구조체도 함수의 반환값으로 넘길 수 있을까? 물론 가능하다. 반환값의 형을 구조체로 표시해주면 된다. 예를 들면 다음과 같다. 구조체를 반환하게 하면 함수가 하나 이상의 값을 반환할 수 있다.

```
struct student make_student(void)
{
   struct student s;

   printf("나이:");
   scanf("%d", &s.age);
   printf("이름:");
   scanf("%s", s.name);
   printf("키:");
   scanf("%f", &s.grade);

   return s;
}
```

예제 #1

벡터(vector) 연산을 수행하는 함수를 제작해보자. 많은 벡터 연산들이 있으나 여기서는 가장 기본적인 두 벡터의 합을 구하는 함수 get_vector_sum()를 제작해보자. 이 함수는 두 개의 벡터를 인수로 받아서 덧셈을 하고 덧셈의 결과로 생성된 벡터를 반환한다.

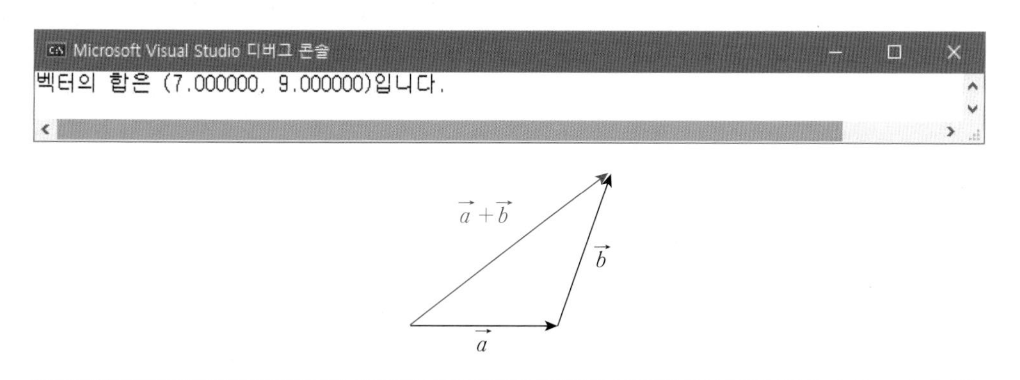

Microsoft Visual Studio 디버그 콘솔
벡터의 합은 (7.000000, 9.000000)입니다.
$\vec{a}+\vec{b}$
$\vec{b}$
$\vec{a}$

vector.c

```
1  #include <stdio.h>
2
3  struct vector {
4     float x;
5     float y;
6  };
7  struct vector get_vector_sum(struct vector a, struct vector b);
8
```

```
9  int main(void)
10 {
11     struct vector a = { 2.0, 3.0 };
12     struct vector b = { 5.0, 6.0 };
13     struct vector sum;
14 
15     sum = get_vector_sum(a, b);
16     printf("벡터의 합은 (%f, %f)입니다.\n", sum.x, sum.y);
17 
18     return 0;
19 }
20 
21 struct vector get_vector_sum(struct vector a, struct vector b)
22 {
23     struct vector result;
24 
25     result.x = a.x + b.x;
26     result.y = a.y + b.y;
27 
28     return result;
29 }
```

프로그램 설명

3-6 구조체 vector를 선언한다. point의 멤버는 실수형인 x와 y이다. 선언되는 위치가 함수 외부이므로 같은 소스 파일에 있는 모든 함수가 사용할 수 있다.

7 get_vector_sum()의 원형을 정의하였다. 원형에서 구조체의 정의가 필요하므로 구조체 정의가 끝난 후에 함수의 원형을 정의하였다.

11-13 구조체 vector를 이용하여 구조체 변수 a, b, sum을 선언한다. a와 b는 초기화 값이 주어진다. sum은 벡터의 합이 저장될 예정이므로 초기화되지 않았다.

15 get_vector_sum()을 호출하여 벡터 a와 벡터 b의 합을 계산하였다. 인수로 2개의 구조체 변수 a와 b가 전달되었다. 이들 구조체 변수의 복사본이 함수로 전달된다. 함수에서 반환되는 구조체를 sum에 대입한다.

21-29 매개 변수 a와 b를 통하여 두 개의 구조체 변수를 전달받는다. 두 벡터의 합을 구하고 연산의 결과인 구조체 변수 result를 반환한다. 구조체를 반환하는 경우에도 복사본이 반환된다.

중간점검

1. 구조체를 함수의 인수로 전달하면 원본이 전달되는가? 아니면 복사본이 전달되는가?
2. 원본 구조체를 포인터로 함수에 전달하는 경우, 원본 구조체를 훼손하지 않게 하려면 어떻게 하면 되는가?

7. 구조체와 포인터

변수를 가리키는 포인터를 만들 수 있는 것처럼 구조체를 가리키는 포인터도 만들 수 있다. 구조체 포인터는 다음과 같이 선언된다.

```
struct student *p;
```

포인터 p는 student 구조체를 가리킬 수 있는 포인터이다. 구조체 포인터 p와 구조체 변수를 연결하려면 구조체 변수의 주소를 추출하여 대입해주면 된다.

```
struct student s = { 20070001, "홍길동", 4.3 };
struct student *p;

p = &s;

printf("학번=%d 이름=%s 학점=%f \n", s.number, s.name, s.grade);
printf("학번=%d 이름=%s 학점=%f \n", (*p).number,(*p).name,(*p).grade);
```

포인터를 이용하여 구조체의 멤버를 액세스하려면 위와 같이 (*p).number와 같이 하면 된다. *p가 구조체를 가리키고 여기에 마침표 기호를 붙이면 멤버가 되는 것이다. 여기서 주의해야 할 것은 그냥 *p.number 라고 하면 안된다. 왜냐하면 . 연산자의 우선 순위가 * 연산자에 비해 더 높기 때문에 p.number가 먼저 계산되고 다음에 *(p.number)가 계산된다. 그러나 우리가 원하는 것은 *p를 먼저 계산하는 것이므로 반드시 괄호를 이용하여야 한다.

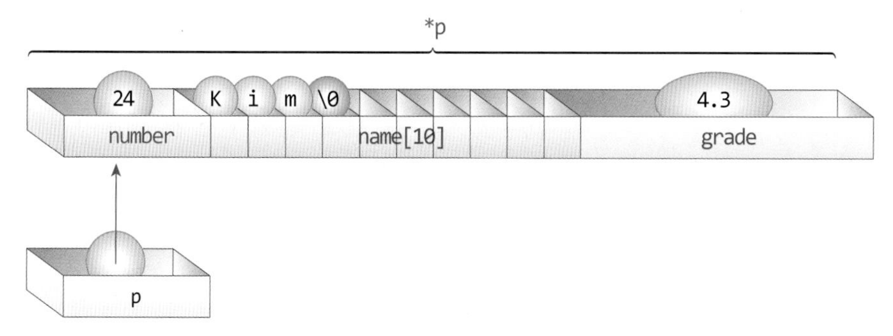

그림 11.7 포인터를 이용한 구조체 멤버의 참조

포인터를 이용하여 구조체의 멤버를 가리키는 것은 프로그램에서 자주 등장하기 때문에 이것을 위한 특수한 연산자 ->가 있다. -> 연산자는 간접 멤버 연산자(indirect membership operator)라고 불리는 것으로 구조체 포인터를 이용하여 멤버에 접근하기 위하여 사용된다.

```
p->number;      // (*p).number와 같다.
```

어떤 표현을 사용하든지 상관은 없지만 -> 연산자가 훨씬 간편하여 많이 사용된다. p->number의 의미는 포인터 p가 가리키는 구조체의 멤버 number라는 의미이다.

```
printf("학번=%d 이름=%s 학점=%f\n", p->number, p->name, p->grade);
```

위의 내용들을 예제로 정리해보자.

pointer_to_st.c

```
1  // 포인터를 통한 구조체 참조
2  #include <stdio.h>
3
4  struct student {
5     int number;
6     char name[20];
7     double grade;
8  };
9
10 int main(void)
11 {
12    struct student s = { 20070001, "홍길동", 4.3 };
13    struct student *p;          구조체를 가리키는 포인터
14
15    p = &s;
16
17    printf("학번=%d 이름=%s 학점=%f \n", s.number, s.name, s.grade);
18
19    printf("학번=%d 이름=%s 학점=%f \n", (*p).number,(*p).name,(*p).grade);
20
21    printf("학번=%d 이름=%s 학점=%f \n", p->number, p->name, p->grade);
22
23    return 0;
24 }
```

```
Microsoft Visual Studio 디버그 콘솔
학번=20070001 이름=홍길동 학점=4.300000
학번=20070001 이름=홍길동 학점=4.300000
학번=20070001 이름=홍길동 학점=4.300000
```

프로그램 설명

12, 13 구조체 변수 s를 선언하고 초기화하였다. student 구조체를 가리킬 수 있는 포인터 p를 선언한다.

15 구조체 변수 s의 주소값을 구조체 포인터 p에 대입하여 p가 s를 가리키도록 하였다.

19 구조체 포인터 p를 이용하여 구조체 변수 s의 멤버를 참조한다. (*p)는 s와 동일하고 따라서 (*p).number는 s.number와 동일하다.

21 구조체 포인터 p를 이용하여 구조체 변수 s의 멤버를 참조하는 또 다른 방법을 보여준다. -> 연산자는 간접 멤버 연산자로서 구조체 포인터에서 바로 구조체의 멤버로 접근할 수 있다.

8. 공용체

C언어에서는 같은 메모리 영역을 여러 개의 변수들이 공유할 수 있게 하는 기능이 있다. 이것은 공용체(union)라 불리운다. 같은 메모리 영역을 여러 개의 변수가 공유하도록 하는 것은 메모리를 절약하기 위해서이다. 공용체를 선언하고 사용하는 방법은 구조체와 아주 비슷하며 구조체와 똑같은 방법으로 태그를 붙여서 사용한다. 다만 공용체는 멤버들이 같은 공간을 공유하기 때문에 동시에 모든 멤버 변수들의 값을 저장할 수는 없으면 어떤 순간에는 하나의 멤버만 존재할 수 있다. 참고로 구조체는 각 멤버가 독립된 공간을 할당받는다. 공용체에는 가장 큰 멤버의 크기만큼의 메모리가 할당된다.

```
union example {
    char c;        // 같은 기억 공간 공유
    int i;         // 같은 기억 공간 공유
};
```

여기서 union은 키워드이고 example은 공용체 태그 이름이며 변수 c와 변수 i는 공용체 멤버 변수이다. example 공용체는 변수 c와 변수 i가 같은 기억장소를 공유한다. 구조체와는 다르게 어떤 순간에는 문자나 정수 둘 중의 하나만 존재할 수 있다.

int i;
char c;
멤버 i가
사용하지 않는다면
내가 쓸 수 있죠
공용체는
모든 멤버 변수가
하나의 기억 장소를
공유합니다.
4 바이트

그림 11.8 공용체는 멤버들이 같은 공간을 공유한다.

구조체와 마찬가지로 위 선언은 틀만을 정의한 것이다. 즉 변수가 생성된 것을 아니다. 변수를 생성시킬 수 있는 틀을 정의한 것이다. 공용체 변수를 생성하려면 구조체와 마찬가지로 태그 이름을 사용하여 선언하면 된다.

```
union example data;
```

위에서는 공용체 변수 data가 선언되었다. 공용체 변수의 크기는 멤버 중에서 메모리를 가장 많이 요구하는 멤버의 크기와 같다. 공용체 example의 크기는 멤버 중에서 크기가 가장 큰 변수 i의 크기와 같게 되어 4바이트가 된다. 공용체에서 멤버 접근 방법은 구조체와 동일하다. 즉 멤버 연산자인 .연산자를 이용하여 접근하면 된다.

예제 #1

본문에서 설명한 내용을 코드로 확인해보자.

union.c

```
1  #include <stdio.h>
2
3  union example {
4      int i;
5      char c;
6  };
7
8  int main(void)
```

```
 9  {
10      union example data;
11
12      data.c = 'A';
13      printf("data.c:%c data.i:%i\n", data.c, data.i);
14
15      data.i = 10000;
16      printf("data.c:%c data.i:%i\n", data.c, data.i);
17
18  }
```

```
data.c:A    data.i:-858993599
data.c:+    data.i:10000
```

프로그램 설명

10 공용체 example의 변수 data를 선언한다. 이 변수는 example의 두 멤버 중에서 큰 것을 수용할 수 있어야 한다. i가 4바이트, c가 1바이트 변수 v에는 4바이트가 할당된다.

12 char 형의 멤버 c에 'A'를 대입한다. 대입 후에 공용체의 각 멤버들을 출력하여 보면 멤버 c만 값이 제대로 나온 것을 알 수 있다. 다른 멤버를 통하여 출력을 하면 메모리의 같은 부분을 다르게 해석하여 출력한다. 즉 int형의 멤버 i를 통하여 출력을 하면 같은 메모리 영역을 int형으로 해석을 하여 출력을 한다.

여기서 주의할 점은 선택된 멤버에 따라 저장된 값이 다르게 해석된다는 점이다. 따라서 프로그래머가 올바르게 값을 저장하고 사용하여야 한다. 공용체는 주로 동일한 메모리 영역에 대하여 여러 가지 해석을 요구하는 응용 프로그램에서 유용하다. 메모리의 같은 영역에 서로 다른 여러 가지 자료형을 사용할 수 있도록 함으로써 메모리를 절약할 수 있다.

중간점검

1. 공용체의 선언에 사용하는 키워드는 __________ 이다.
2. 공용체에 할당되는 메모리의 크기는 어떻게 결정되는가?

9. 열거형

열거형(enumeration)이란 변수가 가질 수 있는 값들을 미리 열거해놓은 자료형이다. 예를 들어서 요일을 저장하고 있는 변수는 { 일요일, 월요일, 화요일, 수요일, 목요일, 금요일, 토요일 } 중의 하나의 값만 가질 수 있을 것이다. 또한 월을 저장하고 있는 변수는 { 1월, 2월, ..., 12월 } 중의 하나의 값만 가질 수 있을 것이다. 다른 예로는 색상을 저장하고 있는 변수가 { white, red, blue, green, black } 중의 하나의 값만 가질 수 있다면 이것도 열거형으로 선언할 수 있다.

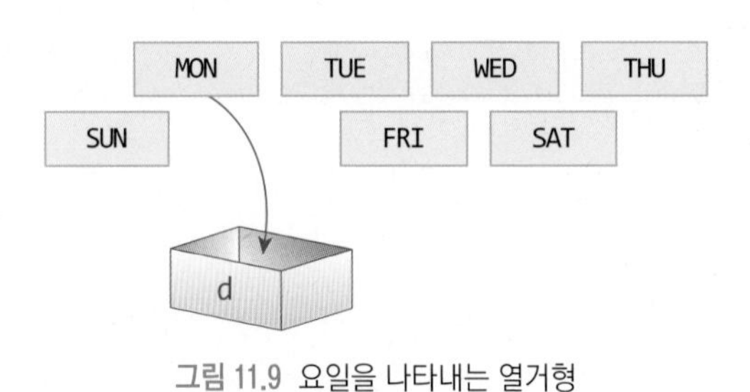

그림 11.9 요일을 나타내는 열거형

열거형은 enum이라는 키워드를 사용하여 만들어진다.

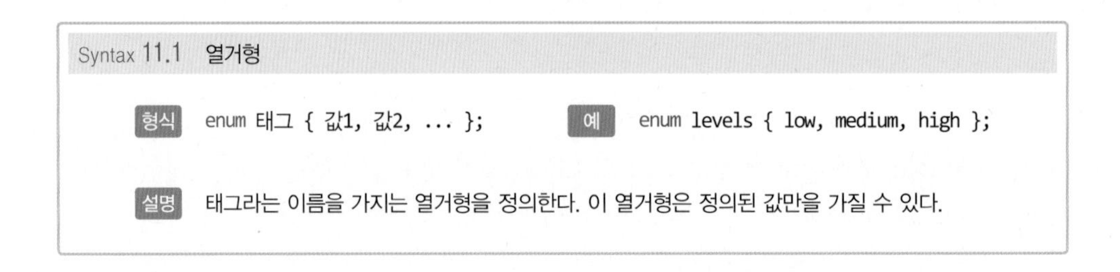
Syntax 11.1 열거형

형식 `enum 태그 { 값1, 값2, ... };`

예 `enum levels { low, medium, high };`

설명 태그라는 이름을 가지는 열거형을 정의한다. 이 열거형은 정의된 값만을 가질 수 있다.

열거형도 사용자가 새로운 자료형을 정의하는 방법의 하나이다. 구조체와 비슷한 형식을 사용하지만 중괄호 안에 나열된 값 중에서 하나의 값만 가질 수 있다. 레벨을 나타내는 열거형은 다음과 같이 정의된다.

```
enum levels { low, medium, high };    // low=0, medium=1, high=2
```

위의 문장은 새로운 자료형 level을 선언한다. 열거형 level은 low, medium, high 중에서 하나의 값만을 가질 수 있다. level 안에 들어 있는 식별자들은 컴파일러에 의하여 0에서 시작하여 1씩 증가하는 값으로 설정된다. 즉 low가 0이고, medium은 1이며, high는 2

이다. 이러한 값들의 배정은 사용자가 변경할 수 있다. 만약 1부터 시작하려면 다음과 같이 첫 번째 식별자 뒤에 =1을 붙여주면 된다.

```
enum levels { low=1, medium, high }; // low=1, medium=2, high=3
```

위의 문장을 실행하면 low는 값이 1이 되며 이후 1씩 증가하면서 high은 3이 된다. 필요한 경우에 사용자가 모든 식별자들의 값을 지정할 수도 있다.

```
enum levels { low=10, medium=20, high=30 }; // low=10, medium=20, high=30
```

위의 문장들은 열거형 자체를 정의하기 위한 문장이다. 즉 변수를 선언하는 문장은 아니다. 정의된 열거형을 이용하여 열거형 변수를 선언하려면 다음과 같이 한다.

```
enum levels english;
english = high;
```

english는 열거형 변수로서 열거형 levels에 정의된 값들만을 가질 수 있다.

예제 #1

요일을 나타내는 열거형을 정의하고 이것을 이용하여 다음과 같이 출력해보자.

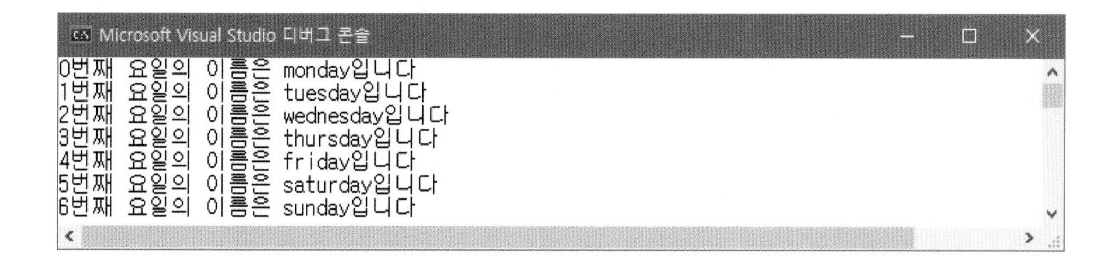

enum1.c

```
1  #include <stdio.h>
2
3  enum days { MON, TUE, WED, THU, FRI, SAT, SUN }; ← 열거형 정의
4
5  // 포인터들의 배열을 만들고 문자열 상수로 초기화한다.
6  char *days_name[] = {
7     "monday", "tuesday", "wednesday", "thursday", "friday",
8     "saturday", "sunday" };
9
10 int main(void)
11 {
12    enum days d;
13
14    for (d = MON; d <= SUN; d++)
15       printf("%d번째 요일의 이름은 %s입니다\n", d, days_name[d]);
16    return 0;
17 }
```

프로그램 설명

3 days라는 열거형을 정의하였다. 첫 번째 식별자의 값은 0이다. 다음 식별자는 이후 1씩 증가하면서 설정된다. 문자형 포인터 배열을 이용하여 문자열 배열을 구현하였다. 이런 방식으로 문자열이 포함된 배열을 만들면 메모리의 낭비가 없다. 여기서 문자열 상수는 메모리에 저장된 후에 시작 주소를 반환한다. 이 시작 주소로 문자형 포인터들이 설정된다.

12 main() 함수 안에서는 days 열거형으로 d라는 변수가 정의된다. d가 열거형이므로 d는 미리 열거된 값들 중 하나만 가질 수 있다. 즉 MON에서부터 SUN까지의 값들만 가질 수 있다. for 루프에서 d에 MON을 대입하고 d를 1씩 증가하면서 days_name[d]값을 문자열로 출력하였다. d가 0부터 시작되었으므로 days_name[0]부터 사용된다.

중간점검

1. 열거형의 선언에 사용하는 키워드는 ________ 이다.
2. 열거형은 어떤 경우에 사용되는가?
3. 열거형에서 특별히 값을 지정하지 않으면 자동으로 정숫값, 상숫값이 할당되는가?

10. typedef

typedef의 개념

구조체는 사용자가 기존의 자료형들을 모아서 새로운 자료형을 정의한다고 볼 수 있다. 그러나 기존의 자료형과는 다르게 항상 앞에 struct를 써주어야 한다. C에서는 이것을 극복할 수 있는 방법을 제공한다. 바로 typedef을 이용하는 것이다. typedef은 말 그대로 새로운 자료형(type)을 정의(define)하는 것이다. 이 키워드는 C의 기본 자료형을 확장시키는 역할을 한다. 즉 C가 기본적으로 제공하는 int형이나 float형 같은 자료형에 사용자가 새로운 자료형을 추가할 수 있도록 한다.

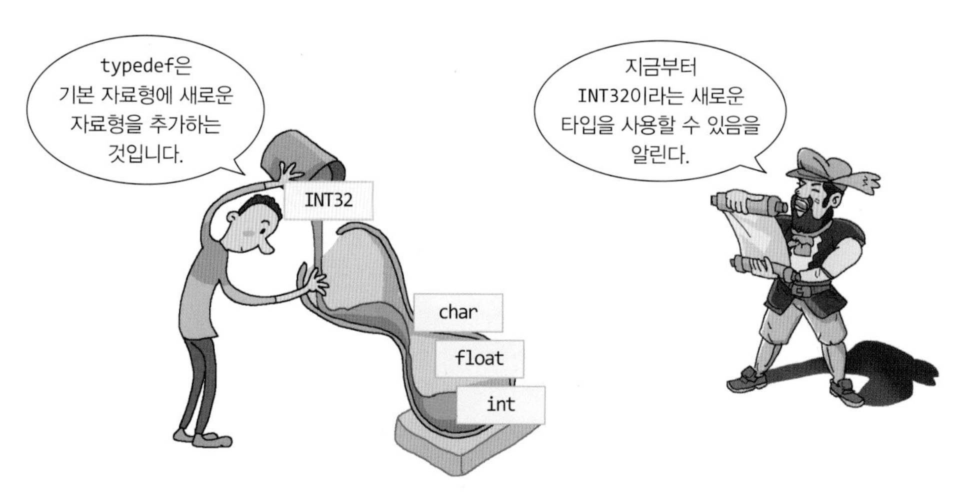

그림 11.10 typedef은 기본 자료형에 사용자가 정의한 자료형을 추가한다.

typedef의 사용 형식은 다음과 같다.

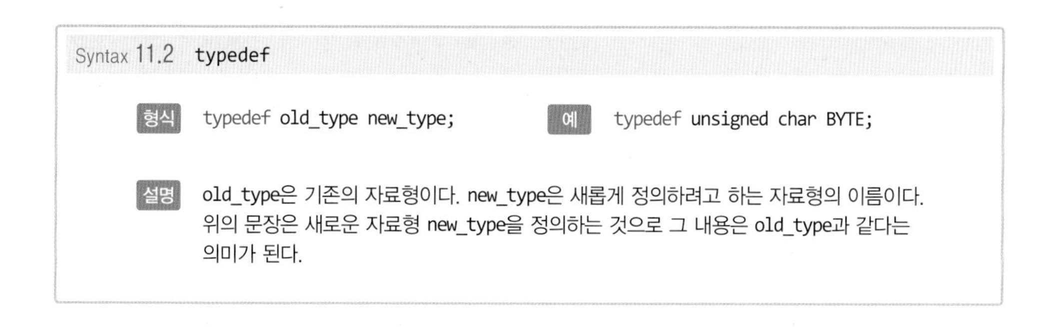

Syntax 11.2 typedef

형식 `typedef old_type new_type;`

예 `typedef unsigned char BYTE;`

설명 old_type은 기존의 자료형이다. new_type은 새롭게 정의하려고 하는 자료형의 이름이다. 위의 문장은 새로운 자료형 new_type을 정의하는 것으로 그 내용은 old_type과 같다는 의미가 된다.

typedef를 이용한 간단한 예를 하나 들어보면 다음과 같다. 실제 프로그래밍에서 많이 사용하는 예이다. unsigned char형은 작은 정수를 저장하는데도 많이 사용된다. 문자가 아니고 정수를 저장한다는 것을 강조하기 위하여 typedef을 사용하여 unsigned char형을 BYTE라는 이름으로 다시 정의할 수 있다.

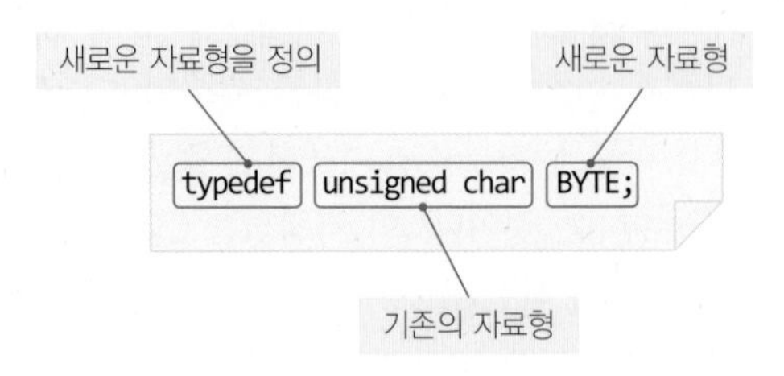

이렇게 정의된 BYTE라는 자료형은 기본 자료형과 똑같이 변수를 정의하는데 사용될 수 있다.

```
BYTE index;     // unsigned char index;와 같다.
```

유사하게 INT32와 UNIT32도 정의해보면 다음과 같다.

```
typedef int INT32;
typedef unsigned int UINT32;

INT32 i;      // int i;와 같다.
UINT32 k;     // unsigned int k;와 같다.
```

구조체로 새로운 자료형 만들기

기존의 자료형에 새로운 이름을 붙이는 것은 별다른 이점이 없어 보인다. 그러나 typedef 문은 상당히 복잡한 데이터의 형식도 새로운 자료형으로 만들 수 있는 능력이 있다. 예를 들어 다음과 같은 구조체를 만들었다고 하자.

```
struct point {
   int x;
   int y;
};
```

위의 구조체를 새로운 타입으로 정의하려면 다음과 같이 typedef을 이용한다.

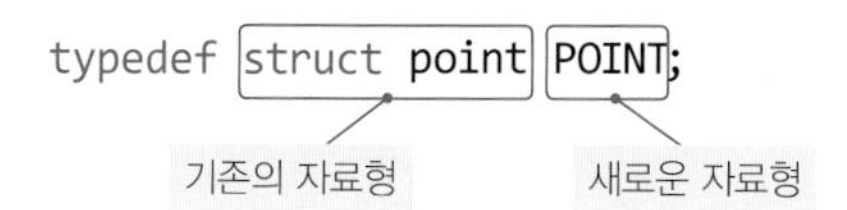

즉 struct point를 새로운 타입인 POINT로 정의하는 것이다. 지금부터는 POINT라는 새로운 자료형이 생성된 것이므로 앞에 struct를 붙일 필요가 없다. 즉 point 구조체 변수를 생성하려면 다음과 같이 하면 된다.

```
POINT a, b;
```

여기서 구조체의 선언과 typedef을 같이 사용할 수도 있다.

```
typedef struct point {
    int x;
    int y;
} POINT;
```

예제 #1

컴퓨터 그래픽에서 많이 등장하는 점의 평행이동에 관한 프로그램을 작성하여보자. 2차원 공간에서의 점을 구조체로 표현한 다음에 이 구조체를 typedef을 이용하여 새로운 타입인 POINT로 정의한다. translate() 함수의 인수로 원래의 점의 좌표와 이동된 거리를 전달하여서 점의 평행이동 계산을 한다.

Microsoft Visual Studio 디버그 콘솔

```
(2, 3)+(10, 10)->(12, 13)
```

typedef.c

```
1  #include <stdio.h>
2
3  typedef struct point {
4      int x;
5      int y;
6  } POINT;
7
```

```
8   POINT translate(POINT p, POINT delta);
9
10  int main(void)
11  {
12      POINT p = { 2, 3 };
13      POINT delta = { 10, 10 };
14      POINT result;
15
16      result = translate(p, delta);
17      printf("(%d, %d)+(%d, %d)->(%d, %d)\n", p.x, p.y, delta.x, delta.y, result.x,
    result.y);
18
19      return 0;
20  }
21
22  POINT translate(POINT p, POINT delta)
23  {
24      POINT new_p;
25
26      new_p.x = p.x + delta.x;
27      new_p.y = p.y + delta.y;
28
29      return new_p;
30  }
```

프로그램 설명

- **3-6** 구조체 **point**를 정의하면서 동시에 **struct point**를 새로운 자료형인 **POINT**로 정의한다. **typedef**이 함수의 외부에서 이루어졌으므로 현재 소스 파일의 모든 함수가 이 정의를 사용할 수 있다.
- **12-14** 새로 정의된 **POINT**를 이용하여 필요한 변수들을 생성한다. **p**는 원래의 점의 좌표이고 **delta**는 평행이동하는 거리, **result**는 결과를 저장할 변수이다.
- **16** **p**를 **delta**만큼 평행이동하기 위하여 **translate()**를 호출한다. **p**와 **delta**가 함수의 인수로 주어지고 이들은 구조체이므로 모두 매개 변수로 복사된다.
- **26** 구조체 **p**에 **delta**를 더하여 새로운 점의 좌표인 **new_p**를 계산한다. 구조체끼리는 더할 수 없으므로 구조체의 멤버별로 따로 따로 덧셈을 하여 준다.
- **29** 결과를 저장하고 있는 구조체인 **result**를 반환한다. 이 구조체도 마찬가지로 복사본이 **main()**으로 전달된다.

중간점검

1. **typedef**의 용도는 무엇인가?
2. **typedef**의 장점은 무엇인가?
3. 사원을 나타내는 구조체를 정의하고 이것을 **typedef**을 사용하여서 **employee**라는 새로운 타입으로 정의해보자.

Mini Project 도서관 관리 프로그램

| 난이도 ★★★ 주제 구조체의 배열 |

우리는 조용히 책을 읽거나, 공부를 하기 위하여 동네 도서관을 많이 찾는다. 도서관에서 소장 도서들을 관리할 수 있는 프로그램을 작성해보자. 책 정보를 저장할 수 있는 구조체를 정의한다. 구조체는 책 번호, 제목, 대출 여부 등의 정보를 저장할 수 있어야 한다. 많은 책을 저장하려면 구조체의 배열을 생성하여야 할 것이다.

다음과 같은 메뉴를 생성한 후에 각 메뉴 항목을 구현한다.

선택 D:₩hello₩Debug₩hello.exe
==
1. 도서 번호로 책 찾기
2. 저자 이름으로 책 찾기
3. 제목으로 책 찾기
4. 새로운 책 추가
5. 도서관이 소장한 도서의 수 표시
==
메뉴 중에서 하나를 선택하세요:

연습문제

1 Employee 구조체로 정의된 변수 e에는 salary라는 필드가 있다. 이 필드를 올바르게 참조한 것은?

① e->salary ② e.salary ③ (*e).salary ④ e−salary

2 포인터 p는 Employee 구조체로 정의된 변수 e를 가리킨다. Employee 구조체는 salary라는 필드를 가진다. p를 이용하여 salary를 올바르게 참조한 것을 모두 골라라.

① p->salary ② p.salary ③ (*p).salary ④ p−salary

3 설명에 맞는 항목을 서로 연결하라.

- 여러 개의 변수가 메모리 공간을 공유하는 것
- 서로 다른 자료형의 변수들을 묶은 것
- 여러 개의 기호 상수를 정의한 것
- 사용자 정의 자료형을 정의하는 키워드

- typedef
- 열거형
- 공용체
- 구조체

4 다음 중 올바르게 정의된 구조체는?

① struct { int a; } ② struct foo { int a; }

③ struct foo int a; ④ struct foo { int a; };

5 구조체 foo의 변수를 올바르게 선언한 것은?

① struct foo; ② struct foo var;

③ foo; ④ int foo;

6 다음의 열거형의 정의를 보고 각 식별자의 정수값을 예측하여 보라.

enum colors { white, red=3, blue, green, black=9 };

식별자	white	red	blue	green	black
값					

7 다음과 같은 데이터들을 가지는 구조체를 정의하고 c1이라는 이름의 구조체 변수를 정의하여 보라.

```
struct _____ {
        _________  ___________________;
        _________  ___________________;
        _________  ___________________;
};
_____________  _________; // 구조체 변수 선언
```

Customer

char name[20]
int zip_code
long mileage

8 다음의 구조체 배열은 직원들의 정보를 저장하고 있다. 배열의 인덱스 1번 요소에 { "철수", 300 } 값을 저장하는 문장을 작성하라.

```
struct employee {
   char name[30];
   int salary;
};

struct employee emp[10];
______________________________;  // name에 "철수" 저장
______________________________;  // salary에 300 저장
```

9 구조체 배열의 인덱스 2번 요소에 사용자가 입력한 직원 정보를 저장하는 문장을 작성해보자.

```
struct employee {
   char name[30];
   int salary;
};

struct employee emp[10];
______________________________;  // name에 사용자가 입력한 이름을 저장
______________________________;  // salary에 사용자가 입력한 숫자를 저장
```

10 2차원 평면에서 점은 (x, y) 좌표로 나타낼 수 있다. 따라서 하나의 점은 다음과 같은 point라는 구조체로 정의할 수 있다. 이 point 구조체를 받아서 다음과 같은 기능을 하는 함수를 작성하고 테스트하라.

```
struct point {
    int x, y;
};
```

(a) 두 점의 좌표가 일치하면 1을 반환하고 그렇지 않으면 0을 반환하는 함수 int equal(struct point p1, struct point p2)

(b) 점의 좌표를 받아서 이 점이 어떤 사분면에 속하는지를 반환하는 함수. 점이 속하는 사분면의 번호를 반환하는 함수 int quadrant(struct point p)

Programming

| 난이도 ★ 주제 구조체 정의 |

1 학생을 나타내는 구조체 student를 정의하고 테스트한다. student는 주민등록번호(문자열), 이름(문자열), 전화번호(문자열)로 구성된다. 구조체 안에서 공용체를 사용하여 주민등록번호 또는 학번 중에서 하나를 사용할 수 있도록 구조체를 정의해보자.

| 난이도 ★ 주제 구조체 정의 |

2 구조체를 이용하여 이메일을 표현할 수 있는 구조체를 정의하고, 적당한 초기값을 부여하고 출력하는 프로그램을 작성하라. 구조체의 멤버는 제목, 수신자, 발신자, 내용, 날짜, 우선순위 등으로 구성된다.

| 난이도 ★ 주제 구조체 함수 전달 |

3 두 개의 복소수를 더하는 프로그램을 작성하여 보자. 복소수 $a+bi$와 $c+di$의 덧셈은 다음과 같다.

$$(a+bi)+(c+di)=(a+c)+(b+d)i$$

복소수는 구조체를 사용하여 표현하여 보자. 복소수의 덧셈을 수행하는 함수 add_complex()를 정의하여 사용한다.

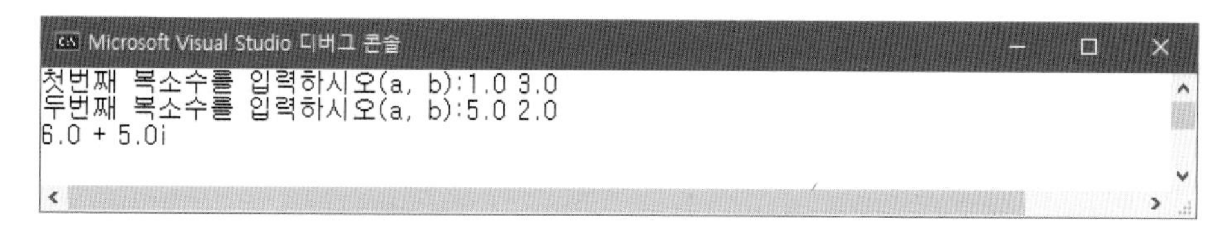

| 난이도 ★★★ 주제 구조체 함수 전달 |

4 구조체를 이용하여서 현재 시간을 표현한다. 사용자로부터 2개의 시간을 입력받아서 두 시간 사이의 차이를 계산하여 출력하는 프로그램을 작성한다. 2개의 시간을 받아서 시각 차이를 계산하는 diff_time() 함수를 작성하여 사용한다.

Programming

| 난이도 ★★ 주제 구조체 배열 |

5 직원을 나타내는 구조체 employee가 사번(정수), 이름(문자열), 전화번호(문자열), 나이(정수) 등으로 구성된다. 구조체의 배열을 선언하고 10명의 데이터로 초기화하라. 이중에서 나이가 20 이상 30 이하인 직원을 찾아서 출력하라.

| 난이도 ★★ 주제 구조체 배열 |

6 상품 재고 관리 시스템을 작성하여 보자. 재고는 상품의 이름, 가격, 개수, 총재고액으로 이루어진다. 총재고액은 (가격*개수)로 계산할 수 있다. 입력이 끝나면 재고를 검색할 수 있도록 한다.

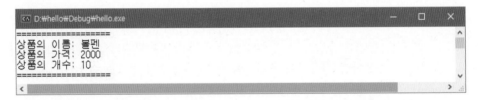

| 난이도 ★★ 주제 열거형 |

7 열거형을 사용하여 사람과 컴퓨터 사이의 가위, 바위, 보 게임을 구현하여 보자.

파일 입출력

데이터베이스의 기초가 파일 입니다. 간단한 경우에는 요즘도 파일을 사용합니다.
파일은 너무 오래된 저장 방법 아닌가요. 요즘에는 데이터베이스를 사용하는거 같던데...

■ **학습목표**

- 스트림의 개념을 이해한다.
- 형식화된 입출력을 이해한다.
- 파일 입출력 함수들을 사용할 수 있다.
- 이진 파일을 사용할 수 있다.
- 파일에 임의 접근할 수 있다.

12 파일 입출력

1. 이번 장에서 만들 프로그램

이번 장에서는 파일을 사용하여 데이터를 저장하고 읽어본다. 구체적으로 다음과 같은 프로그램을 작성해보자.

(1) 텍스트 파일을 복사하는 프로그램을 작성해보자.

(2) 이미지 파일을 읽어서 화면에 표시하는 프로그램을 작성해보자.

2. 스트림

일반적으로 프로그램에서는 화면이나 키보드, 파일 등의 입출력 장치들을 이용하여 데이터를 쓰거나 읽게 된다. 입출력 장치들은 상당히 다양한 방식으로 데이터를 주고받지만 C에서는 스트림(stream)이라는 개념을 사용하여서 동일한 방법으로 입출력할 수 있다. 즉 키보드와 하드디스크는 구조나 기능이 아주 다르지만, C에서는 동일한 라이브러리 함수로 입출력할 수 있는 것이다. 스트림이란 모든 입력과 출력을 바이트(byte)들의 흐름으로 생각하는 것이다. 어떤 입출력 장치던지 상관없이 바이트 단위로 입출력이 이루어진다.

스트림의 최대 장점은 장치 독립성이다. 입출력 장치에 상관없이 우리는 동일한 함수를 사용하여 프로그램을 작성할 수 있다. 예를 들어서 fgetc()라고 하는 함수는 키보드에서도 하나의 문자를 받을 수 있고 하드 디스크에 있는 파일에서도 하나의 문자를 읽을 수 있다. 입력 장치가 무엇이건 출력 장치가 무엇이건 간에 입력과 출력은 무조건 연속된 바이트의 스트림이라고 생각하면 된다.

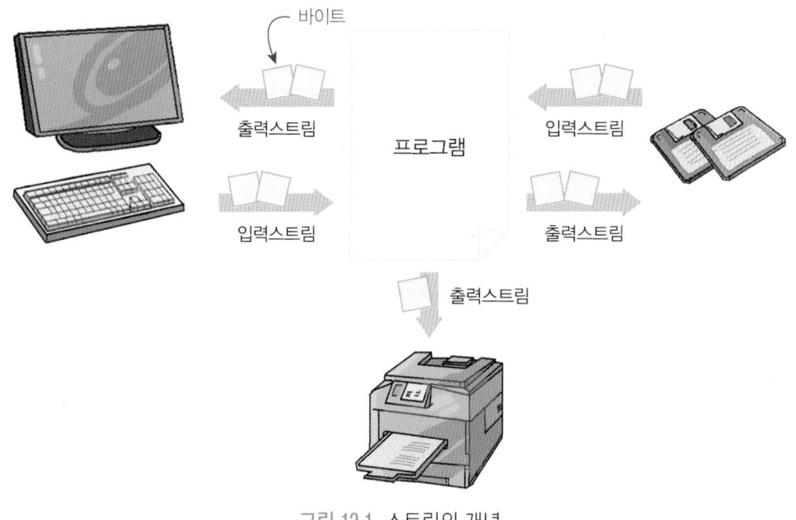

그림 12.1 스트림의 개념

표준 입출력 스트림

프로그램의 동작에 필수적인 몇 개의 기본적인 스트림은 프로그램 실행 시에 자동으로 생성된다. 이것은 표준 입출력 스트림(standard input/output stream)이라고 한다. 이들 스트림은 프로그램 실행 시에 자동으로 만들어지고 프로그램 종료 시에 자동으로 없어진다. 따라서 프로그래머가 이들 스트림을 생성시킬 필요는 없다. 표 12.1은 표준 입출력 스트림들을 나타낸다.

표 12.1 표준 입출력 스트림

이름	스트림	연결 장치
stdin	표준 입력 스트림	키보드
stdout	표준 출력 스트림	모니터의 화면
stderr	표준 오류 스트림	모니터의 화면

프로그래머에게 제공되는 스트림의 최대 개수는 시스템에 따라 다르지만 일반적으로 100개 이상이 된다. 이들 3개의 표준 입출력 스트림이 첫 부분을 차지하고 있다. stdin은 기본적으로 생성되는 표준 입력 스트림을 의미한다. 우리가 scanf()를 사용하게 되면 바로 이 stdin 스트림을 사용하는 것이다. stdout은 표준 출력 스트림이다. 우리가 printf()를 사용하게 되면 바로 이 stdout을 사용하는 것이다. stderr은 오류 메시지를 출력하기 위하여 만들어진 스트림이다. stderr는 프로그래머가 다르게 정의할 수도 있으나 보통은 stdout과 같이 모니터의 화면을 의미한다.

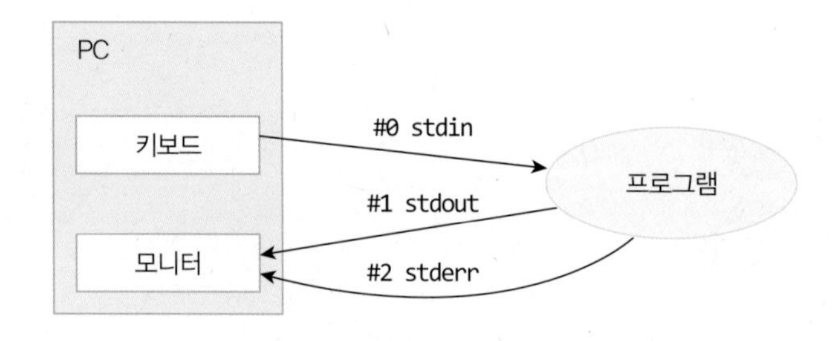

파일도 스트림에 연결시킬 수 있다.

다음 절부터 우리는 파일에 관하여 탐구할 것이다. C에서 파일은 곧 스트림이다. 앞에서 스트림에 뭐든지 붙일 수 있다고 했는데 파일도 예외가 아니다. 운영 체제에서는 하나의 프로세스 당 100여개의 스트림이 지원되고 스트림 중에서 0번, 1번, 2번 스트림은 stdin, stdout, stderr로 미리 정의된다. 3번 스트림부터 나머지 스트림은 개발자가 파일을 연결해서 사용할 수도 있고 여러 가지 통신 포트를 연결하여 사용할 수 있다.

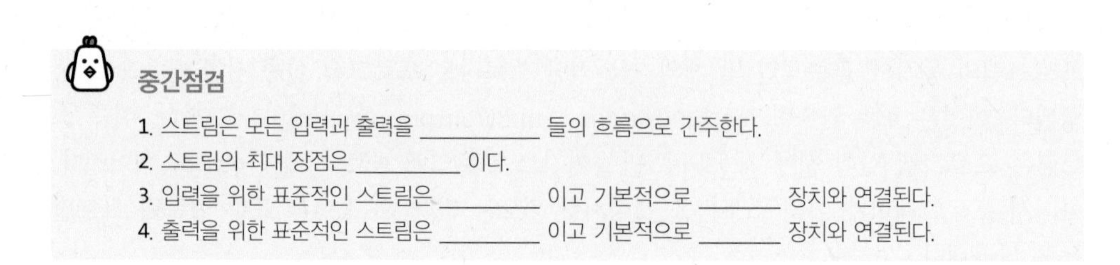
중간점검

1. 스트림은 모든 입력과 출력을 __________ 들의 흐름으로 간주한다.
2. 스트림의 최대 장점은 __________ 이다.
3. 입력을 위한 표준적인 스트림은 __________ 이고 기본적으로 ________ 장치와 연결된다.
4. 출력을 위한 표준적인 스트림은 __________ 이고 기본적으로 ________ 장치와 연결된다.

3. 파일의 기초

이때까지 우리가 다루어온 대부분의 예제 프로그램은 표준 입력인 키보드와 표준 출력인 모니터를 사용하였다. 그러나 실제 응용 프로그램에서는 데이터나 현재의 설정 정보를 저장하기 위하여 디스크에 저장되는 파일을 많이 사용한다. 파일을 사용하는 이유는 무엇일까?

이때까지 우리는 모든 데이터를 변수에 저장하였다. 변수는 메모리에서 생성되고 메모리는 우리가 잘 알다시피 영구적인 기억 장치가 아니다. 즉 전원이 꺼지면 메모리에 있었던 데이터는 사라지게 된다. 여러분도 정전이 되어서, 컴퓨터에 입력하고 있던 데이터를 잃어버린 경험이 있을 것이다. 또한 전원을 끄지 않더라도 프로그램이 종료되면 프로그램 안에 있었던 데이터는 역시 사라지게 된다. 따라서 데이터를 영구적으로 보관하려면 디스크와 같은 보조 기억 장치에 보관하여야 한다. C에서는 디스크에 파일을 생성시켜서 데이터를 보관할 수 있다. 이번 장에서는 파일을 생성하여 데이터를 저장하고 읽어오는 방법에 대하여 살펴본다.

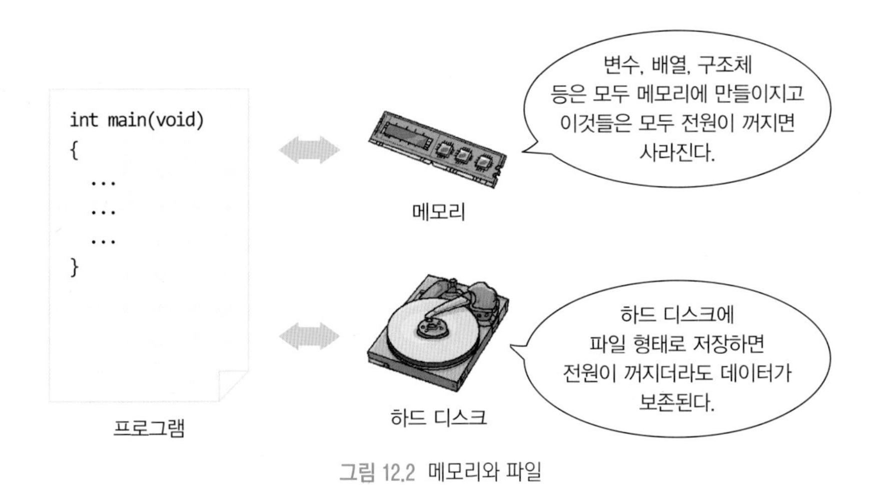

그림 12.2 메모리와 파일

파일의 개념

C에서의 모든 입출력은 스트림을 통하여 이루어진다. 파일도 예외가 아니다. 파일도 스트림으로 취급되기 때문에 파일도 일련의 연속된 바이트라고 생각하면 된다. 따라서 파일에 대한 입출력도 표준 입출력과 동일한 함수들로 이루어진다. 이것이 바로 스트림의 장점이라고 할 수 있다.

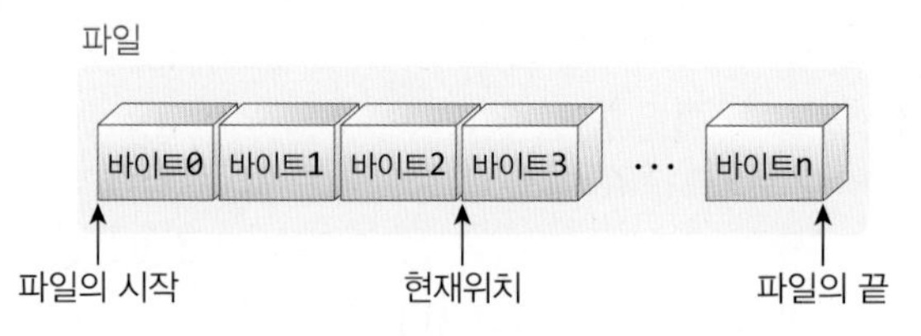

그림 12.3 파일은 일련의 연속된 바이트이다.

파일의 유형

파일 유형에는 텍스트 파일과 이진 파일이 있다. 텍스트 파일(text file)은 사람이 읽을 수 있는 텍스트가 들어 있는 파일이다. C 프로그램 소스 파일이나 메모장 파일이 텍스트 파일의 예이다. 텍스트 파일에는 문자들을 나타내는 아스키 코드들이 들어 있다. 텍스트 파일이 중요한 이유는 모니터, 키보드, 프린터 등이 모두 문자 데이터만을 처리하기 때문이다. 텍스트 파일은 연속적인 라인들로 구성된다. 각 라인은 여러 개의 문자들을 포함할 수 있으며 라인의 맨 끝을 알리는 문자로 종료된다.

이진 파일(binary file)은 사람이 읽을 수는 없으나 컴퓨터는 읽을 수 있는 파일이다. 즉 문자 데이터가 아니라 이진 데이터가 직접 저장되어 있는 파일이다. 이진 파일은 텍스트 파일과는 달리 라인들로 분리되지 않는다. 모든 데이터들은 문자열로 변환되지 않고 직접 입출력된다. 따라서 라인의 끝을 표시할 필요가 없다. 모든 문자들은 특별한 의미를 가지지 않고 데이터로 취급된다. 이진 파일은 특정 프로그램에 의해서만 판독이 가능하다. C 프로그램 실행 파일, 사운드 파일, 이미지 파일 등이 이진 파일의 예이다.

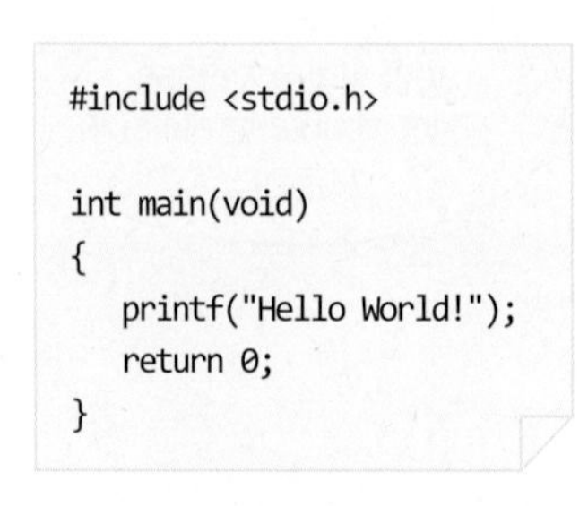

텍스트 파일: 문자로 구성된 파일

이진 파일: 이진 데이터로 구성된 파일

그림 12.4 텍스트 파일과 이진 파일

파일 처리의 개요

프로그램에서 파일을 연다(open)는 것은 파일에서 데이터를 읽거나 쓸 수 있도록 모든 준비를 마치는 것을 의미한다. 내부적으로는 파일과 연결된 스트림을 만들게 된다. 파일을 연

다음에는 데이터를 읽고 쓸 수 있다. 파일을 사용한 후에는 파일을 닫아야(close) 한다. 따라서 파일을 다룰 때는 반드시 다음과 같은 순서를 지켜야 한다.

그림 12.5 파일 처리의 순서

파일 열기

파일을 열려면 다음과 같은 라이브러리 함수를 사용한다.

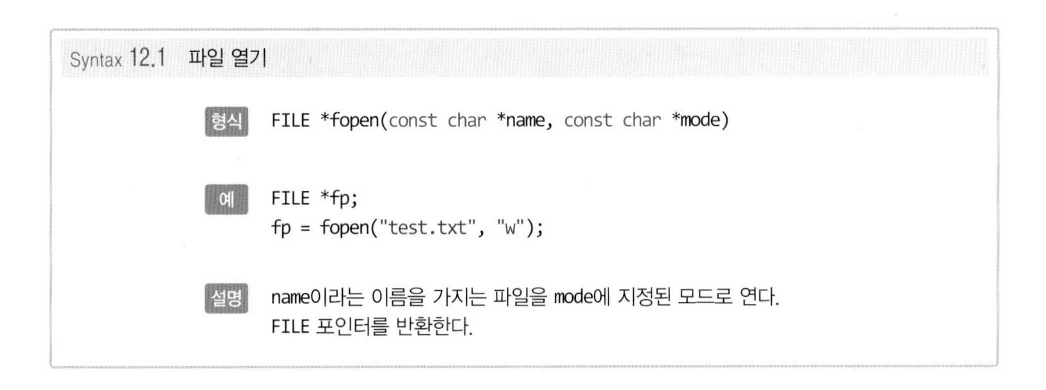

Syntax 12.1 파일 열기

형식
```
FILE *fopen(const char *name, const char *mode)
```

예
```
FILE *fp;
fp = fopen("test.txt", "w");
```

설명 name이라는 이름을 가지는 파일을 mode에 지정된 모드로 연다.
FILE 포인터를 반환한다.

fopen()은 주어진 파일 이름을 가지고 파일을 생성하여 이 파일을 가리키는 FILE 포인터를 반환한다. FILE은 stdio.h에 선언된 구조체이다. FILE 구조체에는 파일의 열기, 읽기, 쓰기, 닫기에 관련된 모든 상태 정보가 들어 있다. 각각의 파일에 대하여 FILE 포인터가 하나씩 필요하다. 파일을 연 다음, 이후에 뒤따르는 모든 동작에서 이 FILE 포인터가 필요하다. 만약 fopen()이 실패하면 NULL 포인터가 반환된다. 예를 들어 잘못된 파일 이름을 가지고 파일을 열고자 하는 경우, NULL이 반환된다.

첫 번째 매개 변수인 name은 파일의 이름을 나타내는 문자열이다. 큰 따옴표로 둘러싸인 문자열 상수로 직접 입력할 수도 있고 배열에 저장한 뒤에 배열을 넘길 수도 있다.

두 번째 매개 변수인 mode는 파일을 여는 모드를 의미한다. 파일 모드는 파일과 관련된 여러 가지 선택 사항을 결정하는 문자열이다. 모드는 파일의 유형이 텍스트 파일인지 이진 파일인지, 파일에 데이터를 쓸 것인지 파일에서 데이터를 읽을 것인지를 나타내는데 사용된다. 예를 들어서 만약 파일 모드가 "r"이면 읽기 작업을 위하여 파일을 여는 것이다. 만약 파일 모드가 "w"이면 파일에 데이터를 쓰기 위하여 파일을 생성하는 것이다. 다음 표에서 모드에 허용되는 값을 정리하였다.

표 12.2 파일 모드

모드	설명
"r"	읽기 모드로 파일을 연다.
"w"	쓰기 모드로 파일을 생성한다. 만약 파일이 존재하지 않으면 파일이 생성된다. 파일이 이미 존재하면 기존의 내용이 지워진다.
"a"	추가 모드로 파일을 연다. 만약 똑같은 이름의 기존의 파일이 있으면 데이터가 파일의 끝에 추가된다. 파일이 없으면 새로운 파일을 만든다.

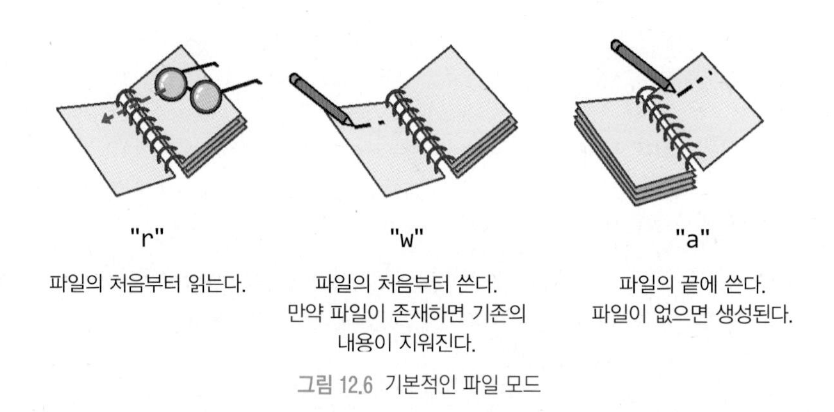
"r"
"w"
"a"
파일의 처음부터 읽는다.
파일의 처음부터 쓴다.
만약 파일이 존재하면 기존의 내용이 지워진다.
파일의 끝에 쓴다.
파일이 없으면 생성된다.

그림 12.6 기본적인 파일 모드

기본적인 파일의 유형은 텍스트 파일이다. 모드를 "r"로 주면 읽기 모드로 텍스트 파일이 열린다. 이진 모드로 파일을 열려면 b를 추가한다. 예를 들어서 읽기 모드로 이진 파일을 열려면 "rb"로 모드 값을 주어야 한다.

파일 닫기

사용이 끝나면 반드시 파일을 닫아야 한다. 파일을 닫는 함수는 fclose()이다. fclose()는 stdio.h에 정의되어 있다.

Syntax 12.2 파일 닫기

형식 `int fclose( FILE *stream );`

예 `fclose(fp):`

설명 stream에 의하여 지정된 파일을 닫는다.

성공적으로 파일을 닫는 경우에는 0이 반환된다. 만약 실패한 경우에는 –1이 반환된다.

예를 들어서 파일 이름이 “sample.txt”인 파일을 쓰기 모드로 열었다가 닫아보자. 다음과 같은 코드가 될 것이다.

file_open.c

```
1  #include <stdio.h>
2  
3  int main(void)
4  {
5     FILE *fp = NULL;
6  
7     fp = fopen("sample.txt", "w");
8  
9     if (fp == NULL)
10       printf("파일 열기 실패\n");
11    else
12       printf("파일 열기 성공\n");
13 
14    fclose(fp);
15    return 0;
16 }
```

쓰기 모드로 파일을 연다.
파일이 없으면 생성된다.

프로그램 설명

5 FILE을 가리키는 포인터 fp를 선언한다.

7 fopen() 함수를 호출하여 "sample.txt" 이름을 가지는 파일을 연다. 모드는 "w"로 쓰기 모드이다. 만약 같은 이름의 파일이 있다면 기존의 내용이 지워지고 파일이 없으면 새로 만들어 진다.

9 fopen()에서 반환되는 값은 반드시 NULL이 아닌지를 검사하여야 한다. 파일을 여는 경우에는 여러 가지의 이유들로 인하여 파일이 열리지 않는 경우도 매우 흔하기 때문이다.

14 fopen()을 호출하였으면 반드시 fclose()를 호출하여 파일을 닫아야 한다.

중간점검

1. 파일은 일련의 연속된 ________ 라고 생각할 수 있다.
2. 파일에는 사람이 읽을 수 있는 텍스트가 들어 있는 ________ 파일과 사람은 읽을 수 없으나 컴퓨터는 읽을 수 있는 ________ 파일이 있다.
3. 파일을 여는 라이브러리 함수는 ________ 이다.
4. fopen()은 ________ 을 가리키는 포인터를 반환한다.

4. 텍스트 파일 읽고 쓰기

한 글자씩 쓰기

텍스트 파일에 한 글자씩 쓰는 함수는 fputc()이다. "alphabet.txt"라는 이름의 파일을 열어서 'a', 'b', 'c', ... 'z'까지를 써보자.

- fputc(c, fp) : 문자 c를 fp에 쓴다. fp는 FILE 포인터이다.

fputs.c

```
1  #include <stdio.h>
2  
3  int main(void)
4  {
5     FILE *fp = NULL;
6  
7     fp = fopen("alphabet.txt", "w");    // 파일을 쓰기 모드로 연다.
8     if (fp == NULL) {
9        fprintf(stderr, "파일 alphabet.txt를 열 수 없습니다.\n");
10       exit(1);  // 프로그램을 종료한다.
11    }
12 
13    char c;
14    for (c = 'a'; c <= 'z'; c++)      // 'a'부터 'z'까지 파일에 쓴다.
15       fputc(c, fp);
16 
17    fclose(fp);
18    return 0;
19 }
```

한 글자씩 읽기

이번에는 fgetc()를 사용하여서 앞에서 생성한 파일 "alphabet.txt"의 내용을 읽어서 화면에 표시해보자.

- fgetc(fp) : fp에서 하나의 문자를 읽어서 반환한다. fp는 FILE 포인터이다.

fgetc.c

```
1  #include <stdio.h>
2
3  int main(void)
4  {
5     FILE *fp = NULL;
6     int c;    // 정수 변수에 주의한다.
7
8     fp = fopen("alphabet.txt", "r");
9     if (fp == NULL) {
10       fprintf(stderr, "원본 파일 alphabet.txt를 열 수 없습니다.\n");
11       exit(1);
12    }
13
14    while ((c = fgetc(fp)) != EOF)
15       putchar(c);
16
17    fclose(fp);
18    return 0;
19 }
```

fgetc() 반환한 값이 변수 c에 저장되고 이에서 EOF와 비교된다.

프로그램 설명

fgetc()는 지정된 파일로부터 단일 문자를 입력받는다. 인수 fp는 fopen()을 이용하여 파일을 열 때 반환되는 FILE에 대한 포인터이다. fgetc()는 fp가 가리키는 파일에서 하나의 문자를 읽어서 int형으로 반환한다. 만약 오류가 발생하거나 파일의 끝에 도달하였으면 EOF를 반환한다. EOF(End of File)는 파일의 끝을 나타내는 특수 문자이다. EOF는 stdio.h에 정의되어 있으며 -1이다. 일반적인 문자는 -1값이 아니기 때문에 이것은 파일의 끝을 나타내는 기호로 사용될 수 있다. 일반적인 문자는 0에서 255까지의 값을 사용한다.

한 줄씩 읽고 쓰기

텍스트 파일에서 한 줄씩 읽고 쓰려면 fgets()와 fputs()를 사용한다.

- fputs(s, fp) : 문자열 s를 fp에 쓴다. fp는 FILE 포인터이다.

• fgets(fp) : fp에서 한 줄을 읽어서 반환한다. fp는 FILE 포인터이다.

```
1  #include<stdio.h>
2
3  int main(void)
4  {
5     FILE *fp;
6     char str[100];
7
8     fp = fopen("file.txt", "w");
9
10    if (fp == NULL) {
11       fprintf(stderr, "파일 file.txt를 열 수 없습니다.\n");
12       exit(0);
13    }
14
15    do {
16       gets_s(str, sizeof(str));      // 사용자로부터 한 줄을 받는다.
17       fputs(str, fp);                // 한 줄을 파일에 쓴다.
18    } while (strlen(str) != 0);       // 사용자가 아무것도 적지 않으면 반복 루프 탈출
19
20    fclose(fp);
21    return 0;
22 }
```

gets_s()는 사용자로부터 한 줄을 받아들이는 함수이다. 사용자가 입력한 내용은 fputs()를 이용하여 파일에 한 줄을 기록한다. 실행이 끝나면 하드 디스크에 다음과 같은 파일이 생성된다.

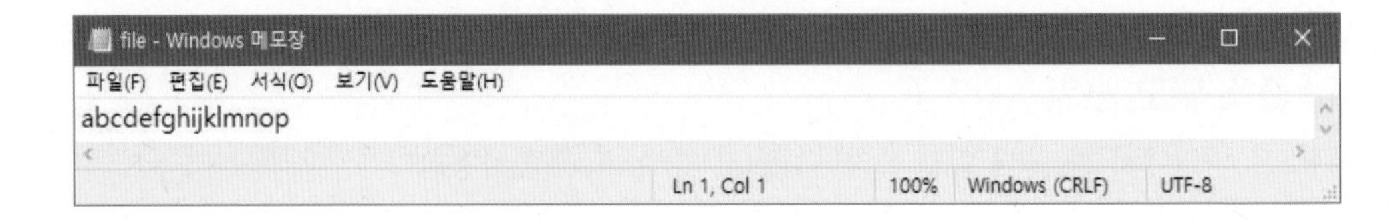

Lab 텍스트 파일 복사하기

| 난이도 ★★ 주제 파일에서 텍스트 읽고 쓰기 |

문자열 입출력 함수를 이용하여 텍스트 파일을 복사해보자. 원본 파일과 복사 파일의 이름을 입력받은 후에 원본 파일에서 한 문자씩 읽어서 문자형 변수에 저장한다. 저장된 문자는 다시 복사 파일로 출력된다. 복사할 때는 fgetc()와 fputc()를 사용한다.

- 원본 파일을 읽기 모드로 연다. 반환값이 NULL이면 열기 과정에서 오류가 발생한 것이므로 오류 메시지를 화면에 출력하고 exit()를 호출하여 프로그램을 종료한다.
- 같은 방법으로 복사 파일을 쓰기 모드로 연다. 만약 동일한 이름이 디스크에 존재하면 기존의 내용은 지워진다.
- fgetc()를 호출하여 원본 파일에서 문자를 읽어서 c로 복사한다. 읽은 문자를 fputc()를 이용하여 복사 파일에 기록한다.

도전문제

텍스트 파일을 그냥 복사하는 것이 너무 단조롭다면 원본 파일에서 특수 문자들을 삭제하고 복사해보자. 예를 들어서 '#'나 '?'와 같은 문자들을 삭제하고 복사 파일을 생성한다.

fcopy1.c

```
1  #include <stdio.h>
2
3  int main(void)
4  {
5     FILE *fp1, *fp2;
6     char file1[100], file2[100];
7
8     printf("원본 파일 이름: ");
9     scanf("%s", file1);
10
11    printf("복사 파일 이름: ");
12    scanf("%s", file2);
13
14    // 첫 번째 파일을 읽기 모드로 연다.
15    if ((fp1 = fopen(file1, "r")) == NULL)
16    {
17       fprintf(stderr, "원본 파일 %s을 열 수 없습니다.\n", file1);
18       exit(1);
19    }
20
21    // 두 번째 파일을 쓰기 모드로 연다.
22    if ((fp2 = fopen(file2, "w")) == NULL)
23    {
24       fprintf(stderr, "복사 파일 %s을 열 수 없습니다.\n", file2);
25       exit(1);
26    }
27    int c;
28    // fp1에서 한 글자씩 읽어서 fp2로 쓴다.
29    while ((c = fgetc(fp1)) != EOF)
30       fputc(c, fp2);
31
32    fclose(fp1);
33    fclose(fp2);
34
35    return 0;
36 }
```

5. 형식화된 입출력

파일에 문자나 문자열을 기록하는 경우에는 앞의 fputc()나 fputs()를 사용하면 된다. 하지만 정수나 실수를 기록하는 경우에는 어떤 함수를 사용하여야 하는가? 정수나 실수는 화면에 문자열로 변환되어서 출력되는 것처럼 파일에서도 정수나 실수를 문자열로 바꾸어서 저장하는 것이 보통이다. 즉 정수 10은 파일에도 문자열 "10"으로 변환하여 저장한다. 읽을 때는 반대 상황이 된다. 파일에 저장된 문자열 "10"을 정수 10으로 변환시켜야 한다.

이런 종류의 입출력을 형식화된 입출력이라고 한다. 형식화된 입출력은 프로그래머가 특정 형식을 지정하고 이 형식으로 파일에 입출력을 하는 것이다. 형식화된 입출력은 fprintf()와 fscanf()을 이용하여 이루어진다.

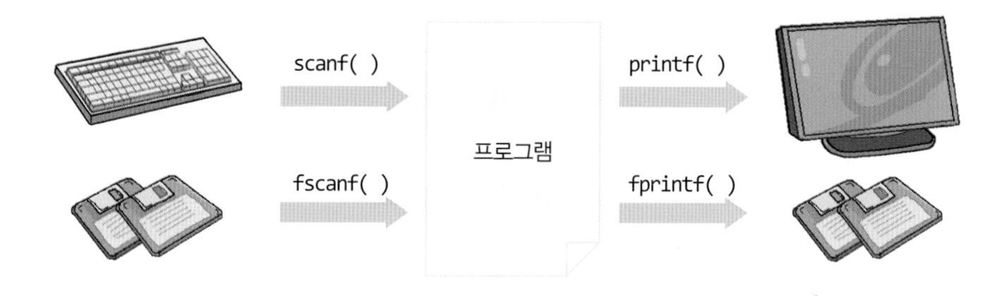

fprintf()와 fscanf()는 우리가 콘솔과 키보드에서 데이터를 주고받을 때 사용하였던 printf()와 scanf()와 아주 유사하다. 실제로 매개 변수가 하나 더 추가되었을 뿐이다. 실제로는 printf()는 fprintf(stdout, ...)이고 scanf()는 fscanf(stdin, ...)으로 정의된다.

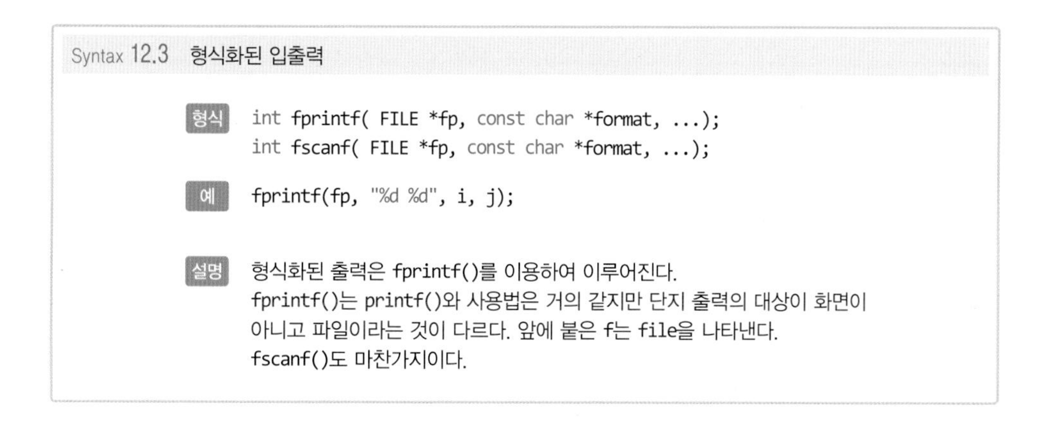
Syntax 12.3 형식화된 입출력

형식

```
int fprintf( FILE *fp, const char *format, ...);
int fscanf( FILE *fp, const char *format, ...);
```

예

```
fprintf(fp, "%d %d", i, j);
```

설명

형식화된 출력은 fprintf()를 이용하여 이루어진다.
fprintf()는 printf()와 사용법은 거의 같지만 단지 출력의 대상이 화면이 아니고 파일이라는 것이 다르다. 앞에 붙은 f는 file을 나타낸다.
fscanf()도 마찬가지이다.

예제 #1

어떤 상점의 매출을 파일에 기록하고 있다고 가정하자. sales.txt라는 파일을 추가모드("a")로 열고 여기에 매출을 추가해보자.

```
1  #include <stdio.h>
2  #include <stdlib.h>
3
4  int main(void)
5  {
6     FILE * fp;
7
8     fp = fopen("sales.txt", "a");
9     fprintf(fp, "2022.3.1 매출: %d \n", 200000);
10
11    fclose(fp);
12    return 0;
13 }
```

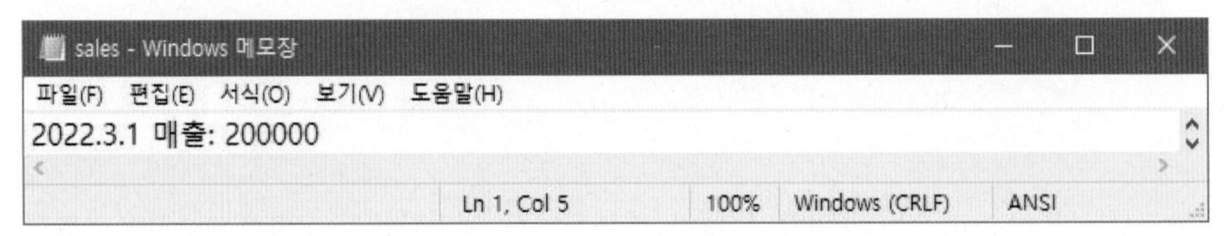

위의 프로그램을 한 번 더 실행하면 파일은 다음과 같이 변경된다.

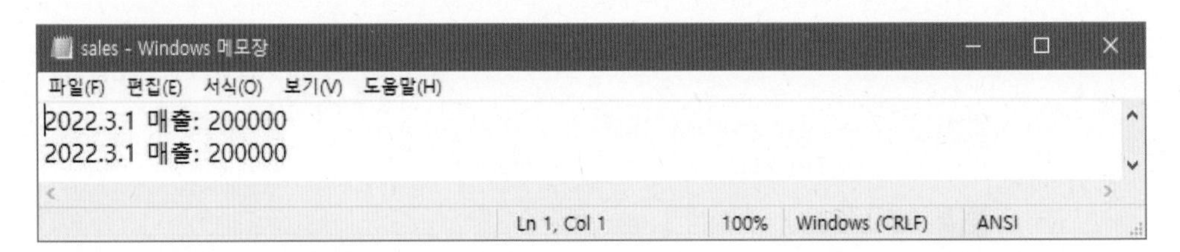

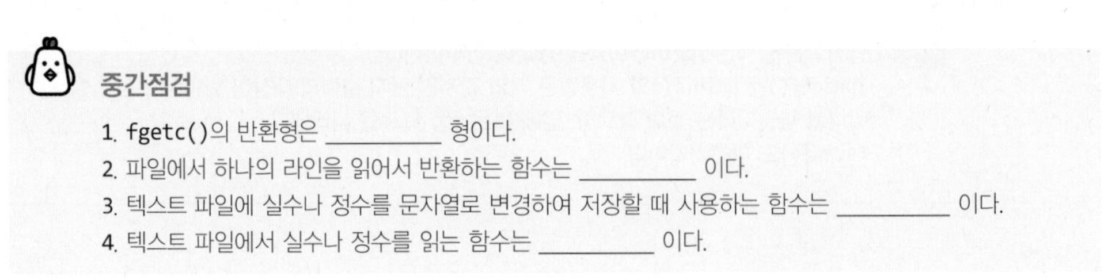
중간점검

1. fgetc()의 반환형은 __________ 형이다.
2. 파일에서 하나의 라인을 읽어서 반환하는 함수는 __________ 이다.
3. 텍스트 파일에 실수나 정수를 문자열로 변경하여 저장할 때 사용하는 함수는 __________ 이다.
4. 텍스트 파일에서 실수나 정수를 읽는 함수는 __________ 이다.

Lab 성적을 파일에 기록하기

| 난이도 ★★ 주제 fprintf()와 fscanf() 사용하기 |

사용자가 입력하는 학생들의 성적을 형식화된 입출력을 사용하여 텍스트 파일에 저장하는 프로그램을 작성해보자.

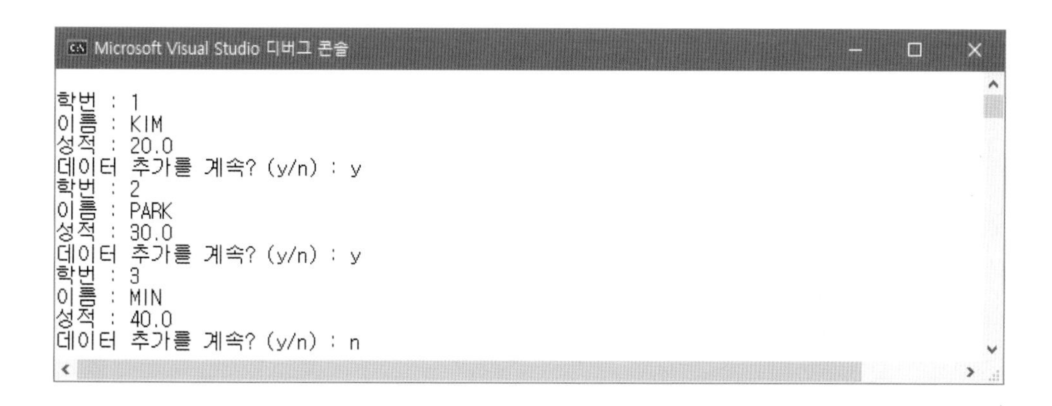

학생들의 학번, 이름, 성적을 사용자로부터 받아서 다음과 같이 fprintf()를 이용하여 파일에 쓴다.

```
do {
        ...
        fprintf(fp, "%d %s %d \n", number, name, score);    // 파일에 기록한다.
        printf("데이터 추가를 계속? (y/n) : ");
        ch = getche();        // 에코우를 하면서 하나의 문자를 입력받는 함수
} while (ch != 'n');
```

참고

이 실습에서 성적은 정수라고 가정하자. 따라서 성적은 정수 변수에 저장된다. 만약 성적이 실수라면 double형으로 정의해야 할 것이다.

score3.c

```
1  #include<stdio.h>
2
3  int main(void)
4  {
5     FILE *fp;
6     int number;
7     char name[30];
8     int score;
9     char ch;
10
11    // 성적 파일을 쓰기 모드로 연다.
12    fp = fopen("scores.txt", "w");
13    if (fp == NULL) {
14       printf("성적 파일 scores.txt를 열 수 없습니다.\n");
15       exit(0);
16    }
17
18    do {
19       printf("\n학번 : ");
20       scanf("%d", &number);
21
22       printf("이름 : ");
23       scanf("%s", name);
24
25       printf("성적 : ");
26       scanf("%d", &score);
27
28       fprintf(fp, "%d %s %d \n", number, name, score);   // 파일에 기록한다.
29       printf("데이터 추가를 계속? (y/n) : ");
30       ch = getche();  // 에코우를 하면서 하나의 문자를 입력받는 함수
31    } while (ch != 'n');
32
33    fclose(fp);
34    return 0;
35 }
```

6. 이진 파일

여기서 다시 한 번 텍스트 파일과 이진 파일의 차이점을 살펴보자. 텍스트 파일(text file)에서는 모든 정보가 문자열로 변환되어서 파일에 기록되었다. 즉 정수값도 fprintf()를 통하여 문자열로 변환된 후에 파일에 쓰였다. 즉 123456와 같은 정수값을 화면에 출력하려면 6개의 문자 '1', '2', '3', '4', '5', '6'으로 변환하여 출력하였다. 이 변환은 fprintf() 함수가 담당하였다. 마찬가지로 파일에서 숫자를 읽을 때도 파일의 문자를 읽어서 fscanf()가 숫자로 변환하게 된다.

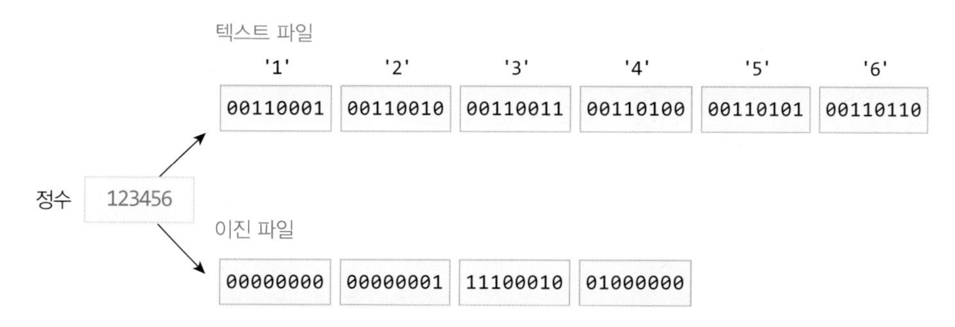

그림 12.7 정수 123456을 텍스트 파일에 저장하는 경우와 이진 파일에 저장하는 경우의 비교

이진 파일(binary file)은 데이터가 직접 저장되어 있는 파일이다. 즉 정수 123456는 문자열로 변환되지 않고 이진수 상태로 파일에 기록되는 것이다. 이진 파일의 장점은 효율성이다. 텍스트 파일에서 숫자 데이터를 읽으려면 먼저 문자를 읽어서 이것을 fscanf()와 같은 함수를 사용하여 숫자로 변환하여야 하는데 이 과정은 시간이 많이 걸리며 비효율적이다. 이진 파일을 사용하면 이러한 변환 과정이 필요 없이 바로 숫자 데이터를 읽을 수 있으며 텍스트 파일에 비하여 저장 공간도 더 적게 차지한다.

이진 파일의 단점은 인간이 파일의 내용을 확인하기가 힘들다는 점이다. 문자 데이터가 아니므로 모니터나 프린터로 출력하는 것이 불가능하다. 텍스트 파일은 컴퓨터의 기종이 달라도 파일을 이동할 수 있다. 왜냐하면 아스키 코드로 되어 있기 때문에 다른 컴퓨터에서도 읽을 수 있기 때문이다. 그러나 이진 파일의 경우, 정수나 실수 데이터를 표현하는 방식이 컴퓨터 시스템마다 다를 수 있기 때문에 이식성이 떨어진다. 따라서 이식성이 중요하다면 약간 비효율적이더라도 텍스트 형식의 파일을 사용하는 것이 좋다. 하지만 데이터가 상당히 크고 수행 속도가 중요하다면 이진 파일로 하는 것이 좋을 것이다.

이진 파일 사용하기

이진 파일을 생성하려면 fopen()에서 파일 모드에 "wb"를 붙이면 된다. 즉 읽기 전용으로 파일을 열려면 파일 모드로 "rb"를 사용한다. 쓰기 전용으로 파일을 열려면 파일 모드로 "wb"를 사용한다.

```
FILE *fp1 = fopen("binary.bin", "rb");      // 읽기 전용
FILE *fp2 = fopen("binary.bin", "wb");      // 쓰기 전용
```

이진 파일에서 데이터를 읽고 쓰려면 fread()와 fwrite()를 사용한다.

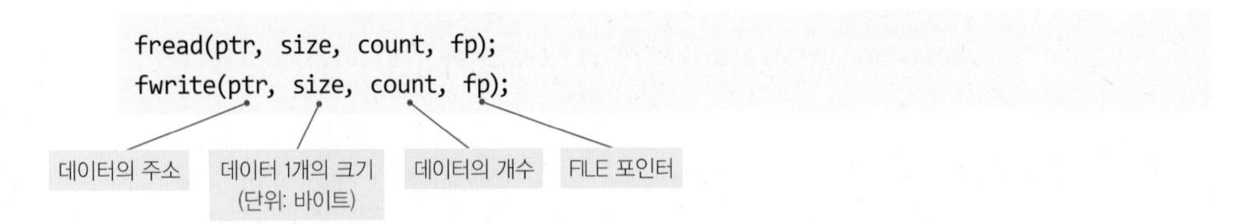

fread()나 fwrite()의 첫 번째 인수로는 데이터의 주소를 보내주어야 한다. 예를 들어서 정수 1개를 이진 파일에 저장하려면 다음과 같이 적어주면 된다.

```
int x = 123456;
fwrite(&x, sizeof(int), 1, fp);
```

반대로 이진 파일에서 정수 1개를 읽는 문장은 다음과 같다.

```
int x;
fread(&x, sizeof(int), 1, fp);
```

이진 파일에서 정수 10개를 읽으려면 다음과 같은 문장을 사용한다.

```
int buffer[10];
fread(buffer, sizeof(int), 10, fp);
```

이진 파일 쓰기

배열에 저장된 정수값들을 이진 파일 "binary.bin"에 저장해보자. 이진 파일은 특히 대량의 데이터를 한 번에 기록할 때 편리하다.

binary1.c

```
1  #include <stdio.h>
2  #define SIZE 10
3  
4  int main(void)
5  {
6     int buffer[SIZE] = { 10, 20, 30, 40, 50, 60, 70, 80, 90, 100 };
7     FILE *fp = NULL;
8  
9     fp = fopen("binary.bin", "wb");
10    if (fp == NULL) {
11       fprintf(stderr, "binary.bin 파일을 열 수 없습니다.");
12       return 1;
13    }
14 
15    fwrite(buffer, sizeof(int), SIZE, fp);
16    fclose(fp);
17    return 0;
18 }
```

이진 파일 읽기

앞에서 기록하였던 binary.bin 파일은 텍스트 에디터로 읽을 수 없다. 이 파일을 읽어서 화면에 표시하는 프로그램을 작성해보자.

binary2.c

```
1  #include <stdio.h>
2  #define SIZE 10
3  
4  int main(void)
5  {
6     int buffer[SIZE];
7     FILE *fp = NULL;
8     int i;
9  
10    fp = fopen("binary.bin", "rb");
```

```
11      if (fp == NULL)     {
12         fprintf(stderr, "binary.bin 파일을 열 수 없습니다.");
13         return 1;
14      }
15      fread(buffer, sizeof(int), SIZE, fp);
16      for (i = 0; i<SIZE; i++)
17         printf("%d ", buffer[i]);
18      fclose(fp);
19      return 0;
20   }
```

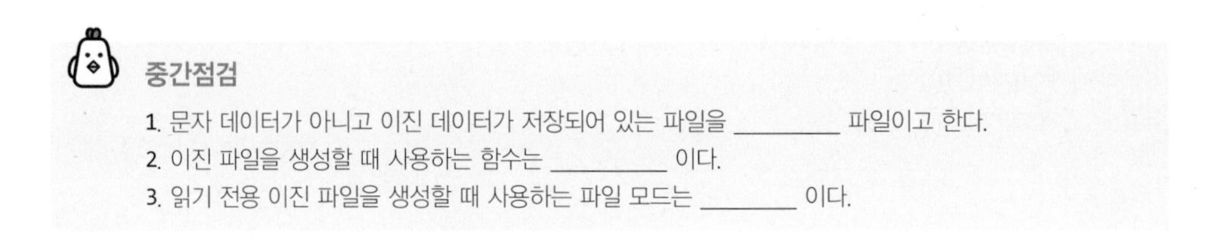

buffer는 파일로부터 읽어오는 데이터를 저장할 메모리 블록의 시작 주소가 된다. sizeof(int)는 int형의 크기를 계산하여 반환한다. SIZE는 항목의 개수이다.

중간점검

1. 문자 데이터가 아니고 이진 데이터가 저장되어 있는 파일을 ________ 파일이고 한다.
2. 이진 파일을 생성할 때 사용하는 함수는 ________ 이다.
3. 읽기 전용 이진 파일을 생성할 때 사용하는 파일 모드는 ________ 이다.

Lab 이미지 파일 읽어서 표시하기

| 난이도 ★★★ 주제 이진 파일 읽기 |

이진 파일의 가장 전형적인 예는 이미지 파일이다. 이미지 파일 안에는 이미지 픽셀 값들이 이진값으로 저장된다. 대부분의 이미지 파일은 앞에 헤더가 있어서 헤더를 해석해야 만이 이미지 픽셀 값들을 꺼내서 사용할 수 있다. 다행하게도 RAW 파일 형식은 이미지 헤더가 없고 바로 픽셀 값부터 시작한다. 따라서 쉽게 읽어서 처리할 수 있다. "lena(256x256).raw" 파일을 읽어서 화면에 표시하는 프로그램을 작성해보자. "lena(256x256).raw" 파일은 출판사 홈페이지나 인터넷에서 구할 수 있다.

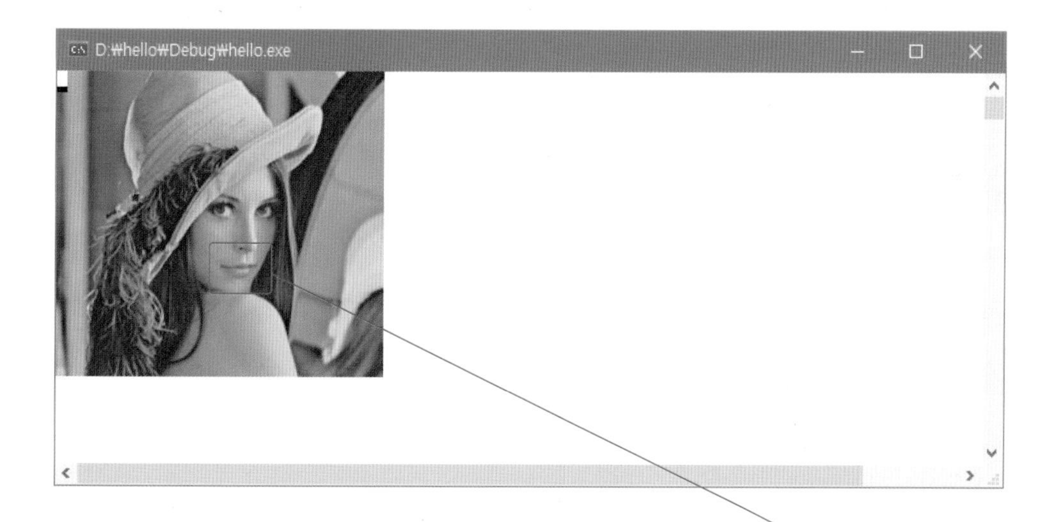

그레이스케일 이미지(검정색, 흰색, 회색만 있는 이미지)만을 생각하자. 이미지는 많은 점(픽셀)들로 되어 있고 이들 점의 밝기는 파일 안에 오른쪽과 같이 8비트 정수값으로 저장되어 있다.

88	82	84	88	85	83	80	93	102
88	80	78	80	80	78	73	94	100
85	79	80	78	77	74	65	91	99
38	35	40	35	39	74	77	70	65
20	25	23	28	37	69	64	60	57
22	26	22	28	40	65	64	59	34
24	28	24	30	37	60	58	56	66
21	22	23	27	38	60	67	65	67
23	22	22	25	38	59	64	67	66

픽셀을 화면에 그릴 때는 다음과 같은 함수를 사용한다.

```
SetPixel(hdc, x, y, RGB(red, green, blue));
```

Soultion 이미지 파일 읽어서 표시하기

imagedisp.c

```
1  #include <windows.h>
2  #include <stdio.h>
3
4  int main(void)
5  {
6     HDC hdc = GetWindowDC(GetForegroundWindow());
7
8     FILE * fp = fopen("d:\\lena(256x256).raw", "rb");
9     if (fp == NULL){
10       printf("lena.raw 파일을 열 수 없습니다.");
11       exit(1);
12    }
13    char image[256][256];
14    fread(image, 1, 256 * 256, fp);
15    fclose(fp);
16
17    int r, c;
18    for (r = 0; r < 256; r++) {
19       for (c = 0; c < 256; c++) {
20          int red = image[r][c];
21          int green = image[r][c];
22          int blue = image[r][c];
23          SetPixel(hdc, c, r, RGB(red, green, blue));
24       }
25    }
26 }
```

도전문제

그레이스케일 이미지가 아니고 컬러 이미지를 구해서 화면에 컬러 이미지를 표시할 수 있는가?

7. 임의 접근

순차 접근과 임의 접근

지금까지의 파일 입출력 방법은 모두 데이터를 파일의 처음부터 순차적으로 읽거나 기록하는 것이었다. 이것을 순차 접근(sequential access) 방법이라고 한다. 이러한 방법은 한번 읽은 데이터를 다시 읽으려면 현재의 파일을 닫고 파일을 다시 열어야 한다. 또한 앞부분을 읽지 않고 중간이나 마지막으로 건너뛸 수도 없다. 또 다른 파일 입출력 방법으로 임의 접근(random access) 방법이 있다. 임의 접근 방법은 파일의 어느 위치에서든지 읽기와 쓰기가 가능하다.

그림 12.8 순차 접근 파일과 임의 접근 파일의 비교

임의 접근의 원리

모든 파일에는 파일 포인터(file pointer)라는 것이 존재한다. 파일 포인터는 64비트의 값으로 읽기와 쓰기 동작이 현재 어떤 위치에서 이루어지는지를 나타낸다. 새 파일이 만들어지게 되면 파일 포인터는 값이 0이고 이것은 파일의 시작 부분을 가리킨다. 기존의 파일의 경우, 추가 모드에서 열렸을 경우에는 파일의 끝이 되고, 다른 모드인 경우에는 파일의 시작 부분을 가리킨다.

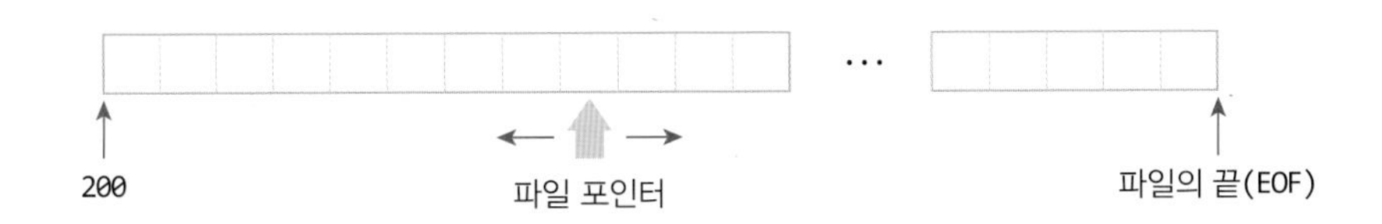

파일에서 읽기나 쓰기가 수행되면 파일 포인터가 갱신된다. 예를 들어 읽기 모드로 파일을 열고, 100바이트를 읽었다면 파일 포인터의 값이 100이 된다. 다음에 다시 200바이트를 읽었다면 파일 포인터는 300이 된다. 우리가 입출력 함수를 사용하면 그 함수의 내부에서 파일 포인터의 값이 변경된다. 사실 프로그래머는 파일 포인터에 대하여 크게 신경 쓸 필요는 없다.

보통 순차적으로 데이터를 읽게 되면 파일 포인터는 파일의 시작 위치에서 순차적으로 증가하여 파일의 끝으로 이동한다. 그러나 만약 파일의 데이터를 전체를 다 읽지 않고 부분적으로 골라서 읽고 싶은 경우에는 파일 포인터를 이동시켜서 임의 파일 액세스를 할 수 있다. 임의(random)이라는 말은 임의의 위치에서 데이터를 읽을 수 있다는 의미이다. 예를 들어서 데이터를 파일의 시작 부분으로부터 1,000바이트 위치에서 읽었다가 다시 시작 위치로부터 500바이트 떨어진 위치에서 읽어야 하는 경우도 있다. 즉 데이터를 임의의 위치에서 읽는 기능이 필요한 경우도 있는 것이다. 이때는 위치 표시자를 조작하여야 만이 파일을 원하는 임의의 위치에서 읽을 수 있다. 위치 표시자를 조작하는 함수는 fseek()이다. 현재의 위치 표시자는 ftell(fp)을 호출하면 알 수 있다.

파일 포인터 관련 함수

fseek() 함수를 이용하면 위치 표시자를 보다 정밀하게 제어할 수 있다. fseek()는 위치 표시자의 값을 원하는 값으로 설정한다.

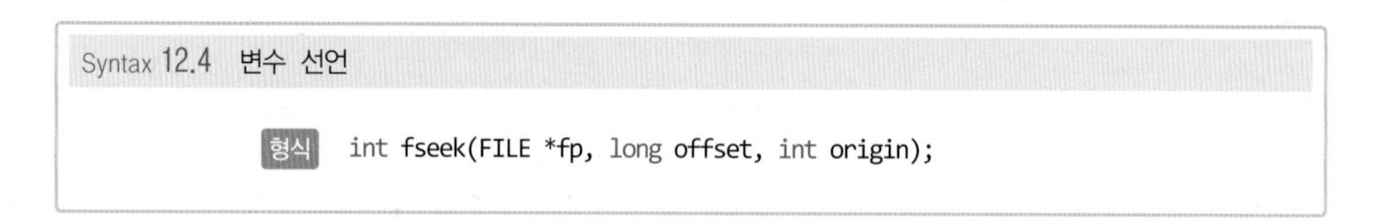
Syntax 12.4 변수 선언

형식
```
int fseek(FILE *fp, long offset, int origin);
```

fp는 FILE에 대한 포인터이다. offset은 기준 위치로 부터 위치 표시자가 이동하는 거리를 나타낸다. offset은 long 형이므로 정수 상수를 인수로 사용하는 경우에는 3000L과 같이 L을 붙이는 것이 좋다. offset이 양수이면 앞으로 가고 음수이면 뒤로 간다. origin은 위치 표시자를 이동시키는 기준 위치를 나타낸다. origin에는 다음과 같은 값 중에서 하나를 사용할 수 있다.

상수	값	설명
SEEK_SET	0	파일의 시작
SEEK_CUR	1	현재 위치
SEEK_END	2	파일의 끝

fseek()는 성공하면 0를 반환하고 실패한 경우에는 0이 아닌 값을 반환한다. 파일이 열렸을 경우, 파일 포인터의 초기값은 0이다. fseek()를 이용하는 전형적인 몇 가지의 예를 들어 보자.

```
fseek(fp, 0L, SEEK_SET);        // 파일의 처음으로 이동
fseek(fp, 0L, SEEK_END);        // 파일의 끝으로 이동
fseek(fp, 100L, SEEK_SET);      // 파일의 처음에서 100바이트 이동
fseek(fp, 50L, SEEK_CUR);       // 현재 위치에서 50바이트 이동
fseek(fp, -20L, SEEK_END);      // 파일의 끝에서 20바이트 앞으로 이동
```

도대체 어떤 경우에 순차 접근이 아닌 임의 접근을 할 필요가 있을까? 음악 파일을 듣거나 동영상 파일을 보는 경우, 중간을 건너뛰고 뒷부분으로 가는 경우가 있다. 보통 멀티미디어 파일들은 그 크기가 커서 메모리에 전부 적재하지 못한다. 따라서 그런 경우에는 파일의 위치 표시자를 뒷부분으로 보낸 후에 그 위치부터 읽으면 될 것이다.

예제 #1

fseek()를 사용하면 파일의 크기를 알 수 있다. fseek(fp, 0L, SEEK_END);을 이용하여 파일의 끝으로 간 후에 ftell()로 현재의 위치 표시자를 출력하면 된다.

fseek1.c

```
1  #include <stdio.h>
2  #include <stdlib.h>
3
4  int main(void)
5  {
6     long length;
7
8     FILE * fp = fopen("d:\\lena(256x256).raw", "rb");
9     if (fp == NULL) {
10       printf("lena.raw 파일을 열 수 없습니다.");
11       exit(1);
12    }
13    fseek(fp, 0, SEEK_END);
14
15    length = ftell(fp);
16    printf("파일 크기=%d 바이트\n", length);
17    fclose(fp);
18    return 0;
19 }
```

예제 #2

텍스트 파일의 중간 부분을 변경해보자. fseek()를 이용하여 파일의 처음부터 11바이트 떨어진 위치로 가서 문자열 "apple"을 저장한다.

```
1  #include <stdio.h>
2
3  int main(void)
4  {
5     FILE * fp;
6     fp = fopen("data.txt", "w");
7     if (fp == NULL) {
8        printf("data.txt 파일을 열 수 없습니다.");
9        exit(1);
10    }
11    fputs("This is an house.", fp);
12    fseek(fp, 11, SEEK_SET);
13    fputs("apple", fp);
14    fclose(fp);
15
16    return 0;
17 }
```

위의 프로그램을 실행한 후에 data.txt 파일의 내용은 다음과 같다.

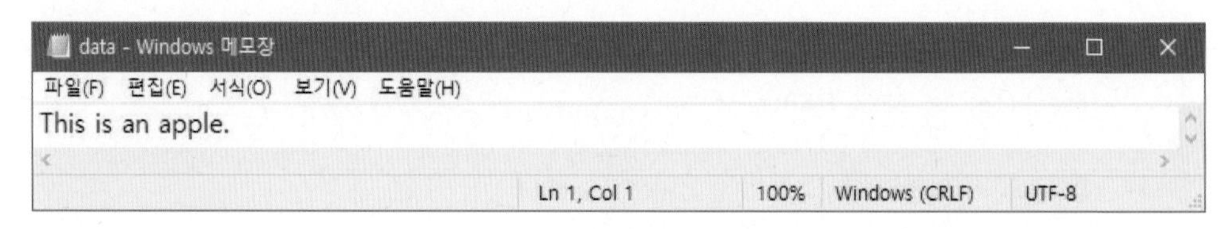

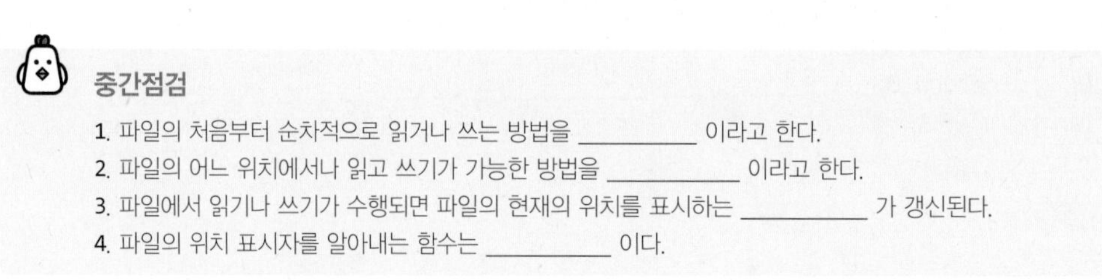

중간점검

1. 파일의 처음부터 순차적으로 읽거나 쓰는 방법을 __________ 이라고 한다.
2. 파일의 어느 위치에서나 읽고 쓰기가 가능한 방법을 __________ 이라고 한다.
3. 파일에서 읽기나 쓰기가 수행되면 파일의 현재의 위치를 표시하는 __________ 가 갱신된다.
4. 파일의 위치 표시자를 알아내는 함수는 __________ 이다.

Mini Project 파일 암호화하기

| 난이도 ★★★ 주제 파일 읽고 쓰기 |

파일 암호화는 일상생활에서도 많이 사용되는 기술이다. 민감한 개인 정보가 들어 있는 파일은 반드시 암호화를 시키는 것이 좋다. 이번 장에서 기초적인 암호화 기술을 사용하여서 파일을 암호화해보자. 어떤 암호화 기술을 사용하여도 좋다.

권장하는 암호화 방법은 XOR 암호화 방법이다. 이 알고리즘에서는 파일 안의 모든 문자에 대하여 암호키와 비트 XOR 연산자를 적용한다. 출력을 해독하려면 동일한 키를 사용하여 XOR 함수를 다시 적용하면 된다.

예를 들어서 암호화키 “0123456789”를 이용하여 왼쪽의 텍스트 파일을 암호화하면 오른쪽 파일처럼 된다.

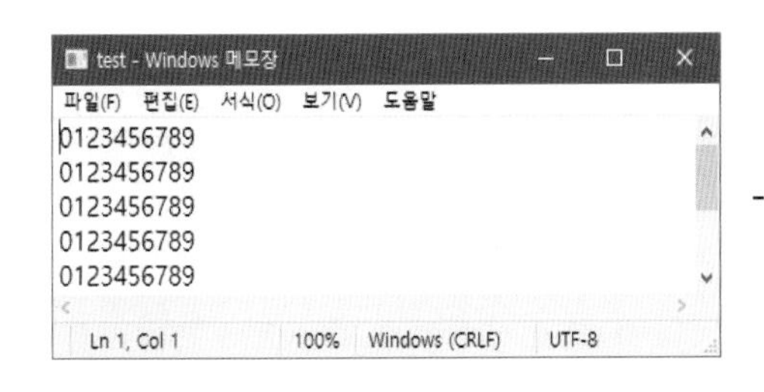

->

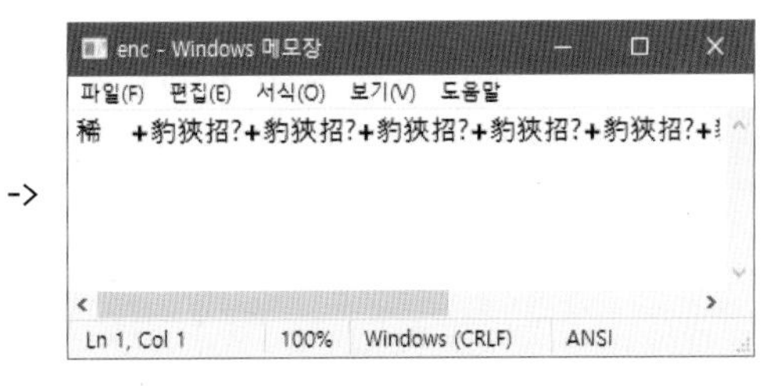

연습문제

1 다음 중 표준 파일 스트림이 아닌 것은?

① stdin ② stdout ③ stderr ④ stdcon

2 파일의 시작 부분으로 파일 위치 표시자를 이동시키는 문장은?

① fseek(fp, 0L, SEEK_END);

② fseek(fp, 0L, SEEK_START);

③ fseek(fp, 0L, SEEK_SET);

④ fseek(fp, -1L, SEEK_SET);

3 기존의 이진 파일을 새로운 데이터로 업데이트하고자 한다. 파일 오픈 시에 필요한 파일 모드는?

① w ② rb ③ wb ④ t

4 다음 중에서 이진 파일에서 올바르게 읽은 문장을 모두 선택하라.

```
FILE *fp=fopen("TEST.DAT", "rb");
char buffer[200];
```

① fread(fp, buffer, 100, 1);

② fread(buffer, 100, 1, fp);

③ fread(buffer, 1, 300, fp);

④ fread(fp, buffer, 1, 100);

5 다음 코드에서 fopen()에서 "rb"가 의미하는 것은 무엇인가?

```
FILE *fp;
fp = fopen("source.txt", "rb");
```

6 다음은 표준 입출력 함수들에 대한 설명이다. 설명에 가장 일치하는 함수를 보기에서 골라서 써라.

〈보기〉

```
feof()  fgetc()  fscanf()  fgets()  fflush()  ftell()  fprintf()  fseek()
```

① ______________ : 텍스트 파일에서 하나의 줄을 입력받는 함수

② ______________ : 파일의 끝을 검사하는 함수

③ ______________ : 형식 제어 문자열을 사용하여서 파일에 정수나 실수를 읽는 함수

Programming

| 난이도 ★ 주제 텍스트 파일 읽기 |

1 텍스트 파일의 내용을 읽어서 그대로 화면에 출력하여 주는 프로그램을 작성하여 보자. 각 문장 앞에는 번호를 붙인다.

```
파일 이름을 입력하시오: fseek1.c
0       #include <stdio.h>
1       #include <stdlib.h>
2
3       int main(void)
4       {
```

| 난이도 ★ 주제 텍스트 파일 읽기 |

2 정수들이 저장된 파일 numbers.txt에서 모든 정수를 읽어서 정수의 개수, 합계, 평균을 출력하는 프로그램을 작성하라.

Microsoft Visual Studio 디버그 콘솔
정수들의 개수: 3
정수들의 합계: 60
정수들의 평균: 20.00

| 난이도 ★ 주제 텍스트 파일 읽기 |

3 텍스트 파일 안에 들어 있는 라인의 개수를 계산하는 프로그램을 작성하여 보자.

```
        fseek(fp, 0, SEEK_END);

        length = ftell(fp);
        printf("파일 크기=%d 바이트₩n", length);
        fclose(fp);
        return 0;
}
**** 라인의 개수=18 ****
```

| 난이도 ★★ 주제 텍스트 파일 처리 |

4 두 개의 텍스트 파일을 비교하여 같은지 다른지를 알려주는 프로그램을 작성하라.

| 난이도 ★ 주제 fscanf() 와 fprintf() 사용 |

5 사용자로부터 직원에 대한 정보를 받아서 employee.txt 파일에 저장하는 프로그램을 작성하여 보자.

| 난이도 ★ 주제 fscanf() 와 fprintf() 사용 |

6 사용자가 입력하는 텍스트를 파일에 저장하여 주는 프로그램을 작성하여 보자. 사용자가 공백 문자열을 입력하면 종료하는 것으로 한다.

Programming

| 난이도 ★★★ 주제 텍스트 파일 처리 |

7 두 개의 텍스트 파일을 서로 비교하는 프로그램을 작성하여 보자. 파일의 이름은 사용자에게 입력받는다. 만약 두 개의 파일이 일치하면 "파일은 서로 일치함"을 출력하며 일치하지 않으면 처음 일치하지 않는 문장을 다음과 같이 출력한다.

HINT 파일에서 fgets()를 이용하여 하나의 줄을 읽은 후에 strcmp()를 이용하여 같은지 다른지를 비교하면 된다.

| 난이도 ★★ 주제 텍스트 파일 처리 |

8 두 개의 텍스트 파일을 하나의 파일로 합치는 프로그램을 작성하여 보자. 파일의 이름은 사용자에게 입력받는다.

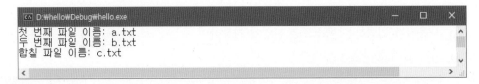

| 난이도 ★★★ 주제 텍스트 파일 처리 |

9 텍스트 파일에서 특정 단어를 찾아서 다른 단어로 교체하는 프로그램을 작성해보자. 원본 텍스트 파일을 수정하는 것은 생각보다 어렵다. 따라서 임시 파일을 만들고 원본 파일을 복사하면서 특정한 단어가 나오면 새로운 단어를 임시 파일에 쓰는 방법이 편하다. 복사가 끝나면 임시 파일의 이름을 원본 파일로 바꾼다.

HINT strstr() 함수를 이용하여 특정한 단어를 문자열에서 찾을 수 있다. remove()을 이용하여 파일을 삭제할 수 있다. rename()을 이용하여 파일의 이름을 바꿀 수 있다.

| 난이도 ★ 주제 텍스트 파일과 이진 파일 |

10 임의의 실수 100개를 생성시킨 후에 텍스트 파일과 이진 파일로 저장하여 보고 그 크기를 비교하여 보라.

HINT 실수를 텍스트 파일에 쓸 때는 fprintf()를 사용하면 된다. 실수를 이진 파일에 쓸 때는 fwrite()를 사용한다. 파일의 크기 비교는 그냥 윈도우에서 비교하자.

| 난이도 ★★★ 주제 이진 파일 압축 |

11 int형의 이진 파일을 읽어서 short형의 이진 파일로 다시 쓰는 프로그램을 작성한다. 원본 이진 파일은 int형이지만 모든 데이터는 −32768 ~ 32767 범위에 있다. 따라서 short형의 2바이트로도 저장이 가능하다. 이 프로그램은 원본 이진 파일을 원래 크기의 50%로 압축한다.

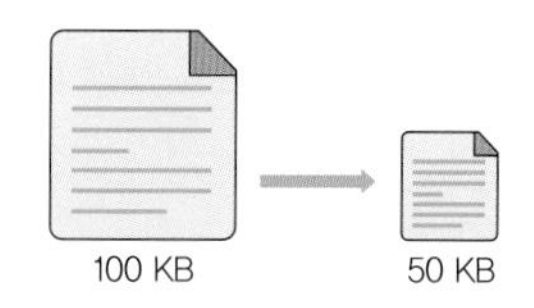

| 난이도 ★★★ 주제 종합 예제 |

12 소규모의 데이터베이스 프로그램 작성. 자기가 소유하고 있는 도서를 관리하는 프로그램을 작성하여 보자. 다음과 같은 메뉴 화면을 가진다.

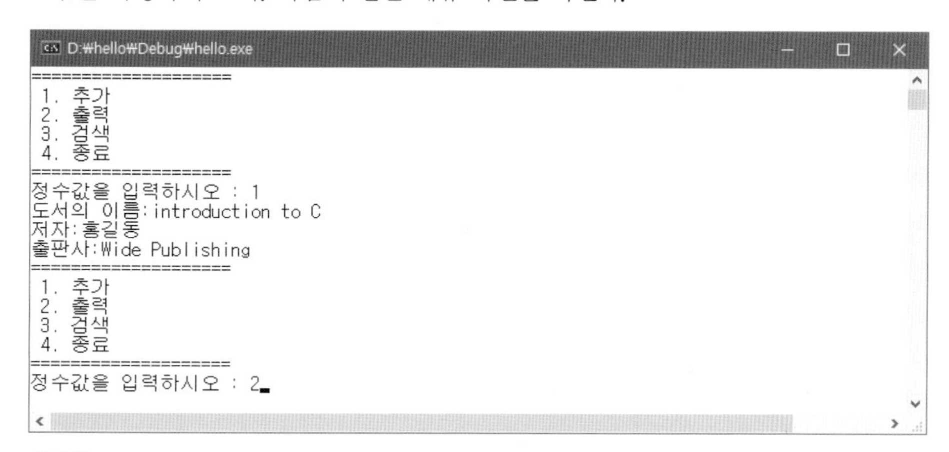

HINT 책의 이름이나 저자는 gets_s()를 사용하여 입력받는다. 정수값을 입력받은 후에, 문자열을 입력받아야 할 때는 엔터키를 없애기 위하여 getchar()를 한 번 호출해주자.

동적 메모리

동적 메모리를 사용하면 크기에 맞는 배열을 동적으로 생성할 수 있습니다.
배열의 크기가 고정되어 있어서 너무 불편해요! 좋은 방법이 있나요?

■ 학습목표

- 동적 메모리 할당의 개념을 이해한다.
- 동적 메모리 할당 관련 함수를 사용할 수 있다.

13 동적 메모리

1. 이번 장에서 만들 프로그램

이번 장에서는 동적 메모리를 이용하여 동적 배열을 만들어보자.

(1) 동적 메모리 할당의 가장 큰 장점은 사용자가 원하는 크기의 배열을 만들 수 있다는 점이다. 이번 실습에서는 사용자에게 원하는 배열의 크기를 물어보고, 그 크기의 배열을 동적으로 생성하자. 동적 배열에 사용자가 입력하는 데이터를 저장하고 다시 출력해보자.

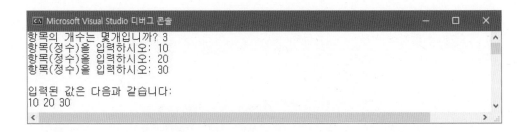

(2) 크기가 1000인 동적 배열을 생성하고 난수로 채운 후에 최대값을 계산해보자.

(3) 동적 배열을 생성하여 영화 정보를 저장해보자.

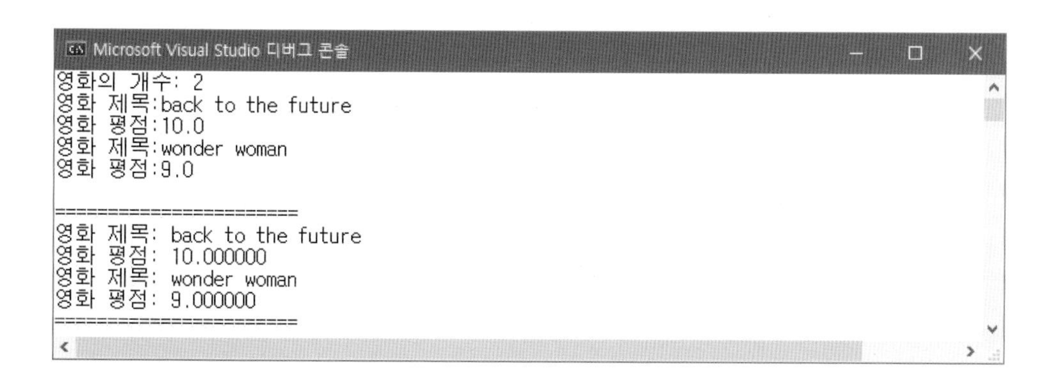

2. 동적 할당 메모리란?

프로그램이 메모리를 할당받는 방법에는 정적(static)과 동적(dynamic)의 두 가지 방법이 있다. 정적 메모리 할당이란 프로그램이 시작되기 전에 미리 정해진 크기의 메모리를 할당받는 것이다. 이 경우, 메모리의 크기는 프로그램이 시작하기 전에 결정되며 프로그램의 실행 도중에 그 크기가 변경될 수는 없다. 예를 들면 아래와 같이 배열을 선언하면 정적으로 메모리를 할당받는 것이다.

```
int sarray[10];
```

정적 메모리 할당은 간편하지만 경우에 따라 비효율적일 수 있다. 예를 들면 프로그램이 처리해야 하는 입력의 크기를 미리 알 수 없는 경우에는 비효율적이다. 만약 처음에 결정된 크기보다 더 많은 입력이 들어온다면 처리하지 못할 것이고 더 적은 수의 입력이 들어온다면 메모리 공간이 낭비될 것이다.

그림 13.1 동적 메모리의 필요성

동적 메모리 할당(dynamic memory allocation)이란 다음과 같이 프로그램이 실행 도중에 동적으로 메모리를 할당받는 것이다.

```c
int *darray = malloc(10 * sizeof(int));
```

위의 문장에서는 10개의 정수를 저장할 수 있는 공간을 동적으로 할당받고 있다. 동적 메모리 할당에서는 필요한 만큼의 메모리를 시스템으로부터 할당받아서 사용하고, 사용이 끝나면 시스템에 메모리를 반납한다. 필요한 만큼만 할당받고, 또 필요한 때에 사용하고 반납하기 때문에 메모리를 매우 효율적으로 사용할 수 있다. 동적 메모리는 malloc() 계열의 라이브러리 함수를 사용하여 할당받을 수 있다. 프로그램이 수행되다가 malloc() 함수를 만나면 운영 체제가 호출되어서 필요한 만큼의 동적 메모리를 할당하게 된다.

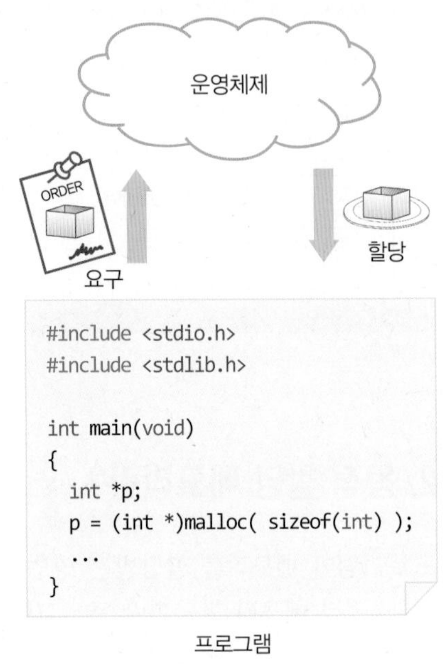

그림 13.2 동적 메모리 할당

3. malloc()과 free()

동적 메모리 할당 절차에 대하여 살펴보자. 동적 메모리 할당은 도서관에서 책을 빌리는 절차와 비슷하다. 도서관에서는 필요한 책을 신청하고 책이 준비되면 받아오는 단계가 필요하다. 책의 사용이 끝나면 책을 다시 도서관으로 반납하는 단계가 필요하다. 동적 메모리 할당도 마찬가지이다. 먼저 얼마나 할당을 받을 것인지를 결정하고 라이브러리 함수를 호출하여 운영 체제에게 메모리를 요청하는 단계가 필요하다. 만약 충분한 메모리가 존재하면 그 요청은 승인되고 메모리가 할당된다. 프로그램을 할당된 메모리를 사용한다. 사용이 끝나면 메모리를 다시 운영체제에게 반납하는 단계가 필요하다. 만약 메모리를 반납하지 않으면 다른 프로그램이 동적 메모리를 사용할 수 없게 될 것이다. 따라서 반드시 동적 메모리는 명시적으로 반납을 해주어야 한다.

그림 13.3 동적 메모리 사용 단계

① 동적 메모리 할당

동적 메모리를 할당하는 가장 기본적인 함수인 malloc()은 헤더 파일 〈stdlib.h〉에 원형이 정의되어 있으며 바이트 단위로 메모리를 할당한다.

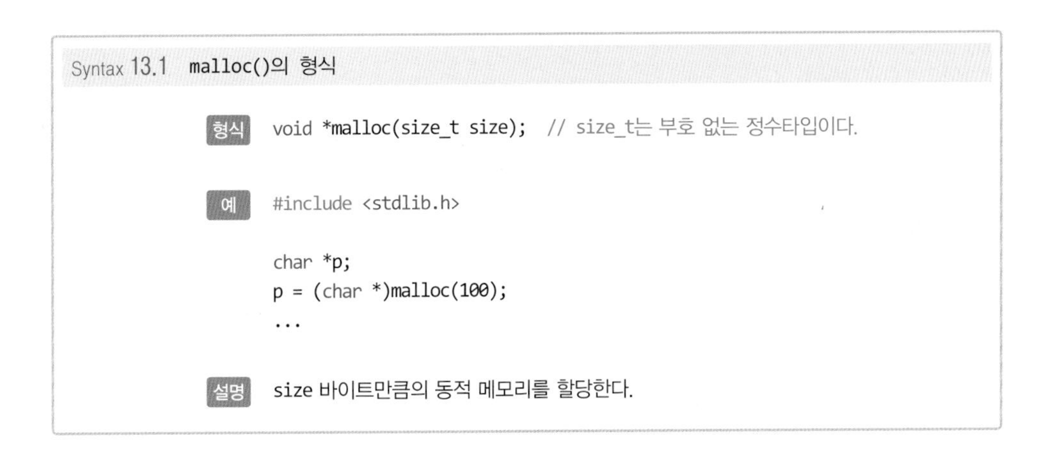

Syntax 13.1 malloc()의 형식

형식
```
void *malloc(size_t size);   // size_t는 부호 없는 정수타입이다.
```

예
```
#include <stdlib.h>

char *p;
p = (char *)malloc(100);
...
```

설명 size 바이트만큼의 동적 메모리를 할당한다.

malloc() 함수는 요청된 크기만큼의 메모리 공간을 찾아서 메모리의 주소를 반환한다. 단위는 바이트이다. 따라서 malloc(100)이라고 하면 100바이트의 공간을 요청하는 것이다. 만약 요청한 메모리 공간을 할당할 수 없는 경우에는 NULL 값을 반환한다. 여기서 반환하는 것은 void를 가리키는 포인터이다. void 포인터를 반환하는 것은 프로그래머가 메모리 공간을 어떤 자료형으로 사용할지 알 수 없기 때문이다. void 포인터는 다른 자료형의 포인터로 변경이 가능하다. 따라서 프로그래머는 자신이 사용하고자 하는 자료형의 포인터로 형변환하여 사용해야 한다.

② 동적 메모리 사용

동적 메모리는 어떻게 사용할 수 있는가? 동적 메모리 공간은 이름이 없다. 동적 메모리 공간은 오직 포인터를 사용하여 사용할 수 있다(포인터 학습하길 잘했다고 생각하지 않는가?). 반환된 포인터를 통하여 메모리 블록에 데이터를 쓰고 읽을 수 있다. *pi = 'a'; 문장을 수행하면 동적으로 할당된 공간에 문자 'a'가 저장된다.

```
*p = 'a';
```

③ 동적 메모리 반납

free()는 동적으로 할당되었던 메모리 블록을 시스템에 반납한다. 다음과 같은 함수 원형을 가지며 여기서 ptr은 malloc()이나 calloc()을 이용하여 동적 할당된 메모리를 가리키는 포인터이다.

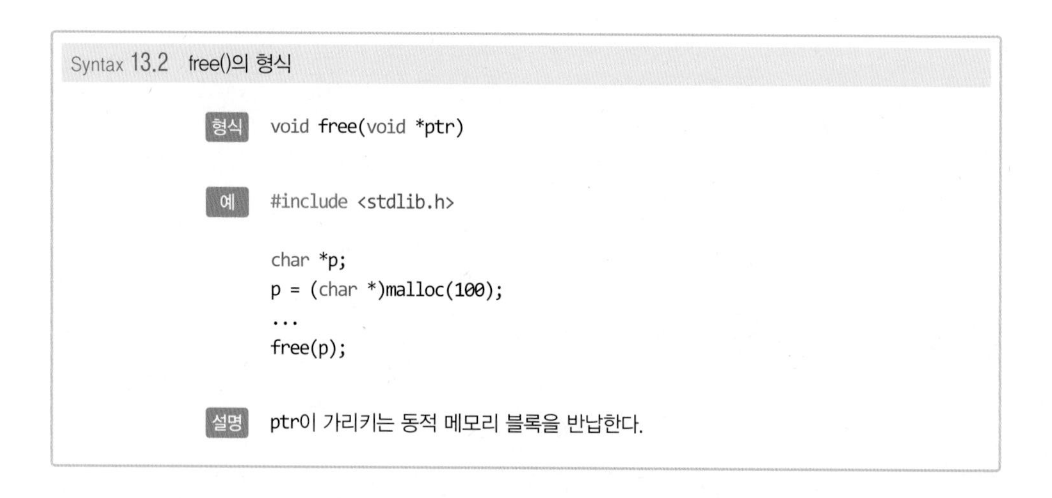

Syntax 13.2 free()의 형식

형식
```
void free(void *ptr)
```

예
```
#include <stdlib.h>

char *p;
p = (char *)malloc(100);
...
free(p);
```

설명 ptr이 가리키는 동적 메모리 블록을 반납한다.

컴퓨터 시스템에서 동적으로 할당 가능한 메모리는 제한되어 있다. 따라서 할당받은 메모리의 사용이 끝났을 경우에는 반드시 메모리를 다른 프로그램이 사용할 수 있도록 반납하여야 한다. free()를 호출할 때는 할당된 메모리를 가리키는 포인터를 인수로 하여 호출하여야 한다. 따라서 malloc()이 반환한 포인터는 절대로 잊어버리면 안 된다.

예제 #1

malloc1.c

```
1  #include <stdio.h>
2  #include <stdlib.h>
```

malloc(), free(), exit()가 정의되어 있다.

```
3
4   int main(void)
5   {
6      char *pc;
7
8      pc = (char *)malloc(1*sizeof(char));
9      if (pc == NULL) {
10        printf("메모리 할당 오류\n");
11        exit(1);
12     }
13
14     *pc = 'a';
15     printf("%c \n", *pc);
16     free(pc);
17
18     return 0;
19  }
```

malloc(1)로 하여도 됨.

항상 체크하여야 한다.

포인터가 가리키는 곳에 문자 'a'를 저장한다.

예제 #2

5개의 정수를 저장할 수 있는 동적 메모리 공간을 할당받고 여기에 1, 2, 3, 4, 5까지의 정수를 저장해보자.

```
1   #include <stdio.h>
2   #include <stdlib.h>
3
4    main(void)
5   {
6      int *pi;
7
8      pi = (int *)malloc(5 * sizeof(int));
9      if (pi == NULL) {
10        printf("메모리 할당 오류\n");
11        exit(1);
12     }
```

5개의 정수를 저장할 수 있는 공간은 이렇게 계산한다.

```
13      *pi = 1;            // pi[0] = 1;
14      *(pi + 1) = 2;      // pi[1] = 2;
15      *(pi + 2) = 3;      // pi[2] = 3;
16      *(pi + 3) = 4;      // pi[3] = 4;
17      *(pi + 4) = 5;      // pi[4] = 5;
18
19      free(pi);
20      return 0;
21  }
```

포인터를 통하여 할당된 공간에 1, 2, 3, 4, 5를 저장한다. 포인터는 배열과 같으므로 주석과 같이 써도 된다. 이 부분을 반복 구문으로 작성할 수 있는가?

프로그램 설명

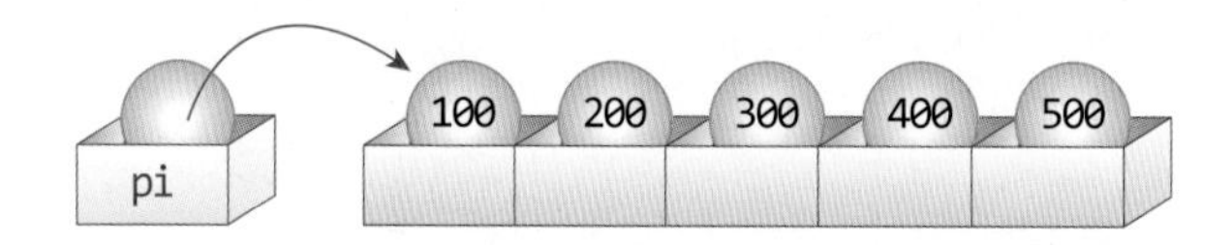

여기서 포인터 **pi**는 5개의 정수 중에서 첫 번째 정수만을 가리킨다. 그렇다면 다른 정수들은 어떻게 접근하여야 하는가? 사실 이것은 정수 타입의 **1**차원 배열이나 마찬가지이다. 따라서 포인터 덧셈을 이용하여 접근할 수도 있고 아니면 배열 표시를 사용하여 접근하여도 마찬가지이다. 첫 번째 방법은 **pi**를 배열의 이름처럼 생각하여 **pi[1]**와 같은 방법으로 접근하는 것이다. 두 번째 방법은 **pi**에 정수를 더하여 다음 객체를 가리킬 수 있다. 어떤 방법이던지 연산의 결과는 동일하다.

동적 메모리에 1, 2, 3, 4, 5를 저장하는 문장은 다음과 같이 반복 구문으로 작성할 수 있다.

```
int i;
for(i = 0; i < 5; i++) {
   pi[i] = i+1;
}
```

위의 코드를 자세히 관찰해보면 동적 메모리 공간은 동적 배열로 간주할 수 있음을 알 수 있다. 배열과 동일한 기호를 사용하여서 사용할 수 있는 것이다.

중간점검

1. 프로그램의 실행 도중에 메모리를 할당받아서 사용하는 것을 ________ 이라고 한다.
2. 동적으로 메모리를 할당받을 때 사용하는 대표적인 함수는 __________ 이다.
3. 동적으로 할당된 메모리를 해제하는 함수는 __________ 이다.
4. 동적 메모리 함수의 원형은 헤더파일 ________ 에 정의되어 있다.

Lab 사용자가 입력하는 크기의 배열을 만들어 보자

| 난이도 ★★ 주제 동적 메모리 사용 |

동적 메모리 할당의 가장 큰 장점은 사용자가 원하는 크기의 배열을 만들 수 있다는 점이다. 이번 실습에서는 사용자에게 원하는 항목의 개수를 물어보고 그 크기의 배열을 동적으로 생성하자. 배열에 사용자가 입력하는 데이터를 저장하고 다시 출력해보자.

Microsoft Visual Studio 디버그 콘솔
항목의 개수는 몇개입니까? 3
항목(정수)을 입력하시오: 10
항목(정수)을 입력하시오: 20
항목(정수)을 입력하시오: 30
입력된 값은 다음과 같습니다:
10 20 30

dyn_array.c

```
1  #include <stdio.h>
2
3  int main(void)
4  {
5     int *p;
6     int i, items;
7     printf("항목의 개수는 몇개입니까? ");
8     scanf("%d", &items);
9     p = (int*)malloc(sizeof(int)*items);
10
11    for (i = 0; i < items; i++) {
12       printf("항목(정수)을 입력하시오: ");
13       scanf("%d", &p[i]);
14    }
15
16    printf("\n입력된 값은 다음과 같습니다: \n");
17    for (i = 0; i < items; i++)
18       printf("%d ", p[i]);
19    printf("\n");
20    free(p);
21    return 0;
22 }
```

동적 메모리는 배열이라고 생각하고 사용하면 된다.

Lab 동적 배열을 난수로 채워보자

| 난이도 ★★★ 주제 동적 배열 사용 |

크기가 1000인 동적 배열을 생성하고 동적 배열을 난수로 채워보자. 동적 배열의 원소 중에서 최대값을 계산하여 출력하여 본다.

배열에서 최대값을 계산하는 알고리즘은 다음과 같다. 일단 첫 번째 원소를 최대값으로 생각한다. 두 번째 원소부터 이 최대값하고 비교해서 두 번째 원소가 더 크면 최대값을 교체한다.

```
int max = p[0];
for (i = 1; i < SIZE; i++) {
    if (p[i] > max)
        max = p[i];
}
```

동적 배열의 사용이 끝나면 free()를 호출해서 동적 배열을 시스템에 반납하여야 한다. 동적 할당된 메모리를 반납하지 않으면 프로그램이 사용할 수 있는 메모리 공간이 줄어들게 된다(memory leak라고 한다.). 메모리 누수가 많으면 큰 문제가 될 수 있다.

```
free(p);
```

Soultion 동적 배열을 난수로 채워보자

dyn_array2.c

```
1  #include <stdio.h>
2  #include <stdlib.h>
3  #define SIZE 1000
4
5  int main(void)
6  {
7     int *p = NULL;
8     int i = 0;
9
10    p = (int *)malloc(SIZE * sizeof(int));
11    if (p == NULL) {
12       printf("메모리 할당 오류\n");
13       exit(1);
14    }
15
16    for (i = 0; i < SIZE; i++)
17       p[i] = rand();
18
19    int max = p[0];
20    for (i = 1; i < SIZE; i++) {
21       if (p[i] > max)
22          max = p[i];
23    }
24
25    printf("최대값=%d \n", max);
26    free(p);
27
28    return 0;
29 }
```

동적 메모리 할당

동적 메모리를 난수로 초기화한다.

동적 메모리에서 최대값을 찾는다.

4. 구조체의 동적 생성을 해보자

구조체를 저장할 수 있는 공간도 다음과 같이 할당받을 수 있다. 만약 구조체의 배열이 필요하면 구조체의 크기에다 필요한 개수를 곱해주면 된다. 아래의 프로그램에서는 책을 표현하는 구조체를 정의하고 구조체의 배열을 동적으로 생성한다.

```
struct Book {
    int number;
    char title[100];
};

struct Book *p;
p = (struct Book *)malloc(2 * sizeof(struct Book));
```

동적으로 생성된 구조체 배열은 포인터를 통해서만이 접근할 수 있는 점에 유의하라. p[0]는 첫 번째 구조체이고 p[1]은 두 번째 구조체이다.

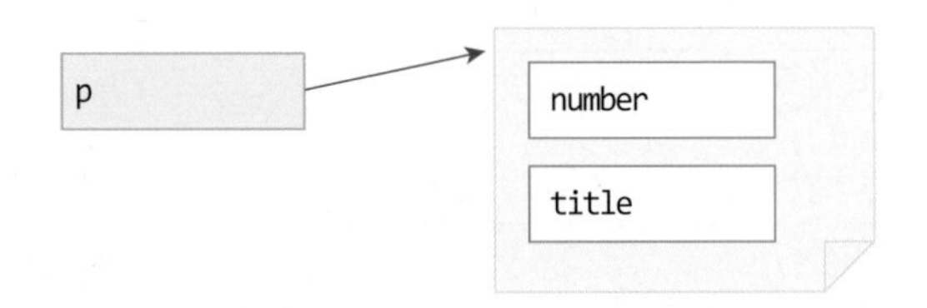

malloc4.c

```
1  #include <stdio.h>
2  #include <stdlib.h>
3  #include <string.h>
4
5  struct Book {
6      int number;
7      char title[100];
8  };
9
10 int main(void)
11 {
12     struct Book *p;
13
14     p = (struct Book *)malloc(2 * sizeof(struct Book));
```

```
15
16      if (p == NULL) {
17         printf("메모리 할당 오류\n");
18         exit(1);
19      }
20
21      p[0].number = 1;    // (*p).number = 1
22      strcpy(p[0].title, "C Programming");
23
24      p[1].number = 2;    // (*p+1).number = 2
25      strcpy(p[1].title, "Data Structure");
26
27      free(p);
28      return 0;
29   }
```

프로그램 설명

5-8 구조체를 정의한다. 구조체의 멤버는 정수형 변수 number와 문자형 배열 name[]이다.

12 구조체를 가리킬 수 있는 포인터 변수를 선언한다.

14 malloc()을 이용하여 구조체 2개 분량의 메모리를 동적으로 할당받는다. 이 메모리 블록의 시작 주소를 p에 대입한다.

16 malloc()이 반환한 값이 NULL인지를 검사한다. NULL이면 메모리 할당 오류이므로 메시지를 출력하고 exit()를 호출하여 종료한다.

21-22 동적으로 할당받은 첫 번째 구조체에 데이터를 대입한다.

24-25 동적으로 할당받은 두 번째 구조체에 데이터를 대입한다.

27 동적으로 할당받은 공간은 사용이 끝나면 항상 시스템에 반납하여야 한다. free()를 호출하여 malloc()이 할당한 공간을 반납한다.

Lab 동적 구조체 배열

| 난이도 ★★★ 주제 동적 구조체 배열 사용 |

자신이 가지고 있는 모든 영화 DVD 정보를 구조체의 배열을 만들어서 정리하고 싶다. 영화의 개수를 사용자로부터 받아서 구조체의 배열을 동적 생성하고 여기에 모든 정보를 저장해보자.

```
영화의 개수: 2
영화 제목:back to the future
영화 평점:10.0
영화 제목:wonder woman
영화 평점:9.0

======================
영화 제목: back to the future
영화 평점: 10.000000
영화 제목: wonder woman
영화 평점: 9.000000
======================
```

영화는 다음과 같은 구조체로 표현한다.

```
// 영화를 구조체로 표현
struct movie
{
    char title[100];    // 영화 제목
    double rating;      // 영화 평점
};
```

구조체의 배열을 동적으로 생성하고 배열 표기법을 사용하여 정보를 저장한다.

```
for (i = 0; i < n; i++)  {
    printf("영화 제목:");
    scanf("%s", ptr[i].title);
    printf("영화 평점:");
    scanf("%lf", &ptr[i].rating);
}
```

scanf("%s", ptr[i].title);을 사용하면 영화 제목 안에 스페이스가 있으면 입력이 안 된다. gets_s()를 사용하면 한 줄 전체를 받을 수 있지만 이전 입력에서 남은 줄바꿈 문자를 적절하게 삭제하여야 한다.

Soultion 동적 구조체 배열

dyn_struct.c

```
1  #define _CRT_SECURE_NO_WARNINGS
2  #include <stdio.h>
3  #include <stdlib.h>
4
5  // 영화를 구조체로 표현
6  struct movie
7  {
8     char title[100];    // 영화 제목
9     double rating;      // 영화 평점
10 };
11
12 int main(void)
13 {
14    struct movie* ptr;
15    int i, n;
16
17    printf("영화의 개수: ");
18    scanf("%d", &n);
19    getchar();    // 줄바꿈 문자 제거
20
21    ptr = (struct movie*) malloc(n * sizeof(struct movie));
22    if (ptr == NULL) {
23       printf("메모리 할당 오류\n");
24       exit(1);
25    }
26
27    for (i = 0; i < n; i++)  {
28       printf("영화 제목:");
29       gets_s( ptr[i].title, 100 ); // 중간에 공백이 있는 제목도 받을 수도 있어야 한다.
30       printf("영화 평점:");
31       scanf("%lf", &ptr[i].rating);
32       getchar();    // 줄바꿈 문자 제거
33    }
34
35    printf("\n=======================\n");
36    for (i = 0; i < n; i++) {
37       printf("영화 제목: %s \n", ptr[i].title);
38       printf("영화 평점: %lf \n", ptr[i].rating);
39    }
40    printf("=======================\n");
41    free(ptr);
42    return 0;
43 }
```

Mini Project 연결 리스트 만들어보기

| 난이도 ★★★ 주제 포인터, 동적 메모리 할당 |

중요한 자료구조 중 하나인 연결 리스트(linked list)에서는 동적 메모리 할당을 필수적으로 사용한다. 연결 리스트는 크기 제한 없이 정보를 저장할 수 있다. 반면에 배열은 항상 크기의 제한이 있다. 연결 리스트의 크기가 부족하면 동적 메모리 할당을 이용하여 노드를 추가로 생성하여 연결하면 된다.

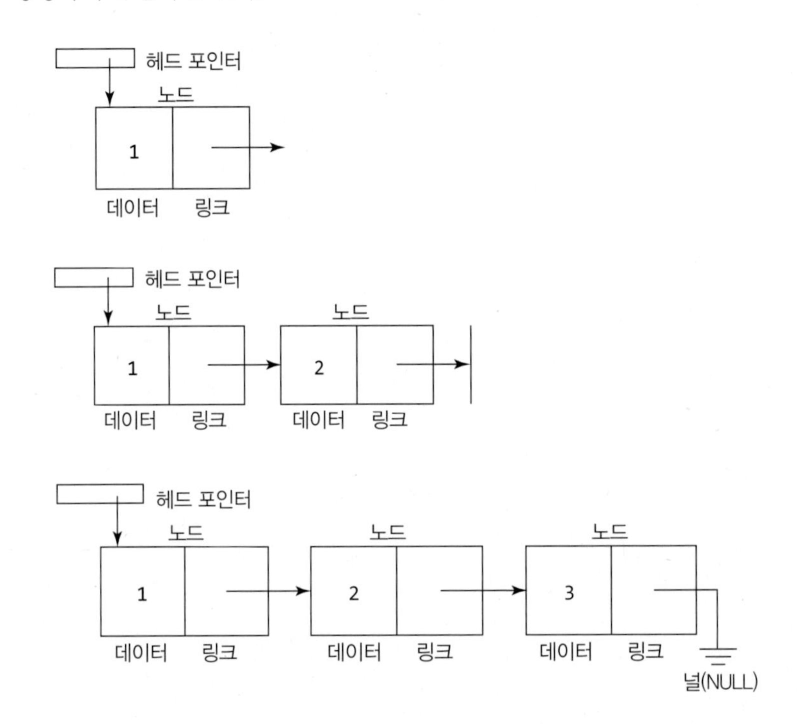

구체적으로 연결 리스트는 다음과 같은 구조체를 포인터로 연결한 것이다.

```
struct NODE {
    int data;
    struct NODE *link;
};
```

위의 그림과 같이, 정수 1, 2, 3을 저장하고 있는 연결 리스트를 생성해보자.

연습문제

1 C언어에서 동적으로 메모리를 할당하는 올바른 함수는?

① new() ② malloc() ③ create() ④ get_mem()

2 C언어에서 동적 메모리를 반납하는 올바른 함수는?

① free() ② delete() ③ clear() ④ remove()

3 다음 문장에서 오류를 찾아서 수정하라.

```
int *pi;                             ____________________
pi = malloc(sizeof(int), 10);        ____________________
```

4 100개의 double형 실수를 저장할 수 있는 공간을 동적으로 할당받고 반납하는 문장을 작성하라.

5 다음과 같은 코드의 문제점은 무엇인가?

```
int* A = (int *)malloc(10*sizeof(int));
int* B = (int *)malloc(6*sizeof(int));
B = A;
```

6 다음 코드에서 무엇이 잘못되었는가? 올바르게 고쳐보자.

```
char* answer;
printf("문자열을 입력하시오: ");
gets_s(answer);
printf("입력한 것=%s \n", answer);
```

7 다음 코드에서는 s가 가리키는 문자열을 p가 가리키는 곳으로 복사하려고 한다. 무엇이 잘못되었는가?

```
char *s="abcdef";
char *p = (char *)malloc(strlen(s)).
strcpy(p, s);
```

Programming

| 난이도 ★ 주제 동적 메모리 할당 |

1 사용자가 입력한 n개의 실수의 합을 계산하기 위한 C 프로그램을 작성하라. malloc() 함수를 사용하여 메모리를 동적으로 할당하여 사용한다.

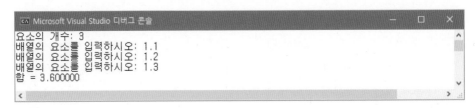

배열의 요소를 입력하시오: 1.1
배열의 요소를 입력하시오: 1.2
배열의 요소를 입력하시오: 1.3

HINT 본문에 있는 예제 프로그램은 동적 메모리에 저장된 정수의 합을 계산하는 문제이고 이 문제에서는 실수를 저장하여야 한다.

| 난이도 ★ 주제 동적 메모리 할당 |

2 사용자가 입력한 n개의 실수를 동적 할당 메모리에 저장한다. 저장된 실수 중에서 최대값을 찾는 C 프로그램을 작성하라.

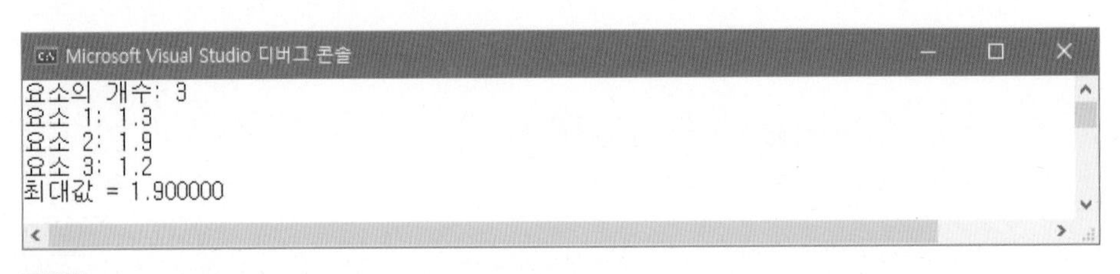

HINT 이 문제에서도 실수 중에서 최대값을 찾아야 한다.

| 난이도 ★ 주제 동적 메모리 할당 |

3 정수 100개를 저장할 수 있는 동적 메모리를 할당받고 여기에 0부터 99 사이의 난수를 저장한다. 난수들의 평균을 계산하여 화면에 출력하는 프로그램을 작성해보자.

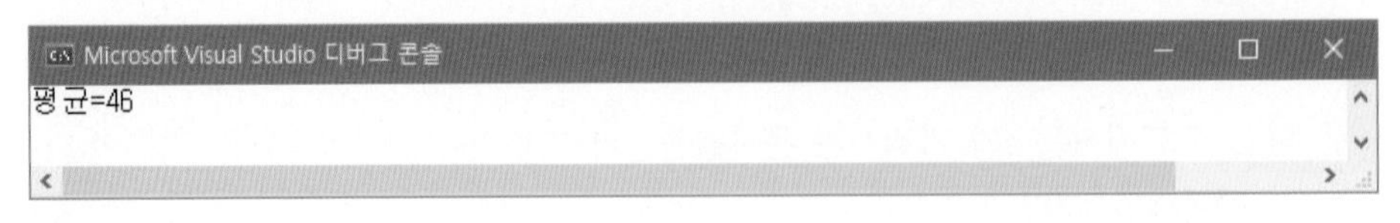

HINT 난수는 `rand()` 함수를 하면 된다. `0`부터 `99` 사이의 난수는 `rand()%100`으로 생성할 수 있다.

Programming

| 난이도 ★ 주제 동적 메모리 할당 |

4 3번과 유사한 문제이다. 정수 100개를 저장할 수 있는 동적 메모리를 할당받고 여기에 0부터 99 사이의 난수를 저장한다. 이번에는 난수들 중에서 최대값을 찾아서 출력해보자.

| 난이도 ★★ 주제 동적 구조체 할당 |

5 다음과 같은 구조체를 동적 메모리 할당으로 생성하는 프로그램을 작성해보자. 동적으로 생성된 구조체에는 { 10, 3.14, 'a' }를 저장한다.

```
typedef struct rec
    {
        int i;
        float PI;
        char A;
    } my_record;
```

| 난이도 ★★ 주제 동적 구조체 할당 |

6 성적을 나타내는 구조체가 다음과 같다. 사용자에게 구조체의 개수를 입력하도록 요청하고 개수만큼의 동적 메모리를 할당 받은 후에 구조체에 값을 저장한다. 입력이 끝나면 구조체에 저장된 값을 화면에 출력한다.

```
struct course
{
    char subject[30];   // 과목 이름
    double marks;    // 학점
};
```

```
Microsoft Visual Studio 디버그 콘솔
구조체의 개수: 3
과목 이름과 성적을 입력하시오:c언어 4.0
과목 이름과 성적을 입력하시오:자료구조 3.9
과목 이름과 성적을 입력하시오:파이썬 3.9
저장된 정보 출력:
c언어   4.000000
자료구조        3.900000
파이썬  3.900000
```

전처리기와 분할 컴파일

맞습니다. 이외에도 #ifdef 등과 같은 전처리 문장도 많이 사용됩니다. 분할 컴파일 기법도 배워봅시다. 중요합니다.
#include나 #define 문장이 전처리기인가요?

학습목표

- 전처리기 기능들을 이해할 수 있다.
- 단순 매크로를 사용할 수 있다.
- 함수 매크로를 사용할 수 있다.
- 복잡한 프로그램을 여러 개의 소스 파일로 나누어서 작성할 수 있다.

14 전처리기와 분할 컴파일

1. 이번 장에서 만들 프로그램

이번 장에서 전처리기 기능과 여러 개의 소스 파일을 사용하는 방법을 학습할 것이다. 다음과 같은 프로그램을 작성해본다.

(1) && 연산자와 || 연산자를 and와 or로 바꾸어서 사용해본다.

```
Microsoft Visual Studio 디버그 콘솔
지금까지 획득한 학점수를 입력하시오: 125
지금까지 획득한 학점평균을 입력하시오: 3.9
졸업 가능합니다.
```

(2) 함수처럼 인수를 받을 수 있는 함수 매크로를 정의하고 사용해본다.

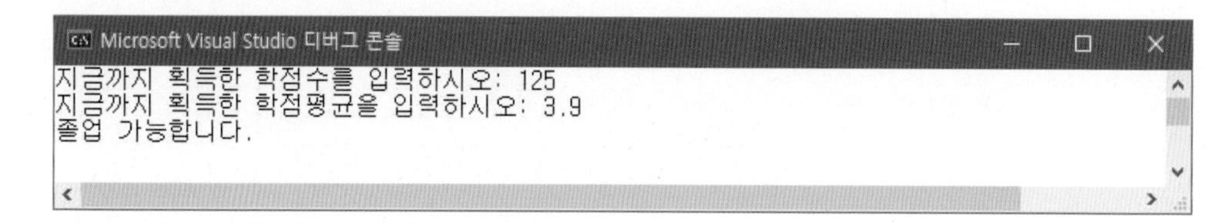
Microsoft Visual Studio 디버그 콘솔
SQUARE(3) = 9
SQUARE(1.2) = 1.440000
SQUARE(2+3) = 25
x = 2
SQUARE(x) = 4
SQUARE(++x) = 16

(3) 정수의 거듭제곱을 구하는 프로그램을 2개의 소스 파일로 나누어서 작성해본다.

```
Microsoft Visual Studio 디버그 콘솔
x의 값을 입력하시오:9
y의 값을 입력하시오:2
9의 2 제곱값은 81.000000
```

2. 전처리기란?

전처리기(preprocessor)는 본격적으로 컴파일하기에 앞서서 소스 파일을 처리하는 컴파일러의 한 부분이다. 전처리기는 보통 컴파일러에 포함되어 있고 자동으로 실행되며 컴파일러의 하나의 요소로 취급된다.

그림 14.1 전처리기의 개념

전처리기에서는 몇 가지의 전처리기 지시자들을 처리한다. 이들 지시자들은 # 기호로 시작한다. # 기호는 문장의 첫 번째 문자이어야 한다. 우리가 헤더 파일을 포함하기 위하여 사용하였던 #include가 바로 전처리기 지시어이다.

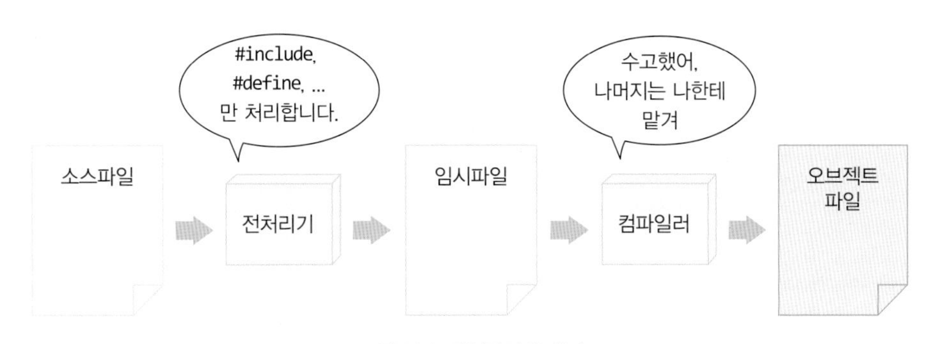

그림 14.2 전처리기의 개념

자세히 다루기 전에 아래의 표로 전처리기에서 사용되는 지시자들을 요약하였다.

표 14.1 전처리기 지시자

지시어	의미
#define	매크로 정의
#include	파일 포함
#undef	매크로 정의 해제
#if, #else, #endif	조건에 따른 컴파일
#ifdef, #endif	매크로가 정의되어 있는 경우 컴파일
#ifndef, #endif	매크로가 정의되어 있지 않은 경우 컴파일
#line	행번호 출력

3. 단순 매크로

#define 지시자를 이용하면 숫자 상수에 의미 있는 이름을 부여할 수 있다. #define 문을 이용하여 숫자 상수를 기호 상수로 만든 것을 단순 매크로(macro)라고 한다.

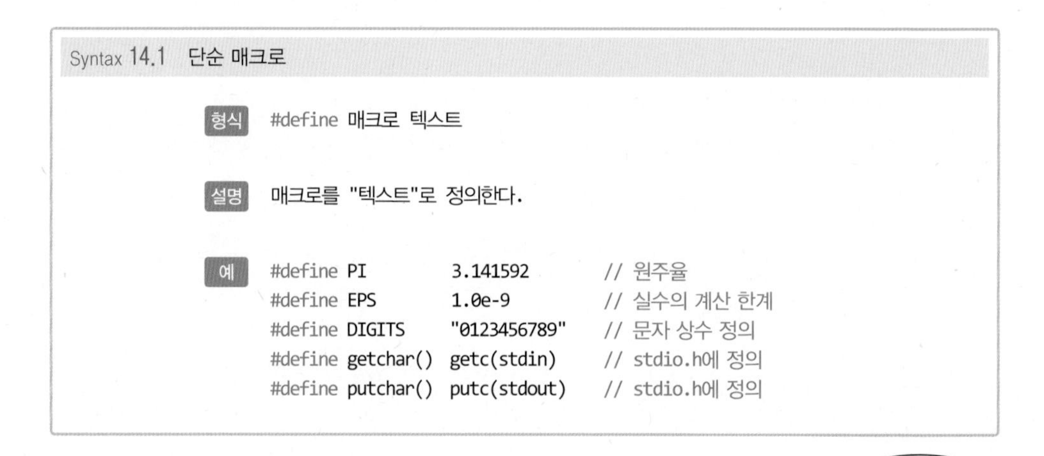

Syntax 14.1 단순 매크로

형식 `#define 매크로 텍스트`

설명 매크로를 "텍스트"로 정의한다.

예

```
#define PI          3.141592       // 원주율
#define EPS         1.0e-9         // 실수의 계산 한계
#define DIGITS      "0123456789"   // 문자 상수 정의
#define getchar()   getc(stdin)    // stdio.h에 정의
#define putchar()   putc(stdout)   // stdio.h에 정의
```

예를 들어 다음 문장은 100이라는 정수 상수를 MAX_SIZE라는 매크로로 표기하는 것이다.

100보다는 MAX_SIZE가 이해하기 쉽지..

```
#define MAX_SIZE 100
```

전처리기는 소스 파일에서 MAX_SIZE를 100으로 변경한다. 이것은 에디터의 "찾아 바꾸기" 기능을 사용하여 MAX_SIZE를 찾아서 100으로 바꾸는 것과 유사하다.

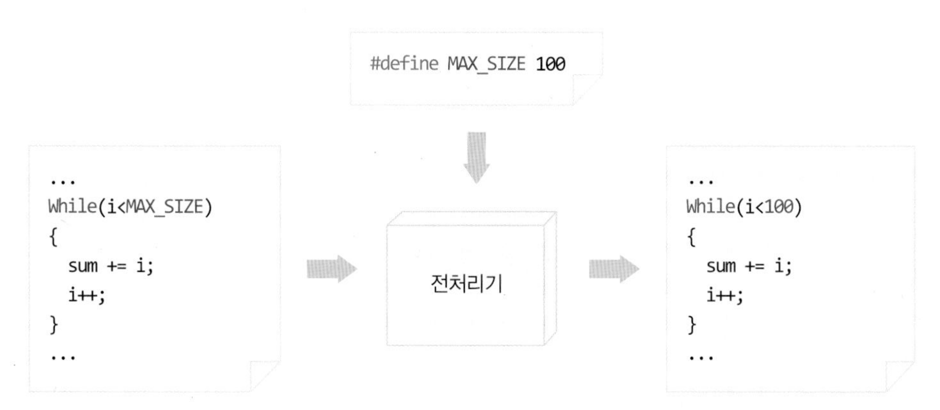

그림 14.3 #define 지시자의 개념

#define은 반드시 숫자 상수를 기호 상수로만 바꾸는데 한정되지 않는다. 사실 어떤 텍스트도 다른 텍스트로 바꿀 수 있다. 예를 들어서 함수의 이름도 다음과 같이 변경해서 사용할 수 있다.

```
#define PRINT printf
...
PRINT("This is a preprocessor test\n");
```

참고: #define과 typedef의 차이점

#define을 이용하여 다음과 같이 **unsigned char**를 다시 정의하여 사용할 수 있다.

```
#define uchar unsigned char
```

이것은 얼핏 다음과 같은 **typedef** 문과 비슷해 보인다.

```
typedef unsigned char UCHAR;
```

하지만 상당한 차이가 있다. 먼저 **typedef**은 컴파일러에 의하여 처리되지만 **#define**은 전처리기에 의하여 처리된다. **#define**은 기계적인 텍스트 치환이다. 즉 **UCHAR**은 전처리기에 의하여 모두 **unsigned char**로 바뀌어서 컴파일된다. 하지만 **typedef**은 사용자가 새로운 자료형을 정의한 것이므로 컴파일러가 컴파일 내내 그 의미를 알고 있다. 따라서 가능하면 새로운 자료형을 정의할 때는 **typedef**을 사용하는 편이 좋다.

중간점검

1. 숫자 상수를 기호 상수로 정의하는 데 사용되는 전처리 지시자는 #__________ 이다.
2. **#define**을 이용하여서 **PI**를 **3.14**로 정의해보자.

Lab &&를 and로 바꾸기

| 난이도 ★ 주제 단순 매크로 사용 |

C언어에서는 논리합이나 논리곱을 나타낼 때, &&나 ||을 사용한다. 입문자들은 이런 기호들을 키보드에서 찾기 위하여 상당히 고생한다. 이것을 파이썬처럼 and와 or로 바꿀 수 있을까? 얼마든지 가능하다. 전처리기를 사용하면 된다.

```
#define and &&
#define or ||
```

어느 학교에서 학생이 졸업하려면 120학점을 따야하고 성적평균이 2.0이상이어야 한다고 하자. 학점과 성적평균을 물어봐서 졸업여부를 판정하는 프로그램을 작성하자. 단 &&나 || 대신에 and와 or를 사용한다.

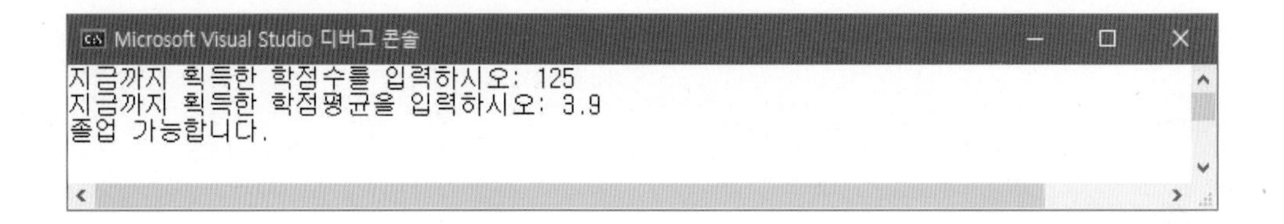

Microsoft Visual Studio 디버그 콘솔
지금까지 획득한 학점수를 입력하시오: 125
지금까지 획득한 학점평균을 입력하시오: 3.9
졸업 가능합니다.

Soultion &&를 and로 바꾸기

macro_lab1.c

```
1  #include <stdio.h>
2
3  #define and &&          단순 매크로 정의
4  #define or ||
5
6  int main(void)
7  {
8     int credits;
9     double gpa;
10
11    printf("지금까지 획득한 학점수를 입력하시오: ");
12    scanf("%d", &credits);
13    printf("지금까지 획득한 학점평균을 입력하시오: ");
14    scanf("%lf", &gpa);
15                                        단순 매크로 사용
16    if (credits >= 120 and gpa >= 2.0)
17       printf("졸업 가능합니다. \n");
18    else
19       printf("좀 더 다녀야 합니다. \n");
20
21    return 0;
22 }
```

4. 함수 매크로

함수 매크로(function-like macro)란 매크로가 함수처럼 매개 변수를 가지는 것이다. 함수 매크로를 사용하면 함수와 유사한 매크로를 작성할 수 있다. 다음과 같은 형식을 가진다.

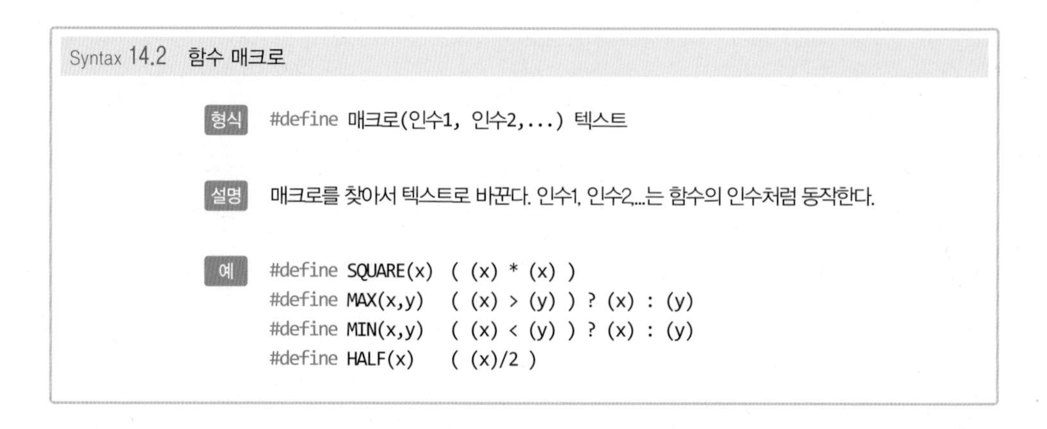

Syntax 14.2 함수 매크로

형식 `#define 매크로(인수1, 인수2,...) 텍스트`

설명 매크로를 찾아서 텍스트로 바꾼다. 인수1, 인수2,...는 함수의 인수처럼 동작한다.

예
```
#define SQUARE(x)  ( (x) * (x) )
#define MAX(x,y)   ( (x) > (y) ) ? (x) : (y)
#define MIN(x,y)   ( (x) < (y) ) ? (x) : (y)
#define HALF(x)    ( (x)/2 )
```

하나의 예로 주어진 수의 제곱을 구하는 매크로를 만들어보자.

```
#define SQUARE(x) ((x) * (x))
```

위의 문장은 SQUARE라는 매크로를 정의하고 있다. SQUARE는 x라는 매개 변수를 가진다. 전처리기가 소스 코드에서 SQUARE를 발견하게 되면 정의된 텍스트로 변환하고 인수를 x 자리에 치환한다.

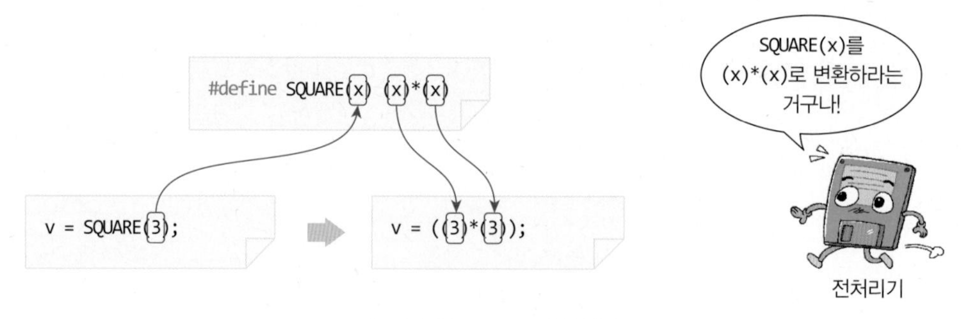

그림 14.4 #define 지시자의 개념

매크로는 두 개 이상의 매개 변수를 가질 수 있다. 다음의 SUM 매크로는 매개 변수가 두 개이고 이 두 매개 변수들을 더한 값을 계산한다.

```
#define SUM(x, y) ((x) + (y))
```

다양한 함수 매크로들을 살펴보자.

```
#define MAX(x,y) ( (x) > (y) ) ? (x) : (y)
#define MIN(x,y) ( (x) < (y) ) ? (x) : (y)
...
x = MAX(a, b);      // x = ( (a) > (b) ) ? (a) : (b)와 같이 확장된다.
x = MIN(a, b);      // x = ( (a) < (b) ) ? (a) : (b)와 같이 확장된다.
```

함수 매크로에서는 매개 변수의 자료형을 써주지 않는다. 따라서 어떠한 자료형에 대해서도 적용이 가능하다. 다시 한 번 SQUARE 매크로를 살펴보자. SQUARE 매크로는 정수를 제곱할 때도 사용될 수도 있고 실수를 제곱할 때도 사용될 수도 있다. 따라서 이것은 상당한 장점이다. 함수와는 다르게 자료형에 따라서 매크로를 여러 개 만들 필요가 없는 것이다.

```
v = SQUARE(7);       // 정수형 제곱 7*7
v = SQUARE(1.23);    // 실수형 제곱 1.23*1.23
```

변수를 포함한 수식도 매크로의 매개 변수가 될 수 있다.

```
v = SQUARE(a+b);     // 수식의 제곱 ((a+b)*(a+b))
```

함수 매크로 정의시 주의할 점

함수 매크로에서는 매개 변수가 기계적으로 대치되기 때문에 매크로를 정의하는 경우에 반드시 매개 변수들을 괄호로 묶어주어야 한다.

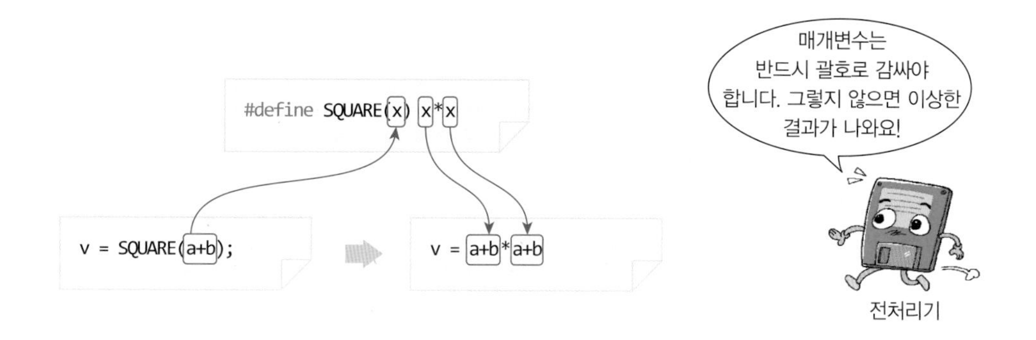

만약 괄호로 묶지 않았을 경우, 어떤 일이 발생하는지를 살펴보자. 만약 SQUARE 매크로가 다음과 같이 정의되었다고 가정하자.

```
#define SQUARE(x) x * x      // 위험 !!
```

위와 같이 정의된 함수 매크로를 다음과 같이 사용하였다고 하자.

```
v = SQUARE(a+b);
```

위의 코드를 작성한 사람의 원래 의도는 (a+b)의 제곱을 계산하자는 것이었다. 그러나 a+b가 x 자리에 기계적으로 대치되기 때문에 원래 의도와는 달리 다음과 같이 확장된다.

```
v = a + b * a + b;
```

따라서 원래의 의도인 v = (a + b) * (a + b)와는 차이가 있다. 따라서 반드시 함수 매크로의 매개 변수들은 반드시 괄호로 묶어야 한다.

```
#define SQUARE(x) ((x) * (x))
```

예제 #1

매크로는 함수와 비슷하기는 하나 완전히 같지 않다. 다음 예제에서 SQUARE 매크로를 다양하게 실험해보자.

macro1.c

```
1  #include <stdio.h>
2  #define SQUARE(x) ((x) * (x))
3
4  int main(void)
5  {
6     int x = 2;
7
8     printf("SQUARE(3) = %d\n", SQUARE(3));          // 상수에도 적용 가능
9     printf("SQUARE(1.2) = %f\n", SQUARE(1.2));      // 실수에도 적용 가능
10    printf("SQUARE(2+3) = %d\n", SQUARE(2 + 3));  // 수식에도 적용 가능
```

```
11
12      printf("x = %d\n", x);                    // 변수에도 적용 가능
13      printf("SQUARE(x) = %d\n", SQUARE(x));    // 변수에도 적용 가능
14      printf("SQUARE(++x) = %d\n", SQUARE(++x)); // 논리 오류
15
16      return 0;
17  }
```

Microsoft Visual Studio 디버그 콘솔

```
SQUARE(3) = 9
SQUARE(1.2) = 1.440000
SQUARE(2+3) = 25
x = 2
SQUARE(x) = 4
SQUARE(++x) = 16
```

프로그램 설명

실행 결과를 보면 14번째 줄을 제외하고는 별 문제가 없어 보인다. 9번째 줄에서 매크로의 장점을 알 수 있다. 함수와는 다르게 매크로는 여러 가지 자료형에 대하여 적용할 수 있다.

14번째 줄의 경우 예상했던 값은 9였을 것이다. 즉 x의 값이 1 증가되어 3이 되고 이것을 제곱하면 9가 된다. 하지만 실행 결과는 16이다. 이렇게 된 이유는 전처리기에 의하여 SQUARE(++x)이 다음과 같이 확장되었기 때문이다.

```
++x * ++x
```

결과적으로 x의 값이 두 번 증가하게 된다. 일반적으로 증가나 감소 연산자를 매크로와 함께 사용하면 안 된다. 만약 SQUARE가 함수였다면 이러한 문제는 발생하지 않는다.

함수 매크로 vs 함수

함수 매크로는 함수와 비슷한 점이 많다. 그렇다면 매크로를 함수대신 사용하면 어떤 장점과 단점이 있을까? 함수 매크로의 장점은 함수에 비하여 수행 속도가 빠르다는 것이다. 함수 매크로는 함수 호출이 아니라 코드가 그 위치에 삽입되는 것이기 때문에 함수 호출의 복잡한 단계를 거칠 필요가 없다. 함수 호출을 하기 위해서는 인수와 복귀 주소를 시스템 스택에 저장하는 복잡한 절차들이 필요한데 함수 매크로는 이러한 절차들이 전혀 필요 없다. 따라서 실행 속도가 빠르다.

```
// SQUARE(x)를 매크로로 정의
#define SQUARE(x) ((x) * (x))
```

```
// SQUARE(x)를 함수로 구현하면 다음과 같다.
int SQUARE(int x)
{
   return x*x;
}
```

그렇다면 함수 매크로의 단점은 무엇인가? 코드의 길이를 어느 한도 이상 길게 할 수 없다. 많은 경우 한 줄이고 두세 줄 까지가 한계이다. 그 이상도 물론 가능하지만 상당히 복잡해진다. 또한 함수 매크로가 발견될 때마다 정의된 코드가 삽입되므로 전체 소스의 길이가 길어진다. 만약 30개의 함수 매크로가 있다면 30개의 동일한 코드가 프로그램에 존재하게 된다. 함수의 경우에는 단 하나의 코드만을 가지고 있다. 따라서 함수 매크로를 사용하면 소스 파일의 크기가 커진다.

따라서 함수 매크로를 사용할 것이냐 함수를 사용할 것이냐는 문제는 프로그램의 크기와 실행 속도 중에서 어떤 것이 더 중요한지를 따져보아야 한다. 다음과 같은 간단한 기능은 함수보다는 함수 매크로를 사용하는 편이 낫다.

```
#define MIN(x, y)  ((x) < (y) ? (x) : (y))
#define ABS(x)     ((x) > 0 ? (x) : -(x))
```

만약 함수 매크로가 전체 프로그램을 통하여 한 번만 사용된다면 큰 효과는 기대하기 힘들다. 하지만 함수 매크로가 중첩 반복 루프 안에 위치했다면 실행 속도가 개선될 가능성이 많다.

Tip: 매크로를 멀티 라인으로 만들 수 있나요?

매크로를 멀티 라인으로 작성하려면 라인의 끝에 \을 사용하면 된다. 예를 들면 다음과 같다.

```
#define PRETTY_PRINT(s) \
   printf ("Message: \"%s\"\n", \
         s);
```

중간점검

1. 함수 매크로는 함수보다 속도가 느린가?
2. 3제곱을 수행하는 함수 매크로를 정의해보자.

Lab 비트 조작하기

| 난이도 ★★★ 주제 함수 매크로, 비트 연산 |

아두이노는 최근에 여러 가지 목적으로 많이 사용되는 조그마한 보드이다. 아두이노 같은 경우에는 모든 입출력 자체가 비트 단위로만 가능하다. 따라서 비트 연산은 아두이노에서 매우 중요하다. 특정한 위치의 비트를 1로 만드는 연산이나 특정 비트를 0으로 만드는 연산을 함수 매크로로 구현해보자. C언어의 비트 연산자는 &, |, ~과 같은 기호를 사용하여 비트 AND, 비트 OR, 비트 NOT 연산을 제공한다. 잘 기억나지 않으면 4장을 참조하도록 하자.

- SETBIT(x, n)는 변수 x의 비트 위치 n을 1로 만든다.
- CLEARBIT(x, n)는 변수 x의 비트 위치 n을 0로 만든다.
- TESTBIT(x, n)는 변수 x의 비트 위치 n을 검사한다.

```
#define SETBIT(x, n) ((x) |= (1<<(n)))
#define CLEARBIT(x, n) ((x) &= ~(1<<(n)))
#define TESTBIT(x, n) ((x) & (1<<(n)))
```

위의 매크로를 다음과 같이 테스트하는 프로그램을 작성하라.

```
Microsoft Visual Studio 디버그 콘솔
SETBIT(x, 8)전 변수 x = 1011
SETBIT(x, 8)후 변수 x = 1111
CLEARBIT(x, 8)전 변수 x = 1111
CLEARBIT(x, 8)후 변수 x = 1011
```

Soultion 비트 조작하기

bit.macro.c

```
1  // 매크로 예제
2  #include <stdio.h>
3  #define SETBIT(x, n) ((x) |= (1<<(n)))
4  #define CLEARBIT(x, n) ((x) &= ~(1<<(n)))
5  #define TESTBIT(x, n) ((x) & (1<<(n)))
6  
7  int main(void)
8  {
9      int x = 0x1011;
10 
11     printf("SETBIT(x, 8)전 변수 x = %x\n", x);
12     SETBIT(x, 8);
13     printf("SETBIT(x, 8)후 변수 x = %x\n", x);
14 
15     printf("CLEARBIT(x, 8)전 변수 x = %x\n", x);
16     CLEARBIT(x, 8);
17     printf("CLEARBIT(x, 8)후 변수 x = %x\n", x);
18 
19     return 0;
20 }
```

5. #ifdef, #endif

#ifdef은 조건부 컴파일을 지시하는 전처리 지시자이다. 조건부 컴파일이란 어떤 조건이 만족되는 경우에만 지정된 소스 코드 블록을 컴파일하는 것이다. #ifdef는 #ifdef 다음에 있는 매크로를 검사하여 매크로가 정의되어 있으면 #ifdef와 #endif 사이에 있는 모든 문장들을 컴파일한다. 그렇지 않으면 문장들은 컴파일되지 않아서 실행 코드에 포함되지 않는다(아예 없는 것으로 취급된다).

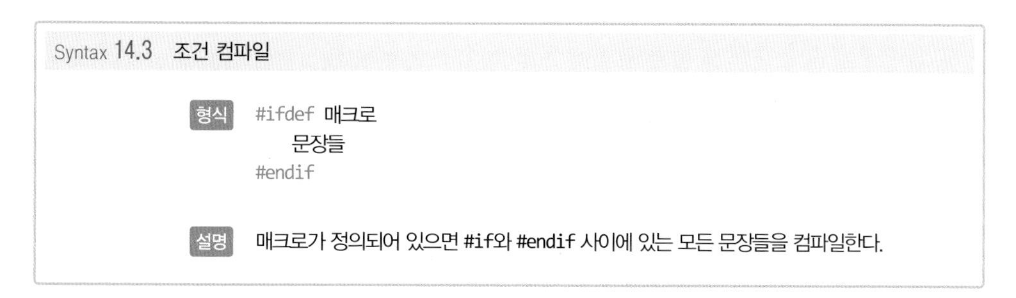
Syntax 14.3 조건 컴파일

형식
```
#ifdef 매크로
    문장들
#endif
```

설명 매크로가 정의되어 있으면 #if와 #endif 사이에 있는 모든 문장들을 컴파일한다.

간단한 예를 들어 보자.

```
#ifdef DEBUG
   printf("x=%d, y=%d\n", x, y);
#endif
```

위의 문장은 DEBUG라는 매크로가 정의되어 있으면 컴파일된다. DEBUG 매크로가 선언되어 있지 않다면 아예 컴파일에 포함되지 않는다. 그렇다면 DEBUG라는 매크로는 어디서 정의하는가? 보통은 소스 코드의 첫 부분에서 정의하거나 컴파일할 때 옵션으로 제공하기도 한다.

```
#define DEBUG
int average(int x, int y)
{
#ifdef DEBUG
   printf("x=%d, y=%d\n", x, y);
#endif
   return (x+y)/2;
}
```

컴파일에 포함

```
//#define DEBUG
int average(int x, int y)
{
#ifdef DEBUG
   printf("x=%d, y=%d\n", x, y);
#endif
   return (x+y)/2;
}
```

주석 처리

컴파일에 포함되지 않음

아마 조건부 컴파일이 많이 사용되는 경우는 디버깅일 것이다. 디버깅은 디버거 등을 이용하여 할 수도 있지만 아직도 가장 많이 사용되는 전통적인 방법은 printf()를 이용하여 중간 중간 중요한 값들을 화면에 출력해보는 것이다. 문제는 이러한 디버깅을 위한 출력문은 제품이 출시될 때는 소스 코드에서 삭제되어야 한다. 이러한 경우에 조건부 컴파일은 제격이다. 즉 프로그램 개발 과정에서는 DEBUG라는 기호 상수를 정의하여 디버깅용 출력문을 포함시켜서 컴파일하다가 제품 출시 때는 DEBUG 정의를 삭제하여 디버깅용 출력문을 컴파일에서 제외시키는 기법이다.

예제 #1

예를 들면 어떤 회사에서 리눅스와 윈도우즈 버전의 프로그램을 개발하였다고 하자. 유닉스와 윈도우즈 버전 소스를 따로 유지할 수도 있지만 상당히 번거로워진다. 이런 경우에 소스 코드는 하나로 하고 조건에 따라서 다르게 컴파일하여 서로 다른 실행 파일을 만들어 낼 수 있다면 상당히 편리할 것이다. 조건부 컴파일은 이와 같이 다양한 상황에 맞추어서 소스를 서로 다르게 컴파일할 때 사용된다. #else를 사용할 수도 있다. #else를 사용하면 매크로가 정의되지 않았을 경우 컴파일되는 문장들이 들어간다.

macro3.c

```
1  #include <stdio.h>
2  #define LINUX
3  
4  int main(void)
5  {
6     int n;
7  #ifdef LINUX
8     printf("리눅스 버전입니다. \n");
9     printf("정수를 입력하시오:");
10    scanf("%d", &n);
11 #else
12    printf("윈도우 버전입니다. \n");
13    printf("정수를 입력하시오:");
14    scanf_s("%d", &n);
15 #endif
16    return 0;
17 }
```

Microsoft Visual Studio 디버그 콘솔
리눅스 버전입니다.
정수를 입력하시오:20

중간점검

1. 전치리기 지시자 #ifdef을 사용하여 TEST가 정의되어 있는 경우에만 화면에 "TEST"라고 출력하는 문장을 작성해보자.

Lab 함수 매크로의 사용

| 난이도 ★ 주제 다양한 매크로 사용 |

원의 면적을 계산하는 프로그램을 작성해보자. 최대한 매크로를 많이 사용해보자.

- PI는 단순 매크로로 정의한다.
- 원의 면적을 계산하는 매크로 CIRCLE_AREA(r)를 정의해보자.
- DEBUG를 정의한다.
- DEBUG가 정의되어 있으면 "디버깅 모드입니다."를 화면에 출력한다.

Microsoft Visual Studio 디버그 콘솔
디버깅 모드입니다.
원의 반지름: 10.0
원의 면적=314.15

func_macro.c

```
1  #include <stdio.h>
2
3  #define DEBUG
4  #define PI 3.1415
5  #define CIRCLE_AREA(r) (PI*(r)*(r))
6
7  int main(void)
8  {
9     double radius, area;
10
11 #ifdef DEBUG
12    printf("디버깅 모드입니다.\n");
13 #endif
14
15    printf("원의 반지름: ");
16    scanf("%lf", &radius);
17    area = CIRCLE_AREA(radius);
18    printf("원의 면적=%.2f", area);
19
20    return 0;
21 }
```

6. #if와 #endif

앞 절에서 학습한 #ifdef은 매크로의 값에는 상관하지 않는다. 즉 매크로가 정의만 되어 있으면 된다. 하지만 #if는 매크로의 값에 따라서 컴파일 여부를 결정한다. 간단한 예를 들어 보자.

```
#if (DEBUG == 1)        // DEBUG 값이 1이면 컴파일
printf("value=%d\n", value);
#endif
```

== 연산자 뿐만 아니라 〉나 〈 연산자도 사용이 가능하다.

```
#if (VERSION > 3)  // 버전이 3 이상이면 컴파일
...
#endif
```

아주 많이 사용되는 것이 #if 0이다. #if 0는 어떤 코드 블록을 잠시 주석 처리하고 싶은 경우에 많이 사용된다. /*와 */을 사용하여 전체를 주석으로 만들 수도 있으나 중간이 다른 주석이 있는 경우에는 사용이 어렵다. 이때 #if 0을 사용하면 손쉽게 주석을 만들 수 있다.

```
#if 0     // 여기서부터 시작하여
void test()
{
    /* 여기에 주석이 있다면 코드 전체를 주석 처리하는 것이 쉽지 않다. */
    sub();
}
#endif    // 여기까지 주석 처리된다.
```

만약 주석 처리했던 코드 블록을 다시 살리려면 간단히 #if 0를 #if 1로 변경하면 된다.

예제 #1

만약 어떤 게임 업체에서 국내 버전과 중국 버전, 미국 버전을 동시에 작업하고 있다면 다음과 같이 하여서 국가에 따라서 서로 다른 메시지가 출력되도록 할 수 있다.

```
#define NATION 1

#if NATION == 1
printf("안녕하세요?");
#elif NATION == 2
printf("你好吗?");
#else
printf("Hello World!");
#endif
```

#elif는 #else if를 줄인 것이다.

중간점검

1. `#if`를 사용하여 DEBUG가 2일 경우에만 `"DEBUG"`가 나오도록 문장을 작성하라.

Lab 헤더 파일 중복 포함 막기

| 난이도 ★ 주제 단순 매크로 응용 |

실수로 헤더 파일이 중복하여 소스 파일에 포함되면 예기치 못한 컴파일 오류를 발생시킨다. 예를 들어서 구조체 정의가 들어 있는 헤더 파일을 소스 파일에 2번 포함시키면 컴파일 오류가 발생한다. 이것을 막기 위하여 #ifndef 지시어를 사용할 수 있다. #ifndef 지시어는 "특정한 기호상수가 정의되어 있지 않으면"을 나타낸다. 어떻게 하면 될까? 예를 들어서 다음과 같이 구조제 정의가 2번 포함되면 컴파일 오류가 발생한다.

① 비주얼 스튜디오에서 "헤더파일" 아이콘 위에서 "항목 추가"를 선택하고 student.h 파일을 추가한다. 다음과 같은 구조체 정의를 입력한다.

student.h

```
1  struct STUDENT {
2      int number;
3      char name[10];
4  };
```

② "소스파일" 아이콘 위에서 "항목 추가"를 선택하고 main.c 파일을 추가한다. 다음과 같은 코드를 입력한다.

main.c

```
1  #include "student.h"
2  #include "student.h"      // 실수로 2번 포함시켰다!
3
4  int main(void)
5  {
6      return 0;
7  }
```

③ 위의 코드를 컴파일하면 다음과 같은 오류가 발생할 것이다. 이것을 해결해보자.

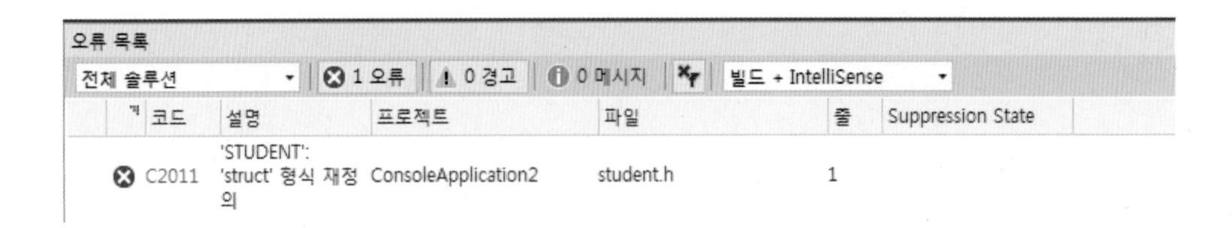

Soultion 헤더 파일 중복 포함 막기

이런 경우에는 다음과 같은 방법을 많이 사용한다. 헤더 파일에 #ifndef 지시어를 사용한다.

student.h

```
1  #ifndef STUDENT_H
2  #define STUDENT_H
3
4  struct STUDENT {
5     int number;
6     char name[10];
7  };
8  #endif
```

맨 처음에 #ifndef STUDENT_H 전처리기 문장이 있다. 이 문장이 의미하는 바는 만약 STUDENT_H라는 기호 상수가 아직까지 정의되지 않았다면 아래를 컴파일하라는 것이다. 만약 헤더 파일이 처음으로 포함되는 경우라면 STUDENT_H가 정의되었을 리가 없다. 따라서 아래에 있는 문장들을 컴파일하게 된다. 컴파일 되는 첫 번째 문장은 STUDENT_H를 정의하는 문장이다. 따라서 이후에 실수로 다시 한 번 student.h가 포함되더라도 이번에는 STUDENT_H가 정의되어 있으므로 student.h를 컴파일하지 않고 그냥 지나갈 것이다.

Tip

최근의 C언어에서는 다음과 같은 문장을 헤더 파일의 첫 부분에 추가하여도 동일한 효과를 낸다. 비주얼 스튜디오에서 헤더 파일을 추가하면 자동으로 첫 부분에 추가된다.

```
#pragma once
```

7. 다중 소스 파일

우리가 지금까지 실습한 C 프로그램은 모두 하나의 소스 파일로만 되어 있었다. 그러면 모든 C 프로그램은 하나의 파일로만 되어 있는 것일까? 복잡한 프로그램의 경우(10,000라인 이상), 하나의 파일에 모든 코드를 저장한다면 파일의 크기가 너무 커질 것이다. 파일을 편집하는 것도 쉽지 않을 것이다. 그리고 크기 문제가 아니라도 소프트웨어 공학적으로 하나의 소스 파일로만 만드는 것은 좋지 않다. C에서는 하나의 프로그램이 여러 소스 파일로 이루어 질 수 있다.

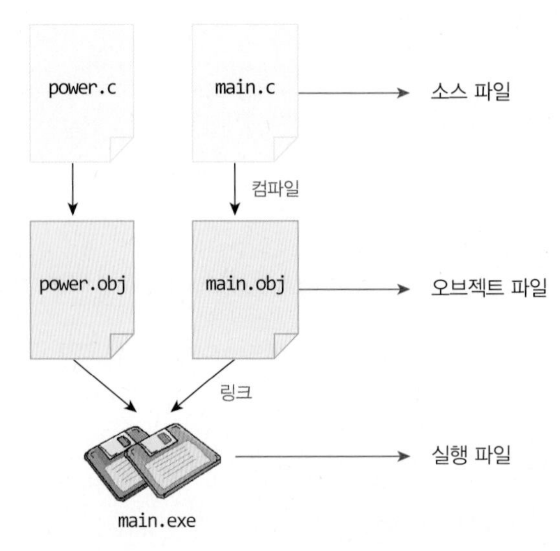

그림 14.5 하나의 프로그램은 여러 개의 소스 파일로 이루어질 수 있다.

그렇다면 왜 소스 파일을 여러 개를 만드는 것일까? 서로 관련된 함수들을 모아서 독립적인 소스 파일에 저장시켜 놓으면 다음에 재사용할 수 있기 때문이다. 예를 들어 현재의 프로젝트에서 정수의 거듭 제곱을 구하는 함수 power(int x, int y)가 필요하여 작성하였다고 가정하자. 공교롭게도 다음 프로젝트에서도 거듭 제곱 함수가 필요하다면 소스 파일에서 power() 함수만을 분리하는 작업을 해야 할 것이다. 만약 거듭 제곱을 계산하는 함수가 별도의 소스 파일로 독립되어 있었다면 다음 프로젝트에 이 파일을 끌어와서 추가하면 된다.

구체적인 예를 들어보자. 9의 제곱을 계산하여 화면에 출력하는 다음과 같은 프로그램을 작성해보자.

그다지 어려워 보이지 않는 프로그램이다. 하지만 소스 파일을 2개로 분리하여 작성해보자. 첫 번째 소스 파일 power.c에는 거듭 제곱을 구하는 함수 power()를 넣는다. power() 함수의 원형은 헤더 파일 power.h에 저장한다. 이어서 두 번째 소스 파일 main.c 파일을 작성하고 여기에서 main() 함수를 작성한다.

우리는 이제까지 비주얼 스튜디오를 사용할 때, 항상 하나의 소스 파일만을 생성하였다. 비주얼 스튜디오에서 여러 개의 소스 파일을 생성하고 이것들을 컴파일하여 하나의 실행 파일을 생성하려면 어떻게 하면 되는가? 아주 간단하다. 하나의 프로젝트 안에 여러 개의 소스 파일을 추가하면 된다. 아래 그림과 같이 솔루션 탐색기 안의 [소스 파일] 폴더 위에서 마우스 오른쪽 버튼을 눌러서 [추가 → 새항목 → C++ 파일]을 선택하고 소스 파일 이름을 적으면 된다. main.c와 power.c 파일을 이런 식으로 프로젝트에 추가하면 다음 그림과 같이 될 것이다. 이 상태에서 왼쪽 솔루션 탐색기 안에 소스 파일 폴더를 확장시켜보면 우리가 생성한 두 개의 소스 파일이 존재하는 것을 알 수 있다.

헤더 파일도 같은 식으로 추가하지만 이번에는 [헤더 파일] 폴더에 추가하면 된다. 솔루션 탐색기 안의 [헤더 파일] 위에서 마우스 오른쪽 버튼을 눌러서 [추가 → 새항목 → 헤더 파일]을 선택하고 헤더 파일 이름 power.h를 적으면 된다.

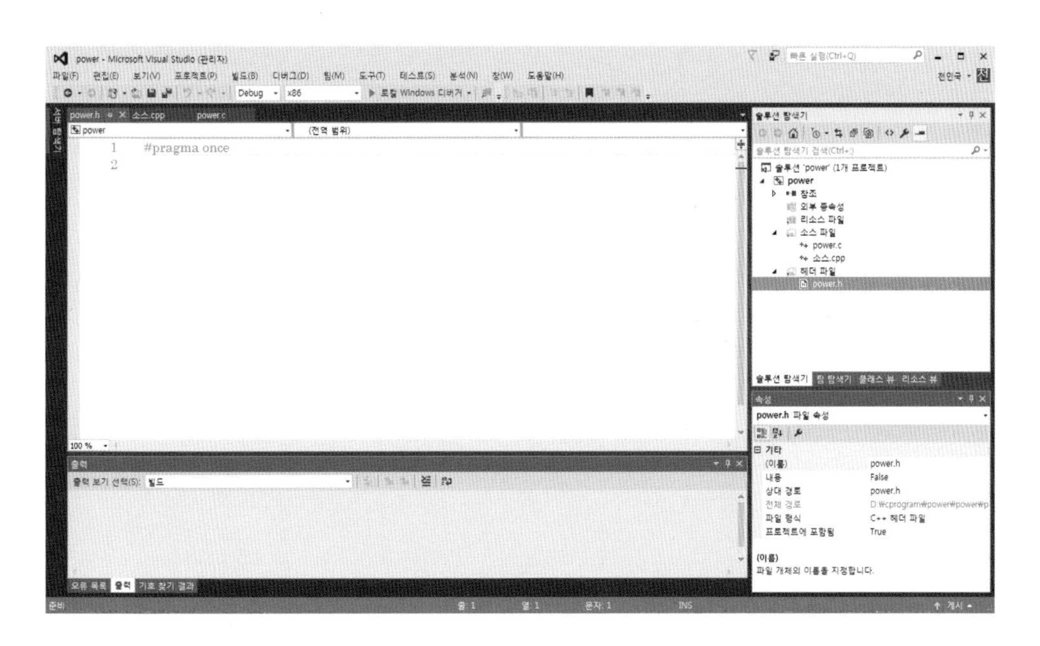

솔루션 탐색기를 보면 현재 프로그램은 두 개의 소스 파일 main.c, power.c와 하나의 헤더 파일 power.h로 구성되어 있다는 것을 알 수 있다. 다음과 같은 코드를 해당되는 헤더

파일과 소스 파일에 추가하고 빌드 메뉴를 이용하여 하나의 실행 파일 power.exe를 만들어보자.

power.h

```
1  // power.c에 대한 헤더 파일
2  #ifndef POWER_H
3  #define POWER_H
4
5  double power(int x, int y);
6
7  #endif
```

power.c

```
1  // 다중 소스 파일
2  #include "power.h"
3
4  double power(int x, int y)
5  {
6     double result = 1.0;
7     int i;
8
9     for (i = 0; i < y; i++)
10       result *= x;
11
12    return result;
13 }
```

main.c

```
1  // 다중 소스 파일
2  #include <stdio.h>
3  #include "power.h"
4
5  int main(void)
6  {
7     int x, y;
8
9     printf("x의 값을 입력하시오:");
```

```
10      scanf("%d", &x);
11      printf("y의 값을 입력하시오:");
12      scanf("%d", &y);
13      printf("%d의 %d 제곱값은 %f\n", x, y, power(x, y));
14
15      return 0;
16  }
```

```
Microsoft Visual Studio 디버그 콘솔
x의 값을 입력하시오:9
y의 값을 입력하시오:2
9의 2 제곱값은 81.000000
```

프로그램 설명

현재 여기서는 소스 파일은 두 개이다. 하나는 main() 함수를 포함하고 있는 main.c이고 다른 하나는 power() 함수를 포함하고 있는 power.c이다. 이 두 개의 소스 파일이 하나의 프로그램을 만든다. 추가로 하나의 헤더 파일 power.h가 있다. 이 헤더 파일은 power()에 대한 원형을 가지고 있어서 power() 함수를 사용하려는 모듈이라면 반드시 포함시켜야 한다.

power.c에는 power() 함수가 정의되어 있다. 먼저 #include와 큰 따옴표를 이용하여 power.h를 포함하고 있다. 큰 따옴표는 현재 디렉토리에서 헤더 파일을 찾으라는 의미이다. power() 함수 안에서는 for 루프를 이용하여 x를 y번 곱하게 된다. result 변수를 double 선언하고 1.0으로 초기화한다. 여기서는 result에 x를 y번 곱해야 하므로 result의 초기값은 0.0이 아닌 1.0이어야 한다. 0.0이면 무조건 아무리 다른 수를 곱해도 결과는 0이 되기 때문이다. for 루프 안에서는 i를 0에서부터 y-1까지 증가시키면서 result에 x를 곱한다. 곱하는 문장에서 단축 대입 연산을 사용하였다. result *= x; 는 result = result *x;와 같다.

파일 main.c에는 power.h를 포함한다. main()에서는 사용자로부터 값을 입력 받은 뒤에 x의 y제곱 값을 power() 함수를 호출하여 계산한다.

참고

사용자가 만든 헤더 파일을 포함할 때는 다음 문장과 같이 "와 "을 사용한다.

```
#include "power.h"
```

반면에 컴파일러가 제공하는 헤더 파일을 포함할 때는 <와 >을 사용한다.

```
#include <stdio.h>
```

헤더 파일을 사용하는 이유

왜 헤더 파일을 사용하는 것이 좋은지를 살펴보자. 헤더 파일을 사용하지 않으려면 다른 소스 파일에서 제공하는 함수를 사용하기 전에 함수 원형을 소스 파일 첫 부분에서 선언하여야 한다. 만약 소스 파일이 여러 개라면 동일한 내용이 복사되어서 들어가게 된다.

예를 들어서 그래픽 기능을 제공하는 함수들이 graphics.c에 모여 있다고 가정하자. 이 함수들을 사용하려면 다른 소스 파일에서는 이들 함수의 원형을 소스 파일 첫 부분에서 선언하여야 한다. 하지만 이것은 상당히 번거로운 일이고 소스 파일이 많다면 같은 내용이 중복된다.

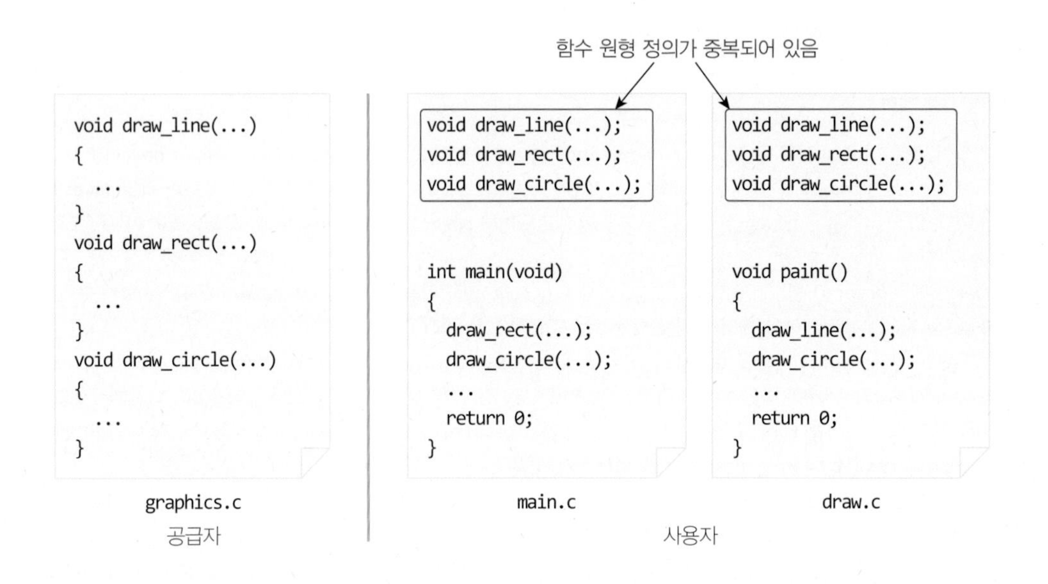

이런 경우에 헤더 파일을 작성해서 여기에 함수들의 원형을 넣어두고 다른 소스 파일에서는 이 헤더 파일을 포함하는 것이 좋다.

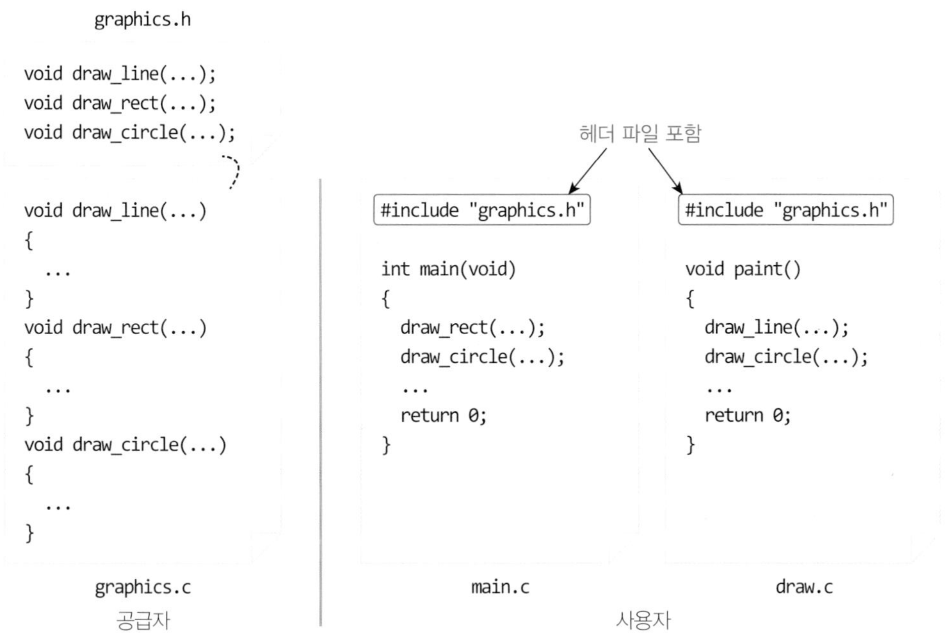

graphics.h

```
void draw_line(...);
void draw_rect(...);
void draw_circle(...);
```

```
void draw_line(...)
{
  ...
}
void draw_rect(...)
{
  ...
}
void draw_circle(...)
{
  ...
}
```

graphics.c

공급자

헤더 파일 포함

```
#include "graphics.h"

int main(void)
{
  draw_rect(...);
  draw_circle(...);
  ...
  return 0;
}
```

main.c

```
#include "graphics.h"

void paint()
{
  draw_line(...);
  draw_circle(...);
  ...
  return 0;
}
```

draw.c

사용자

헤더 파일에는 어떤 내용들을 넣으면 좋을까? 일반적으로는 함수의 원형 또는 구조체 정의, 매크로 정의, typedef의 정의를 넣어주면 좋다.

extern 키워드

다중 소스 파일의 경우, 하나의 프로그램에 여러 개의 소스 파일이 존재한다. 그렇다면 하나의 소스 파일에 정의되어 있는 변수를 다른 소스 파일에서 사용할 수 있을까? 지역 변수의 경우 어차피 정의된 함수를 벗어나면 사용이 불가능하다. 전역 변수의 경우, 함수의 외부에서 선언된 변수로서 그 소스 파일 안에서는 사용이 가능하다. 전역 변수가 정의된 소스 파일이외의 다른 소스 파일에서도 사용할 수 있을까? 사용할 수 있는 방법이 있다. 바로 외부 변수로 선언하는 것이다.

외부 변수 선언은 다른 소스 파일에서 정의된 전역 변수를 사용하기 위하여 extern 이라는 키워드를 사용하여 그 변수를 외부 변수로 선언하는 것이다. 예를 들어서 main.c에 다음과 같이 전역 변수가 선언되어 있다고 가정하자.

```
double gx, gy;
```

만약 power.c 파일에서 이 파일을 사용하려면 먼저 다음과 같이 소스 파일의 처음 부분에서 외부 변수로 선언을 하여야 한다.

```
extern double gx, gy;
```

외부 변수로 선언되면 power.c에서는 gx, gy를 사용할 수 있다. extern 키워드는 변수가 외부에 선언되어 있다는 것을 컴파일러에게 알려주는 역할을 한다. extern으로 선언된 변수는 전역 변수처럼 소스 파일의 모든 함수에서 사용할 수 있다.

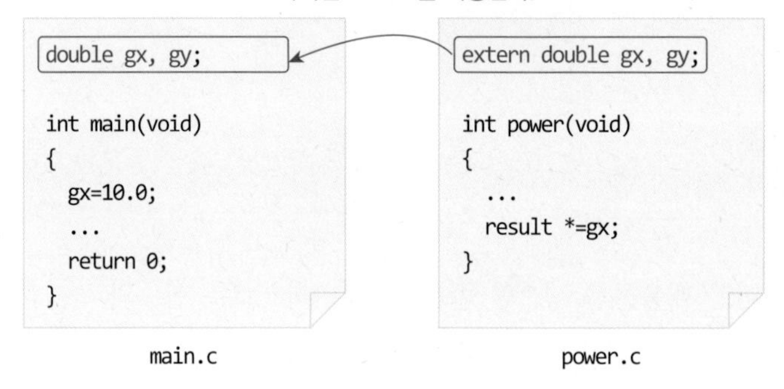

8. 프로그램 인수

main()도 함수이므로 매개 변수와 반환값을 가질 수 있다. 지금까지는 다음과 같은 형태만을 사용하였다. 이 형태에서는 매개 변수 선언 위치에 void가 있어서 매개 변수를 전달받지 못했다.

```
int main(void)
{
    ...
}
```

하지만 다른 형태의 main() 함수 정의도 사용할 수 있다. 이 정의에서는 매개 변수를 전달받는 것이 가능해진다.

```
int main(int argc, char *argv[])
{
    ..
}
```

위의 형태에서는 두 개의 매개 변수가 선언되어 있다. argc는 프로그램 실행 시 전달되는 인수의 개수를 의미한다. argv는 문자열의 형태로 명령어 안에 있는 단어들을 전달한다. 여기서 argv는 문자형 포인터의 배열임을 유의하라.

우리가 만든 프로그램은 최종적으로 확장자가 exe인 실행 프로그램이 되어서 하드 디스크에 저장된다. 명령 프롬프트에서 이 프로그램의 이름을 입력하게 되면 프로그램을 실행시킬 수 있다. 만약 우리가 만드는 프로그램의 이름이 mycopy.exe라면 다음과 같이 입력하면 mycopy 프로그램이 실행된다.

```
D: \mycopy\Debug> mycopy  Enter↵
```

만약 mycopy 프로그램이 파일 복사를 하는 프로그램이고 다음과 같이 명령어 프롬프트 상에서 원본 파일 이름과 복사본 파일 이름을 받아들일 수 있다고 가정하자.

```
D: \mycopy\Debug> mycopy src dst  Enter↵
```

이와 같은 경우에 운영 체제는 src과 dst이라는 명령어의 인수를 프로그램으로 전달할 것이다. 하지만 어떤 방법으로 전달하는가? 바로 이전에 잠깐 등장하였던 argc와 argv를 통하여 전달된다. argc는 명령어 라인에 존재하는 모든 단어들의 개수를 전달한다. 위의 예제의 경우, 프로그램의 이름도 포함되므로 argc는 3이 된다.

argv는 문자형 포인터의 배열이다. 따라서 argv는 여러 개의 문자열을 가리킬 수 있다. 다음 그림을 참조하라.

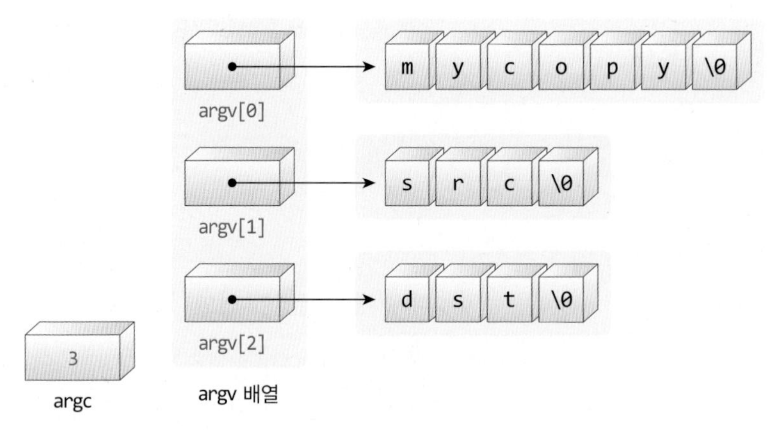

그림 14.6 argc와 argv[]의 의미

argv[] 배열의 배열 원소들은 명령어 라인의 각각의 단어에 해당하는 문자열의 주소를 가지게 된다. main 함수에서는 argv[] 배열을 통하여 명령어 프롬프트에서 입력된 단어들을 알 수 있다. 문자열은 항상 맨 끝에 NULL 문자를 가진다는 것을 잊지 말자. 예제로 main()로 전달되는 인수들을 출력하는 프로그램을 살펴보자. 프로젝트 이름을 mycopy로 하고 디렉토리 d:\에 프로젝트를 생성한다.

mainarg.c

```
1  #include <stdio.h>
2
3  int main(int argc, char *argv[])      // 인수의 개수 (argc), 문자 포인터의 배열 (*argv[])
4  {
5     int i = 0;
6
7     for(i = 0;i < argc; i++)
8        printf("명령어 라인에서 %d번째 문자열 = %s\n", i, argv[i]);
9
10    return 0;
11 }
```

프로그램 설명

3 main 함수를 정의할 때 기존과는 다른 정의를 사용하고 있다. 이번에는 두 개의 인수를 전달받는다.

7-8 for를 사용한 반복 루프에서 i가 0에서부터 argc보다 작을 때까지 argv[i]를 문자열 형태로 출력한다. 현재 argc가 3이므로 I 값이 0에서 2까지 반복되고 따라서 argv[0]부터 argv[2]가 가리키는 문자열이 출력된다.

위의 프로그램을 실행시킬 때는 명령 프롬프트를 사용한다. 컴파일/링크가 끝난 뒤에 d:\mycopy 디렉토리로 가서 해당 실행 파일이 존재하는 지를 확인한 다음에 다음과 같이 직접 입력한다.

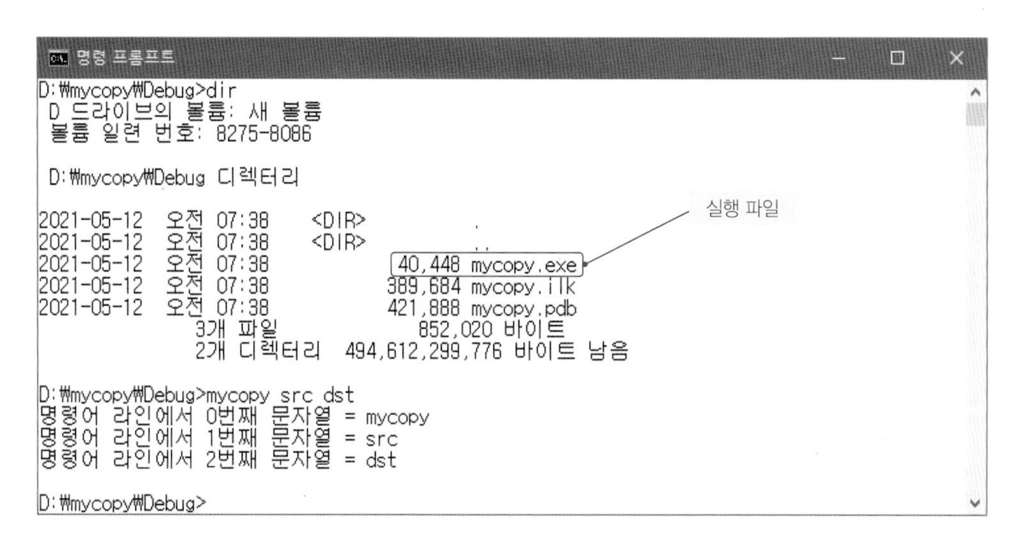

중간점검

1. 다음 문장의 참 거짓을 말하라.
   "여러 소스 파일을 이용하는 것보다 하나의 소스 파일로 만드는 편이 여러모로 유리하다."
2. 팩토리얼을 구하는 함수가 포함된 소스 파일과 관련 헤더 파일을 제작해보자.

Mini Project 달력 프로그램 작성

| 난이도 ★★★ 주제 전처리기 사용 |

이제까지 학습한 내용을 바탕으로 여러 가지 언어로 달력을 출력하는 프로그램을 만들어 보자. 화면에 현재 월을 출력한다.

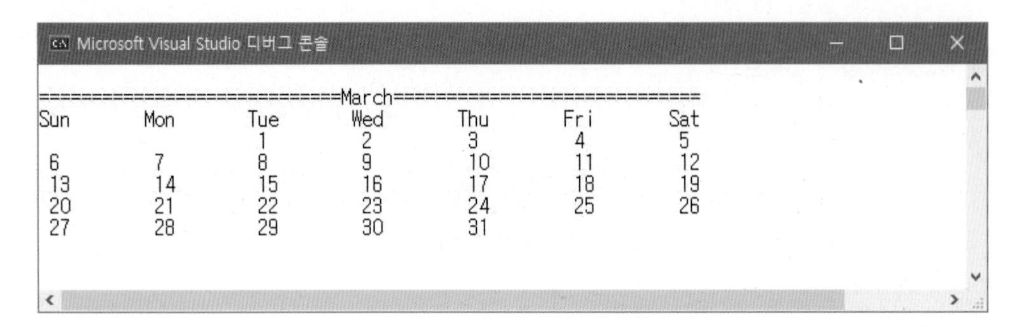

전처리기를 사용하여서 영어 버전과 한국어 버전을 작성해본다. 소스를 여러 개로 분할하여서 분할 컴파일도 사용해보자.

오늘 날짜는 다음과 같은 코드로 알 수 있다.

```
#include <time.h>
    ...
    time_t t;
    time(&t);
    printf("%s", ctime(&t));    //Fri May  7 16:57:44 2021
```

도전문제

추가로 사용자가 특정한 날짜에 일정을 입력할 수 있게 해보자. 특정 날짜에 일정이 있으면 날짜 옆에 일정을 간단히 표시한다.

연습문제

1 #define을 이용하여서 단순 매크로 SIZE를 10으로 올바르게 정의한 것을 모두 골라라.

① #define SIZE=10
② #define SIZE(x) 10
③ #define SIZE==10
④ #define SIZE 10

2 다음의 설명에 부합하는 매크로를 정의하여 보라.

(a) 첫 번째 매개 변수 x가 두 번째 y보다 작거나 세 번째 매개 변수 z보다 크면 0을 반환하고 그렇지 않으면 1을 반환하는 매크로 RANGE(x, y, z)

(b) x가 홀수이고 y보다 크면 1을 반환하는 매크로 ODD_GT(x, y)

(c) c가 대문자이면 참을 반환하는 매크로 IS_UPPER(c)

3 다음 프로그램에서 논리적으로 잘못된 부분을 찾아서 올바르게 수정하라.

```
#define AREA(x, y) x*y
int main(void)
{
    int w=10;
    printf("%d\n", AREA(w+1, 10));
    return 0;
}`
```

4 다음 프로그램의 결과를 예측하라.

```
#define DEBUG 0
int main(void)
{
#ifdef DEBUG
    printf("DEBUG 버전\n");
#else
    printf("정식 버전\n");
#endif
    return 0;
}
```

5 다음 프로그램의 결과는?

```
#define x 5+2
int main(void)
{
   int i;
   i=x*x*x;
   printf("%d",i);
   return 0;
}
```

Programming

| 난이도 ★ 주제 단순 매크로 사용 |

1 주어진 배열의 평균을 계산하는 함수를 작성하고 만약 DEBUG 매크로가 정의되어 있으면 함수의 매개 변수, 중간 단계에서의 변수들의 값을 출력하도록 하라.

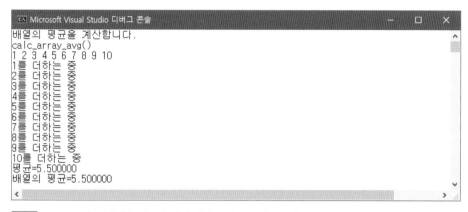

HINT DEBUG가 정의되어 있으면 여러 가지 부가적인 정보를 출력해보자.

| 난이도 ★ 주제 분할 컴파일 |

2 다음과 같은 2개의 파일로 이루어진 프로그램을 작성하고 컴파일하여 실행해보자.

- 정수 2개를 받아서 합계를 반환하는 함수 add(int x, int y)을 가지고 있는 add.c
- add()를 호출하여 10과 20의 합을 계산하는 문장이 포함된 main.c

HINT 비주얼 스튜디오의 "소스 파일" 폴더에서 항목 추가를 눌러서 add.c 소스 파일과 main.c 소스 파일을 추가한다.

| 난이도 ★★ 주제 분할 컴파일 |

3 다음과 같은 3개의 파일로 이루어진 프로그램을 작성하고 컴파일하여 실행해보자.

- 사람 이름을 받아서 "안녕 ..."라고 출력하는 함수 hello(char *name)을 가지고 있는 hello.c
- 함수 hello(char *name)의 원형이 정의된 hello.h
- hello()를 호출하여 "안녕 철수"라고 출력하는 문장이 포함된 main.c

HINT 비주얼 스튜디오의 "소스 파일" 폴더에서 항목 추가를 눌러서 hello.c 소스 파일과 main.c 소스 파일을 추가한다. 또 "헤더 파일" 폴더에서 hello.h 헤더 파일을 추가한다.

| 난이도 ★★★ 주제 분할 컴파일 |

4 배열에 관한 각종 연산을 포함하는 array.c를 작성한다. 예를 들어서 배열 원소들의 합을 계산하는 함수 get_sum_of_array(), 배열 원소들을 화면에 출력하는 함수 print_array() 등의 함수를 포함하라. 다시 main.c 파일을 생성하고 여기서 array.c에 포함된 함수들을 호출하여 보라. array.c가 제공하는 함수들의 원형은 array.h 헤더 파일에 저장한다.

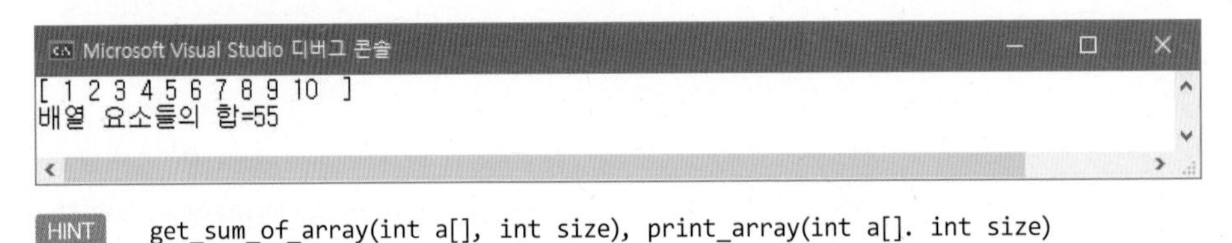

HINT `get_sum_of_array(int a[], int size), print_array(int a[]. int size)`

| 난이도 ★★ 주제 프로그램 인수 |

5 하나의 파일을 다른 파일로 복사하는 DOS 명령어 copy가 있다. copy와 유사한 copyfile이라는 실행 파일을 만들어보자. copyfile은 main() 함수의 인수를 사용하여 다음과 같이 실행된다. 실제로 이진 파일을 복사하여야 한다.

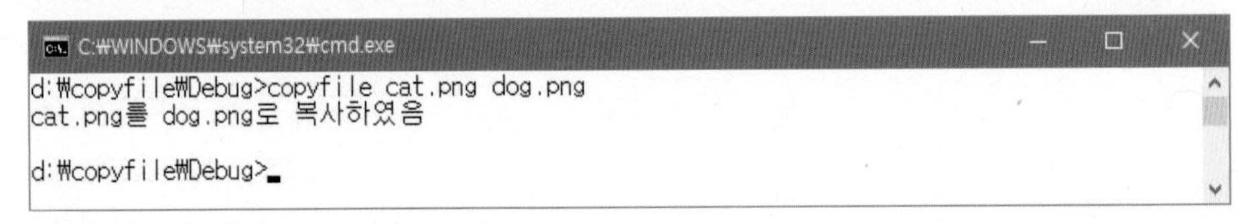

HINT 비주얼 스튜디오가 실행 파일을 어디에 두는지를 알아야 한다. 비주얼 스튜디오의 경우, 프로젝트 폴더가 d:\copyfile이면 d:\copyfile\Debug에 실행 파일이 생성된다.

찾아보기

ㅅ

ㅇ

ㅈ

ㅊ

ㅋ

ㅌ

- **그림을 통한 효과적인 개념 전달**
  주요 프로그래밍 개념과 원리를 최대한 그림을 이용하여 간결하게 설명하였다.
- **핵심 원리를 빠르게 습득**
  프로그래밍의 핵심 원리를 빠르게 습득할 수 있도록 문답식으로 간단명료하게 설명하였다.
- **다양한 분야의 예제 및 연습문제 수록**
  폭넓은 활용을 위해 다양한 분야의 예제 및 연습문제, LAB과 SOLUTION, MINI PROJECT를 수록하였다.
- **다양한 학습 장치 구성**
  참고 사항이나 주의 사항, TIP, 중간 점검 등의 보조 학습 장치들을 곳곳에 배치하였다.

CHAPTER

[보조자료] 다운로드 방법
생능출판사(www.booksr.co.kr) 접속 ▶ '도서명'이나 '저자명'으로 검색 ▶ [보조자료] 클릭 후 다운

9 788970 504933 93000
정가 27,000원 ISBN 978-89-7050-493-3

연습문제와 프로그래밍 문제의 해답은 제공하지 않습니다.